Zbigniew Izydorczyk

MANUSCRIPTS OF THE *EVANGELIUM NICODEMI*: A CENSUS

The so-called *Evangelium Nicodemi* (*EN*), a fifth-century apocryphal passion narrative, showed remarkable vitality throughout the Middle Ages and by the close of the period established itself as one of the most influential religious texts, its authority approaching—though not often attaining—that of the canonical gospels.

The importance of the *EN* for the religious culture of the Middle Ages has long been recognized, yet its scope and vicissitudes, its gradual evolution and transmission, have occasioned but a few tentative explorations. The reason for this paucity of detailed studies and for the continued absence of a comprehensive edition of the *EN* lies in the circumstances that make them all the more desirable—the apocryphon's enormous popularity in the Middle Ages and, as a natural corollary, the daunting abundance of extant manuscripts.

Manuscripts of the Evangelium Nicodemi offers the first comprehensive listing of all known Latin manuscripts of the apocryphon. Descriptions of individual manuscripts provide information about the codices (writing material, number of folios, size, date, place of origin, scribes, owners, contents) and about the texts those codices contain (incipits and explicit of the texts that make up the *Evangelium*).

A series of five analytical and interpretative indexes serves as a guide to the composition of the *Evangelium* and its satellites, to the chronology of the manuscripts, to their contents, and to persons and places connected with them.

The information gathered in this volume may be of assistance in studying the sources of vernacular translations of the *Evangelium*, patterns of its ownership and readership, medieval attitudes towards it, and the dynamics of its textual evolution; in investigating scribal practices of selection and compilation; and in identifying manuscripts of other apocrypha.

SUBSIDIA MEDIAEVALIA 21

MANUSCRIPTS OF THE *EVANGELIUM NICODEMI* A CENSUS

by

ZBIGNIEW IZYDORCZYK

PONTIFICAL INSTITUTE OF MEDIAEVAL STUDIES

Acknowledgement

This book has been published with the help of a grant
from the Canadian Federation for the Humanities, using
funds provided by the Social Sciences and Humanities
Research Council of Canada.

Canadian Cataloguing in Publication Data

Izydorczyk, Zbigniew, 1956-
    Manuscripts of the Evangelium Nicodemi : a census

(Subsidia mediaevalia ; 21)
Includes bibliographical references and index.
ISBN 0-88844-370-6

1. Gospel of Nicodemus - Manuscripts, Latin.   I. Pontifical
Institute of Mediaeval Studies.   II. Title.   III. Series

BS2860.N6I9 1994   229'.8   C94-930056-X

Pontifical Institute of Mediaeval Studies
59 Queen's Park Crescent East
Toronto, Ontario, Canada M5S 2C4

Printed by Universa, Wetteren, Belgium

Contents

Acknowledgments

The debts of gratitude I have incurred during compilation of this *Census* are many. Perhaps the greatest I owe to all scholars and librarians who responded patiently to my sometimes complex queries and provided me with much valuable guidance and factual information. Rather than naming them all here, I have acknowledged their contributions in the text in connection with individual manuscripts they discussed with me.

Over the years a number of scholars encouraged me and advised me concerning both larger issues and specific details involved in my project. My special thanks are owed Mirosław Bielewicz, Leonard E. Boyle, Virginia Brown, F. Edward Cranz, François Dolbeau, Jean-Daniel Dubois, Murray Evans, Werner Hoffmann, A.R. Miller, Julian G. Plante, Roger Reynolds, A.G. Rigg, Wesley M. Stevens, and members of the Association pour l'étude de la littérature apocryphe chrétienne.

Several research institutions have placed at my disposal their internal manuscript and incipit catalogues and extensive microfilm collections. I wish especially to thank Hill Monastic Manuscript Library (Collegeville, Minnesota), Institut de recherche et d'histoire des textes (Paris), the Knights of Columbus Vatican Film Library (St. Louis University), and the Library of the Pontifical Institute of Mediaeval Studies (Toronto). I am likewise indebted to the directorates and the boards of regents of the libraries I visited or corresponded with for permission to consult their collections and to quote from the pertinent manuscripts. I must also thank the staff at the Interlending and Document Supply Services at the University of Winnipeg, without whose tireless efforts many of the printed catalogues would have been inaccessible to me.

Finally, I wish to express my gratitude to the University of Winnipeg for grants in support of this project and to the Social Sciences and Humanities Research Council of Canada, whose generous assistance, in the form of a post-doctoral fellowship and a research grant, allowed me to complete this work.

The generous assistance of all these people and institutions accounts for any strengths of the *Census*; for all its weaknesses, I am fully accountable.

Abbreviations

ABBREVIATIONS, HEADINGS, AND SYMBOLS

a.	ante
b.	born
Bibl.	Bibliography
ca.	circa
cf.	confer
Closing	Closing statement or colophon
Contents	Contents of manuscript
corr.	correctly
Corresp.	Correspondent
d.	died
Epil.	Epilogue
I/E	Incipits and explicits derived from secondary sources
*I/E	Incipits and explicits transcribed by author
in.	initio
ex.	exitio
MS	Manuscript
Orig.	Origin of manuscript
Poss.	Possesors of manuscript
Prol. I	Prologue I
Prol. II	Prologue II
Prol. II/I	Hybrid prologue
Saec.	Saeculum
Scr.	Scribe(s)
SS	Sources of information
Text	Text proper of *EN*
Title	Title of *EN*
XXVIII	Chapter XXVIII of *EN* (according to Tischendorf's numbering)
†	Main source of codicological and textual information
‡	Additional source of data
§	Additional source of data

¶   Additional source of data
[ ]   Doubtful or reconstructed readings
⌐⌐   Additions, corrections, glosses

ABBREVIATED TITLES

Ps.-Aug.   Ps.-Augustine, *Sermo* 160 (Eusebius "Gallicanus,"
                     De Pascha I and *De Pascha IA*)
CST   *Cura sanitatis Tiberii*
EN   *Evangelium Nicodemi*
EP   *Epistola Pilati (Nuper accidit...)*
Greg.   Gregory of Tours, *Historia Francorum* I, 21
PL   Patrologia latina
Ps.-Matthaeus   Ps.-Matthaeus, *Evangelium*
Ps.-Methodius   Ps.-Methodius, *Liber Methodii*
Ps.-Thomas   Ps.-Thomas, *Evangelium*
SN   *Somnium Neronis*
VS   *Vindicta salvatoris*

RELIGIOUS ORDERS

OSB   Benedictines
OCael   Celestines
OCan   Regular Canons
OCarm   Carmelites
OCart   Carthusians
OCist   Cistercians
OESA   Austin Friars
OFM   Franciscans
OFMCapuc   Capuchins
OP   Dominicans
OPraem   Premonstratensians
OSSalv   Bridgettines

Introduction

The so-called *Evangelium Nicodemi* (*EN*), a fifth-century apocryphal passion narrative, showed remarkable vitality throughout the Middle Ages, especially in Western Christendom. Originally composed in Greek, it was translated into Latin probably before the sixth century, and by the close of the medieval period the Latin rendition established itself as one of the most influential religious texts, its authority approaching—though not often attaining—that of the canonical gospels. It affected liturgy, pastoral theology, literature, and art and inspired numerous vernacular translations that rooted the apocryphon firmly in popular piety and imagination.

The importance of the Latin *EN* for the religious culture of the Middle Ages has long been recognized: numerous studies have explored the nature and extent of its influence on specific works of literature or objects of art. However, the scope and vicissitudes of the apocryphon itself, its gradual evolution and transmission, have occasioned but a few tentative explorations. It is known, for instance, that surviving versions represent at least three textual types—A, B, and C (cf. Izydorczyk, 1989b)—but none of these types has yet been studied in any detail. The situation is similar with respect to published editions of the *EN*, none of which gives a comprehensive view of the text or its history. Of the three most influential editions, Herold's (1555; reprinted with minor alterations by Grynaeus, 1569; Fabricius, 1703; Jones, 1726; and Schmidt, 1804), based on some unidentified source, gives often confused, unreliable readings; Thilo's (1832; reprinted by Giles, 1852), derived from earlier printed materials and a handful of arbitrarily chosen manuscripts, gives a better text but no textual apparatus; and Tischendorf's (1853, 2nd ed. 1876), though based on a wider range of sources, presents an eclectic, idiosyncratically reconstructed text. More recent editors, such as Kim (1973) and Lewis (1986), worked with single manuscripts, producing convenient and reliable but narrowly focused editions (cf. Izydorczyk, 1989b).

The reason for this paucity of detailed studies and for the continued absence of a comprehensive edition of the *EN* lies, I believe, in the circumstances that make them all the more desirable—the apocryphon's enormous popularity in the Middle Ages and, as a natural corollary, the daunting abundance of extant manuscripts. The *EN* shares this apparent predicament with other popular works, such as the *Legenda aurea* and the *Speculum historiale*, whose manuscripts survive in even greater numbers. In all these cases, detailed scholarly or editorial work cannot begin until the manuscript evidence has been properly examined and its potential usefulness assessed.

A. SCOPE AND AIMS OF THE PRESENT WORK

In order to initiate systematic and comprehensive evaluation of the medieval texts of the *EN*, I have undertaken to identify, locate, and briefly characterize all its surviving or recently lost manuscripts (there are 424 of the former and twelve of the latter). At this stage I have not attempted to classify the manuscripts: rather, I have sought in the *Census* to record whatever is known about their history and to indicate the nature of the texts they preserve. I have presented each text through a series of incipits and explicits that resolve the apocryphon into its main textual constituents; moreover, I have identified all texts that attach themselves to or coalesce with it in manuscripts. The results of this partial analysis, summed up in Index I: *Evangelium Nicodemi* and Its Satellites, suggest certain relationships among manuscripts and certain tentative groupings of texts; however, these results do not yet provide a sufficiently firm basis for a definitive classificatory system. Such a classification may emerge only after careful examination of a wider spectrum of significant variants taken from the main body of the apocryphon and remains therefore a goal for future research.

If analytically modest, the *Census* is more comprehensive in terms of scope. I have attempted to survey all European and North American libraries and to present as full a listing of pertinent manuscripts as is at present possible. My list is not, of course, absolutely exhaustive, and while I hope the data collected here represent the bulk of extant source material, further copies will almost certainly emerge. Rarely bound as a separate volume, the *EN* typically occupied only several folios in composite manuscripts, often tucked in the midst of sermons or saints' lives without a distinctive title. Such copies of the apocryphon are difficult to find, and the difficulties are compounded by the lack of detailed catalogues for many libraries, the peregrinations of individual manuscripts, and the dispersals of entire collections.

The primary aim of this *Census* has been, therefore, to provide the first comprehensive listing of the manuscripts containing the *EN*, and the information gathered in this volume makes it a convenient starting-point for research leading to a new edition of the apocryphon. However, the *Census* should also be a valuable resource for studying the Latin versions underlying vernacular translations of the *EN*, patterns of the apocryphon's ownership and readership, medieval attitudes toward it, and the dynamics of its textual evolution. Furthermore, since it signals close relationships between the *EN* and other texts (see Index I), the *Census* may, on the one hand, offer source material for investigation of scribal practices of selection and compilation and, on the other, stimulate research on the texts associated with the *EN*. In fact, some of the *EN*'s textual satellites, either adjacent to or fully merged with it in manuscripts, have never been edited; others, already available in workable editions, need to be critically reassessed in the light of newly identified manuscripts and contexts. Finally, the brief overviews of entire manuscript contents included in the *Census* may be of assistance in identifying codices of other works that tend to occur in similar contexts, such as apocrypha, devotional texts on the passion, and saints' lives (see Index III: Contents of Manuscripts).

B. RESEARCH PROCEDURES

The search for manuscripts of the *EN* involved four procedures: *consultation* of existing lists of manuscripts of the *EN*; *perusal* of printed and handwritten catalogues from libraries with medieval holdings; extensive *correspondence* with numerous libraries and scholars concerning the manuscripts in question; and first-hand *inspection* of manuscripts in several major manuscript repositories in Europe and of microfilms available in North America.

Consultation. Although the manuscripts of the *EN* have never been studied systematically, some scholars compiled more or less extensive lists of manuscripts known to or used by them. I have availed myself of such lists prepared by Collett (1981), Schönbach (1876), Siegmund (1949), Stegmüller (1950-76), Thilo (1832), and Tischendorf (1876).

Perusal. The bibliography of manuscript catalogues to be searched was established on the basis of the third edition of P.O. Kristeller's *Latin Manuscript Books before 1600* (1965a), supplemented by F. Dolbeau and P.

Petitmengin's *Indices librorum* (1987) and by bibliographies in such periodicals as *Analecta Bollandiana*, *Archivum*, *Medioevo Latino*, *Revue d'histoire ecclésiastique*, *Salmanticensis*, and *Scriptorium*. For the indexed pre-1965 catalogues, I used extensively *A Microfilm Corpus of Indexes to Printed Catalogues of Latin Manuscripts before 1600 A.D.*, arranged and published by F.E. Cranz (1982). The unindexed or poorly indexed catalogues I perused in their entirety. I also received considerable help from F.E. Cranz, who is currently preparing a corpus of indexes to the originally unindexed catalogues. All post-1965 catalogues, whether printed as separate volumes or published in periodicals, I examined in a similar manner, relying, whenever possible, on indexes. My bibliographical search included also unpublished catalogues gathered in F.E. Cranz's *A Microfilm Corpus of Unpublished Inventories of Latin Manuscripts through 1600 A.D.* (1988). I have not searched this corpus in its entirety, however, concentrating rather on individual collections never described in print but likely to contain scriptural, hagiographic, or homiletic materials.

Correspondence. The catalogue search was supplemented by extensive correspondence with most libraries named by Kristeller (1965a) concerning their manuscript collections. In many cases I received valuable information about manuscripts described in card or handwritten inventories available only on location or about manuscripts acquired recently. Through correspondence, I also verified the names of the repositories, ascertained the existence and current shelf-marks of relevant manuscripts, and traced a few manuscripts that have changed hands since their descriptions appeared in print.

Inspection. Many manuscript collections in major European libraries are still only cursorily described, and their respective catalogues often do not adequately identify individual works preserved in manuscripts. To consult numerous manuscripts with unidentified texts on the passion, I visited the libraries of Brussels, Cambridge, Cracow, London, Munich, Oxford, Paris, and Prague. These visits enabled me also to inspect previously signalled manuscripts of the *Evangelium*, to transcribe the relevant incipits and explicits, and to identify the texts attached to the apocryphon. In North America, I used extensively microfilm collections of Hill Monastic Manuscript Library in Collegeville, Minnesota, and of the Pontifical Institute of Mediaeval Studies Library at the University of Toronto.

C. CENSUS ENTRIES

The *Census* records complete as well as partial or abridged copies of the *EN* but excludes loose paraphrases and summaries contained in or extracted from the *Legenda aurea* or the *Speculum historiale*. It lists primarily manuscripts written before or around 1500 A.D., including only a few early modern copies made from apparently lost medieval exemplars. Entries vary in completeness, with those for manuscripts that I have consulted in person or through complete or partial reproductions usually being fuller than those based exclusively on catalogues. The latter entries are often necessarily eclectic, combining information from several sources; whenever I relied on more than one source, I have indicated the origin of the individual pieces of information by means of symbols (†, ‡, §, ¶). Codicological data on the manuscripts are generally derived from most recent or detailed catalogues or from correspondence with the library.

All *Census* entries are numbered consecutively with arabic numerals. Each entry comprises five types of information: *location of the manuscript; shelf-mark* (MS); *codicological information; incipits and explicits* (I/E) of the *EN* and of its satellite texts; and *sources of information* (SS).

Location of the manuscript. The present location of the manuscript is specified in the following order:
- city
- country
- library

I followed P.O. Kristeller (1965a) in giving all foreign place-names in their original forms.

Shelf-mark. All shelf-marks are signalled by the abbreviation MS. Whenever possible, they have been confirmed through correspondence with the respective library.

Codicological information. The *Census* provides information—extracted from printed or handwritten sources or from correspondence—regarding the following:
- writing material (parchment, paper, or both)
- number of folios or pages
- size of the volume in inches or millimetres
- Saec.: century and year, if known, when the manuscript was written; if it was written at different times, the date of the *EN* is indicated by **bold** typeface

- **Orig.**: place (scriptorium, city, diocese, region, or country) where it was written
- **Scr.**: number and names of scribes who contributed to the volume; the name of the scribe who wrote the *EN*
- **Poss.**: medieval and later owners, users, or whereabouts of the manuscript; ownership and donation notes; any references to the manuscript in medieval book lists
- **Contents**: contents of the volume, with a list of major authors or works contained in it (ellipses indicate that additional texts are present in the manuscript); whenever possible, texts combined with or adjacent to the *EN* as well as other apocrypha have been identified; names of authors and titles of works have been standardized to the extent allowed by sometimes scanty information provided by catalogues
- use of the manuscript by earlier editors of the *EN* or of the satellite texts
- any significant discrepancies among the sources of information

    Incipits and explicits (I/E) of the *EN* and of its satellite texts. Because of its apocryphal character and its self-acknowledged status as a translation, the *EN* did not inspire scribal faithfulness; if anything, it encouraged intervention to improve or polish its style or grammar. Consequently, the text of the *EN* was fluid and variable throughout the Middle Ages. In the absence of any reliable classificatory system, I have decided to include, whenever available, a variety of quotations, mostly incipits and explicits, that can suggest the nature of a particular text and at the same time provide a starting-point, however imperfect, for tracing relationships among individual manuscripts.

    A *Census* entry may contain the following kinds of direct citations:
- **Title**: title as it occurs at the beginning of the *EN* or in the table of contents
- **Prol. I**: incipit and explicit of prologue I (*Audistis... Ego Aeneas...*)
- **Prol. II**: incipit and explicit of prologue II (*Factum est...*)
- **Prol. II/I**: incipit and explicit of a hybrid prologue combining elements of II and I
- **Text**: incipit and explicit of the text proper, followed, for easy identification, by chapter reference to Tischendorf's edition
- **XXVIII**: incipit and explicit of chapter XXVIII (according to Tischendorf's numbering)
- **Epil.**: incipit and explicit of the epilogue (*Nunc ergo, dilectissimi fratres...*)

- **Closing:** closing statement or colophon
  Texts found attached or adjacent and thematically related to the *EN* are also identified in terms of their incipits and explicits. They include the following:
- *CST: Cura sanitatis Tiberii*, with version and chapter references to Dobschütz's edition (1899); edited also by Darley (1913), Foggini (1741), Mansi (1764), and Schönbach (1876)
- *De arbore crucis*, edited by Thompson (1881)
- *De destructione Hierusalem*, unedited; possibly a version of the *Vindicta salvatoris*
- *De horis canonicis*, a short, unedited note on canonical hours
- *De imperatoribus*, forthcoming edition by A.R. Miller
- *De morte Pilati*, apparently unedited
- *De persecutoribus Christi*, unedited
- *De Veronilla*, edited by Massmann (1854), pp. 579-80, 605-6
- *EP: Epistola Pilati (Nuper accidit...)*, frequently printed and included in Thilo's (but not in Tischendorf's) edition of the *EN*; most recently printed by Kim as ch. XXVIII of the *EN*
- *Greg.:* Gregorius Turonensis, *Historia Francorum* I, 21, edited by Krusch and Levison (1951), and in the form that usually accompanies the *EN* by Fowler (1988)
- Note on chronology, unedited
- *Oratio populi*, a Latin rendition of the Greek *Acts of Pilate* A, XVI, 7-8, not included in any edition
- *Ps.-Aug.:* Ps.-Augustinus, *Sermo* 160; edited in PL 39, coll. 2059-61, and as *De Pascha I* and *De Pascha IA* of Eusebius "Gallicanus" (1970)
- *Sermo de confusione diaboli*, edited by Rand (1904-5); cf. also Izydorczyk (1989a)
- *SN: Somnium Neronis*, with chapter references to Dobschütz's edition (1915); partly edited also by Speyer (1978)
- *VS: Vindicta salvatoris*, with chapter references to Tischendorf's edition (1876); edited also by Kölbing and Day (1932)

Whenever I have seen the manuscript or its complete or partial reproduction, I have included my own transcription of the relevant incipits and explicits (indicated by an asterisk * before I/E). I have regularly retained original orthography and have not interfered with the text, except to capitalize proper nouns and to add a minimum of punctuation for ease of reading. I have also disregarded the distinction between short *i* and

long *j* and quietly expanded all scribal abbreviations, including the tailed
e. I have not recorded minor self-corrections by the scribe, but have reported textual alterations that may indicate comparative critical activity by
the scribe or a reader. All additions, corrections, marginal or interlinear
glosses are enclosed in partial square brackets ⌐ ⌐; uncertain or problema-
tic readings are enclosed in square brackets [ ]. If I have not seen the
manuscript or its reproduction, I have quoted incipits and explicits exactly
as they appear in the source, be it a handwritten inventory, a printed
catalogue, or a personal communication from the librarian.

Sources of information (SS). These include the following:

- **Bibl.**: This bibliography is not a complete list of all printed references
  to the manuscript but a selection of its most detailed or useful descriptions. I have marked the item on which I relied for codicological data
  with a single dagger (†). If I used other sources, I have marked them
  with a double dagger (‡), a section mark (§), and a paragraph mark (¶),
  respectively. The information derived from the primary source (†) is not
  marked in the body of the record; all information taken from sources
  ‡, §, and ¶ is enclosed by the respective symbols. Complete information
  on all bibliographic items referred to in the *Census* is given in the
  Bibliography at the back of the volume.
- **Corresp.**: Whenever a library or a scholar has provided me with information about a manuscript or assisted me in gathering information
  about it, I have given their names as they appeared in the correspondence.

D. APPENDIX AND INDEXES

The Appendix contains a list of twelve manuscripts of the *EN* seen, used,
or described by scholars in the nineteenth or early twentieth century but
now lost or destroyed. Whenever possible, I have confirmed their loss or
destruction with the library. These manuscripts are presented in the same
manner as the surviving manuscripts. The list does not, however, include
manuscripts mentioned in medieval or renaissance book inventories.

The four indexes are intended to make information contained in the
Census easily accessible; they all refer to manuscript records, not to page
numbers. Index 1, "The *Evangelium Nicodemi* and Its Satellites," summarizes
the occurrence of major textual features of the *EN*, as reported in the records. It clearly identifies, for instance, all manuscripts containing prologue

I, often considered a distinguishing feature of the so-called *EN* B, as well as those that include chapter XXVIII, characteristic of version C. Moreover, it lists all texts found merged with or attached to and thematically consistent with the apocryphon. The data presented in this index are not, however, exhaustive, since many manuscript catalogues are not detailed enough to allow for definite identification of the parts of the *EN* or of its satellites.

Index 2, "Chronology of Manuscripts," presents a chronological overview of all *EN* manuscripts reported in the *Census*. This index reveals, for example, that no manuscripts have survived from the important, formative period between the fifth and the ninth centuries and that the majority of extant copies date back to the fourteenth and fifteenth centuries.

Index 3, "Contents of Manuscripts," comprises an alphabetical listing of all writers and anonymous works mentioned under the heading **Contents** in individual records. It also includes a rudimentary subject classification which, although it introduces a measure of redundancy, may assist readers in at least two special ways. First, since many catalogues from which the **Contents** section is derived do not identify the texts precisely, often merely quoting the titles that occur in the manuscripts, the subject headings bring together similar titles which may in fact represent the same work (for instance, *De septem peccatis*, *De septem peccatis capitalibus*, and *Tractatus de septem criminalibus peccatis*, grouped under the heading **Sins and sinners**, may all refer to the same work). And second, the subject headings highlight the nature of the works which constitute the immediate textual environment of the *Evangelium* (for instance, they demonstrate that the *Evangelium* occurs frequently not only with the texts on the passion but with texts on Adam and Eve as well).

Finally, Index 4, "Persons and Places Connected with Manuscripts," lists all scribes, donors, owners, and general locations—both medieval and modern—where the manuscripts were preserved.

Census of Manuscripts

1.   **AACHEN**, Germany. Stadtarchiv
MS   KK Regulierherren Nr. 9 (formerly Hs. 66)
      160 ff. 210 x 280 mm. **Saec.** XV. **Contents** ...; *EN; SN; De passione domini no-*
      stri Iesu Christi; etc.
*I/E **Title** 80ra *Incipiunt gesta domini saluatoris que inuenit Theodosius imperator in*
      atrio Poncii Pilati, scripta in codicellis publicis, a Nychodemo composita. 80rb
      Ewangelium Nichodemi. **Prol. II** 80rb *Factum est in anno xix° Tyberii cesaris, im-*
      peratoris Romanorum, et Herodis filii Herodis imperatoris Galilee...—...mandauit-
      que ipse Nychodemus litteris hebraicis. **Text** *Annas et Cayphas, Gamaliel et Iudas,*
      Leui et Neptalim et reliqui... Ch. I,1- . *SN* ...91ra *sicut Iosephus describit qui tunc*
      ibidem erat et presenciam domini vidit et exterminacionem Hebreorum etc. Ch. -
      IV,1. **Closing** 91ra *Explicit passio domini.*
SS   **Corresp.** ✝Dr. Thomas Kraus.

2.   **ALBA IULIA**, Rumania. Biblioteca Batthyaneum
MS   R I 57
      Paper. 202 ff. 295 x 210 mm. **Saec.** XV in. (ca. 1407). **Scr.** Five scribes. **Poss.**
      Bohemia (at the back a fragment of a letter dated 1394 in Praha); Levoča,
      Slovakia, probably Spiš chapter library (cf. note on 1^r, saec. XV). **Contents**
      Hugo de s. Caro; sermons; Fabius Fulgentius; sermons; *Dialogus b. Mariae*
      et Anselmi; EN; Puncta sermonum; various notes.
I/E   **Text** 191rb *Secundum Nicodemum in illo tempore, cum Ioseph ab Arymathia de-*
      posuisset Ihesum de cruce...—...191va in Arymathiam collocavit. Ch. XII- . **Closing**
      191vb *Et sic est finitum ewangelium Nÿcodemi etc.*
SS   **Bibl.** ✝Sopko, 1982, pp. 158-9. **Corresp.** Dr. Iacob Mârza.

3.   **ALBA IULIA**, Rumania. Biblioteca Batthyaneum
MS   R II 66
      Paper. 297 ff. 305 x 220 mm. **Saec.** XV/1. **Orig.** Bohemia (cf. script; a letter
      dated in Praha). **Scr.** Six scribes; *EN* by Mecznerus de Lubschicz. **Poss.**
      Levoča, Slovakia (saec. XVIII). **Contents** Caldobrandini de Cavalcantibus;
      miscellaneous texts; Alexander de Villa Dei; *De canone missae, EN; EP; Glossa*
      hymnorum.
I/E   **Prol. II** 173ra *Factum est in anno decimo octavo, imperii Typerii Cesaris,*
      imperatoris Romanorum, Herodis, filii Herodis imperatoris Gallilee...—...quanta
      post crucem et passionem deo hystoriatus est Nycodemus... EP ...178va omnia, que
      gesta sunt cum domino, in pretorio vidi etc. **Closing** 178va *Explicit Ewangelium*
      Nycodemi per manus Meczneri de Lubschicz.
SS   **Bibl.** ✝Sopko, 1982, pp. 220-2. **Corresp.** Dr. Iacob Mârza.

4. **ALENÇON, France. Bibliothèque Municipale**
MS **17**

Parchment. 194 ff. 240 x 175 mm. **Saec.** XIII in. **Orig. and poss.** Notre-Dame de la Trappe (OCist), dioc. Sées (ownership notes on 194ᵛ, saec. XIII, and on 1ʳ, saec. XVII). **Scr.** Two scribes. ‡Contents A religious miscellany: *Gesta Barlaam et Iosaphat*; Latin infancy gospels; Balduinus Cantuariensis; Paschasius Radbertus; *Visio Elisabeth*; *Miracula s. Dei genitricis*; *EN*; *EP*; *VS*; sermons.‡

*I/E **Title** 163ʳᵃ *Incipiunt gesta saluatoris. In nomine domini summi incipiunt gesta saluatoris domini nostri Ihesu Christi que inuenit Theodosius imperator in Ierusalem in pretorio Pontii Pilati in codicibus publicis.* **Prol. II** *Factum est in anno nonodecimo imperii Tiberii cesaris, imperatoris Romanorum, Herodis filii Herodis Galilee regis...—...mandauit ipse Nichodemus litteris hebraicis.* **Text** *Annas et Cayphas et Somne et Leui et Datan et Gamaliel, Iudas, Neptalim, Alexander et Syrus...—... 175ᵛᵃ et posuit omnia uerba hec in codicibus publicis pretorii sui.* Ch. I,1-XXVII. **EP** 175ᵛᵃ *Et post hec Pilatus scripsit epistolam ad urbem Romam Claudio imperatori dicens: Pontius Pilatus regi Claudio salutem. Nuper accidit quod et ipse probaui...—...175ᵛᵇ omnia que gesta sunt de Ihesu in pretorio meo.* **Closing** 175ᵛᵇ *Expliciunt gesta saluatoris.* **VS** 176ʳᵃ *Incipit relatio de destructione Ierusalem et Iudeorum propter mortem Christi. In diebus Tyberii cesaris, sub tetrarcha Pontio Pilato traditus fuit Ihesus... In illis diebus erat quidam Titus...—...180ʳᵇ fecit sibi speluncam in nomine domini nostri Ihesu Christi ubi paruo tempore uixit et ubi requieuit in pace adiuuante domino nostro... Amen. Explicit relatio de uindicta mortis Christi.* Ch. 1-35.

SS **Bibl.** ‡*Catalogue général*, 1888, Octavo II, pp. 493-4. ‡Samaran and Marichal, vol. VII, p. 413.

5. **AMIENS, France. Bibliothèque Municipale**
MS **Fonds Lescalopier 93 (5182)**

Paper. 267 ff. 209 x 140 mm. **Saec.** XV. **Scr.** At least two scribes. **Poss.** Notre-Dame de Grâce (OCart), Bruxelles (ownership note, *Liber Carthusiensis prope Bruxellam*). **Contents** I: An epistolary collection; *Tractatus de passione domini*; etc. II: *EN*; *EP*; Anselmus Cantuariensis, *Meditatio IX: De humanitate Christi*; Rabanus Maurus; Petrus de Angea; *Indulgentiae urbis Romae*, *Coniuratio malignorum spirituum*; etc.

I/E **Title** 120ʳ *Euuangelium Nychodemi.* **Prol. II** *Factum est autem in anno XXXᵒ imperii Tiberii...—...que ipse Nichodemus mandavit litteris hebraicis et ut latine sequitur.* **Text** *Annas et Cayphas et Semia...* Ch. I,1- . **EP** *...in pretorium meum.*

SS **Bibl.** ‡*Catalogue général*, 1893, Octavo XIX, pp. 490-3.

6.   **ANGERS**, France. Bibliothèque Municipale
MS   807 (723)

Parchment. 144 ff. 310 x 222 mm. **Saec.** XII. **Poss.** St.-Serge, Angers (OSB; ownership note inside front cover, saec. XVI). **Contents** A lectionary: saints' lives; *Passio Longini mart.*; *EN.*

*I/E   **Title** 132vb *viii kalendas aprilis: Incipit gesta domini nostri Ihesu Christi quam imperator magnus Theodosius reperit in Iherusalem.* **Prol.** II *Factum est in anno quintodecimo imperii Tyberii cesaris, imperatoris Romanorum, et Herodis filii Herodis regis Galileae...* **Text** ...144vb *abiitque unusquisque in patriam suam.* **Ch.** I,1-XXVII. **Closing** 144vb *Explicit.*

SS   **Bibl.** *Catalogue général*, 1898, Octavo XXXI, pp. 453-5. †Straeten, 1982, pp. 259-65. **Corresp.** Louis Torchet.

7.   **ANSBACH**, Germany. Regierungsbibliothek
MS   Lat. 15

303 ff. **Saec.** XV in. **Scr.** Three scribes. **Poss.** Riedfeld (near Neustadt an der Aisch; OFM), dioc. Würzburg. **Contents** ...; Iohannes de Friburgo; sermons; *EN* (concl.); *EP*; Honorius Augustodunensis, *De imagine mundi*; Iulianus Toletanus; sermons; *EN* (beg.).

I/E   **Prol.** II 299ra *Factum est autem in anno XII° imperatoris Tiberii cesarijs imperatoris Romanorum et Herodis filij imperatoris Galilee...* **Text** *Annas et Caiphas et Somne et Datham Gamihel Iudas Levi Neptali Alexander et Syrus...—...*303vb *Coniuro te per virtutes tuas et* 254va *meas ne perducas illum...—...*256rb *et posuit omnia verba in codicibus publicis pretorij sui.* **Ch.** I,1-XXVII; ff. 254va-256rb originally blank. *EP* 256rb *Et post hec ipse Pylatus scripsit epistolam ad vrbem Romam Claudio dicens. Sequitur epistola...—...*256va.

SS   **Bibl.** Krämer, 1989-90, vol. II, p. 689. **Corresp.** †K.H. Keller.

8.   **ARNHEM**, Holland. Bibliotheek Arnhem
MS   5

Paper. 114 ff. **Saec.** XIV/2 and XV. **Poss.** Bethlehem (OCan), possibly near Doetinchem, prov. Gelderland. **Contents** Iohannes Climacus; Augustinus Hipponensis, *De perfectione iustitiae hominis*; *EN.*

*I/E   **Title** 113vb *In nomine sancte Trinitatis hic incipiunt ea que de saluatore nostro Ihesu Christo facta fuerant, que Theodosius imperator catholicus postea inuenit scripta in Iherusalem Poncii Pilati, sicut Nichodemus qui venerat ad Ihesum nocte litteris ebraicis scripsit et in multis codicibus memorie reliquit.* **Prol.** II *Factum est in anno xxx° Tiberii cesaris, magni imperatoris, qui tocius Romani imperii habuit dominium, et erat ei subditus Herodes rex Gallie filius Herodis...—...et mandauit ipse Nychodemus litteris ebraicis* (**Text**) *Anne et Cayphe et Summe et Dathan,*

*Gamaliel, Iudas, Leui, Neptalim, Alexander et Syrus...—...*114ra *Set clamantes ad signiferos dixerunt quia ipsi curuauerunt et adorauerunt.* Ch. I,1-I,5.
SS   **Bibl** Roth, p. 1. **Corresp.** †Dr. H.Chr. van Bemmel.

9.   **ARRAS**, France. Bibliothèque Municipale
MS   639 (Cat. 80)

Parchment. 108 ff. 337 x 235 mm. **Saec.** XII. **Scr.** One scribe. **Poss.** Notre-Dame de Ourscamp (OCist), dioc. Noyon, now Beauvais (ownership note on 108^r, saec. XIII); St.-Vaast, Arras (OSB; ownership note on 1^r). ‡**Contents** Gregorius Magnus; Iohannes Chrysostomus; Ambrosius Mediolanensis, *De paradiso*; *EN*; Augustinus Hipponensis, *De Genesi libri II*; *Vita s. Caroli comitis Flandriae.*‡

I/E   ‡**Title** *Incipiunt Gesta dominice passionis, que invenit Theodosius Magnus imperator in pretorio Pontii Pilati in codicibus publicis.* **Prol** II *Factum est in anno nono decimo imperii Tiberii Cesaris imperatorisque Romani...* Incomplete; 5 ff.‡
SS   **Bibl** ‡*Catalogue général*, 1872, Quarto IV, pp. 44-5. †Straeten, 1971, p. 52. **Corresp.** Catherine Dhérent.

10.   **AUGSBURG**, Germany. Staats- und Stadtbibliothek
MS   2° Cod. 30

Parchment. 135 ff. 165 x 125 mm. **Saec.** XIII/2 and XIV/1. **Orig.** Southern Germany. **Scr.** Several scribes. **Poss.** Irsee (OSB), dioc. Augsburg (ownership note on 1^r, 1627). **Contents** *Tractatus de missa*; *Arbor scientiae*; Iohannes de Rupella; *Summa de virtutibus et vitiis*; sermons; *EN*; sermon incipits; Marcus de Spira.

I/E   **Title** 132rb *Prologus Nych[odemi] de M* [?] *De passione domini.* **Prol** II *Actum est autem in anno decimo Tiberii Cesaris imperii Romanorum et Herodis imperii Galilee...* **Text** ...133ra *Nos vidimus quomodo inclinaverunt se signiferi et adoraverunt Jesum.* Ch. I,1-I,5.
SS   **Bibl** Krämer, 1989-90, vol. I, p. 378. †Spilling, pp. 52-3. **Corresp.** Dr. Helmut Gier.

11.   **BAMBERG**, Germany. Staatsbibliothek
MS   Theol. 112

Paper. i 363 ff. 305 x 214 mm. **Saec.** XV. **Poss.** Dominicans, Bamberg (ownership note on the flyleaf). **Contents** An exegetical, devotional miscellany: *In Cantica canticorum commentarius*; Nicolaus de Gorran; *Epistola Bernardi ad Raymundum*; *EN*; *EP*; *CST*; *De sex casibus memorandis in secreto missae*, *Epistola Eusebii ad Damasum episcopum*; Engelbertus Admontensis; *Lumen animae*, ...; *Miracula plurima.* Used by Dobschütz for his edition of *CST*.

*I/E   **Title** 246ra *Ewangelium Nicodemi discipuli domini.* **ProL II** *Et factum est in anno xv Tiberii cesaris, imperatoris Romanorum, et Herodis filii Herodis regis...—...mandauit ille Nicodemus litteris hebraicis et grecis.* **Text** *Annas et Cayphas et Sobna et Datan, Gamalion, Iudas, Leui, Neptalim, Allexander, Tyatus...—...*253rb *et posuit ea in codicibus publicis pretorii.* **Ch.** I,1-XXVII. *EP* 253rb *Et post hec omnia Claudio cesari per epistolam nuncciauit dicens: Poncius Pylatus domino suo Claudio salutem. Nuper accidit Iudeis per inuidiam...—...*253va *ne quis menciens ei credatur. Valete.* **CST** 253va *Hanc clausulam dixit adhuc Tyberio viuente imperatore Pylatus epistolam. Eodem tempore Tyberio Vitello consulibus...—...*255vb *Dominus autem contulit salutem omnibus credentibus in se, quia ipsum credimus Dei Filium qui cum Patre... Amen.* Version B, ch. 1-20.

SS   **BibL** †Bamberg, Königliche Bibliothek, pp. 685-9. Dobschütz, 1899, p. 203*. Krämer, 1989-90, vol. I, p. 66. Kurz, p. 70. **Corresp.** Dr. Bernhard Schemmel.

12.   **BARCELONA**, Spain. Archivo de la Corona de Aragón
MS   Ripoll 106
Parchment. 140 ff. 225 x 265 mm. ‡Saec. IX/2 (part II, including *EN*) and XII (part I). **Orig.** Catalogna. **Poss.** S. Maria, Ripoll (OSB), dioc. Vich.‡ **Contents** I: Prosper Aquitanus. II: A poetical, scientific, theological miscellany: ...; Boethius; computistical notes; ps.-Methodius; Hieronymus, *Praefatio in Daniel prophetam de Antichristo*; *EN*; *EP*; *CST*.

*I/E   **Title** 122^r *Incipit gesta Grecorum de passione domini contra Iudaeos.* **ProL II** 122^v *Quod inuentum est in militibus iudicibus praetorii princeps Pilati, scriptum in anno quarto ducentesimo secundo olimphiadis...—...ipse Nicodemus scripsit literas ebraicas.* **Text** *Annas et Caifas, summi sacerdotis, Dietan et Gamaliel, Iudax, Leui et Neptalim, Alexander et Lazarus...— ...*134^r *et reposuit omnia in publicis codicibus praetorii sui.* **Ch.** I,1-XXVII; writing partially effaced. **XXVIII** 134^r *Iudaeorum inuenit sinagoga[m] magna[m ?] et congregans omnes principes et gramaticos et scribas...—...*135^r *audiens Pilatus ab Anna et Cayfa* 135^v *omnia uerba haec, scripsit hoc in iesta saluatoris domini in codicibus publicis praetorii sui.* *EP* 135^v *Et scripsit epistolam ad Claudium regem urbis Rome dicens: Nuper accidit quod ipse probauit...—...*136^r *omnia que gesta sunt in praetorio meo de Ihesu regem Iudaeorum quem crucifixerunt, et omnia in nostris cordibus prenotauimus, quoniam ipsius est regnum et potestas in secula seculorum. Amen.* **CST** 136^r *Item epistola vnde supra. Factum est cum Tiberio* ⌈*et Bielio above line*⌉ *et consulibus suis. Eodem tempore Tiberius cesar gubernabat imperium, necesse fuit ut in partibus Iherosolimorum...—...*139^r *a plaga siringii defunctus est in lecto suo. Fini[... ?].* Version A, ch. 1-14; the last folio torn and crumpled; the conclusion barely legible on microfilm.

SS   **BibL** Divjak, p. 68. †García, pp. 56-8. ‡Olsen, vol. I, p. 65.

13. **BASEL, Switzerland.** Universitätsbibliothek
MS A X 102

Saec. XV/2. Scr. Martin Ströulin (1429–ca. 1500). Poss. Carthusians, Basel.
Contents ...; *EN; EP;* etc.

I/E Title 148ᵛ *In epistola Beati Nichodemi.* Text *Exurgens Iosepp ab arimachya dixit ad mariam et caypham Vere ammira[ndum ?] et bene quoniam audistis quia visus est ihesus...* Ch. XVII,1-. *EP* ...154ʳ *ne aliter mentienti estimes credendum mendacijs iudeorum. Vale.* Closing 154ʳ *Finis Epistole beati Nichodemi.*

SS Bibl. Steinmann, p. 379. Corresp. †Dr. Martin Steinmann.

14. **BELLUNO, Italy.** Biblioteca Civica
MS 355

Paper. Saec. XVI/1 (1517; copied from a manuscript written in 1415). Orig. Belluno. Scr. Two scribes; the bulk of the manuscript written by Andreas de Alpago. Poss. Written for Marcus Aemilianus, prefect of Belluno. Contents *Epistola Lentuli de Iesu Christo; EN; EP; VS.*

*I/E Prol. II 2ʳ *[T]emporibvs Tyberii imperatoris, tetrarcha sub Pontio Pilato tradditus fuit Christus a Iudeis et reuellatus a Tyberio etc. Actum est hoc in anno decimo nono Tyberii caesaris, imperatoris Romanorum, et Herodis regis Gallileae...—...2ᵛ mandauit ipse Nicodemus litteris aebraicis.* Text 2ᵛ *Annas et Cayphas et Somedatum, Gamaliel, Iudas, Leui, Neptalim, Alexander et Syrus...—...34ᵛ et posuit omnia uerba in codicibus publicis sui praeconii.* Ch. I,1-XXVII. *EP* 34ᵛ *Et postea ipse Pilatus scripsit aepistolam ad vrbem Romam dicens Claudio: Pontivs Pilatvs regi Clavdio S.P.D. Nvper euenit quod et ipse probaui...—...35ᵛ omnia que gesta sunt de Iesu in pretorio meo. Amen.* Hand changes on 35ʳ. Closing 36ʳ *Explicit euangelium Nicodemi principis Iudeorum et discipuli Cristi de giestis pasionis domini quod inuenit Theodosius magnus inperator in Gierusalem in pretorio Pontii Pylati in codicibus publicis.* VS 40ʳ First hand resumes. *Destructio Hierusalem secundum Nicodemum. In diebus Tyberii imperatoris, tetrarchae sub Pontio Pilato traditus fuit Christus a Iudaeis et reuellatus a Tyberio. In diebus illis erat Titus...—...50ᵛ Et tunc Tiberius caesar fuit instructus in omnibus articulis fidei plenarie et firma fide. Ipse Deus omnipotens qui est regum et dominantium dominus, ipse nos in fide sua protegat... in secula seculorum. Amen.* Ch. 1-36. Closing 51ʳ *Explicit destructio Hierusalem secundum Nicodemum, scripta per me Leonisium decanum Belluniensem in uno die in festo decolationis Ioannis Baptiste, mensis augusti 1415 ... Svprascripta omnia fuere exemplata de mandato magnifici et clarissimi D. Marci Aemiliani, nunc praetoris praefectisque ciuitatis Belluniensis, ex quodam uolumine magno manu scripto reperto in bibliotheca ecclesiae cathedralis ciuitatis eiusdem per me Andream de Alpago, anno 1517 die primo augusti.*

SS Corresp. †Albertina Giacomini Padrin.

15. **BERKELEY, CA, U.S.A.** University of California, The Bancroft Library
MS **UCB 20**

Parchment. 61 ff. 144 x 108 mm. Saec. XII. Orig. Germany. Scr. Probably more than one scribe. Contents Ps.-Matthaeus; *EN; EP; CST; Oratio dominica.*

*I/E **Title** 21ʳ ⌜*Euuangelium Nychodemi quod [inuenit ?] Theodosius imperator in Ierusalem in p[retorio ?] Poncii Pylati in codicibus publicis.* Top margin, later hand.⌝ **Prol.** II *Factum est in anno octauodecimo imperii Tyberii cesaris, imperatoris Romanorum, et Herodis filii Herodis imperatoris Galilee...—...mandauit ipse Nichodemus litteris hebrahicis.* **Text** *Igitur Annas et Cayphas et Somne et Dathan, Gamaliel, Iudas, Leui, Neptalim, Alexander et Syrus...—...46ᵛ et posuit omnia uerba in codicibus publicis pretorii sui.* Ch. I,1-XXVII. **Closing** 47ʳ *Finit passio domini.* Large ornamental capitals. **EP** *Et post hec ipse Pilatus scripsit epistolam ad urbem Romam Claudio dicens: Poncius Pilatus Claudio suo salutem. Nuper accidit et quod ipse probaui...—...48ʳ omnia que gesta sunt de Ihesu in pretorio meo.* **CST** 48ʳ *Hanc Pilatus Claudio direxit adhuc uiuente Tiberio imperatore licet grauissimo laborante morbo...—...56ʳ Dominus autem salutem contulit credentibus in se, qui ipsum credimus Dei Filium qui cum Patre... Amen. Finit exilium Pilati.* Version B, ch. 1-20.

SS **Bibl.** ✝Sotheby, 1966, p. 84. **Corresp.** Anthony S. Bliss.

16. **BERLIN, Germany.** Staatsbibliothek Preussischer Kulturbesitz
MS **Lat. oct. 107**

Parchment. iv 465 iv ff. Saec. XIII ex.-XIV in. Scr. Several scribes. **Contents** Martinus Polonus; *Vita s. Benedicti;* miscellaneous texts, mostly on St. Benedict; Caesarius Heisterbacensis; *Vitae fratrum;* ps.-Matthaeus; *EN; EP;* etc.

*I/E **Title** 363ʳ *In nomine sancte Trinitatis incipiunt gesta saluatoris domini nostri Ihesu Christi que inuenit Theodosius imperator in Ierusalem in pretorio Poncii Pylati.* **Prol.** II 363ᵛ *Factum est in anno xviiiᵒ Tyberii cesaris, imperatoris Romanorum, et Herodis filii Herodis imperatoris Galilee...—...mandauit ipse Nychodemus litteris hebraicis Anne et Cayphe et omnibus et dedit hanc Gamalieli.* **Text** *Iudas, Leui, Neptalym, Alexander et Syrus...—...382ʳ.* Ch. I,1- . **EP** 382ʳ.*—...382ᵛ omnia que gesta sunt de Ihesu in pretorio.* **Closing** 382ᵛ *Expliciunt gesta saluatoris domini nostri Ihesu Christi que inuenit Theodosius imperator Ierosolimis in pretorio Pontii Pylati in codicibus publicis.*

SS. **Bibl.** ✝Berlin, Staatsbibliothek Preussischer Kulturbesitz. **Corresp.** Dr. Peter Jörg Becker.

17. **BERLIN, Germany.** Staatsbibliothek Preussischer Kulturbesitz (Deutsche Staatsbibliothek, Berlin)

MS Theol. lat. fol. 241

Paper. 190 ff. 210 x 150 mm (‡290 x 220 mm‡). **Saec.** XV. **Scr.** Two scribes. **Contents** A religious miscellany: *Historia trium regum*; ...; Hugo de Folieto, *De medicina animae, EN*; *EP*; *Epistola Bernardi ad Raymundum*; Henricus de Hassia, *Bulla Luciferi ad prelatos et sacerdotes*; ...; Henricus de Frimaria; etc.

*I/E **Title** 128ra *In nomine sancte Trinitatis incipiuntur gesta passionis domini nostri Ihesu Christi que invenit Theodosius magnus imperator in Ierusalem in pretorio Poncio Pylati in codicibus puplicis etc.* **Prol. II** *Factum est in anno xix imperatoris Tyberii, cesaris Romanorum, et Herodis filii Herodis imperatoris Galilee...—...mandauit ipse Nicodemus litteris hebraycis.* **Text** *Annas igitur et Cayphas et Samp⁰ne et Dathan, Gamaliel, Iudas, Leui, Neptalim, Allexander et Syrus...—...136ra Ipse autem scripsit dicta et facta Iudeorum de Deo ac posuit in codicibus [publicis ?] pretorii sui. Post hec scripsit hanc epistolam ad Claudium imperatorem Augustum.* **Ch.** I,1-XXVII. **EP** 136ra *Epistola Pylati presidis. Poncius Pylatus regi Claudio salutem. Nuper accidit...—...omnia hec que de Ihesu gesta in pretorio meo.* **Closing** *Et sic est finis.*

SS Bibl. ‡Kurz, p. 82. †Rose, pp. 853-7. **Corresp.** Dr. Hans-Erich Teitge.

18. **BERLIN, Germany.** Staatsbibliothek Preussischer Kulturbesitz

MS Theol. lat. fol. 533

300 ff. **Saec.** XV/1. **Poss.** Eastern Germany, Poland, or Galicia. **Scr.** Ff. 77ᵛ-299ᵛ written by Johannes de Lippow in Rzyczano. **Contents** *Epistola de constantia*; *Prothemata sermonum de tempore, EN*; *De Veronilla*; *Planctus b. Mariae* (*Quis dabit capiti meo...*); sermons; Alexander de Villa Dei; Nicolaus de Worannyc; etc.

*I/E **Title** 39ra ⌈*Ewangelium Nicodemi.* Top margin.⌉ *In nomine sancte Trinitatis incipiunt gesta saluatoris domini nostri Ihesu Cristi que invenit Theodosius magnus imperator in pretorio Ponti Pylati in codicibus.* **Prol. II** *Factum in anno xxix Tiberii cesaris Romanorum et Herodis filii Herodis regis Gallilee...—...que principibus sacerdotum et reliquis Iudeis mandauit litteris hebraicis.* **Text** *Annas et Cayphas, Symon et Datan, Gamaliel et Iudas, Leui, et Neptali, Allexander, Gyrus et reliqui...* **Ch.** I,1- . **De Veronilla** *...45ᵛᵃ corpus Pylati extraxerunt et in vehiculo imponentes in heremum duxerunt vbi nullum hominem vltra uiare sencierunt etc.* **Closing** 45ᵛᵃ *Explicit ewangelium Nicodemi etc.*

SS **Corresp.** †Dr. Peter Jörg Becker.

19.   BERLIN, Germany. Staatsbibliothek Preussischer Kulturbesitz
MS   Theol. lat. fol. 688
      Paper. 339 ff. 305 x 220 mm. Saec. XV/1 (1416-27; 1419). Orig. Vicinity of
      Erfurt (cf. the fragment after f. 339). Scr. A Regular Canon. Poss. ‡St. Mar-
      tin, Heiligenstadt (OCan; later Jesuit College), dioc. Mainz;‡ Gymnasialbib-
      liothek Heiligenstadt (Eichsfeld); Königliche Bibliothek Berlin. Contents De
      vita Henrici I regis; Regula Canonicorum Regularium; Usardus; Gregorius
      Magnus, Dialogorum libri IV; EN; a note on chronology; Canticum canticorum.
*I/E Title 300ʳ ⌈Ewangelium Nichodemi. Top margin.⌉ Prol. II 300ʳᵃ Factum est anno
      xcᵒ imperii Tiberii cesaris et Herodes filii Herodis regis Galilee...—...Theodosius
      autem magnus imperator fecit ea transferri de hebreo in latinum. Text Annas, Cay-
      phas, Symeon, Datan, Gamaliel, Iudas, Leui, Neptalim, Allexander et Iarius...—...
      309ʳᵃ et posuit omnia miracula hec in codicibus publicis pretorii sui. Ch. I,1-
      XXVII. XXVIII 309ʳᵃ Post hec ingressus templum Pilatus conuocauit omnes prin-
      cipes sacerdotum...—...309ᵛᵃ a diluuio usque ad Abraham etc. A note on chrono-
      logy 309ᵛᵃ Nota a creacione mundi usque ad natiuitatem 309ᵛᵇ Christi...—...309ᵛᵇ
      post natiuitatem domini mᵒccccxix etc.
SS   Bibl. †Becker and Brandis, pp. 212-4. ‡Krämer, 1989-90, vol. I, p. 328. Cor-
      resp. Dr. Peter Jörg Becker.

20.   BERLIN, Germany. Staatsbibliothek Preussischer Kulturbesitz
MS   Theol. lat. fol. 690
      Paper. i 222 ff. 300 x 210 mm. Saec. XV/1 (1431). Orig. Eastern Germany.
      Scr. Matthäus Then; copied from Berlin, SBPK Theol. lat. fol. 688. Poss. ‡St.
      Martin, Heiligenstadt (OCan; later Jesuit College), dioc. Mainz;‡ Gymnasial-
      bibliothek Heiligenstadt (Eichsfeld); Königliche Bibliothek Berlin. Contents
      Petrus Riga; Gregorius Magnus, Dialogorum libri IV; EN; a note on chrono-
      logy.
*I/E Title 210ᵛᵇ Incipit ewangelium Nichodemi. Prol. II Factum est anno xcᵒ imperii
      Tiberii cesaris et Herodes filii Herodis regis Gallilee...—...Theodosius autem magnus
      imperator fecit ea transferri de hebreo in latinum. Text Annas, Cayphas, Simeon,
      Datan, Gamaliel, Iudas, Leui, Neptalim, Allexander et Yarius...—...221ᵛᵃ et posuit
      omnia miracula hec in codicibus publicis pretorii sui. Ch. I,1-XXVII. XXVIII 221ᵛᵃ
      Post hec ingressus templum, Pylatus convocauit omnes principes sacerdotum...—...
      222ʳᵃ a diluuio usque ad Abraham etc. A note on chronology 222ʳᵃ Nota a crea-
      cione mundi usque ad natiuitatem 222ʳᵇ Christi...—...222ʳᵇ Et sic mundus stetit in
      toto mmmmm annos, cccc annos et xlv annos etc. Closing 222ʳᵇ Ffinitus est liber
      iste sub eodem numero annorum... Explicit ewangelium Nichodemi sub anno
      domini mᵒ ccccᵒ xxxi in vigilia Margarethe.
SS.   Bibl. †Becker and Brandis, pp. 215-6. ‡Krämer, 1989-90, vol. I, p. 329. Cor-
      resp. Dr. Peter Jörg Becker.

21. **BERLIN, Germany**. Staatsbibliothek Preussischer Kulturbesitz
MS Theol. lat. qu. 316
Paper. 169 ff. 210 x 145 mm. **Saec.** XIV ex. and **XV in.** (ca. 1400, 1404). **Scr.**
Several scribes. **Poss.** Franciscans, Ingolstadt, dioc. Eichstätt (cf.
stamp on the cropped edge and shelf-mark); Kaiser-Wilhelm-Bibliothek, Poznań
(Posen). **Contents** *Lumen animae*, sermons; Thomas Appolczhoffer, *Vita Adae
et Evae (Cum expulsi fuissent...)*; EN; *Notanda de humanitate Christi*; sermons;
Henricus de Hassia; etc.
*I/E **Title** 108ʳ *Hystoria de resurrectione domini. Ex ewangelio Nicodemi*. Text *Cum
exultarent omnes in Lymbo, ecce Sathanas princeps et dux mortis adveniens dixit...*
—...109ᵛ *vna uoce dixerunt: Benedictus dominus omnipotens pater misericordiarum
qui consolatur nos in omni tribulatione nostra, qui talem gratiam peccatoribus con-
tulisti etc.* Ch. XX,1-XXVI.
SS **Bibl.** †Achten, pp. 103-6. Krämer, 1989-90, vol. I, p. 373. **Corresp.** Dr. Peter
Jörg Becker.

22. **BERLIN, Germany**. Staatsbibliothek Preussischer Kulturbesitz
MS Theol. lat. qu. 369
Parchment. 71 ff. 235 x 170 mm. **Saec.** XIII ex. **Orig.** Northern France (cf.
script, stylistic features). **Scr.** Several scribes. **Poss.** Michelsberg, Mainz
(OCart, ownership note on 1ʳ, saec. XIV); †Jakobsberg, Mainz (OSB);†
brought to St. Barbara, Köln (OCart), by prior Johannes Oesterwijc (ownership note on 71ᵛ, saec. XVI); book dealer Johann Matthias Heberle (saec.
XIX/1); Leander van Ess (1772-1847), Darmstadt, Sir Thomas Phillipps (1792-
1872); Königliche Bibliothek Berlin. **Contents** Gregorius Magnus; *Liber de
miraculis b. Mariae Virginis*; miscellaneous historical texts; ps.-Matthaeus; EN;
Vita Adae et Evae (Cum expulsi essent...); *De poenis inferni*; etc.
*I/E **Title** 64ʳᵃ *De passione domini. Incipivnt gesta domini saluatoris que invenit Theodosius imperator in atrio Poncii Pilati, scripta in codicellis publicis, a Nichodemo
conposita*. **Prol.** II *Factum est in anno xix⁰ Tyberii cesaris Romanorum et Herodis
filii Herodis imperatoris Galilee...—...mandauitque Nychodemus litteris hebraycis.*
Text *Annas et Cayphas, Gamaliel et Iudas, Leui et Neptalim et reliqui Iudeorum...*
—...65ᵛᵇ *Respondentes Iudei dixerunt: Ioseph nos damus, date vos Ihesum.* Ch. I,1-
XIII,2.
SS **Bibl.** †Achten, pp. 214-7. ‡Krämer, 1989-90, vol. II, pp. 425, 526. Marks, p. 193.
Corresp. Dr. Peter Jörg Becker.

23. **BERLIN, Germany**. Staatsbibliothek Preussischer Kulturbesitz
MS Theol. lat. oct. 157
Parchment. 274 pp. 150 x 115-125 mm. **Saec.** IX/2. **Orig.** Southern Germany.

Scr. Several scribes. Poss. Tegernsee (OSB), dioc. Freising; Guglielmo Libri (1803-69); Sir Thomas Phillipps (1792-1872). Contents Augustinus Hipponensis; *Altercatio Ecclesiae et Synagogae*, Alcuinus, *De virtutibus*; EN; EP.

*I/E **Title** P. 205 ⌜*Euangelium Nycodemi*. Top margin, hand saec. XV.⌝ *In nomine sanctae Trinitatis incipivnt gesta salvatoris domini nostri Ihesv Christi quae inuenit Theodosivs magnus imperator in Hierusalem in pretorio Pontii Pilati in codicibvs publicis*. **Prol.** II *Factum est* ⌜*autem* above line, hand saec. XV⌝ *in anno xviiii imperii Tiberii cesaris, imperatoris Romanorum, et Herodis filii Herodis imperatoris Galilee...—...mandauit ipse Nichodemus litteris hebraicis*. **Text** *Annas et Cayphas et Somne et Dathan, Gamaliel, Iudas* ⌜*et* above line, hand saec. XV⌝ *Leui, Neptalim, Alexander et Syrus...—...p. 271 et posuit omnia uerba in codicibus publici pretorii sui*. Ch. I,1-XXVII; numerous corrections. **EP** P. 271 *Et post haec ipse Pilatus scripsit epistolam ad urbem Romam Claudio dicens: Pontius Pilatus ~~regi suo~~* ⌜*preses cesari* above line, hand saec. XV⌝ *Claudio salutem. Nuper accidit et quod ipse probaui...—...p. 273 omnia quae gesta sunt de Ihesu in pretorio meo*.

SS **Bibl.** †Bischoff, vol. II, p. 230. Krämer, 1989-90, vol. II, p. 753. Kurz, p. 100. Sotheby and Wilkinson, p. 159. Sotheby, Wilkinson & Hodge, p. 69. **Corresp.** Dr. Peter Jörg Becker.

24. **BERN, Switzerland. Burgerbibliothek**
MS 377

Parchment. 160 ff. 235 x 160 mm. **Saec.** XIII/2. **Orig.** Dominicans, Metz. **Scr.** Several scribes. **Poss.** Ste-Marie, Metz (OCael; ownership note on 13ʳ, saec. XIV or XV); Jacques Bongars (1554-1612); René Gravisset or von Graviseth; Jacob, his son (1598-1658), willed it to the city of Bern. **Contents** A religious miscellany: ...; ps.-Methodius; Albuin de Gorze, *De vita Antichristi*; ...; saints' lives; EN; EP; *Planctus b. Mariae* (*Quis dabit capiti meo...*); *Vita Mariae*, ps.-Matthaeus; visions and exempla; computus.

I/E ‡**Title** 126ᵛ *Incipiunt gesta Salvatoris Domini nostri JEsu Christi quae invenit Theodosius Imperator Romanorum proprio testimonio Pontii in Codicibus publicis*. **Prol.** II *Factum est in anno nono decimo Imperatoris Tyberii Cesaris anno nono decimo Principatus ejus...—...mandavit ipse Nichodemus litteris hebraicis*. **Text** *Anna et Caipha et Seme et Dathan, Gamaliel, Judas, Levi, Nephtalim, Alexander et Syrus...—...Et ipse Pylatus scripsit omnia verba in Codicibus publicis praetorii sui*. Ch. I,1-XXVII. **EP** *Est post haec Pylatus scripsit Epistolam ad urbem Romam Tyberi, dicens. Pontius Pylatus Imperatori Tyberio sal. Nuper accidit...‡—...137ᵛ omnia que gesta sunt de Iesu in pretorio meo*.

SS **Bibl.** Hagen, pp. 354-5. †Philippart, 1974, pp. 64-74. ‡Sinner, pp. 214-5. **Corresp.** Dr. Chr. v. Steiger.

25. **BERN**, Switzerland. Burgerbibliothek
MS 582

Parchment. i 96 ff. 200 x 134 mm. **Saec.** IX ex. **Scr.** Several scribes. **Poss.** Sankt Gallen (OSB), dioc. Konstanz (ownership note on i[r], saec. XIII; [‡]mentioned in the catalogue of 1461[‡]); possibly Melchior Goldast (d. 1635). Contents Arculfus-Adamnanus, *De locis sanctis*; *EN*; *EP*; *Itinerarium Antonini Placentini*.

*I/E **Title** 46[r] *In nomine sanctae et indiuidvae Trinitatis incipivnt gesta saluatoris domini nostri Ihesv Christi qvae inuenit Theodosivs magnvs imperator in Hiervsalem in praetorio Pontii Pilati in codicibus pvblicis.* **Prol. II** *Incipit praefatio. Factum est in anno nonodecimo imperatoris et caesaris Tiberii et Herodis filii Herodis imperatoris Galileae...—...46[v] mandauit ipse Nichodemus literis hebraicis. Explicit.* **Text** 46[v] *Incipit textus. Annas et Caiphas et Somne et Dathan, Gamaliel, Iudas, Leui, Neptalim, Alexander et Sirus...—...74[v] et posuit omnia uerba in codicibus suis puplicis pretorii sui.* Ch.I,1-XXVII. *EP* 74[v] *Et post haec ipse Pilatus scripsit epistolam ad urbem Romam Claudio dicens:* [P]*ontius Pilatus regi Claudio suo salutem. Nuper accidit et quod ipse probaui...—...75[v] omnia que gesta sunt de Ihesv in pretorio meo.*

SS **Bibl.** Hagen, p. 470. [†]Homburger, pp. 159-61. [‡]Lehmann, 1918, p. 117. **Corresp.** Dr. Chr. v. Steiger.

26. **BOLOGNA**, Italy. Biblioteca Universitaria
MS 2601

Paper. 128 ff. 237 x 165 mm. **Saec.** XV/2 (1465). [‡]*Scr. Bartholameus clericusque parmensis scripsit atque exemplavit die XX martii 1465.*[‡] **Poss.** S. Salvatore, Bologna (OCan; [§]mentioned in the inventory of Fabio Vigili, prepared between 1508 and 1512[§]). [‡]**Contents** Antonius de Senis; Bernardus Clarevallensis, *De consideratione ad Eugenium III papam*; *EN*; *CST*; *Epistola Lentuli de Iesu Christo*.

I/E **Title** 113[r] *In nomine sancte et indiuidue Trinitatis. Incipiunt gesta domini nostri et Salvatoris Yesu Christi quae inuenit Thodosius magnus imperator in Yerusalem in praetorio Pylati in codicibus publicis in anno Nono decimo.* **Prol. II** *Factum est in anno nono decimo Imperij Tyberij Cesaris Romanorum et Herodis filij Herodis...* **Text** *Anna et Cayphas summi sacerdotes...* Ch. I,1- . *CST* ...127[v] *Dominus autem salutem contulit in se credentibus: quia ipsum credimus dei filium. Qui cum patre et spiritu sancto uiuit et regnat per infinita secula seculorum. Amen. Alleluja.* Ch. -20. **Closing** 127[v] *Explicit libellus passionis salvatoris et domini nostri yesu christi.*

SS **Bibl.** [‡]Frati, p. 503. [§]Laurent, pp. XXII, 166-7. **Corresp.** [†]Dott. Franca Arduini.

24 CENSUS OF MANUSCRIPTS

27. BOLOGNA, Italy. Biblioteca Universitaria
MS 4237
Paper. 20 iii ff. 202 x 145 mm. Saec. XV. Contents *EN; EP; De Pilato;*
Nativitas, vita et mors Iudae, De s. Longino.
I/E Title 1ʳ *Incipiunt gesta domini nostri Yesu Christi que inuenit Theodosius impera-*
tor Jerusalem in praetorio Poncij Pilati in codicibus publicis. Prol. II [F]actum est
autem in anno XV° imperatoris Tiberij Cesaris imperatoris Romanorum. Herodis
filij herodis imperatoris galilee... Text *Annas et Cayphas et Somne et Gamaliel et*
*Datam...—...*15ᵛ *et posuit omnia uerba hec in codicibus publicis pretorij sui.* Ch.
I,1-XXVII. EP 15ᵛ *Quaedam epistola missa per pontium pilatum rome regi claudio.*
Closing (?) 16ʳ *Euangelium Nicodemi.*
SS Bibl. Bologna, Biblioteca Universitaria, f. 11. Corresp. †Dott. Franca Arduini.

28. BORDEAUX, France. Bibliothèque Municipale
MS 111
Parchment. iii 307 ff. 265 x 180 mm. Saec. XIV ex. Scr. Several scribes. Poss.
Dominicans, Bordeaux (listed in the *Inventarium seu index Bibliothecae Fra-*
trum Praedicatorum Burdigalensium, Bordeaux, Bibliothèque Municipale 839).
Contents I: Gregorius Magnus. II and III: Saints' lives. IV: Bonaventura; ps.-
Matthaeus; *De origine et nativitate Iudae (Legitur autem in quadam historia licet*
apocrypha...); De poena et origine Pilati (Fuit quidam rex nomine Tyrus...); Legen-
da aurea, cap. LXVII, 2 *(Refert quidam nomine Iosephus...); EN; EP; De horis*
canonicis; CST; texts on vices and virtues.
*I/E Title 275ᵛᵇ *Incipiunt quedam gesta de passione domini secundum Nichodemum.*
Prol. II *Factum est in anno duodecimo imperatoris Tyberii, cesaris Romani, et*
Herodis filii Herodis regis Galilee...—...mandauit ipse Nichodemus litteris hebraicis
(Text) *Anne et Cayphe, Senne et Datan et Gamalieli quod Iudas et Leui, Neptalin,*
*Alexander et Syrus...—...*284ʳᵃ *et posuit omnia uerba in codicibus publicis pretorii*
sui. Ch. I,1-XXVII. EP 284ʳᵃ *Epistola Pilati. Post hec Pilatus epistolam ad urbem*
Romam Claudio regi hec continentem: Poncius Pilatus regi suo Claudio salutem.
*Nuper in Iherosolimis accidit quod ego ipse probaui...—...*284ᵛᵃ *omnia que gesta*
sunt de Ihesu. De horis canonicis 284ᵛᵃ *Hora prima consilium fecerunt Iudei...—*
...hora matutinali surrexit a mortuis. CST Factum est autem cum Tyberio et Uitelio
*consulibus et cum eodem terrore...—...*285ᵛᵇ *et sanus plage seringii defunctus est*
in Christo cum pace. Amen. Version A, ch. 1-14.
SS Bibl. *Catalogue général,* 1894, Octavo XXIII, pp. 55-8. †Gijsel, pp. 239-40.

29. BOURGES, France. Bibliothèque Municipale
MS 128 (117)
Parchment. 140 ff. 207 x 130 mm. Saec. XII. Scr. *EN* by two scribes. Poss.

Saint-Cyran (OSB), dioc. Bourges. **Contents** *EN; EP; Narratio inventionis s. crucis;* tracts on the mass; *De quindecim signis ante diem iudicii; De trinubio Annae,* in verse (*Anna viros habuit Ioachim...*); *De sacramento corporis Christi;* ...; saints' lives; Augustinus Hipponensis; etc.

*I/E **Title** 1ʳ *In nomine sancte Trinitatis incipiunt gesta saluatoris domini nostri Iesu Christi quam inuenit Theodosius magnus imperator in Ierusalem in pretorio Pontii Pilati in codicibus publicis.* **Prol.** II *Factvm est in anno xviii imperii Tiberii cesaris, imperatoris Romanorum, et Herodis filii Herodis imperatoris Galilee...—...mandauit ipse Nichodemus litteris ebraicis.* **Text** *Annas et Caiphas et Somne et Dathan, Gamaliel, Iudas, Leui, Neptalim, Alexander et Sirus...—...25ᵛ et posuit omnia uerba in quodicibus publicis pretorii sui.* Ch. I,1-XXVII; hand changes on 9ᵛ. **EP** 25ᵛ *Et post hec ipse Pilatus scripsit epistolam et ad urbem Romani Claudio dicens: Poncius Pilatus regi Claudio suo salutem. Nuper accidit et quod ipse probaui...—... 26ᵛ omnia que gesta sunt de Ihesu in pretorio meo.*

SS **Bibl.** †*Catalogue général,* 1886, Octavo IV, pp. 32-3.

30. **BRATISLAVA**, Slovak Republic. Kapitulská knižnica
MS 65
Paper. 191 ff. 296 x 225 mm. **Saec.** XIV ex. (1397). **Orig.** Bohemia or Slovakia (Czech and Slovak glosses). **Scr.** Four scribes; *EN* by Gregorius de Senicz. **Contents** *Expositio passionis dominicae, EN; EP; Expositio super canone (missae);* Isidorus Hispalensis; ...; ps.-Bernardus; saints' lives; sermons; etc.

I/E **Title** 36ᵛᵃ *Ewangelium Nycodemi.* **Prol.** II *Factum est in anno XIX imperii Tyberii cesaris, imperatoris Romanorum et Herodis, filii Herodis imperatoris, anno XXIII° principatus eius...—...hystoriatus est Nycodemus, facta et acta a principibus sacerdotum et reliquis Iudeis.* **EP** ...45ʳᵃ *Duxi ergo potestati nostre omnia, que facta sunt in pretorio modo de Iesu.* **Closing** 45ʳᵃ *Et finis adest operis, merdedem posce-[ris]. Expliciunt Ewangelia Nycodemi per manus Gregorii de Senicz (?).*

SS **Bibl.** †Sopko, 1981, pp. 97-100. **Corresp.** Dr. Marcel Kollár.

31. **BRATISLAVA**, Slovak Republic. Univerzitná knižnica
MS 1207
Paper. 263 ff. 305 x 220 mm. **Saec.** XV/1 (1443). **Orig.** *in villa Krikeri* (Handlová ?) **Scr.** Four scribes; *EN* signed, *per me Mualocin,* i.e., Nicolaum. **Poss.** 1ʳ *Bibliothecae Prividiensis Scholarum Patrum...* (saec. XVIII). **Contents** Religious, historical miscellany: ...; Martinus Polonus; ...; *Vocabularium; Talmud; EN; EP;* sermons; etc.

I/E **Prol.** II 238ᵛᵃ *Factum est in anno XIX° imperatoris Tiberii i cesaris Romanorum et Herodis filii Herodis, imperatoris Galilee...* **EP** ...246ʳᵃ *hec, que de Ihesu gesta sunt etc. Deo gracias.* **Closing** 246ʳᵃ *Expliciunt gesta passionis domini nostri Ihesu Christi, que inuenit Theodosius Magnus in pretorio in Ierosolim Poncii Pylati in*

codicibus publicis. Per me Mualocin.
SS   Bibl. Kotvan, pp. 423-7. †Sopko, 1981, pp. 144-8. **Corresp.** Dr. Marcel Kollár.

32.   **BRNO**, Czech Republic. Státní vědecká knihovna (Universitní knihovna)
MS   Mk 19
      Paper. 180 ff. 320 x 215 mm. **Saec.** XV/2. **Orig.** Bohemia (some texts in Czech). **Poss.** Ferdinandus Hofmann de Grünbüchel (ex-libris on a flyleaf, 1562); Bibliotheca Dietrichsteiniana, Mikulov, Moravia. **Contents** Bonaventura; Isidorus Hispalensis; ps.-Augustinus; ps.-Bernardus; ps.-Augustinus, *Speculum peccatoris*; Honorius Augustodunensis; *Soliloquiorum liber, ...; Articuli fidei sec. xii apostolos*; *De communione sub utraque specie, EN; EP*; Iohannes Hus, in Czech; miscellaneous texts in Czech.
I/E   Title 143ʳ *Incipiunt Gesta Saluatoris domini nostri Jesu christi secundum carnem.* **Prol.** II *Factum est autem in anno XIX et imperii Tiberii Cesaris...* **Text** ...154ʳ *et posuit omnia verba in codicibus suis.* Ch. -XXVII. **EP** 154ʳ *Post hæc ipse Pilatus scripsit Epistolam ad urbem Romam Claudio, dicens: Poncius Pilatus Regi suo Claudio Salutem. Nuper accidit...—...*154ᵛ *que gesta sunt de Jesu.*
SS   Bibl. †Dokoupil, 1958, pp. 41-4. **Corresp.** Dr. Vladislav Dokoupil.

33.   **BRNO**, Czech Republic. Státní vědecká knihovna (Universitní knihovna)
MS   Mk 79
      Paper. 404 (corr. 406) ff. 220 x 160 mm. **Saec.** XV/1 (1419). **Orig.** Bohemia (some notes in Czech). **Scr.** 389ʳ *per dominum rapotam fratrem clath[oviensem ?] sub Anno domini Mᵒ ccccᵒ xix...* **Poss.** Bibliotheca Dietrichsteiniana, Mikulov, Moravia. **Contents** *Novum Testamentum: ...; Epistola ad Hebraeos; EN; Actus Apostolorum; De vita Herodis Agrippae, Epistola Iacobi*; Thomas Hibernicus; short notes.
I/E   **Prol.** II 266ᵛ *Factum est in anno decimo octavo imperii tyberii cezaris...* **Epil.** ...295ᵛ *ad nostram* 296ʳ *noticiam devenerunt cui Cui sit honor et gloria in s. s. Amen.*
SS   Bibl. †Dokoupil, 1958, pp. 135-6. **Corresp.** Dr. Vladislav Dokoupil.

34.   **BRNO**, Czech Republic. Státní vědecká knihovna (Universitní knihovna)
MS   Mk 99
      Parchment. 236 ff. 215 x 150 mm. **Saec.** XIV/2 (a. 1379). **Poss.** 94ʳ *Iste liber fuit fratris Wennczeslay, prioris Tempore illo [... erased] anno domini Mᵒ CCCᵒ lxxixᵒ*; Bibliotheca Dietrichsteiniana, Mikulov, Moravia. **Contents** Isidorus Hispa-

lensis; *Laudes b. Mariae Virginis*; ...; *Transitus Mariae*, ps.-Matthaeus; *De ligno s. crucis (Eiecto Adam de paradiso...)*; EN; SN; *Sermones de b. Maria Virgine*, saints' lives; etc.

I/E Title 145ʳ *Incipiunt prefaciones in gesta salvatoris domini nostri jesu christi, que invenit theodosius magnus imperator in ierusalem in pretorio poncii* 145ᵛ *pylati in codicibus publicis.* Prol. II 145ᵛ *Factum est, Qualiter de gestis iesu auditum est, que in anno xviiii Tyberii cesaris...—...nychodemus litteris heraicis. Explicit prefacio.* Text *Incipit textus operis. Annas et Caiphas et Somne...* Ch. I,1-. SN ...160ʳ *Ve, ve, ve ierosolimitis omnibus et iudeis.* Ch. -II,7.

SS Bibl. †Dokoupil, 1958, pp. 171-4.

35. **BRNO, Czech Republic.** Státní vědecká knihovna (Universitní knihovna)

MS R 373

Paper. 257 (corr. 260) ff. 295 x 220 mm. **Saec.** XV in. **Orig.** Bohemia or Moravia. **Scr.** Sixteen scribes. **Poss.** Rajhrad (OSB), dioc. Brno (ownership note on 1ʳ, saec. XVII ex.-XVIII in.; ex-libris). **Contents** A religious miscellany: EN; EP; *Evangelia dominicalia cum homiliis*, ...; ps.-Iacobus Minor, sermons; etc.

I/E Title 1ʳ *Incipit prologus in ewangelium Nychodemi.* Prol. II *Factum est in anno xix⁰ imperatoris et imperii tyberii cesaris...—...ipse Nichodemus literis hebraicis Explicit prologus* Text *Incipit ipsum ewangelium. Annas et cayphas et Somma...—...9ᵛ et posuit omnia verba in codicibus publicis.* Ch. I,1-XXVII. EP 9ᵛ *Deinde pylatus scripsit epistolam claudio in hec verba... Nuper accidit et quod ipse probavi ...—...omnia que gesta sunt de iesu in pretorio meo.*

SS Bibl. †Dokoupil, 1966, pp. 161-8. **Corresp.** Dr. Vladislav Dokoupil.

36. **BRNO, Czech Republic.** Archív města Brna

MS St. Jacob 98/121

Paper. **Saec.** XV/1 (1423-4). **Scr.** Johannes Thabrar. **Poss.** Given to S. Iacobus, Brno, by Johannes Thabrar (donation note inside front cover). **Contents** *Summarium quinque librorum Decretalium; Definitiones librorum Decretalium; Tituli Institutionum; Confessionale, Tractatus de s. Trinitate,* EN; EP; CST; ps.-Thomas; other legal tracts.

*I/E Prol. I 124ʳ *EEgo Etheus, primus doctor, perscrutans deitatem legis et scripturarum...—...interpretatus sum litteris grecis ad cognitionem omnium.* Prol. II *Factum est in anno quartodecimo imperii Thiberii casaris, imperatoris Romanorum, et Herodis filii Herodis regis Galilee...—...ᶦmandauit ipse Nicodemus litteris hebraycis.* Margin.ᶦ Text *Igitur Anna et Cayphas, Sobna, Datam, Gamaliel, Iudas, Neptalim, Alexander et Syrus...—...134ᵛ Et hec omnia posuit in codicibus* *publicis pretorii.* Ch. I,1-XXVII. *EP* 134ᵛ *Et postea volens cesari omnia renuciare, ipse Pilatus epistolam ad vrbem direxit Claudio imperatori dicens:* ⌜*Epistola Pilati scripta ad Claudium imperatorem etc.* Margin.⌝ *Pilatus Poncius Claudio salutem dicit. Nuper accidit et ipse probaui...*—*...*135ʳ *omnia que gesta sunt de Ihesu in pretorio meo. Valete etc.* CST 135ʳ *Hanc epistolam Pilatus Claudio direxit aduc viuente Tiberio et Vitelio consulibus. Eodem tempore idem Tyberius cesar cum gubernaret imperium...*—*...*138ʳ *Dominus autem salutem contulit in se credentibus, quia ipsum credimus Dei Filium qui cum Patre... Amen.* Version B, ch. 1-20. **Closing** 138ʳ *Explicit quoddam opusculum scriptum necnon finitum per me Iohannem Thabrarr, arcium bacularium florentissimi studii Wyenensis, quod dictum est ewangelium Nicodemi de passione domini nostri Cristi Iesu etc.*

SS   Bibl. †Habrich and Simonius, pp. 89-90. **Corresp.** Dr. František Zřídkavesely.

37.   **BRUXELLES**, Belgium. Bibliothèque Royale Albert Iᵉʳ
MS   531-39 (V.d.G 131)
      Paper. 483 ff. 285 x 205 mm. **Saec.** XV/2 (ca. 1453-4). ⊹**Scr.** At least two
      scribes, one of whom, Henri Wolteri de Campis, vicar at Gors-Opleeuw near
      Tongres, added titles to the text of the *EN* copied by another scribe.‡ **Poss.**
      1ᵛ *Liber monasterii sancti Martini maioris ordinis divi Benedicti qui est compactus
      per fratrem Petrum de Thegelen...,* i.e., Gross-St. Martin, Köln (OSB); Biblio-
      thèque Nationale, Paris. **Contents** Psalms with glosses; *Tractatus de divinis
      officiis;* Gilbertus Porretanus, *Glossae super epistolas s. Pauli apostoli; EN;
      Historia apocrypha* of the *Legenda aurea (Regibus olim liberalibus...); Speculum
      humanae salvationis;* fables; miscellaneous texts.
*I/E   **Title** 375ᵛ ⌜*Passio domini nostri Ihesu Xpristi secundum Nicodemum.* Top
      margin.⌝ *Narratio Nichodemi de passione domini.* **Prol.** II *Factum est in anno xix⁰
      imperii Tiberii cesaris Romanorum et Herodis regis Galilee...*—*...viii⁰ kalendas
      aprilis.* **Text** *Ana et Cayphas, Some et Datan, Gamaliel et Iudas, Leui et Neptalim,
      Alexander et Sirus...*—*...*378ᵛᵇ *et posuit in codicibus* ⌜*publicis* margin⌝ *pretorii sui.*
      Ch. I,1-XXVII; many corrections. **Closing** 378ᵛᵇ ~~*Gratia sit cum nobis omnibus
      in Christo Ihesu domino nostro credentibus. Amen. Fiat.*~~ *Explicit passio Nychodemi.*
SS   Bibl. Krämer, 1989-90, vol. II, p. 446. ‡Masai and Wittek, vol. III, p. 68. †Van
      den Gheyn, vol. I, pp. 64-6. **Corresp.** Georges Dogaer.

38.   **BRUXELLES**, Belgium. Bibliothèque Royale Albert Iᵉʳ
MS   1079-84 (V.d.G. 3141)
      Parchment. 204 ff. 292 x 220 mm. **Saec.** XIII. **Scr.** Several scribes; part II (ff.
      128ʳ-204ᵛ) written by *frater amelricus.* **Poss.** Given to Val-St.-Martin, Leuven
      (OCan) *ex parte magistri Karoli Viruli* (donation note on 1ʳ, saec. XV); Biblio-
      thèque Nationale, Paris. **Contents** I: Texts on or by St. Bernard; *Testamentum
      s. Bernardi; Epitaphium s. Brendani; EN; EP; De Pilato, Tito et Vespasiano (Erat

Moguntiae rex quidam nomine Tyrus...); texts on Maria Magdalena. II: *Gesta Barlaam et Iosaphat.*

*I/E **Title** 100vb *Gesta saluatoris domini nostri Ihesu Christi scripta a Nichodemo.* **Prol.** II 101ra *Factum est in anno nonodecimo imperii Tyberii cesaris, imperatoris Romanorum, et Herodis regis Galylee...—...septimo kalendas aprilis.* **Text** *Annas et Cayphas et Some et Dathan et Gamaliel et Iudas et Leui et Neptalim et Alexander et Syrus...—...115rb et posuit in codicibus publicis pretorii sui.* **Ch.** I,1-XXVII. **EP** 115rb *Et post hec ipse Pylatus scripsit epistolam ad urbem Romam Claudio cesari dicens:* ⌈*Epistola. Margin.*⌉ *Pontius Pylatus regi suo Claudio salutem. Nuper accidit et quod ipse probaui...—...115vb ne aliter mentienti estimes credendum mendaciis Iudeorum.* **Closing** 115vb *Explicit.*

SS **Bibl.** Hagiographi Bollandiani, 1886-9, vol. I, pp. 284-7. †Lourdaux and Haverals, pp. 209-12. Masai and Wittek, vol. I, p. 21. Van den Gheyn, vol. V, pp. 100-1.

39. BRUXELLES, Belgium. Bibliothèque Royale Albert Ier

MS 2720-22 (V.d.G. 1878)

Parchment. 159 ff. 245 x 157 mm. **Saec.** XIII. **Poss.** Bibliothèque Nationale, Paris. **Contents** *Homiliae de tempore, EN; EP; CST; Enchiridion b. Sixti papae.* Used by Dobschütz for his edition of *CST.*

*I/E **Title** 139^v *Incipiunt gesta saluatoris domini nostri Ihesu Christi inuenta a Theodosio imperatore in Iherusalem in pretorio Pontii Pylati in codicibus publicis.* **Prol.** II *Factum est in anno x^oviiii^o imperatoris Tyberii, cesaris Romanorum, et Herodis filii Herodis regis Galylee...—...mandauit ipse Nychodemus litteris hebraicis.* **Text** *Annas et Cayphas et Sompne, Dathan, Gamalyel, Iudas, Leui, Neptalim, Alexander et Syrus...—...154^r et posuit omnia uerba in codicibus publicis pretorii sui.* **Ch.** I,1-XXVII. **EP** 154^r *Et post hec scripsit ipse Pylatus epistolam ad urbem Romam Claudio dicens: Pontius Pylatus regi suo Clavdio salutem. Nuper accidit et quod ipse probaui...—...154^v omnia que gesta sunt de Ihesu in pretorio meo.* **CST** 154^v *Incipit notificatio qualiter Tyberius cesar pro ipso Iherosolimam direxerit. Factum est Tyberio et Uitellio consulibus* ⌈*cum* above line⌉ *eodem tempore Tyberius cesar gubernaret imperium...—...159^r Dominus autem salutem contulit credentibus in se, quia ipsum credimus Dei Filium qui cum Patre... Amen.* Version A, ch. 1-20.

SS **Bibl.** Hagiographi Bollandiani, 1886-9, vol. I, p. 343. †Van den Gheyn, vol. III, p. 176.

40. BRUXELLES, Belgium. Bibliothèque Royale Albert Ier

MS 2741-47 (V.d.G. 1569)

Parchment. 166 ff. 195 x 140 mm. **Saec.** XV in. **Scr.** Several scribes; ff. 4^r-97^v copied by *Arnoldus dictus Cortte* (OCan). **Poss.** Rouge-Cloître (OCan), near Bruxelles, dioc. Malines (ownership notes on 3^r, 4^r); Bibliothèque Nationale,

Paris. **Contents** A religious miscella ⁖ ...; Petrus Cantor, *Visio cuiusdam fratris Praemonstratensis ordinis*; Ioh₂ .es de Merchendorp, *De ecclesia s. sepulcri et locis sanctis*; *EN*; *EP*; *SN*; table of contents; Thomas de Aquino; sermons; *Speculum ecclesiae, Modus vivendi*; etc.

*I/E **Title** 98ᵣₐ *Incipit passio domini nostri Ihesu Christi scripta a Nychodemo.* **Prol** II *Factum est in anno nonodecimo imperii Tyberii cesaris, imperatoris Romanorum, et Herodis regis Galylee...—...viii⁰ kalendas aprilis.* **Text** *Annas et Cayphas et Some et Dathan et Gamalielis et Iudas et Leuy et Neptalim et Alexander et Syrus...— ...107ᵛᵇ et posuit in codicibus publicis pretorii sui.* Ch. I,1-XXVII. *EP* 107ᵛᵇ *Et post hec ipse Pylatus scripsit epistolam ad vrbem Romanam Claudio cesari dicens: Pontius Pylatus suo regi Claudio salutem. Superaccidit et quod ipse probaui...—... 108ᵣₐ omnia que gesta sunt de Ihesu in pretorio meo.* SN 108ᵣₐ *Cumque hec Claudius suscepisset et Neroni imperatori legisset...—...statim cecidit palatium Neronis.* Ch. I. **Closing** *Explicit.*

SS **Bibl** Masai and Wittek, vol. II, p. 14. †Van den Gheyn, vol. III, pp. 13-4.

41. **BRUXELLES**, Belgium. Bibliothèque Royale Albert Iᵉʳ
MS 8627-8 (V.d.G. 3208)
     Parchment. 79 ff. 191 x 136 mm. **Saec.** XIV (‡XIV [part II] and XV [part I, including *EN*]‡). **Contents** I: Ps.-Matthaeus; *EN*; *EP*; *Planctus b. Mariae* (*Dic si in Hierusalem eras...*); *Transitus Mariae.* II: Sermons; saints' lives.

*I/E **Title** 15ᵛ *Ewangelium Nichodemi.* **Prol** II *Factum est in anno sub Pontio Pylato preside xi⁰, imperatoris Tyberii cesaris imperio, exorte sunt questiones Iudeorum contra Ihesum ut illum morte dampnarent. Tunc audiuit Nichodemus qualiter congregati essent aduersus eum et intellexit consilia facta sacerdotum, et reliquis Iudeis mandauit litteris* (**Text**) *Anne et Cayphe et Summo, Dathan et Gamaliel, Iuda, Leui, Neptali, Alexander et Syrus...—...30ʳ et posuit omnia uerba in codicibus publicis pretorii sui.* Ch. I,1-XXVII; partially abridged. *EP* 30ʳ *Epystola Pylati. Et post hec Pylatus scripsit epystolam ad urbem Romam Claudio dicens: Claudio suo Pontius Pylatus regi salutem. Nuper accidit quod ipse probaui...—...30ᵛ describere ea que gesta sunt de Ihesu in pretorio meo.*

SS **Bibl** ‡Hagiographi Bollandiani, 1886-9, vol. II, p. 231. †Van den Gheyn, vol. V, p. 183. **Corresp.** Georges Dogaer.

42. **BRUXELLES**, Belgium. Bibliothèque Royale Albert Iᵉʳ
MS II. 937 (V.d.G. 3283)
     Parchment. 16 ff. 316 x 226 mm. **Saec.** XIII. **Poss.** Villers-a-Ville (OCist), dioc. Liége (ownership note on 15ᵛ); Sir Thomas Phillipps (1792-1872). **Contents** *EN*; *EP*; *CST*; *Vita Anselmi Cantuariensis.* Used by Dobschütz for his edition of *CST.*

*I/E **Title** 1ᵛ *Incipiunt gesta saluatoris domini nostri Ihesv Christi inuenta a Theodosio*

magno imperatore in Iherusalem in pretorio Pontii Pylati in codicibus publicis.
Prol. II [F]*actum est in anno x°viiii° imperatoris Tyberii, cesaris Romanorum, et Herodis filii Herodis regis Galylee...*—*...mandauit ipse Nichodemus litteris hebraicis.*
Text *Annas et Cayphas et Somne et Dathan, Gamaliel, Iudas, Leui, Neptalym, Alexander et Syrus...*—*...12ʳ et posuit omnia uerba in codicibus publicis pretorii sui.*
Ch. I,1-XXVII. **EP** 12ʳ *Et post hec ipse Pylatus scripsit epistolam ad urbem Romam Claudio dicens: Pontius Pylatus regi Claudio suo salutem. Nuper accidit et quod ipse probaui...*—*...12ᵛ omnia que gesta sunt de Ihesu in pretorio meo.* **CST** 12ᵛ *Incipit notificatio qualiter Tyberio cesar pro ipso Christo Iherosolmam direxerit.* [F]*actum est Tiberio et Uitellio consulibus, eodem tempore cum Tyberius cesar gubernaret imperium...*—*...15ʳ et sanus a plaga syringii defunctus est in lectulo suo.* Version A, ch. 1-14.

SS   **Bibl.** †Van den Gheyn, vol. V, p. 269. **Corresp.** Georges Dogaer.

43. CAMBRAI, France. Bibliothèque Municipale
MS   277

Paper. 102 i ff. 147 x 103 mm. **Saec.** XV. **Poss.** St.-Sépulcre, Cambrai (OSB; ownership note on 1ʳ). **Contents** *EN; EP; Objecta contra Cluniacensium regulam;* Petrus Venerabilis.

*I/E   **Title** 1ʳ *Ewangelium Nicodemi de passione Christi.* **Prol.** II *Factum est anno nonodecimo imperii Tyberii cesaris, imperatoris Romanorum, et Herodis regis Galilee...*—*...viii calendas apriles.* **Text** *Annas et Cayphas et Somme et Dathan et Gamaliel et Iudas et Leui et Neptalim et Alexander et Sirus...*—*...32ʳ et posuit in codicibus publicis pretorii sui.* Ch. I,1-XXVII. **EP** 32ʳ *Et post hec ipse Pilatus scripsit epistolam ad vrbem Romam Claudio cesari dicens: Poncius Pilatus regi suo Claudio salutem. Nuper accidit et quod ipse probaui...*—*...33ʳ ne aliter mencienti estimes credendum mendaciis Iudeorum.* **Closing** 33ʳ *Explicit passio Nicodemi vel ewangelium ipsius de passione Cristi.*

SS   **Bibl.** †*Catalogue général,* 1891, Octavo XVII, pp. 107-8. **Corresp.** La Présidente, Centre Culturel 'Les Archers.'

44. CAMBRIDGE, Great Britain. Corpus Christi College
MS   288

Parchment. i 124 i ff. 9⁹/₁₀ x 7³/₁₀ in. (251x185 mm). **Saec.** XII and XIII. **Scr.** Several scribes. **Poss.** Christ Church, Canterbury (OSB; †mentioned in the catalogue of Henricus de Estria, ca. 1284-1331†); N. de Sandwich, prior 1255-80 (note on a flyleaf, saec. XIV). **Contents** I: A collection of letters. II: A sermon. III: Remigius Autissiodorensis. IV: Greg.; ps.-Aug.; *EN; EN; VS;* notes on drinking; Quodvultdeus; ps.-Matthaeus; ps.-Thomas; *Post peccatum Adae...;* stories; *Liber de Asenech;* ...; ps.-Methodius; *De prophetia Hildegardis,* etc. V: Exegetical notes. Used by Collett and Gounelle for their editions of *EN* B.

*I/E   **Greg.** 38ʳ ⌜*Gregorius Turonensis in gestis Francorum de passione et resurrectione domini Ihesu refert hec.* Bottom margin, different hand.⌝ *Apprehensus autem Ioseph cum aromatibus corpus Christi conditum...—...pro eo quod non ad eum primitus aduenisset.* **Ps.-Aug.** ⌜*Sanctus Augustinus in sermone de sancto sabbato pasche dicit.* Bottom margin, different hand.⌝ *Attonite mentes obstupuere tortorum...—...38ᵛ per lignum ditati sumus, per lignum euertimur.* **Title** Listed as *Euangelium Nazareorum* in the table of contents on a flyleaf (saec. XIV). 38ᵛ ⌜*Gesta saluatoris Iesu Christi.* Hand saec. XVI.⌝ ⌜*Incipiunt gesta saluatoris domini nostri Ihesu Christi que inuenit Theodosius magnus imperator in Ierusalem in pretorio Poncii Pilati in codicibus publicis.* Margin, different hand.⌝ **Prol. II** *Factum est in anno uicesimo tercio imperii Tyberii cesaris, publici imperatoris Romanorum, et Herodis regis Galilee, filii Archelai...—...mandauit ipse Nichodemus litteris hebraicis.* **Text** *Annas et Cayphas et Somne et Dathan, Gamalielis, Iudas, Leui, Nepthalim, Alexander et Syrus...—...38ᵛ Istum nouimus Ihesum fabri filium de uirgine.* **Ch.** I,1.

*I/E   **Prol. I** 39ʳ, different hand *Audistis, fratres karissimi, que acta sunt sub Pontio Pilato presidi temporibus Tiberii cesaris. Ego Eneas Hebreus, primus legis doctor, perscrutans diuinitatem legis scripturarum...—...ego interpretaui literis grecis ad cogitionem omnium.* **Text** *Anna et Cayphas, summi sacerdotes et doctores, Gamalies et Veilegit, Iudas et Neptalim et Andoson et Iairus...—...54ʳ Hec sunt testimonia Carini et Leucii, fratres karissimi, de Christo Dei Filio, que sanctis suis gessit 54ᵛ apud inferos, cui omnes agamus laudes, cui honor... Amen.* **Ch.** I,1-XXVII. **VS** 54ᵛ *In diebus Tiberii cesaris, tetraharcha sub Poncio Pilato traditus fuit Ihesus a Iudeis, celatus a Tiberio. In diebus illis erat quidam regulus...—...60ʳ et baptizatus est et domus eius tota. In nomine domini nostri Ihesu Christi cui honor... Amen.* **Ch.** 1-35.

SS   **Bibl.** Collett, pp. 53-4. Gijsel, pp. 202-3. †James, 1903, p. 118. †James, 1912, pp. 58-63. Ker, 1964, p. 30.

45.   **CAMBRIDGE**, Great Britain. Corpus Christi College
MS   385
      Parchment. ii 123 ii ff. 7¹/₅ x 5³/₁₀ in. (183 x 142 mm). **Saec. XIII** and **XIV.** **Scr.** Several scribes. **Poss.** Pp. 89-212 belonged to St. Albans (OSB), Hertfordshire; p. 1 *Hic liber est monachi cuiusdam Cantuariensis* (saec. XVI), but James judged the owner to have been a Cistercian. **Contents** I: *Tractatus monachi peccatoris.* II: Willelmus de Conches. III: Ricardus de s. Victore, in English. IV: *EN; EP;* various stories.

*I/E   **Prol. II** P. 223 *Factum est in anno nonodecimo imperii Tyberii cesaris, imperatoris Romanorum, et Herodis filii Herodis regis Galilee...—...mandauit ipse Nichodemus litteris hebraicis.* **Text** *Annas et Cayphas et Somne, Datan, Gamaliel, Iudas, Leui, Neptalim, Alexander et Syrus...—...p. 238 et posuit omnia uerba hec in conditioni-*

bus publicis pretorii sui. Ch. I,1-XXVII. *EP* P. 238 *Et post hec ipse Pilatus scripsit epistolam ad urbem Romam Claudio imperatori dicens: Poncius Pilatus regi Claudio salutem. Nuper accidit quod et ipse probaui...—...p.* 239 *omnia que gesta sunt de Ihesu in pretorio meo.* Closing P. 239 *Explicit euangelium Nichodemi.*
SS Bibl Collett, pp. 52-3. †James, 1912, pp. 232-5. Ker, 1964, p. 165.

46. CAMBRIDGE, Great Britain. Corpus Christi College
MS 441

Parchment. ii 271 i ff. (548 pp.). $7^4/_5$ x $5^3/_{10}$ in. (198 x 135 mm). Saec. XIII. Scr. Two scribes. Poss. Ricardus de Weynchepe, prior of Dover (OSB) in 1268 (ownership note on ii^v); Christ Church, Canterbury (OSB); †mentioned in the catalogue of Henricus de Estria, ca. 1284-1331†). Contents A religious miscellany: ...; *Liber poenitentialis;* ...; *Testamenta duodecim patriarcharum; Epistolae Nigelli monachi; Libellus Senecae de institutione morum;* ...; *Instructio novitiorum;* Greg.; ps.-Aug.; *EN; EP;* ps.-Matthaeus; ...; Anselmus Cantuariensis, *De Antichristo, De poenis inferni; De quindecim signis ante diem iudicii;* etc.
*I/E Greg. P. 392^a *Gregorius Turonensis in gestis Francorum de passione et resurrectione domini refert hec. Apprehensus autem et Ioseph qui cum aromatibus corpus Christi conditum...—...p.* 392^b *pro eo quod non ad eum primitus aduenisset.* Ps.-Aug. P. 392^b *Augustinus quoque sanctus in sermonibus de sabbato pasche refert hec. Attonite mentes obstupuere tortorum...—...p.* 393^a *per lignum ditati sumus, per lignum euertimur.* Title P. 393^a *In nomine sancte Trinitatis incipiunt gesta saluatoris domini nostri Ihesu Christi que inuenit Theodosius magnus imperator in Ierusalem in pretorio Pontii Pilati in codicibus publicis.* Prol. II *Factum est in anno uicesimo tercio impii Tyberii cesaris, publici imperatoris Romanorum, et Herodis regis Galilee, filii Archelai...—...mandauit ipse Nichodemus litteris hebraycis.* Text *Annas et Cayphas et Somne et Datan, Gamalielis, Iudas, Leui, Neptalim, Alexander et Syrus...—...p.* 415^a *et posuit omnia uerba in codicibus publicis pretorii sui.* Ch. I,1-XXVII. *EP* P. 415^a *Et post hec ipse Pilatus scripsit epistolam ad urbem Romam Tyberio cesari dicens: Pontius Pilatus regi Tyberio cesari suo salutem. Nuper accidit quod et ipse probaui...—...p.* 415^b *omnia que gesta sunt de Ihesu in pretorium meum.*
SS Bibl Gijsel, p. 187. †James, 1903, pp. 120-1. †James, 1912, pp. 349-55. Ker, 1964, p. 31. Römer, 1972, p. 54.

47. CAMBRIDGE, Great Britain. Corpus Christi College
MS 500

Paper. 135 ff. $11^1/_2$ x $8^1/_2$ in. (292 x 216 mm). Saec. XIV-XV. Orig. Eastern Europe (cf. pen-trials on 116^v). Poss. Bridgettines, Elbląg (Elbing), dioc. Frombork; the name of Mary Pernham on 2^v. Contents A religious miscellany: ...; ps.-Augustinus, *Speculum peccatoris; Quaestiones summae Raymundi;*

Revelationes s. Brigittae, Itinerarium animae; Sermo de corpore Christi; De negligentiis quae possunt accidere in missa; EN; Meditationes Bernardi; verses; Liber de conscientia.

*I/E **Title** 110rb ⌐*Ewangelium Nicodemi.* Running title.⌐ **Prol. II** *Factum est anno nonagesimo imperii Tyberii cesaris, Herodis filii Herodis regis Galilee...—...110va Theodosius autem magnus imperator fecit eam transferri de hebreo in latinum.* **Text** 110va *Annas, Cayphas, Symeon, Datan, Gamaliel, Iudas, Leui, Neptalim, Alexander et Yayrus...—...116rb et abierunt vnusquisque ad propria. Nichodemus autem et Ioseph nunctiauerunt presidi Pilato qui scripsit* 116va *hec omnia.* Ch. I,1-XXVII. **XXVIII** 116va *Post hec ingressus Pilatus templum convocauit omnes Iudeos et Grecos...—...et hii simul iuncti fiunt quinque milia etc.* **Closing** *Explicit liber Nichodemi de passione domini nostri Ihesu Cristi. Amen.*

SS **Bibl.** †James, 1912, pp. 450-3. Krämer, 1989-90, vol. I, p. 202.

48. CAMBRIDGE, Great Britain. Gonville and Caius College
MS 441/636

Parchment. 111 (‡ii 116 ii‡) ff. 172 x 120 mm. **Saec.** Mostly XIV/1 (‡XIII, **XIV in.**, and XV‡). **Orig.** England. **Scr.** Four scribes. **Poss.** 58^v *Iohannes Massemylis debet istum librum sermonibus...* **Contents** I: Sermons. II: Notes, definitions. III: Notes for sermons. IV: ps.-Matthaeus; *EN; EP; CST; Genealogia Mariae,* etc.

*I/E **Prol. II** 93^v *Factum est in anno xv^o imperii Tyberii cesaris Romanorum et Herodis imperii Galilee...* **Text** *Igitur Annas et Cayphas et Sofna et Dathan, Gamaliel et Iudas, Leui, Neptalim, Alexander et Syrus...—...101^r et posuit omnia uerba in codicibus publicis pretorii sui.* Ch. I,1-XXVII. **EP** 101^r *Et post hec Pilatus ipse scripsit epistolam* 101^v *ad urbem Romam Claudio imperatori dicens: Poncius Pylatus regi Claudio salutem. Nuper [accepit* erased*] quod ipse probaui...—...101^v omnia que iesta sunt de Ihesu in pretorio. Amen.* **CST** 101^v *[H]anc Pylatus Claudio direxit adhuc uiuente Tiberio imperatore licet grauissimo laborante morbo...—...104^r Dominus autem salutem contulit credentibus in se, quia ipsum credimus Dei Filium qui cum Patre... Amen.* Version B, ch. 1-20.

SS **Bibl.** †Gijsel, pp. 114-5. ‡James, 1908, pp. 512-4.

49. CAMBRIDGE, Great Britain. Magdalene College
MS F.4.15 (James 15)

Parchment. i 208 ff. 9^1/$_2$ x 6^3/$_{10}$ in. (241 x 160 mm). **Saec.** XII, XIII, and XIV. **Scr.** Several scribes. **Poss.** Given to Stamford (OFM), Lincolnshire by *Joh. rector ecclesie de Ailenton* (donation note on 95^r); a note on the flyleaf signed *Simon Gunton.* **Contents** A religious miscellany: *De contemptu mundi; Defensor de Ligugé; Qui bene praesunt; Transitus Mariae,* a compilation including excerpts from the Rood-tree legend (*David autem rex super Israel regnavit...*), *De destructione Hierusalem* (*Erat quoque et in illis diebus quidam homo Iudaeus*

Nathan...), *De arbore crucis* (*Mirabiliter igitur coepit oriri...*), *EN, EP, De imperatoribus*; ps.-Methodius; *Speculum ecclesiae*, etc.

*I/E Text 87ᵛ [C]*vm sero autem factum esset uenit quidam homo diues ab Arimathia
nomine Ioseph accessitque ad Pilatum et peciit corpus Ihesu...—...90ʳ et in codicibus
publicis pretorii sui reposuit misitque ad Claudium consulem epistolam hec in se
continentem.* Ch. XI,3-XXVII, abridged. EP 90ʳ [P]*oncius Pilatus Claudio suo
salutem. Nuper accidit quod et ipse probaui...—...et existimes esse credendum mendaciis Iudeorum.* Epil. [N]*unc ergo, dilectissimi fratres, hanc leccionem quam audistis...—...ad nostram deuenerunt noticiam. De imperatoribus Illis ergo diebus in
quibus crucifixus est dominus noster Ihesus Christus, Tyberius cesar in urbe Roma
quietus manebat...—...91ʳ et suscepit Tyberius priuignus eius imperium, regnante
domino nostro Ihesu cui est honor... Amen.*

SS Bibl. †James, 1909, pp. 40-3. Ker, 1964, p. 182.

50. CAMBRIDGE, Great Britain. Pembroke College
MS 256

Parchment. i 181 i ff. 10¹/₅ x 6¹/₅ in. (259 x 157 mm). **Saec.** XII ex. **Scr.** Several scribes. **Poss.** England; ‡Ker rejects Oxford, Merton College;‡ on the last
flyleaf the name of *henr. abyndon*; on a slip pasted on the name of *Ric. de nouo Colleg.*; given by T. Westhagh. **Contents** A religious miscellany: ...; Bruno
Signiensis; Greg.; *EN*; *EP*; Augustinus Hipponensis, *De caritate*, etc.

*I/E Greg. 58ʳ *Gregorius Turonensis in gestis Francorum de passione et resurrectione
domini refert haec. Apprehensvs autem et Ioseph qui cum aromatibus corpus Christi
conditum...—...pro eo quod non ad eum primitus aduenisset.* Title *In nomine sanctae Trinitatis incipiunt gesta saluatoris domini nostri Ihesu Christi quae inuenit
Theodosius magnus* 58ᵛ *imperator in Ierusalem in pretorio Pontii Pilati in codicibus publicis.* Prol. II 58ᵛ *Factum est in anno uicesimo tercio imperii Tyberii cesaris, publici imperatoris Romanorum, et Herodis regis Galileae filii Archelai...—...
mandauit ipse Nichodemus litteris hebraicis.* Text *Annas et Cayphas et Somne et
Datan, Gamalielis, Ivdas, Leui, Neptalim, Alexander et Syrus...—...*65ᵛ *et posuit
omnia uerba in codicibus publicis pretorii sui.* Ch. I,1-XXVII. EP 65ᵛ *Et post haec
ipse Pilatus scripsit aepistolam ad urbem Romam Tyberio cesari dicens: Pontius
Pilatus regi Tyberio suo salutem. Nuper accidit quod et ipse probaui...—...*66ʳ
omnia quae gesta sunt de Ihesu in pretorium meum.

Bibl. Collett, p. 49. †James, 1905, pp. 230-2. ‡Ker, 1964, p. 148.

51. CAMBRIDGE, Great Britain. Peterhouse
MS 242

Parchment. 80 ff. 8¹/₈ x 5¹/₄ in. (206 x 133 mm). **Saec.** XII and XIII. **Poss.**
Peterhouse, Cambridge (ownership note in vol. II, f. 23ʳ, saec. XIV). **Contents** I: Solinus; *De septem mirabilibus mundi.* II: *Conflictus b. Silvestri et Iudae-*

*I/E

orum; letters of Helena and Constantine; the origin of the dalmatic; *EN*; *EP*; *VS*; a sermon; etc.

Title 14^r ⌈*Incipit passio domini nostri Ihesu Christi secundum Nichodemum*. Top margin, hand saec. XV.⌉ **Prol.** II 14rb *Factum est in anno nonodecimo imperii Tiberii cesaris, imperatoris Romanorum, et Herodis filii Herodis regis Galilee...—...* *mandauit ipse Nichodemus litteris hebraicis.* **Text** *Annas et Caiphas et Somne et Datan et Gamaliel, Iudas, Leui, Neptalim, Alexander et Sirus...—...*21rb *et posuit omnia uerba hec in codicibus publicis pretorii sui.* Ch. I,1-XXVII. **EP** 21rb *Et post hec ipse Pilatus scripsit epistolam ad urbem Romam Claudio imperatori dicens: Pontius Pilatus regi Claudio salutem. Nuper accidit et quod ipse probaui...—...*21va *omnia que gesta sunt de Ihesu in pretorio meo.* **VS** 21va ⌈*Destruccio Ierusalem facta per Titum et Vaspasianum.* Hand saec. XV.⌉ ~~*Incipit passio domini nostri Ihesu Christi qui in Iudea patitur.*~~ *In diebus Tiberii Iulii cesaris, tetharca sub Pontio Pilato traditus fuit Ihesus a Iudeis, celatus a Tiberio. In diebus illis erat quidam Titus...—...*23ra *descenderunt in Ierusalem et crediderunt similiter in Christo. Ipse qui passus est uel uindicatus fuit, ipse nos liberet et adiuuet hic et in futuro seculo... Amen.* **Closing** 23^r *Explicit* ~~*passio Christi secundum Nichodemum*~~ ⌈*Explicit destruccio Iherusalem per Titum et Vaspasianum* [*yottyn ?*]. Bottom margin, hand saec. XV.⌉ Ch. 1-35.

SS   **Bibl.** Collett, pp. 51-2. †James, 1899, pp. 293-4.

52.   **CAMBRIDGE**, Great Britain. St. John's College

MS   B.20 (James 42)

Parchment. §iii 136 iii ff.§ 327 x 205 mm. **Saec.** XII/1 (c. 1140). **Poss.** Cathedral priory, Worcester (OSB; cf. calendar); 136^v *Liber Chrestoferi* [*Clerk ?*] *presbyteri...* (saec. XVI). ‡**Contents** *Calendarium*; Isidorus Hispalensis; sermons; *EN*; *EP*; *SN*; sermons; Defensor de Ligugé; *Psalterium s. Hieronymi*; etc.‡ Used by Dobschütz for his edition of *SN*.

*I/E

Title 62vb *Incipiunt gesta domini saluatoris que inuenit Theodosius magnus imperator in Ierusalem in pretorio Pontii Pilati in codicibus publicis, a beato Ambrosio Mediolanensi episcopo conscripta.* **Prol.** II *Factum est in anno nono x^{mo} Tyberii cesaris, imperatoris Romanorum, et Herodis filii Herodis imperatoris Galileae...—...* *mandauitque illis ipse Nichodemus litteris ebraicis.* **Text** *Tunc Annas et Caiphas et Summe et Dadan, Gamaliel, Iudas, Leui, Neptalim, Alexander et Tiarus...—...*68rb *et posuit omnia uerba in codicibus publicis pretorii sui.* Ch. I,1-XXVII. **EP** 68rb *Et post hec ipse Pilatus epistolam scripsit ad urbem Rome dicens: Pontius Pilatus regi Claudio suo salutem. Nuper accidit quod et ipse probaui...—...*68va *omnia que gesta sunt de Ihesu in pretorio meo.* **SN** 68va *Cumque Claudius suscepisset Neronique imperatori legisset...—...*70vb *ut non sacrificent mihi nec agant in sempiternvm.* Ch. I-XIII,2. **Closing** 70vb *Istius operis liber explicit.*

SS   **Bibl** Collett, pp. 49-50. †James, 1913, pp. 57-64. Ker and Watson, p. 69. †Robinson, pp. 85-6. §Römer, 1972, p. 69.

53.   **CAMBRIDGE**, Great Britain. St. John's College

MS   E.24 (James 127)

Parchment. ii 121 (†ii 120 †) ff. $8^5/_8$ x $5^1/_2$ in. (219 x 140 mm). **Saec**. XIV. **Scr**. At least two scribes. **Poss**. England (some verses in English). **Contents** A religious miscellany: ...; *Speculum s. Edwardi*; *Carta domini nostri Iesu Christi*; *Speculum s. Eadmundi*; ...; *Planctus b. Mariae* (*Quis dabit capiti meo...*); *Transitus Mariae*, ...; *De spiritu Guidonis*; *Qualiter horae canonicae debent dici*; *EN*; *EP*; *De imperatoribus*; *De destructione Hierusalem*; *De arbore crucis* (*Mirabiliter etenim coepit oriri...*); *De imagine Berytensi Christi crucifixi*; etc.

*I/E   **Title** 81ʳ *Hic tangitur de passione domini nostri Ihesu Christi. In nomine sancte et indiuidue Trinitatis incipiunt gesta domini nostri Ihesu Christi saluatoris que quidem homo ex phariseis Iudeorum princeps, uocabulo Nichodemus, hebraicis commendauit litteris ita inquiens.* **Prol. II** *Anno quintodecimo imperii Thiberii cesaris, regis Romanorum, procurante Poncio Pilato in Iudeam et Herode in* 81ᵛ *morte Galiam.* **Text** 81ᵛ *Annas et Caiphas, principes sacerdotum, uenerunt ad Pilatum et multi Iudeorum accusantes Christum...—...*92ᵛ *et ea in codicibus rubricis pretorii sui reposuit atque ad Claudium consulem misit epistolam hec in se continentem.* **Ch.** I,1-XXVII. **EP** 92ᵛ *Poncius Pilatus Claudio suo salutem. Nuper accidit quod ipse probaui...—...*93ʳ *et existimet esse credendum mendaciis Iudeorum.* **Epil** 93ʳ *Nunc ergo, dilectissimi fratres, hanc leccionem quam audistis...—...ad nostram deuenerunt noticiam. De imperatoribus In illis ergo dibeus in quibus crucifixus est dominus noster Ihesus Christus, Tyberius cesar in urbe Roma quietus manebat...—...*96ᵛ *totamque illam ciuitatem disperderet. De destructione Hierusalem* 96ᵛ *De Tyto et Uaspasiano. Iste igitur Uaspasianus anno tricesimo octauo sumpsit Romanorum imperium... Tunc Tiberius cesar tenebat imperium...* 97ʳ *Erat quoque et illis diebus quidam homo Iudeus, Nathan nomine...—...*103ʳ *quia Ihesum Christum Dei Filium in eadem crucifixerunt solempnitate. Nunc ergo ista sic continetur leccio de infelici Iudeorum excidio quapropter benedictus sit Deus in secula seculorum. Amen.*

SS   **Bibl** †James, 1913, pp. 159-62. ‡Römer, 1972, p. 71.

54.   **CAMBRIDGE**, Great Britain. Trinity College

MS   B.5.19 (James 165)

Parchment. 46 ff. 15 x $8^3/_4$ in. (381 x 222 mm). **Saec**. XII and **XIII in. Scr**. Several scribes. **Poss**. Given by Thomas Nevile, master of the College 1593-1615. **Contents** I: A tract on Job; an exposition upon Canticles. II: *EN*; *EP*; *Proverbia centum*. III: Hugo de s. Victore; etc.

*I/E **Title** 25ʳ *Incipit passio et resurrectio domini a Nichodemo edita quam inuenit Teodosius imperator in archiuis Hebreorum, et a sancto Ambrosio de greco in latinum translata.* **Prol.** II 25ʳᵃ *Factum est in anno nonodecimo Tiberii cesaris, imperatoris Romanorum, et Herodis filii Herodis imperatoris Galilee...—..mandauit* ⌐que ille above line⌐ *ipse Nichodemus litteris hebraicis.* **Text** *Tunc Annas et Cayphas et Some et Datan, Gamaliel, Iudas, Leui, Neptalim, Alexander et Sirus...—.. 28ᵛᵃ et posuit omnia uerba in codicibus pubplicis pretorii sui.* Ch. I,1-XXVII. **EP** 28ᵛᵃ *Et post hec ipse Pilatus scripsit epistolam ad urbem Romam Claudio dicens:* ⌐Epistola Pilati de Ihesu ad Claudium regem. Margin.⌐ *Pontius Pilatus regi Claudio suo salutem. Nuper accidit quod etiam ipse probaui...—..omnia que gesta sunt de Ihesu in pretorio meo.*

SS **Bibl.** Collett, pp. 50-1. Goy, p. 286. †James, 1900-4, vol. I, pp. 217-9. Römer, 1972, pp. 96-7.

55. CAMBRIDGE, Great Britain. Trinity College

MS R.7.2 (James 740)

Parchment. 333 ff. 230 x 144 mm. **Saec.** XIV/2 (1362-6). **Orig.** Probably Maimesbury (OSB), Wiltshire. **Scr.** One scribe. **Poss.** Malmesbury (OSB), Wiltshire; ‡given by George Willmer (d. 1626).‡ **Contents** *Eulogium historiarum*; EN; EP; CST; *Eulogium* (cont'd). Used by Haydon for his edition of the *Eulogium (historiarum sive temporis)*, which includes *EN* and associated texts.

*I/E **Title** P. 89 *Cronica domini nostri Ihesu Christi.* **Prol.** II *Iam de regibus et principibus et de eorum gestis in bellis, in victoriis, in pugna et fuga pluries tractauimus... Factum est autem in anno xv imperii cesaris imperatorum Romanorum et Herodis filii Herodis regis Galilee...—..hanc epistolam principibus sacerdotum et reliquis litteris hebraicis destinauit.* **Text** ⌐Quomodo Ihesus accusatus est ad Pilatum per falsos Iudeos. Margin.⌐ *Igitur Annas et Cayphas, Sobna, Dathan, Gamaliel, Iudas, Leui, Neptalim, Alexander et Syrus...—...p. 112 et posuit omnia uerba hec in publicis codicibus pretorii.* Ch. I,1-XXVII. **EP** P. 112 *Postmodum vero idem Pilatus misit ad urbem Rome et scripsit Claudio imperatori dicens:* ⌐Littera Pilati ad imperatorem. Margin.⌐ *Poncius Pilatus Claudio suo salutem. Nuper accidit et quod ipse probaui...—...p. 113 omnia que gesta sunt in pretorio meo. Valete.* **CST** P. 113 *Hanc epistolam Claudio direxit Pilatus adhuc uiuente Tyberio imperatore licet morbo grauissimo laborante...—...p. 119 Dominus autem salutem contulit in se credentibus, et ipsum credimus esse Dei Filium redemptorem nostrum cui est honor... Amen.* Version B, ch. 1-20. **Closing** P. 119 *Explicit tractatus de passione domini et de resurreccione et ascensione.*

SS **Bibl.** Haydon, pp. iv-ix. ‡James, 1900-4, vol. II, pp. 216-7. Ker, 1964, p. 128. †Robinson, p. 97.

56. **CAMBRIDGE**, Great Britain. Trinity College

MS O.9.10 (James 1422)

Parchment. iv 144 ff. 10⁷/₈ x 8 in. (276 x 203 mm). **Saec.** XV. **Orig.** England (some texts in English). **Poss.** On a flyleaf the name of *John Gylberd* (saec. XV); 55ʳ *Iste liber pertinet as I drew in mynd ad me Willᵐ Feld...* (saec. XVI). **Contents** A medical miscellany: ...; *Dominium signorum*, with a drawing; *EN*; *Tractatus de urinis*, etc.

*I/E **Title** 76ᵛ *Passio domini nostri Ihesu Christi secundum Nichodemum.* **Prol.** II 76ᵛᵃ *Factum est anno xc⁰ imperii Tiberii cesaris, Herodis filii Herodis regis Galilee...*—*... Theodocius autem imperator magnus fecit ea transmutari de hebreo in latinum.* **Text** *Tunc Annas, Cayphas, Symeon, Dathan, Gamaliel et Iudas, Leui, Neptalim, Alexander et Iayrus...*—*...84ᵛᵃ Nichodemus et Ioseph nunciauerunt hec scripta Pilato presidi et Pilatus scripsit omnia.* Ch. I,1-XXVII. **XXVIII** 84ᵛᵃ *Tunc Pilatus ingressus in templum conuocauit omnes Iudeos et gramaticos...*—*...84ᵛᵇ quinque milia et semi. Et xxxⁱᵃii annis vixit in terris idem Ihesus qui iam regnat in celis, cui sit laus... Amen.*

SS **Bibl.** †James, 1900-4, vol. III, pp. 448-51.

57. **CAMBRIDGE**, Great Britain. University Library Dd.III.16 (includes Ff.II.8 and Oo.VII.48)

Parchment. 76 ff. 366 x 261 mm. **Saec.** XIV. **Orig.** England. **Scr.** Several scribes. **Contents** I: Bernardus Clarevallensis; Anselmus Cantuariensis; Albertus Magnus; ...; *Post peccatum Adae...*; *De arbore crucis* (*Mirabiliter coepit oriri...*); *De imperatoribus*; *EN*; *EP*; *CST*; ps.-Matthaeus; Iohannes Presbyter. II: Ps.-Turpinus; ...; *De origine et nativitate Iudae* (*Matthias apostolus...*); *De poena et origine Pilati* (*In quadam historia licet apocrypha sic legitur...*); *VS*; *De dispositione personae Christi*; etc.

*I/E **Title** 22ʳᵃ *Incipit ewangelium Nichodemi de quo dicitur in euangelio: Erat quidam ex phariseis Nichodemus.* **Prol.** II *Factum est in anno xv⁰ imperii Tyberii cesaris, imperatoris Romanorum, et Herodis ⌐filii Herodis above line⌐ regis Galilee...*—*...et mandauit ipse Nichodemus litteris hebraicis.* **Text** *Igitur Annas et Cayphas et Sobna, Datan, Gamaliel, Iudas, Leui, Neptalim, Alexander et Syrus...*—*...29ʳᵃ et posuit omnia uerba in codicibus publicis pretorii.* Ch. I,1-XXVII. **EP** 29ʳᵃ *Et post uolens omnia cesari renunciare, ipse Pilatus epistolam ad urbem Claudio imperatori scripsit dicens: Poncius Pylatus Claudio suo salutem. Nuper accidit et quod ipse probaui...*—*...29ʳᵇ omnia que gesta sunt de Ihesu in pretorio meo. Valete.* **CST** 29ʳᵇ *Hanc Pylatus epistolam Claudio direxit adhuc uiuente Tyberio licet grauissimo morbo laborante...*—*...31ʳᵇ Dominus autem salutem contulit credentibus in se, quia ipsum credimus Dei Filium qui cum Patre... Amen.* Version B, ch. 1-20. **Closing** 31ʳᵇ *Explicit euangelium Nichodemi de quo dicitur in euangelio: Erat quidam homo ex phariseis, Nichodemus nomine, princeps Iudeorum. Hic uenit ad Ihesum nocte.*

SS Bibl. Cambridge, Univerity Library, vol. I, pp. 76-7; vol. II, pp. 339-40; vol. IV, pp. 552-5. †Gijsel, pp. 52-3.

58. CAMBRIDGE, Great Britain. University Library
MS Ff.II.20

Parchment. 94 ff. Saec. XIV. Contents Martinus Polonus; ps.-Augustinus, *Speculum peccatoris*; *Legenda aurea*; *EN*; *EP*; *CST*; various notes.

*I/E Title 81ra *Incipit ewangelium Nichodemi*. Prol. II *Factum est autem in anno xxiii Tiberii cesaris, imperatoris Romanorum, et Herodis filii Herodis regis Galilee...—... et mandauit ipse Nichodemus litteris hebraycis.* Text *Igitur Annas et Cayphas et Subna, Datan, Gamaliel, Iudas, Leui, Neptalim, Alexander et Syrus...—...90va et posuit hec uerba in codicibus publicis pretorii.* Ch. I,1-XXVII. EP 90va *Et post uolens cesari omnia renunciare, ipse Pilatus scripsit epistolam ad urbem Romam Claudio postea imperatori dicens: Poncius Pilatus Claudio suo salutem. Nuper accidit quod et ipse probaui...—...90vb omnia que gesta sunt de Ihesu in pretorio meo. Valete.* CST 90vb *Hanc epistolam direxit Pilatus Claudio adhuc uiuente Tyberio imperatore licet grauissimo laborante morbo. Eodem tempore Tiberio et Uitellio consulibus...—...93va Dominus autem salutem contulit credentibus in se, quia ipsum credimus Filium Dei qui cum Patre... Amen.* Version B, ch. 1-20.

SS Bibl. †Cambridge, University Library, vol. II, pp. 343-5.

59. CAMBRIDGE, Great Britain. University Library
MS Ff.VI.54

Parchment. 120 ff. 115 x 88 mm. Saec. XIV. Orig. England. Scr. One scribe. Poss. England; willed to the University of Cambridge by Rev. Richard Holdsworth (1649). Contents Ps.-Matthaeus; *EN*; *EP*; *SN*; *De morte Pilati*; *Narratio de Abgaro rege*, *Epistola Abgari ad Iesum Christum*. Used by Dobschütz for his edition of *SN*.

*I/E Title 61^{r} *In nomine et indiuidue sancte Trinitatis [in]cipiunt capitula de gestis domini saluatoris nostri Iesu Christi.* A list of chapter headings follows. 62^{r} *Explicit capitula.* Prol. I 62^{r} *Incipit prefacio. Ego Emaus Hebreus qui eram legis doctor de Hebreis, in diuinis scripturis perscrutans diuinitatem legis scripturarum...—...62^{v} pax sit ista legentibus, sanitas audientibus. Amen. Explicit prefacio.* Prol. II 62^{v} *Incipit in nomine sancte Trinitatis liber de gestis domini nostri saluatoris. Factum est sub Poncio Pilato preside Ierosolimis, anno xviii imperatorii 63^{r} Romanorum Tyberii cesaris et Herodis filii Herodis regis Galilee...—...63^{r} mandauit ipse litteris hebraicis sic.* Text 63^{r} *Accusacio Iudeorum in dominum Iesum Christum. Capitulum primum. Annas et Cayphas et Somme et Dathan et Gamaliel, Iudas, Leui, Nepthalim, Alexander et Syrus...—...109^{r} et posuit omnia uerba 109^{v} in codicibus publicis pretorii sui.* Ch. I,1-XXVII. EP 109^{v} *Et post hec ipse Pilatus scripsit epistolam ad urbem Romam Claudio imperatori sic dicens in hec uerba: Epistola*

Poncii Pilati ad Claudium imperatorem. Capitulum xvii. Claudio imperatori, regi Romanorum, Poncius Pilatus salutem. Nuper accidit quod et ipse probaui...—...111ʳ omnia que [uel sunt ?] gesta sunt de Iesu in pretorio meo. SN 111ʳ *De testimonio Petri apostoli et quomodo Iesus apparuit Neroni imperatori in uisione. xviii. Cumque Claudius has litteras suscepisset et Neroni imperatori legisset...—...114ᵛ et presenciam domini nostri Iesu Christi uidit et exterminacionem Iudeorum.* Ch. I-IV,1. *De morte Pilati* 114ᵛ *Quomodo reges Uespasianus et Tytus obsiderunt Ierusalem. Audite, fratres mei karissimi, uindictam domini nostri Iesu Christi post multas et post assensionem domini Iesu ad celos...—...118ʳ ut ipse nos saluet et liberet a persecucione diaboli et omnibus peccatis, qui uiuit et regnat cum Deo Patre.* Closing 118ʳ *Expliciunt gesta domini saluatoris edita a Nichodemo qui uenit ad Iesum nocte.*

SS   Bibl. Cambridge, University Library, vol. II, p. 547. †Gijsel, pp. 168-9.

60. **CAMBRIDGE, Great Britain. University Library**
MS   Gg. IV. 25
     Paper. 116 ff. **Saec.** XV. **Scr.** Several scribes. **Poss.** England; the birth of William Carpenter (1573) recorded on 57ᵛ. **Contents** A historical, religious miscellany: Chronicles; ps.-Aristoteles; Alcherus Carthusiensis; *Liber de pomo Aristotelis*; ps.-Methodius; a collection of prophecies; *De mirabilibus Romae, EN; EP; CST; SN; Post peccatum Adae...; De creatione Adae et Evae,* etc. Used by Dobschütz for his edition of *SN.*

*I/E   Title 72ʳ *Incipiunt gesta domini saluatoris que inuenit Theodosius m[agnus ? page torn] imperator in Ierusalem in pretorio Poncii Pilati in codicibus p[ublicis ? page torn].* Prol. II *Factum est in nonodecimo anno imperii Tiberii cesaris, imperatoris Romanorum, et Herodis filii Herodis regis Galilee...—...mandauit ipse Nichodemus litteris ebraicis.* Text *Annas et Caiphas et Sonne et Datan et Gamaliel, Iudas, Leui et Neptalim, Alexander et Sirus...—...80v et posuit omnia verba hec in codicibus puplicis pretorii sui.* Ch. I,1-XXVII. EP 80ᵛ *Et post hec ipse Pilatus scripsit epistolam ad vrbem regni Rome dicens: Poncius Pilatus regi Claudio suo salutem. Nuper accidit quod probaui...—...81ʳ quod gesta sunt de Ihesu in pretorio meo. Valete.* CST 81ʳ *Hanc epistolam Pilatus Claudio direxit adhuc viuento Tyberio imperatore licet grauissimo laborante morbo...—...82ᵛ pre angustia gladio se ibi interfecit.* Version B, ch. 1-18. SN 82ᵛ *Cum autem legerentur gesta domini saluatoris, statim cecidit totum palacium Neronis...—...83ʳ qui tunc ibidem erat et presenciam Christi vidit et exterminacionem Hebreorum.* Ch. I-IV,1.

SS   Bibl. †Cambridge, University Library, vol. III, pp. 167-71.

61. **CAMBRIDGE, Great Britain. University Library**
MS   Mm.VI.15
     Parchment. 219 ff. ‡155 x 115 mm.‡ **Saec.** XIII and XIV. **Scr.** Several scribes.

Contents A religious miscellany: ...; *Tractatus de decem mandatis; Tractatus de sacramentis Novi Testamenti; Elucidarius; Planctus b. Mariae (Quis dabit capiti meo...)*; ...; *De spiritu Guidonis; EN; EP; CST;* a poem in French; *Miracula s. Dei genitricis; De Ysabella imperatrice, Tractatus de accentu; Directorium sacerdotum;* etc.

*I/E **Title** 87ʳ *Incipit tractatus secundum Nichodemum de passione domini, resurrexione atque ascensione et de visitatione Adam aliorumque sanctorum et de spoliacione inferni.* **Prol** I *Avdistis, fratres karissimi, que acta sunt sub Pontio Pilato preside tempore Tiberii cesaris. Ego Eneas Hebreus, primus legis doctor, perscrutans diuinitatem legis et scripturarum...——...quas ego interpretatus sum in litteris grecis ad cognicionem hominum.* **Text** *Annas autem et Cayphas, summi sacerdotes et doctores, quidem Gamaliel et Beileth, Iudas et Neptalim, Andeoson, Vairus...——...87ᵛ vocauit autem preses eos qui prius signa tenuerunt. Dixit eis 88ʳ signa Iurauit per salutem cesaris...——...100ᵛ et posuit omnia uerba hec in puplicis codicibus pretorii.* Ch. I,1-6; ch. I,6-XXVII; hand and text type change on 88ʳ. **EP** 100ᵛ *Et post uolens cesari omnia nunciare, ipse Pilatus epistolam ad urbem Claudio imperatori scripsit dicens: Poncius Pilatus Claudio suo salutem. Nuper accidit et quod ipse probaui...——...101ʳ omnia que gesta sunt de Ihesu in pretorio meo. Valete.* **CST** 101ʳ *Hanc Pilatus Claudio direxit adhuc uiuente Tyberio imperatore licet grauissimo laborante morbo...——...105ᵛ Dominus autem salutem contulit credentibus in se, quia ipsum credimus Dei Filium qui cum Patre... Amen.* Version B, ch. 1-20.

SS **Bibl** ⸸Cambridge, University Library, vol. IV, pp. 388-92. ‡Hoffmann, ch. 3.2.2.

62. CAMBRIDGE, Mass., U.S.A. Harvard University, Houghton Library

MS **Lat. 117**
Parchment. ii 22 ii ff. 201 x 127 mm. **Saec.** XIV/2. **Orig.** France. **Scr.** One scribe. **Poss.** *Ex-libris patris mei Michelet* (ca. 1500); D'Azincourt (signiture on 1ʳ, saec. XVIII); Rev. Walter Sneyd (d. 1888); Hubert Greville Palmer, purchased in 1924 from R. Atkinson. **Contents** EN.

*I/E **Title** 1ʳ *Hystoria Nichodemi de passione Christi.* **Prol** II *Factum est autem in anno nonagesimo imperii Tiberii cesaris, imperatoris Romanorum, et Herodis filii Herodis regis Galilee...——...Theodosius autem magnus imperator fecit ea transferri de hebreo in latinum.* **Text** *Annas et Cayphas, Symeon et Datan, Gamaliel et Iudas, Leui et Neptalim, Alexander et Iairus...——...21ʳ posuitque omnia miracula hec in codicibus publicis pretorii sui.* Ch. I,1-XXVII. **XXVIII** 21ʳ *Post hec ingressus Pilatus templum Iudeorum congregauit omnes principes sacerdotum...——...22ʳ Et fiunt simul anni quinque milia et semis.*

SS **Bibl** De Ricci and Wilson, vol. I, p. 984. **Corresp.** ⸸Ms. Laura Light.

63. **ČESKÉ BUDĚJOVICE, Czech Republic. Státní vědecká knihovna**
MS 1 VB 28
Paper. 212 ff. **Saec.** XV/2 (1470). **Orig.** Vyšší Brod (Hohenfurt; OCist), dioc.
Praha. **Scr.** Melchior Cheller. **Contents** A religious miscellany: ...; sermons;
Planctus b. Mariae (Quis dabit capiti meo...); *EN*; *EP*; *De arbore crucis*; *CST*;
Sermones capitulares; etc. Used by Dobschütz for his edition of *CST*.
*I/E **Title** 43ʳ ⌈*Incipit ewangelium Nycodemi.* Top margin.⌉ **Prol.** II/I *Factum est in
anno xviiiᵒ imperii Tyberii cesaris, imperatoris Romani, Herodis regis...—...ex
litteris hebraycis commutaui ad cognicionem omnium fidelium credencium.* **Text**
*Annas et Cayphas, Sompnas et Dathan, Bamaliel et Ionathas, Leui et Neptalim,
Alexander, Barnel, Sirus, Yayrus...—...*78ᵛ *et ipse Pylatus scripsit omnia verba que
gesta, dicta et facta erant de Ihesu a Iudeis codicibus publicis pretorii sui. Et hec
Pylatus scripsit ad Romam Tyberio cesari.* Ch. I,1-XXVII. *EP* 78ᵛ *Epistola Pylati
ad Tyberium. Poncius Pylatus imperatori Tiberio salutem et triumphalia uota.
Nuper accidit et quod ipse probaui...—...*79ᵛ *omnia quae gesta sunt de Ihesu in
pretorio meo.* 80ʳ *Et hec ita de Christo Filio Dei.* **Epil.** 80ʳ *Nunc ergo, dillectissimi
fratres, hanc leccionem quam audistis...—...*80ᵛ *ad nostram noticiam deuenerunt per
Ihesum Christum cui sit laus... Amen.* **De arbore crucis** 80ᵛ *Narrat quedam hystoria Grecorum quod Moyses famulus domini...—...*84ʳ *et in bonis actibus iugiter conseruare Ihesus Christus dominus noster cui est cum Patre et Spiritu sancto honor...
Amen.* **CST** 84ʳ *Tempore quo Christus Ihesus passus est, celatum erat Tyberio cesari qui nichil adhuc de Christi passione...—...*93ᵛ *et defunctus est aput Romam, regnante domino nostro... Amen.* Ch. 1-14. **Closing** 93ᵛ *Explicit ewangelium Nycodemi cum aliis narracionibus... Per me fratrem Melchior* [Cheller]*, anno domini m
cccc lxx. Sit laus Ihesu Christo. Amen.*
SS **Bibl.** Dobschütz, 1899, p. 203**. †Pavel, pp. 243-4. **Corresp.** Lumír Vácha.

64. **ČESKÉ BUDĚJOVICE, Czech Republic. Státní vědecká knihovna**
MS 1 VB 58
Paper. 39 ff. **Saec.** XV. **Contents** *EN*; *EP*; *De arbore crucis*; *CST*. Used by
Dobschütz for his edition of *CST*.
*I/E **Title** 1ʳ ⌈*Euwangelium Nicodemi.* Running title.⌉ **Prol.** II/I *Factum est in anno
xviii imperii Tiberii cesaris, imperatoris Romani, Herodis regis tetrarhe Galilee filii
Herodis regis...—...ex grecis litteris comutaui ad cognicionem omnium fidelium
credencium in Christo.* **Text** *Annas et Cayphas, Sopnas et Dathan, Gamaliel et
Yonathas, Leui et Neptalim, Allexander, Baniel, Sirus, Yayrus...—...*28ʳ *et scripsit
hec omnia verba et facta codicibus publicis pretorii sui. Et hec ipse Pilatus scripsit
ad vrbem Romanam Tiberio.* Ch. I,1-XXVII. *EP* 28ʳ *Sequitur epistola Pilati ad
Tiberium inperatorem. Poncius Pilatus imperatori Tiberio salutem et triumphalia
vota. Nuper accidit et quod ipse probaui...—...*29ʳ *omnia que gesta sunt de Ihesu
in pretorium meum. Hec ita de Christo Filio Dei.* **Epil.** 29ʳ *Nunc ergo, dillectissimi*

fratres, hanc leccionem quam audistis...—...ad nostram noticiam uenerunt, cui sit honor... Amen. De arbore crucis De arbore de qua facta est crux sancta sequitur. Narrat quedam historia Grecorum quod Moyses famulus Dei...—...32ʳ et in bonis actibus iugiter conseruare Ihesus Christus dominus noster cui est honor... Amen. CST 32ʳ *De Tiberio imperatore quomodo sit conuersus per Ueronicam mulierem et faciem Cristi est curatus sequitur. Tempus quo passus est Ihesus Cristus celatum erat Tiberio cesari qui nichil adhuc de Christi passione...* Ch. 1-14.

SS   **Bibl** Dobschütz, 1899, p. 203**. †Pavel, pp. 259-60. **Corresp.** Lumír Vácha.

65.   CHARLEVILLE, France. Bibliothèque Municipale
MS   61

     Paper. **Saec.** XIV and XV. **Poss.** Notre-Dame, Mont-Dieu (OCart), dioc. Reims. **Contents** Iohannes Damascenus; Bernardus Clarevallensis; Augustinus Hipponensis; *Planctus b. Mariae (Quis dabit capiti meo...); EN; Libellus de b. Virgine.*

I/E   **Title** *Incipit passio Domini nostri Jhesu Christi, quam Theodosius magnus imperator fecit transferri de hebreo in latinum.*

SS   **Bibl** †*Catalogue général*, 1879, Quarto V, p. 575.

66.   DIJON, France. Bibliothèque Municipale
MS   50

     Parchment. 124 ff. 350 × 254 mm. **Saec.** XII. **Orig.** Notre-Dame, Citeaux (OCist), dioc. Chalon-sur-Saône, now Dijon. **Scr.** Essentially two scribes. **Poss.** Citeaux (OCist; ownership notes on 2ʳ, 1ᵛ, and 124ʳ, saec. XIII, XIV, XV, respectively). ‡**Contents** Radulphus Flaviacensis, *Commentum in Leviticum; EN; EP; Epistola Abgari ad Iesum Christum; Epistola Iesu Christi ad Abgarum.*‡

*I/E   **Title** 119ʳᵇ *Incipiunt gesta de passione Christi que scripsit Nichodemus et que inuenit Theodosius imperator reposita in pretorio Pilati presidis.* **Prol.** II *Factum est in anno nono xᵒ Tyberii cesaris, imperatoris Romanorum, et Herodis filii Herodis regis Galilee...—...mandauit ipse litteris hebraicis.* **Text** *Annas et Cayphas et Somnas et Datan, Gamalihel, Iudas, Leui, Neptalim, Alexander et Syrus...—...124ʳᵃ et posuit omnia uerba in codicibus publicis pretorii sui.* Ch. I,1-XXVII. *EP* 124ʳᵃ *Et post hec ipse Pilatus scripsit epistolam ad urbem Romam dicens: Pontius Pilatus regi Claudio salutem. Nuper accidit quod et ipse probaui...—...124ʳᵇ omnia que sunt gesta de Ihesu in pretorio meo. Valete.* **Closing** 124ʳᵇ *Ipse nos adiuuare dignetur qui uiuit et regnat in secula seculorum. Amen.*

SS   **Bibl** ‡*Catalogue général*, 1889, Octavo V, pp. 14-5. †Samaran and Marichal, vol. VI, p. 171. **Corresp.** Michel de Lemps.

67. **DIJON**, France. Bibliothèque Municipale

MS 639

Parchment. 156 ff. 470 x 330 mm. **Saec.** XIII. **Poss.** Notre-Dame, Citeaux (OCist), dioc. Chalon-sur-Saône, now Dijon. **Contents** A legendary: saints' lives; *Sermo in ramis palmarum*; *EN*; *EP*; *Epistola Abgari ad Iesum Christum*; *Epistola Iesu Christi ad Abgarum*; saints' lives; etc.

*I/E **Title** 82va *Incipiunt gesta de passione domini* 82vb *que scripsit Nichodemus et que inuenit Theodosius imperator.* **Prol.** II *Factum est in anno nonodecimo Tyberii cesaris, imperatoris Romanorum, et Herodis filii Herodis regis Galilee...—...mandauit ipse litteris hebraicis.* **Text** *Annas et Cayphas et Sompnas et Dathan, Gamaliel, Iudas, Leui, Neptalim, Alexander et Syrus...—...*89va *et posuit omnia uerba in codicibus publicis pretorii sui.* Ch. I,1-XXVII. *EP* 89va *Et post hec ipse Pilatus scripsit epistolam ad urbem Romam dicens: Pontius Pilatus regi Claudio salutem. Nuper accidit quod et ipse probaui...—...*89vb *omnia que sunt gesta de Ihesu in pretorio meo. Valete.* **Closing** 89vb *Ipse nos adiuuare dignetur qui uiuit et regnat in secula seculorum. Amen.*

SS **Bibl.** †*Catalogue général*, 1889, Octavo V, pp. 169-71. **Corresp.** Michel de Lemps.

68. **DOUAI**, France. Bibliothèque Municipale

MS 59

Parchment. 197 ff. 190 x 140 mm. **Saec.** XIII and XIV. **Scr.** Several scribes. **Poss.** Anchin (OSB), dioc. Arras (ownership note on the cover, 1574). **Contents** Exegetical tracts; *Meditationes Bernardi*; *EN*; *EP*; *VS*; Hugo de s. Caro, *Tractatus super missam*; Iohannes Beleth; *De vitiis et de virtutibus.*

*I/E **Title** 132^v *In nomine sancte Trinitatis incipiunt saluatoris gesta domini Ihesu Christi de passione sua que inuenit Theodosius magnus imperator in pretorio Pontii Pylati in codicibus publicis.* **Prol.** II *Factum est in anno octauodecimo Tiberii cesaris, Romanorum imperatoris, et Herodis filii Herodis Galilee...—...hebraicis litteris mandauit.* **Text** *Annas et Cayphas et Somne et Thatan, Gamaliel, Iudas, Leui et Neptalim, Alexander et Syrus...—...*139^r *posuitque omnia in codicibus publicis pretorii sui.* Ch. I,1-XXVII; partly abridged. *EP* 139^r *Post hec autem scripsit Pilatus epistolam ad Claudium vrbis Rome imperatorem augustum in hec uerba: Pontius Pilatus regi Claudio salutem. Nuper accidit et quod ipse probaui...—...secundum quod prophete hec uel alia de eo predixerunt. VS Incipit quomodo Tytus et Uaspasianus vindicauerunt dominum Ihesum. In diebus imperii Tyberii cesaris, tretrarcha Iudee Pontio Pilato traditus fuit dominus, zelatus a Tiberyo. In diebus illis erat Tytus subregulus...—...*141^r *infamis usque in hodiernum diem. Explicit quomodo Pilatus mortuus est et quomodo Tytus et Uaspasianus vindicauerunt mortem domini nostri Ihesu Cristi cui est honor... Amen.* Ch. 1- .

SS **Bibl.** †*Catalogue général*, 1878, Quarto VI, pp. 39-40.

69.   **DOUAI**, France. Bibliothèque Municipale
MS   836

Parchment. 230 ff. 440 x 300 mm. **Saec.** XII ex. **Poss.** Marchiennes (OSB), dioc. Arras. **Contents** *EN; EP; Vita s. Mariae Aegyptiacae,* saints' lives.

I/E   **Title** 1ʳ *Gesta dominicae passionis, quae invenit Theodosius Magnus in codicibus publicis. EP ...7ᵛ omnia quae gesta sunt de Iesu in praetorio meo.*

SS   **Bibl.** *Catalogue général,* 1878, Quarto VI, pp. 567-72. †Hagiographi Bollandiani, 1901, pp. 379-84.

70.   **DUBLIN**, Ireland. Trinity College
MS   497 (E.2.26)

Parchment. **Saec.** XV (‡XIV‡). **Poss.** William Camden (1551-1623); Sir Robert Cotton (ownership note on 1ʳ); Archbishop Usher, Henricus Duvall. ‡Contents Iohannes de Rupescissa; *Chronicon; Eulogium historiarum; EN; EP; CST; Eulogium* (cont'd).‡ Used by Haydon for his edition of the *Eulogium (historiarum sive temporis),* which includes *EN* and associated texts.

*I/E   **Title** 51ʳ *Incipit cronica domini nostri Ihesu Christi.* **Prol.** II *Cum de regibus et principibus et de eorum gestis in bellis, in uictoriis, in pugna, in fuga pluries tractauimus... Factum est autem in anno 15° imperii cesaris Romanorum et Herodis filii Herodis regis Galilee...—...hanc epistolam principibus sacerdotum et reliquis litteris hebraicis destinavit.* **Text** ⌜*Quomodo Ihesus accusatus est ad Pilatum per falsos Iudeos.* Margin.⌝ *Igitur Annas et Caiphas, Sobna, Dathan, Gamaliel, Iudas, Leui, Neptalim, Alexander et Sirus...—...60ʳ et posuit omnia hec in publicis codicibus pretorii.* **Ch.** I,1-XXVII. **EP** 60ʳ *Postmodum uero idem Pilatus misit ad urbem Rome et scripsit Claudio imperatori dicens:* ⌜*Litera Pilati ad Imperatorem.* Margin.⌝ *Pontius Pilatus Claudio suo salutem. Nuper accidit quod ipse probaui...—... omnia que gesta sunt in pretorio meo. Ualete.* **CST** *Hanc epistolam direxit Claudio Pilatus adhuc uiuente Tyberio imperatore licet morbo grauissimo laborante...—...62ᵛ Dominus autem salutem contulit in se credentibus, et ipsum credimus esse Dei Filium, redemptorem nostrum, cui est honor... Amen.* **Version** B, ch. 1-20. **Closing** 62ᵛ *Explicit tractatus de passione domini, resurrexione et ascencione.*

SS   **Bibl.** ‡Abbott, p. 74. †Haydon, pp. x-xi.

71.   **DUBLIN**, Ireland. Trinity College
MS   604 (E.5.6)

Parchment and paper. 98 ff. 220 x 143 (‡220 x 152‡) mm. **Saec.** XV (ca. 1450). **Orig.** England. **Scr.** Several scribes. **Contents** I: John Mandeville. II: *EN; Epistola Bernardi ad Raymundum; Proverbia centum;* ps.-Matthaeus; Odo de Cheriton; etc.

I/E   ‡**Title** 55ʳ *Incipit Evangelium Nicodemi.*‡ §**Text** *Ecce autem uir quidam nomine*

Ioseph agens in curia uir bonus et iustus...—*...63ᵛ posuit omnia in codicibus publicis pretorii sui. Et hic ipse Pilatus scripsit epistolam ad urbem regni Rome.* Ch. XI,3-XXVII. **Closing** 63ᵛ *Explicit.*§

SS **Bibl** Abbott, p. 101. †Gijsel, p. 180. ‡Hagiographi Bollandiani, 1928, pp. 101-2. **Corresp.** §Jane Maxwell.

72. **EDINBURGH**, Great Britain. National Library of Scotland
MS Adv. 18.5.18

Parchment. ‡238 ff.‡ 200 x 155 (‡210 x 165‡) mm. **Saec.** XIII (‡XIV‡). **Scr.** Several scribes. **Poss.** Radulphus de Eylesbury, Cathedral priory, Rochester (OSB), Kent; Sir James Balfour of Denmilne (saec. XVII); Advocates' Library (1698). **Contents** I: Boethius; Anselmus Cantuariensis; Augustinus Hipponensis; etc. II: Greg.; ps.-Aug.; *EN*; *EP*; Bernardus Clarevallensis, *Parabola II*; *Misericordia et veritas obviaverunt sibi...*; etc.

*I/E **Greg.** 204ʳ *Gregorius Turonensis in gestis Francorum de passione et resurrectione domini refert hæc. Apprehensus autem et Ioseph qui cum aromatibus corpus Xpisti conditum...*—*...204ᵛ pro eo quod non ad eum primitus aduenisset.* **Ps.-Aug.** 204ᵛ *Augustinus quoque sanctus in sermonibus de sabbato pasche refert et hæc. Attonite mentes obstupuere tortorum...*—*...205ʳ per lignum ditati fuimus, per lignum euertimur.* **Title** 205ʳ *In nomine sancte Trinitatis incipiunt gesta saluatoris domini nostri Ihesu Christi que inuenit Theodosius magnus imperator in Ierusalem in pretorio Poncii Pilati in codicibus publicis.* ⌈*Istud est ewangelium Pylati cuius auctor ignoratur nisi sit Pylatus. Margin, later hand.*⌉ **Prol. II** *Factum est in anno uicesimo tercio imperii Tyberii cesaris, publicii imperatoris Romanorum, et Herodis regis Galilee, filii Archelai...*—*...mandauit ipse Nichodemus litteris hebraicis.* **Text** *Annas et Cayphas et Somne et Datan, Gamalielis, Iudas, Leui, Neptalim, Alexander et Syrus...*—*...227ʳ et posuit omnia uerba in codicibus publicis pretorii sui.* Ch. I,1-XXVII. **EP** 227ʳ *Et post hæc ipse Pilatus scripsit epistolam ad urbem Romam Tyberio cesari dicens: Poncius Pilatus regi Tyberio 227ᵛ suo salutem. Nuper accidit quod et ipse probaui...*—*...228ʳ omnia que gesta sunt de Ihesu in pretorium meum.*

SS **Bibl** Edinburgh, National Library of Scotland, p. 101, no. 1277. Ker, 1964, p. 161. ‡Römer, 1972, p. 115. Schenkl, no. 3027. **Corresp.** †I.C. Cunningham, Assistant Keeper.

73. **EINSIEDELN**, Switzerland. Stiftsbibliothek
MS 169

Parchment. 144 (corr. 138) pp. 250 x 172 mm. **Saec.** X and XI. **Contents** I: Isidorus Hispalensis; *Synonima latina*. II: *EN*; *EP*; *SN*. III: Hucbaldus, *De harmonica institutione*. IV: Bernaldus Constantiensis. Used by Dobschütz for his edition of *SN*.

*I/E **Title** P. 66 *In Christi nomine incipit gesta salvatoris domini nostri Ihesv Christi* *qvae inuenit Thevdosivs magnus imperator in Hierusalem in praetorio Poncii Pilati praesidis in codicibus publicis.* **Prol.** II *Factum est in anno nonodecimo Tyberii caesaris, imperatoris Romanorum, et Herodis filii Herodis Galileae...—...mandauit ipse Nichodemus litteris hebraicis.* **Text** *Annas et Kaiphas et Sumine et Dadan, Gamaliel, Iudas, Gamaliel, Laevi, Alexander et Hyarus...—...p.* 100 *et po* p. 101 *suit omnia uerba in codicibus publicis pretorii sui.* **Ch.** I,1-XXVII. *EP* P. 101 *Et post haec ipse Pilatus scripsit epistolam ad urbem regni Romae dicens: Pontius Pilatus regi Claudio suo salutem. Nuper accidit ut* ⌐*et* above line⌐ *quod ipse probaui...—...p.* 102 *omnia quae iesta sunt de Ihesu in pretorio meo. SN* P. 102 *Cumque haec Claudius suscepisset et Neroni imperatori legisset...—...p.* 112 *Sic iterum significans paterna uox per Zachariam prophetam dixit.* **Ch.** I-XII,1.

SS   **Bibl.** †Meier, p. 135. **Corresp.** P. Dr. Odo Lang.

74.   **EINSIEDELN, Switzerland. Stiftsbibliohek**
MS   **250**
       Parchment. 426 (corr. 428) pp. 294 x 237 mm. **Saec.** XII. **Orig.** Einsiedeln (OSB), dioc. Konstanz, now *nullius.* **Scr.** One scribe. **Contents** Saints' lives; ...; ps.-Matthaeus; *Transitus Mariae, EN; EP*; Nicephorus, *Historia ecclesiastica* I, 20 (*De interitu Herodis*); Hieronymus; *De Antichristi nativitate, De quindecim signis ante diem iudicii*; etc.
I/E   **Title** P. 375 *In nomine sanctæ Trinitatis. Incipiunt gesta saluatoris domini nostri Jesu Christi quæ inuenit Theodosius imperator in Jerusalem in pretorio Pontii Pilati in codicibus publicis.* **Prol.** II *Factum est in anno* ‡*octavo decimo Tiberii caesaris imperatoris Romanorum et Herodis filii Herodis imperatoris Galilaeae...—...mandavit ipse Nicodemus litteris hebraicis* (**Text**) *Annae et Caiphae et omnibus, et dedit hanc Gamalieli. Iudas, Levi, Neptalim, Alexander et Sirus...*‡ *EP* P. 411...—...p. 412 *Christo in pretorio.* **Closing** P. 412 *Finiunt gesta nostri saluatoris.*
SS   **Bibl.** Bruckner, p. 181. Gijsel, pp. 78-9. †Meier, pp. 215-9. ‡Stegmüller, vol. VII, no. 179,27.1. **Corresp.** P. Dr. Odo Lang.

75.   **EINSIEDELN, Switzerland. Stiftsbibliothek**
MS   **326**
       Parchment. 104 ff. 178 x 126 mm. **Saec.** IX and X. **Scr.** Several scribes. ‡**Orig.** Possibly Fulda (OSB).‡ **Poss.** Ulricus de Murtzuls (ownership note on 1ʳ, saec. XIV); Pfäfers (OSB), dioc. Chur (ownership note on 104ᵛ). **Contents** I: Valerius Probus, *Notae.* II: *EN; EP; CST.* III: *Liber poenitentialis.* IV: *Inscriptiones Romanae, Itinerarium urbis Romae.* V: *Acta apocrypha s. Iudae,* etc. Used by Birch, Hess, Kim, Thilo, and Tischendorf for their editions of *EN.*
*I/E **Title** 11ʳ *In nomine sanctae Trinitatis incipiunt gesta saluatoris domini nostri Ihesu Christi inuenta Theodosio magno imperatore in Hierusalem in pretorio Pontii Pilati in codicibus publicis.* **Prol.** II *Factum est in anno xviiii imperatoris Tyberii*

*caesaris, imperatoris Romanorum, et Herodis filii Herodis imperatoris Galileae...—...
mandauit ipse Nichodemus litteris ebraicis.* **Text** *Annas et Cayfas et Somne et
Dathan, Gammaliel, Iudas, Leui, Neptalim, Alexander et Syrus...—...28ᵛ et posuit
omnia uerba in chodicibus pubblicis pretorii sui.* **Ch.** I,1-XXVII. *EP* 29ʳ *Et post
haec ipse Pilatus scripsit epistolam ad urbem Romam Claudio dicens: Pontius
Pilatus regi Claudio suo salutem. Nuper accidit et quod ipse probaui...—...29ᵛ
omnia quae gesta sunt de Ihesu in pretorio meo.* **Closing** 29ᵛ *Explicit .II. Ihesu
Christi domini nostri. CST Incipit notitia qualiter Tiberius caesar pro ipso Hieroso-
limam direxit. Factum est autem cum Tiberio et Uitellio consulibus, eodem tempore
cum Tiberius caesar gubernaret imperium...—...34ᵛ Dominus autem salutem contulit credentibus in se, quia ipsum credimus Dei Filium qui cum Patre... Amen.* Version A, ch. 1-20.

SS   **Bibl.** Krämer, 1989-90, vol. I, p. 281. †Meier, pp. 297-300. ‡Walser, p. 9. **Corresp.** P. Dr. Odo Lang.

76.   **ENGELBERG**, Switzerland. Stiftsbibliothek
MS   44

Parchment. 121 ff. 286-280 x 190-184 mm. **Saec.** XIII in. **Orig.** Engelberg
(OSB), dioc. Konstanz. **Scr.** Several scribes. **Contents** I: Homiliary. II: *Martyrologium;* ps.-Matthaeus; etc. III: *EN; EP;* ps.-Methodius; sermons. IV: Honorius Augustodunensis; ‡*Nomina magorum.*‡

I/E   ‡**Title** 97ʳ *Passio salvatoris domini nostri Jhesu Christi quam invenit Theodosius
magnus imperator in Hierusalem in praetorio Pontii Pilati in codicibus publicis.*
Prol. II *Factum est in anno nonodecimo imperatoris Tiberii Caesaris...* **Text Ch.**
XII omitted. *EP* ...103ʳ *potestati vestrae quae gesta sunt de Jhesu in praetorio
meo.*‡

SS   **Bibl.** †Gijsel, p. 148. ‡Gottwald, pp. 68-76.

77.   **ERFURT**, Germany. Wissenschaftliche Allgemeinbibliothek
MS   CA 2° 84

Parchment. 146 ff. **Saec.** XV in. **Scr.** One scribe. **Poss.** Collegium Amplonia-
num, Erfurt (ownership note). **Contents** Augustinus Hipponensis; *De vita et
moribus insignis Origenis; Planctus Origenis; Homeliae Origenis; EN;* unidentified text; Didymus Alexandrinus, *De Spiritu sancto;* Anselmus Cantuariensis.

I/E   **Title** 116ʳ *Gesta domini salvatoris secundum Nycodemum et dicuntur hec gesta
chronicon Nichodemi. Incipiunt gest. d. s. nostr. I. Chr. a Nych. in codicibus
scripta publicis que invenit Theodosius magnus imperator in Iherusalem in pretorio
Pylati Poncii presidis.* **Prol.** II *Actum est in anno decimo octavo imperatoris
Tyberii...* **Unidentified text** ...122ʳ *dampnavit in mortem.*

SS   **Bibl.** †Schum, pp. 62-3. **Corresp.** Oberbibliothekar Piossek; Dr. Hans-Erich
Teitge.

78. **ERLANGEN, Germany.** Universitätsbibliothek
MS 660
Paper. 255 ff. 205 x 145 mm. **Saec.** XV/2 (1460-80). **Orig.** Germany. **Scr.** Several scribes. **Poss.** Heilsbronn (OCist), dioc. Eichstätt. **Contents** Benedictus de Nursia; a chronicle, in German; *Gesta Christi; EN; EP; CST; Videndum est de eucharistiae sacramento...; Circa canonem tria sunt notanda...;* Beda Venerabilis; Iohannes de Garlandia; etc.
I/E **Title** 161ᵛ *Sequitur ewangelium Nicodemi.* **Prol. II** 162ʳ *Factum est Nonodecimo Tybery cesaris impery... EP* 178ʳ *Posteaque volens cesari nunciare... CST Hanc pylatus claudio direxit adhuc viuente tyberio...—...*183ʳ *per artem magicam predictus est. simo magus. Dominus autem salutem contulit in se credentibus. Qui... viuit... amen.* Version B, ch. 1-20.
SS **Bibl.** †Fischer, pp. 396-8. Krämer, 1989-90, vol. I, p. 340. **Corresp.** Dr. Hans-Otto Keunecke.

79. **EUTIN, Germany.** Kreisbibliothek
MS II
Paper. **Saec.** XV. **Contents** *EN; EP; De horis canonicis; CST;* etc.
*I/E **Title** P. 1 ⌐*Passio Christi per Nicodemum exarata.* Top margin.⌐ **Prol. II** P. 1ᵃ *Factum est in anno nonodecimo imperatoris Tyberii cesaris, imperatoris Romanorum, et Herodis filii Herodis principis Galilee...—...mandauit ipse Nichodemus litteris hebraycis.* **Text** *Anna et Cayphas, Somna et Datan, Gamaliel, Iudas, Neptalim, Alexander et Syrus...—...p.* 16ᵃ *et posuit omnia verba in codicibus publicis pretorii sui.* Ch. I,1-XXVII. *EP* P. 16ᵃ *Et post hec ipse Pylatus scripsit epistolam ad vrbem Romam Claudio dicens: Nuper accidit quod et ipse Iudeos per inuidiam...—...p.* 16ᵇ *omnia que gesta sunt de Ihesu. De horis canonicis* P. 16ᵇ *Prima hora consilium fecerunt Iudei...—...Matutina dicitur quia dominus mane resurrexit. CST Factum est autem cum Tyberio et Uitellio consulibus, eodem tempore Tyberius cesar gubernaret imperium...—...p.* 20ᵃ *Tyberius credens Christo defunctus est in Christo cum pace. Amen. Laus eidem qui pro nobis est crucifixus.* Version A, ch. 1-14.
SS **Corresp.** †Ingrid Bernin-Israel.

80. **FIRENZE, Italy.** Biblioteca Medicea Laurenziana
MS Gaddi 115
Paper. iii 85 iii. 295 x 210 mm. **Saec.** XIV/2 and XV. **Orig.** Italy (some texts in Italian). **Scr.** Five scribes. **Poss.** Biblioteca Gaddi; Biblioteca Magliabechiana. **Contents** *EN;* a prayer to the Virgin; *Fiore di virtù; Expositio dominicae orationis;* Iacobus de Benevento; Origenes; Domenico Cavalca; Petrus Damianus. Used by Tischendorf for his edition of *EN.*
I/E ‡**Prol. II** 2ʳ *Factum est autem in anno decimonono imperatoris tyberii cesaris*

romanorum et herodis filii herodis regis galilee anno XVIIII principatus... **Text** ...5ʳ
Respondentes milites discerunt si ioseph arimathia est et yhesus in galilea est.‡ Ch.
-XIII,2.
SS **Bibl** Bandini, coll. 126-9. ⁺Innocenti, 250-2. **Corresp.** ‡Dott.ssa Anna Lenzuni.

81. **FIRENZE,** Italy. Biblioteca Medicea Laurenziana
MS S. M. 599
   Parchment. 290 x 185 mm. **Saec. XII. Poss.** San Marco, Firenze (mentioned
   in the catalogue of 1499-1500). **Contents** Hieronymus, *De genealogia b. Mariae
   Virginis; EN; EP; CST; Vita s. Euphragiae,* saints' lives.
*I/E **Title** 8ʳ *Incipit ystoria de passione domini saluatoris quam inuenit Theodosius im-
   perator in Iherusalem in pretorio Pilati in libris publicis.* **Prol.** I *Ego Etheus,
   primus doctorum, perscrutans diuinitatem legis et scripturarum...—...quem ego
   interpretatus sum litteris grecis.* **Prol.** II *Factum est in anno quintodecimo imperii
   Tyberii cesaris, imperatoris Romanorum, et Herodis filii Herodis regis Galilee...—...
   mandauit ipse Nichodemus litteris hebraicis.* **Text** *Igitur Annas et Cayphas, Sabna,
   Dathan, Gamaliel, Iudas, Leui, Neptalim, Alexander et Syrus...—...20ᵛ et hec omnia
   posuit in codicibus publicis pretorii.* Ch. I,1-XXVII. *EP* 20ᵛ *Et post uolens cesari
   omnia renuntiare, ipse Pylatus epistolam ad urbem direxit Claudio imperatori
   dicens: Pontius Pylatus Claudio salutem. Nuper accidit et quod ipse probaui...—...
   21ʳ omnia quae gesta sunt de Ihesu in pretorio meo. Valete. CST 21ʳ Hanc Pylatus
   Claudio direxit epistolam adhuc uiuente Tyberio imperatorae licet morbo grauissimo
   laborantae...—...25ʳ Dominus autem salutem contulit in se credentibus, quia ipsum
   credimus Dei Filium qui cum Patre... Amen.* Version B, ch. 1-20. **Closing** 25ʳ
   Explicit ystoria de passione Christi.
SS **Bibl.** ⁺Ullman and Stadter, p. 148, no. 201.

82. **FIRENZE,** Italy. Biblioteca Nazionale Centrale
MS Palat. 7
   Parchment. 192 ff. 210 x 315 mm. **Saec. XII and XIII. Poss.** Sacro Convento
   di Assisi (OFM; mentioned in the inventory of 1381); Conte Fabrizio Orsini
   Rilli. **Contents** Gregorius Magnus; *Vita s. Gregorii Magni;* sermons; *EN.*
I/E **Text** 190ʳ *Audientes vero iudei quia corpus ihesu pecierat ioseph...—...*192ᵛ *Disce-
   dite a me male dicti. et cetera.* Ch. XII,1- .
SS **Bibl.** ⁺Cenci, no. 312, pp. 213-4. Gentile, pp. 7-8. **Corresp.** Dott.ssa Carla Gui-
   ducci Bonanni.

83. **FIRENZE,** Italy. Biblioteca Nazionale Centrale
MS II, II, 453
   Parchment and paper. 6 and 98 ff. **Saec. XV/1 (1429). Orig.** Firenze. **Poss.**

Piero Strozzi (1500-58); Biblioteca Magliabechiana. **Contents** I: *EN*; *Officium conceptionis Virginis.* II: *De sacramentis*; Thomas de Aquino.

I/E　**Title** 1 *Incipit hystoria passionis domini Salvatoris quam invenit Theodosius Imperator in Yerusalem in Pretorio Pilati in libris publicis.* **Prol.** I *Ego Etheus primus doctorum perscrutans...* **Text** ...5 *seculorum Amen.* **Closing** 5 *Bapticator me explevit die xiiij mensis may anni Domini miiijᶜxxviiij hora xvij in domo domini Amerighi de Medicis Propositi maioris Ecclesie Florencie et oratorii seu capelle s. Ioannis Baptiste.*

SS　**Bibl.** †G. Mazzatinti, p. 132.

84.　GANDERSHEIM, Germany. Stiftsbibliothek
MS 256

Paper. 274 ff. 295 x 215 mm. **Saec.** XV/1. ‡**Poss.** Reichsstift, Gandersheim (Secular Canonesses), dioc. Hildesheim.‡ **Contents** Theodoricus Arnevelde, *Sermones de tempore hiemali*; *EN*; *EP*; *CST*; *Registrum sermonum*; *Auctoritates Veteris Testamenti*; etc.

I/E　**Title** 245ᵛᵇ *Incipit ewangelium Nychodemi.* **Prol.** II *Factum est in anno nono decimo imperatoris Tyberii cesaris Romanorum et Herodis filii Herodis imperatoris Galee...* **EP** ...259ᵛᵇ *omnia que gesta sunt de Ihesu in pretorio meo etc.* **Closing** 259ᵛᵇ *Explicit ewangelium Nychodemi.*

SS　**Bibl.** †Härtel, 1978, pp. 43-4. ‡Krämer, 1989-90, vol. I, p. 288. **Corresp.** Dr. Helmar Härtel.

85.　GDAŃSK, Poland. Biblioteka Polskiej Akademii Nauk
MS 1956

Paper. 135 ff. 285 x 210 mm. **Saec.** XV. **Poss.** ‡St. Petrus, Gdańsk;‡ Heinrich Schwarzwald Bibliothek. **Contents** Innocentius III papa; *Gesta Romanorum*, excerpt; *Quattuor evangelia*; *Quaestiones theologicae*; *EN*; *EP*; *CST*; *Chronicon Sicardi Cremonensis*, excerpt; miscellaneous texts.

*I/E　**Prol.** II 85ʳᵃ *Factum est autem anno xix⁰ Tyberii cesaris imperii Romani et Herodis imperii Galilee...—...mandauit ipse Nicodemus litteris ebraicis.* **Text** *Igitur Annas et Cayphas, Superna, Datan, Gamaliel et Iuda, Leui, Neptalem, Alexander et Sirus...—...90ʳᵃ et posuit omnia verba hec in corde publicii pretorii.* Ch. I,1-XXVII. **EP** 90ʳᵃ *Et postea volens cesari omnia renunctiare, ipse Pylatus scripsit epistolam Claudio dicens: Domino suo Claudio Pylatus salutem. Nuper accidit quod et ipse probaui...—...90ʳᵇ que gesta sunt de Ihesu in pretorio meo. Valete etc.* **CST** 90ʳᵇ *Hanc epistolam direxit Pylatus Claudio adhuc viuente Tyberio licet grauissime laborante morbo...—...91ʳᵇ seuissime digrassatus est in nobilitate Romani cenatus. Rogemus.* Version B, ch. 1-14. **Closing** 91ʳᵇ *Explicit ewangelium Nicodemi.*

SS　**Bibl.** †Günther, 1903, pp. 96-7. ‡Krämer, 1989-90, vol. I, p. 162. **Corresp.** Doc. dr. hab. Zbigniew Nowak.

86. **GDAŃSK, Poland. Biblioteka Polskiej Akademii Nauk**
MS 2016

   Paper. 197 ff. 280 x 205 mm. Saec. XIV/2 (ca. 1385). **Contents** *De expositione missae, Stella clericorum;* Peregrinus Polonus; *Dialogus b. Mariae et Anselmi; EN; De assumptione Mariae,* sermons.

*I/E Title 74[rb] *Deinde sequitur passio Nichodemi.* **Prol.** II *Factum est autem in anno nonodecimo Tyberii cesaris imperii Romanorum, regni uero Herodis filii Herodis...* —*...mandauit Nychodemus principibus sacerdotum et reliquis Iudeis factam litteris hebraycis et grecis ita dicens.* **Text** *Anna et Cayphas et Supreme et Dathan, Gamaliel, Iudas, Leui, Neptalym, Allexander...*—*...80ra ne quis de resurrectione mortuorum qui cum Christo surrexerunt dubitaret.* Ch. I,1-XXVII. **Closing** 80ra *Scripta sunt hec ad laudem et gloriam et honorem domini nostri Ihesu Christi qui est super omnia Deus benedictus in secula. Amen.* Ch. I,1-XXVII.

SS **Bibl.** †Günther, 1903, pp. 149-50. **Corresp.** Doc. dr. hab. Zbigniew Nowak.

87. **GDAŃSK, Poland. Biblioteka Polskiej Akademii Nauk**
MS Mar. F 202

   Paper. 276 ff. 290 x 210 mm. Saec. XV/1. Scr. Several scribes. Poss. ‡Mariacki (BMV) Church, Gdańsk.‡ Contents I: Dominicus Capranica; Hugo de Palma. II: Giovanni Boccaccio; saints' lives; *Miracula de s. Barbara; EN; EP; De s. Erasmo,* saints' lives. III: Sermons. IV: *Chronologia historiae sacrae.*

*I/E Title 94[r] *Ewangelium Nichodemi quod invenit Theodosius imperator Ierosolimis in pretorio Pylati in codicibus publicis.* **Prol.** II/I *Factum est autem anno xviii imperii Tyberii cesaris, imperatoris Romanorum, et Herodis regis, thetrarche Galilee, filii Herodis...*—*...in grecis litteris commutaui ad cognitionem omnium fidelium credencium in Christo.* **Text** *Annas et Cayphas, Sompnas et Dathan, Gamaliel et Ionathas, Leui, Neptalim, Allexander, Bymel, Fitus, Iarus...*—*...101[v] Ipse autem Pylatus scripsit omnia verba et facta in codicibus publicis pretorii sui.* Ch. I,1-XXVII. **EP** 101[v] *Post hec scripsit Pylatus epistolam ad vrbem Romanam Tiberio dicens: Epistola quam misit Pylatus Tyberio. Poncius Pilatus imperatori Tyberio salutem et triumphalia uota. Nuper accidit et quod ipse probaui...*—*...omnia que gesta sunt de Ihesu in pretorio meo. Hec itaque de Christo Filio Dei.* **Epil.** *Nunc ergo, fratres karissimi, hanc leccionem quam audistis...*—*...ad nostram noticiam devenerunt, prestante domino nostro Ihesu Christo cui sit laus, honor et gloria.*

SS **Bibl.** †Günther, 1921, pp. 193-6. ‡Krämer, 1989-90, vol. I, p. 163. **Corresp.** Doc. dr. hab. Zbigniew Nowak.

88. **GENÈVE, Switzerland. Bibliothèque Publique et Universitaire**
MS Lat. 42 (Petau 122)

   Parchment. 201 ff. 270 x 195 mm. Saec. XIII and XIV. Scr. Four scribes. Poss.

Paul Petau (1568-1614). **Contents** Hugo de s. Victore; Gregorius Magnus; Paschasius Radbertus, *Liber de corpore et sanguine Christi*; *EN*; *EP*; *Quibus modis remittuntur peccata.*

I/E **Title** 188^r *In nomine Domini. Incipiunt gesta Salvatoris Domini nostri Jhesu Christi, que invenit Theodosius magnus in Jerusalem, in pretorio Pontii Pylati, in codicibus publicis.* **Prol.** II *Factum est in anno nono decimo Tiberii Cesaris ‡imperatoris Romanorum et Herodis filii Herodis principis Galilaeae...—...litteris hebraicis.* **Text** *Annas et Caiphas et Sonna et Datan et Gamaliel, Judas, Levi...‡ EP* ...195^v *Direxi potestati vestre omnia que facta sunt de Jhesu in pretorium meum.* **Closing** 195^v *Explicit gesta Salvatoris.*

SS **Bibl.** ‡Aubert, pp. 26-8 (272-4). ‡Stegmüller, vol. VIII, no. 179,27.3. **Corresp.** Philippe Monnier.

89. **GENÈVE-COLOGNY**, Switzerland. Bibliothèque Bodmer
MS Bodmer 127
Parchment. 265 ff. 448 x 305 mm. **Saec.** XII. **Orig.** Germany, possibly Weissenau (OPraem), dioc. Konstanz. **Scr.** Essentially two scribes; illuminator *Frater Rvfillvs.* **Poss.** Weissenau (OPraem), dioc. Konstanz (ownership note on 265^v, saec. XIII or XIV); Bonaventura Brem, the last abbot of Weissenau (d. 1818); Franz von Baratti (d. 1835); Georg von Waldburg-Zeil; Fürstlich Hohenzollern'sches Museum, Sigmaringen; Martin Bodmer. **Contents** Augustinus Hipponensis, *De diversis quaestionibus octoginta tribus*, excerpt; *EN*; *EP*; *Passio s. Sebastiani*; saints' lives.

I/E **Title** 2^r ⌐*hec inter apocrypha esse* [?] *putatur.* Top margin.⌐ 2ra *IN NOMINE SANCTE TRINITATIS INCIPIUNT GESTA Saluatoris domini Ihesu Christi quę inuenit Theodosius Magnus imperator in Hierusalem in pretorio Pilati in codicibus publicis in anno nono dECIMO.* **Prol.** II *FACTVM EST in anno nono decimo imperii Tiberii Cesaris Romanorum...* **Text** ...10rb *et posuit omnia uerba in codicibus publicis pretorii sui.* **Ch.** -XXVII. *EP* 10rb *Et post hęc Pilatus ipse scripsit epistulam ad urbem Romam Claudio dicens: PONTIVS Pilatus regi Claudio salutem. Nuper accidit et quod ipse probauit...—...Direxi potestati uestrę omnia que gesta sunt de Ihesu IN PRETORIO MEO.*

SS **Bibl.** Krämer, 1989-90, vol. II, p. 818. ‡Pellegrin, pp. 265-80.

90. **GENT**, Belgium. Universiteitsbibliotheek
MS 239
Parchment. 252 pp. **Saec.** XIII and XV. **Orig.** Cambron (OCist), dioc. Cambrai. **Scr.** Essentially two scribes. **Poss.** Cambron (OCist), dioc. Cambrai (‡ownership note on p. 232, saec. XIV‡); at least part of the codex was belonged to St.-Baafsabdij (OSB), Gent (‡a list of prebendaries on p. 239‡). **Contents** Hincmar de Reims; ps.-Matthaeus; *Transitus Mariae*; *EN*; *Sermo b.*

Hieronymi ad Paulum; Didymus Alexandrinus; Cassiodorus; hymns, prayers, etc.
I/E   §Title 21ᵛ (p. 42) ⌈Evangelium Nicodemi. Heading saec. XV.⌉ Prol. II Factum
est autem anno nono decimo Tyberii Cesaris imperatoris Romani ~~principatus~~, regni
vero Herodis filii Herodis octavo decimo... Text ...37ʳ (p. 73) Et exierunt omnes de
synagoga cum magna sollicitudine et timore et tremore, percutientes pectora sua
abierunt unusquisque in propria sua. Ch. -XXVII,4.§
SS   Bibl. Derolez. †Gijsel, pp. 39-40. ‡Lambot, 267-8. Corresp. §Prof. Dr. A. Derolez.

91. GIESSEN, Germany. Universitätsbibliothek
MS   729

Paper. 205 ff. 215 x 150 mm. Saec. XV/2 (1476). Scr. One scribe. Poss. St.
Markus, Butzbach (Brothers of the Common Life), dioc. Mainz (ownership
note in Gabriel Biel's handwriting on 1ʳ, saec. XV). Contents A theological
miscellany: ...; Albertus de Padua; sermons; Meditatio super passionem Christi;
Henricus de Frimaria, Passio domini literaliter et moraliter explanata; EN; EP;
Albertus de Padua, Postilla super evangelia dominicalia; etc.
*I/E   Title 97ʳ In ewangelio Nychodemi sequitur. Text Audientes autem Iudei quia
Ioseph corpus Ihesu petierat, querebant eum...—...102ᵛ et posuit ea in pretorio. Ch.
XII,1-XXVII. EP 102ᵛ Post hec scripsit Pylatus epistolam Claudio ad Romam
dicens: Poncius Pylatus regi Claudio salutem. Nuper accidit insuper quod ipse
probaui...—...omnia que gesta sunt de Ihesu in pretorio meo. Closing Et sic est
finis ewangelii Nichodemi. Explicit passio gloriosa domini nostri Ihesu Christi etc.
Scribebam anno domini etc. lxxviᵒ.
SS   Bibl. †Bayerer, pp. 133-5. Krämer, 1989-90, vol. I, p. 130. Corresp. Dr. Bernd
Bader.

92. GIESSEN, Germany. Universitätsbibliothek
MS   777

Parchment. 152 ff. Saec. XII and XIII (‡XIII and XIV‡). Scr. Several scribes.
Poss. A note on the cover, comparatus Viennae ex bibliotheca Archiepiscopali
(1758). Contents Evangelium sec. Iohannem; Legenda s. Udalrici; a paraphrase
of ps.-Matthaeus; Miracula b. Virginis Mariae; saints' lives; prayers; De gratia-
rum actione; EN; prayers, in Latin and German; Legenda de decem milium martyrum; Visio Tundali; etc.
*I/E   Prol. II 96ᵛᵇ [F]actum est in anno nonodecimo Tyberii cesaris, imperatoris Roma-
norum, et Herodis filii Herodis imperatoris Galilee...—...mandauit ipse Nichodemus
litteris hebraicis (Text) Anne et Caiphe et Summe et Dedi, Gamalieli, Iudee, Leui,
Neptalim, Alexandro et Thiaro...—...111ᵛ et in graciam paradysi reduxisti et in tua
pingue pascua spirituali vita certissima. Amen. Ch. I,1-XXVI.
SS   Bibl. †Adrian, pp. 232-3. Corresp. ‡Dr. Bernd Bader.

93.   GÖTTINGEN, Germany. Niedersächsische Staats- und Universitäts-
      bibliothek
MS   4° Cod. Ms. Theol. 153
      Paper. ii 220 ff. 290 x 210 mm. Saec. XV. Orig. Germany (some texts in Low
      German). Poss. 2ʳ *Orate pro Gherwino de Hamelen* ⌐*datore* in another hand⌐,
      i.e., Gerwin van Hameln (d. 1496); ‡Andreasbibliothek, Braunschweig, dioc.
      Hildesheim/Halberstadt;‡ Hermann v. d. Hardt (1660-1746); Anton Julius v.
      d. Hardt (d. 1785). Contents Miscellanous texts in Latin and Low German:
      ...; Iohannes Novicellensis; *Carmen de schismate, De materia successionum; EN;
      EP; De horis canonicis; CST;* Iohannes de Segobia, *Sermo,* etc.
*I/E Title 86ʳ ⌐*Evangelium Nichodemi. Legi.* Top margin, written by Gerwin van
      Hameln.⌐ Prol. II 86ʳᵃ *Factum in anno decimo imperii Tyberii cesaris, imperatoris
      Romanorum, et Herodis filii Herodis principis Galylee...—...mandauit ipse Nichode-
      mus litteris ebraicis.* Text *Annas et Cayphas, Somnas et Datan, Gamaliel, Iudas,
      Leui, Neptalim, Allexander et Syrus...—...94ᵛᵇ et posuit omnia verba in codicibus
      publicis pretorii sui.* Ch. I,1-XXVII. *EP* 94ᵛᵇ *Et post hoc ipse* 95ʳᵃ *Pylatus scripsit
      epystolam ad vrbem Romam Claudio dicens: Poncius Pylatus regi suo salutem. Nu-
      per accidit quod et ipse probaui...—...95ʳᵇ omnia que gesta sunt de Ihesu. De horis
      canonicis* 95ʳᵇ *Prima consilium hora fecerunt Iudei...—...Matutina dicitur quia do-
      minus mane resurexit. CST Factum est autem cum Tyberio et Vitellio consulibus,
      eodem tempore Tyberius cesar gubernaret imperium...—...97ᵛᵃ Tyberius credens
      Christo defunctus est in Christo cum pace. Amen.* ⌐*Amen. Legi.* In Gerwin van
      Hameln's hand.⌐ Version A, ch. 1-14.
SS   Bibl. †Göttingen, Niedersächsische Staats- und Universitätsbibliothek, pp.
      383-5. ‡Lehmann, 1935a, p. 579. Corresp. Bibliotheksamtmännin.

94.   GRAVENHAGE, 'S-, Holland. Koninklijke Bibliotheek
MS   73 H 23
      Paper. 92 ff. 208 x 144 mm. Saec. XV/1. Orig. Vol. I written in 1436 *in diocesi
      traiectensi ubi presens opusculum est compilatum. s. in opido campensi* (7ᵛ; cf.
      note on 12ʳ). Scr. Vol. III written by Jacobus Caerriders; vol. IV by several
      scribes. Poss. ‡Kamp (OCist), dioc. Köln;‡ Arnoldus Hist de Hasselt (owner-
      ship note on 30ᵛ); 1ʳ *Ad usum ff. Capuc. hasselens.* (seac. XVII); several names
      in handwriting saec. XVII; Coll. Maastricht, prov. Limburg. Contents I: Iaco-
      bus Magister, *Computus.* II: Iohannes de Garlandia. III: *Expositiones lectionum
      vigiliarum.* IV: *De poena et origine Pilati (Sciendum est quod Christus... Fuit
      quidam rex Tyrus...); EN; EP.*
*I/E Title 79ʳ *Incipiunt gesta de passione Christi que scripsit Nychodemus et que
      inuenit Theodosius imperator reposita in pretorio Pylati presidis.* Prol. II *Factum
      est autem in anno nonodecimo Tyberii cesaris, imperatoris Romanorum, et Herodis*

filii Herodis regis Galilei...—...hystoriatus est Nychodemus acta a principibus sacerdotum et reliquis Iudeis ipse litteris hebraycis. **Text** *De accusantibus Ihesum. Annas et Cayphas et Sumnas et Dathan, Gamaliel, Iudas, Leui, Neptalim, Alexander et Syrus...—...91ʳ et posuit omnia in codicibus publicis pretorii sui.* Ch. I,1-XXVII. *EP* 91ʳ *Et post hec ipse Pylatus scripsit epistolam ad vrbem Romanam dicens: Poncius Pylatus regi Claudio salutem. Nuper accidit quia et ipse probaui...—...91ᵛ omnia que sunt gesta de Ihesu in pretorio meo. Valete.* **Closing** 91ᵛ *Ipse vos adiuuare dignetur qui viuit et regnat Deus in secula seculorum. Amen.*
SS **Bibl** †Gravenhague, 's-, Koninklijke Bibliotheek, p. 144. Krämer, 1978, col. 1552. ‡Krämer, 1989-90, vol. I, p. 386. **Corresp.** Mrs. H.F. Peeters.

95. **GRAZ, Austria.** Universitätsbibliothek
MS 628 (33/12 2°)
Paper. 279 ff. 310 x 210 mm. **Saec.** XV/1 (1422). ‡Scr. Two scribes.‡ **Poss.** Seckau (OCan). **Contents** Matthaeus de Cracovia; sermons; *Prohibitiones ab eucharistia;* Nicolaus Magni de Jawor, *Concordantia evangelistarum de passione Christi; EN; EP; De persecutoribus Christi; De Veronilla;* sermons; Ambrosius Autpertus; etc.
*I/E **Title** 117ᵛᵃ *In nomine sancte Trinitatis incipiunt gesta saluatoris domini nostri Ihesu Christi que invenit Theodosius magnus imperator in pretorio Poncii Pilati in codicibus.* **Prol.** II *Factum in anno 29 Tyberii cesaris Romanorum et Herodis filii Herodis regis Galilee...—...que principibus sacerdotum et reliquis Iudeis mandauit litteris hebraicis.* **Text** *Annas et Cayphas, Simeon et Datan, Gamaliel et Iudas, Leui, Neptalim, Alexander, Syrus...—...122ʳᵃ et posuit in pretorio in codicibus suppliciis.* Ch. I,1-XXVII. XXVIII 122ʳᵃ *Post hec Pilatus convocatis principibus sacerdotum clausit eos in templo...—...122ʳᵇ et exeuntes de sinagoga contristati sunt et ingemuerunt corde.* Abbreviated. *EP* 122ʳᵇ *Post hec Pilatus scripsit epistolam ad vrbem Romanam Claudio regi dicens: Poncius Pilatus regi Claudio salutem. Nuper accidit quod et ego probaui...—...non estimat neque credat mendacio Iudeorum. De persecutoribus Christi De persecutoribus autem Christi audiamus quod actum sit. Primus Herodes sub quo passi sunt infantes...—...122ᵛᵃ etatis vero anno vii obiit. De Veronilla* 122ᵛᵃ *Postea imperator Rome est infirmatus Tyberius...—...122ᵛᵇ Pilati corpus extraxerunt et vehiculo inponentes ad heremum duxerunt vbi nullum hominem ultra uiare sencierunt etc. etc.* **Closing** 122ᵛᵇ *Explicit ewangelium Nicodemi quod est apocrofim et ab eclesia sancta non tenetur etc. Deo gracias. Alleluya.*
SS **Bibl** †Kern, 1942, pp. 374-5. ‡Mairold, p. 66. Schönbach, p. 151. **Corresp.** Dr. Hans Zotter.

96. **GRAZ, Austria.** Universitätsbibliothek
MS 793 (41/32 4°)
Parchment. i 187 ff. 270 x 190 mm. **Saec.** XII. **Poss.** Seckau (OCan; owner-

ship note on the flyleaf, saec. XIII/2). **Contents** *EN; EP;* Isidorus Hispalensis, *Liber proemiorum de libris Novi et Veteris Testamenti;* ...; Augustinus Hipponensis; Iohannes Diaconus; Gregorius Magnus; etc. Variant readings from *EN* printed by Schönbach.

*I/E **Title** 1ʳ *In nomine sanctae Trinitatis incipiunt gesta saluatoris domini nostri Ihesu Christi quae inuenit Theodosius magnus imperator in Ierusalem in pretorio Pontii Pylati in codicibus suis. Passio domini nostri et resurrectio eius.* **Prol.** **II** *Factum est in anno xᵐᵒviiii imperii Tyberii cesaris, imperatoris Romanorum, et Herodis filii Herodis* ⌈above line: imʼperatoris *Galyleae...—...mandauit ipse Nychodemus litteris hebraicis scribi.* **Text** *Annas et Cayphas et Somnas et Dathan et Gamaliel, Iudas, Leui, Neptalym, Alexander et Syrus...—...14ʳ et posuit omnia uerba in codicibus publicis pretorii sui.* **Ch.** I,1-XXVII. *EP* 14ʳ *Et post haec ipse Pylatus scripsit epistolam ad urbem Romam Claudio dicens: Pontius Pylatus regi Claudio suo salutem. Nuper accidit quod et ipse probaui...—...14ᵛ omnia que gesta sunt de Ihesu in pretorio meo.*

SS **Bibl.** †Kern, 1956, p. 48. Schönbach, pp. 152-5.

97. GRAZ, Austria. Universitätsbibliothek

MS 856 (38/47 4°)

Paper. 249 (‡250‡) ff. 220 x 140 mm. **Saec.** XV. **Orig.** Written at several locations, including Neuberg, dioc. Seckau, and Hospital near Semmering, Austria. **Scr.** Several scribes; many items, but not *EN*, by Henricus Schäbel. **Poss.** Neuberg (OCist), dioc. Seckau (saec. XV). **Contents** Miscellaneous texts in Latin and German: *Visio Pauli;* Caesarius Heisterbacensis; ps.-Bernardus, *Meditationes devotae de passione Domini; EN; EP; CST; Tractatus de passione domini; De sacramento eucharistiae, Feria quinta ante nativitatem domini;* ps.-Augustinus; ps.-Cyrillus; etc. Used by Schönbach and Dobschütz for their editions of *CST.*

*I/E **Title** 50ʳ *Passio domini secundum quod hystoratus est Nycodemus.* **Prol.** **II** *Factum est in anno ~~duodecimo~~ nonodecimo Tyberii cesaris imperii Romanorum et Herodis imperii Galilee...—...commendauit ipse Nicodemus litteris hebraicis.* **Text** *Igitur Anna et Cayphas et Sobna et Dathan, Gamaliel et Iudas, Leui, Neptalim, Alexander et Syrus...—...61ʳ et posuit omnia verba hec in codicibus publicis pretorii.* **Ch.** I,1-XXVII. *EP* 61ʳ *Et post volens cesari omnia renunciare, ipse Pylatus epistolam ad urbem Claudio imperatori scripsit dicens: Domino Pylatus Claudio suo. Nuper accidit que et ipsa probaui...—...omnia que gesta sunt de Ihesu in pretorio meo. Valete. CST Hanc epistolam Pylatus Claudio direxit adhuc viuente Tyberio imperatore licet grauissimo laborante morbo...—...64ʳ Dominus autem noster Ihesus Christus salutem contulit credentibus in se, quia ipsum credimus Dei Filium qui cum Patre... Amen.* Version B, ch. 1-20. **Closing** 64ʳ *Explicit passio domini nostri Ihesu Christi secundum Nicodemum.*

SS **Bibl.** †Kern, 1956, pp. 82-4. ‡Mairold, pp. 89-90. Schönbach, p. 152.

98.　GRAZ, Austria. Universitätsbibliothek
MS　1314 (37/45 4°)
Paper. 165 ff. 210 x 140 mm. **Saec.** XIV/2. **Poss.** Neuberg (OCist), dioc.
Seckau (Neuberg no. 233). **Contents** *Expositio missae,* Alexander, *De quattuor
complexionibus hominum; EN;* a sermon on Eccli. 7:22; *Conversio s.
Catherinae; Concordantia passionum;* sermons; Honorius Augustodunensis; *Sermo de neo-
cosmo; EP; CST; Historia apocrypha* of the *Legenda aurea (Regibus olim liberali-
bus...).* Used by Schönbach and Dobschütz for their editions of *CST.*
*I/E　**Title** 12ʳ *Ewangelium Nychodemi. In nomine sancte Trinitatis et indiuidue Trinitatis incipiunt gesta saluatoris domini nostri Ihesu Christi que invenit Theodosius
imperator magnus in Ierusalem in pretorio Poncii Pylati in codicibus publicis.* **ProL**
II·*Factum est in anno ixᵒcᵒ Tyberii cesaris, imperatoris Romanorum, et Herodis filii
Herodis Galylee...—...mandauit Nychodemus litteris hebraicis.* **Text** *Hystoria secundum Nychodemum. Annas et Cayphas et Somne et Dathan, Gamaliel, Iudas, Leui
et Nepthalym, Alexander et Syrus...—...20ʳ et omnia verba hec in codicibus publicis
pretorii sui.* Ch. I,1-XXVII. **Closing** 20ʳ *Explicit ewangelium Nichodemi.* ⌐*Residu-
um quere vltimo quaternione tali signo.* Bottom margin.⌐ *EP* 154ʳ *Et post volens
cesari omnia renunciare, ipse Pylatus epistolam ad vrbem Claudio imperatori scripsit dicens: Poncius Pylatus Claudio suo salutem. Nuper accidit quod et ipse probaui
...—...omnia que gesta sunt de Ihesu in pretorio meo. Valete.* **CST** *Hanc Pylatus*
⌐*Claudio* margin⌐ *direxit adhuc viuente Tyberio imperatore licet grauissimo laborante morbo...—...157ᵛ Dominus autem salutem contulit credentibus in se, quia
ipsum credimus Dei Filium qui cum Patre... secula seculorum. Salua nos Christe
saluator per uirtutem sancte crucis, qui saluasti Petrum in mari, miserere nobis.
Versiculus: Adoramus te Christe et benedicimus tibi...* Version B, ch. 1-20.
SS　**Bibl.** †Kern, 1956, pp. 289-90. Schönbach, p. 151. Steinmeyer, pp. 155-66.
Corresp. Dr. Hans Zotter.

99.　GRAZ, Austria. Universitätsbibliothek
MS　1344 (33/29 4°)
Paper. 48 ff. 200 x 140 mm. **Saec.** XV in. **Poss.** Seckau (OCan; Seckau no.
212 on 48ʳ). **Contents** *Expositio orationis dominicae; Summa confessionis; EN;
EP; De locis sanctis Hierosolymitanis;* etc.
*I/E　**Title** 30ᵛ *In nomine sancte Trinitatis incipiunt gesta saluatoris domini nostri Ihesu
Christi que invenit Theodosius magnus imperator in Ierusalem in pretorio Poncii
Pilati in codicibus publicis.* **Prol.** II *Factum est in anno xviiiᵒ imperii Tyberii
cesaris, imperatoris Romanorum, et Herodis filii Herodyadis imperatoris Galylee...
—...mandauit ipse Nichodemus litteris hebraycis scribi.* **Text** *Annas et Cayphas et
Sompnas et Dathan et Gamalyel, Iudas, Leui, Neptalym, Alexandri et Syrus...—...
44ʳ et posuit omnia verba in codicibus publicis pretorii sui.* Ch. I,1-XXVII. *EP* 44ʳ
Et post hec scripsit ipse Pilatus epistolam ad vrbem Rome Claudio dicens: [D]omi-

nus Pilatus regi Claudio suo salutem. Nuper accidit et quod ipse probaui...—...44ᵛ omnia que gesta sunt de Ihesu in pretorio meo. Hec teneas et firmiter credas. Deus scit quod non mencior.

SS   Bibl. †Kern, 1956, pp. 294-5. Schönbach, p. 151. Corresp. Dr. Hans Zotter.

100.   GREIFSWALD, Germany. Evangelisches Konsistorium (formerly Bibliothek des geistlichen Ministeriums)

MS   XIV.E.62

Folio. 280 ff. Scr. Several scribes. Poss. Artisten-Bibliothek, Greifswald, dioc. Hamburg. Contents A religious miscellany: ...; sermons; *Bulla Pii II*, in Low German; *EN; De denariis triginta, pro quibus Christus fuit venditus;* sermons on the passion and resurrection; *Gazophylacia spiritualia de canticis canticorum.*

I/E   Title 67 *Gesta salvatoris Jesu Christi, quem invenit Theodosius, magnus imperator in praetorio Pontii Pilati in codicibus publicis.* Prol. II *Actum est in anno XXIX Tyberii, Caesaris Romanorum, et Herodis, filii Herodis, regis Galileae, anno IX principatus eius...—...Historianus est Nichodemus.* Text *Annas et Caiphas, Symon, Datan, Gamaliel, Judas, Levi, Neptalim, Alexander Syrus...—...75.* Ch. I,1- .

SS   Bibl. †Pyl, p. 192-4. Corresp. No reply.

101.   GREIFSWALD, Germany. Evangelisches Konsistorium (formerly Bibliothek des geistlichen Ministeriums)

MS   XXXI.E.75

300 ff. 290 x 220 mm. Saec. XV. Scr. Several scribes. Poss. Franciscans, Greifswald, dioc. Hamburg. Contents *Rarum passionale cum diversis sermonibus:* saints' lives; *Concordantiae evangelistarum de passione domini; De tribus regibus; Legenda de infantia salvatoris; EN; De eiectione Adae et Evae de paradiso; De morte Moysi; De inventione s. crucis;* ...; *De Asenech; Vita Alexandri Magni; Processus de conversione Iosaphat et Barlaam;* ...; *De assumptione Mariae,* ...; *Liber de assumptione Mariae,* etc.

I/E   Title 105ᵛᵃ *Gesta salvatoris secundum Nicodemum.* Prol. II *Factum est anno 19 imperatoris tyberii cesaris et herodis filii herodis regis galylee...* Text ...113ᵛᵃ.

SS   Bibl. †Lühder, pp. 299-301. Corresp. No reply.

102.   GRENOBLE, France. Bibliothèque Municipale

MS   470 (Cat. 278)

Parchment. 125 ff. 240 x 150 mm. Saec. XII. ‡Poss. Pierre-Châtel (OCart), dioc. Belley.‡ Contents A homiliary: *EN* forms part of a homily; *VS;* homilies.

*I/E   Title 18ʳ *Incipit gesta salvatoris.* Text *In principio fecit Deus caelum et terram... Postquam creauit Deus caelum et terram et omnia ornamenta eorum...—...20ʳ et* *omnibus disc[i]pulis fugientibus, duxerunt eum ad Cayphan principem sacerdotum ubi scribe et seniores conuenerant. Tunc uenerunt Annas et Cayphas et Somne et Dathan et Gammalihel et Iudas et Neptalis et Alexander et Syrus...—...25ᵣ quieue-runt in pace et dormierunt.* Ch. I,1-XXVI; the text continues: *Videte, fratres, quo-modo nos redemit Christus non aurum...—...26ᵛ de qua pena nos pius dominus eri-pere.* Ends imperfectly. *VS 27ᵣ inuenerunt uultum domini cum aea. Et adprehen-derunt Pylato...—...30ᵣ et fecit sibi speloncam in nomine domini nostri Ihesu Chri-sti. In illo anno requieuit in pace adiuuante domino nostro Ihesu Christo qui uiuit ... Amen.* Ch. 18-35; begins imperfectly.

SS   Bibl. †*Catalogue général*, 1889, Octavo VII, pp. 112-3. **Corresp.** †Raymond Etaix.

103. HALBERSTADT, Germany. Gymnasial-Bibliothek

MS   13

Paper. 312 ff. 280 x 200 mm. **Saec.** XV. **Poss.** Liebenfrauenkirche, Halber-stadt. **Contents** Iohannes Calderinus, *De ecclesiastico interdicto*, EN; *Passio b. Virginis*; CST; Thomas de Aquino; Bonaventura; *Stella clericorum*; sermons, statutes.

I/E   **Prol.** II *Factum est anno nono decimo imperatoris Tyberii...*

SS   Bibl. †Schmidt, Gustav, p. 13. **Corresp.** No reply.

104. HALLE/SAALE, Germany. Archiv der Francke'schen Stiftungen

MS   P 7

Parchment. 117 ff. **Saec.** XV. **Scr.** Several scribes. **Poss.** Lüchtenhof, Hildes-heim (Brothers of Common Life, later OFMCapuc; ownership note on the last folio, *Liber congregationis... domus horti luminum beate Marie virginis in Brulone Hildis...mensis*); W. Hakeberg 1659 Helmstadii. **Contents** I: EN; CST. II: *Visio Tundali; Visio Caroli regis; De duobus clericis exemplum; Visio de poenis in-finitis; Fuit in Anglia vir...; De spiritu Guidonis.* III: *Cum quidam senex reveren-dus....* Used by Thilo and Tischendorf for their editions of EN; CST summar-ized by Thilo, p. CXXXVIII; used by Dobschütz for his edition of CST.

I/E   †Title 2ᵣ *Incipit euangelium Nicodemi.* **Prol.** II *Factum est in anno decimo nono imperatoris tyberij cesaris romanorum et herodis filij herodis imperatoris galilee... CST ...41ᵛ ipsum credimus dei filium. Qui cum patre et spiritu sancto uiuit et regnat per omnia saecula saeculorum. Amen.*† Version B, ch. -20.

SS   Bibl. †Schmidt, Schum, and Müller, p. 20. **Corresp.** †Dr. Hans-Erich Teitge.

105. HALLE/SAALE, Germany. Universitäts- und Landesbibliothek Sach-sen-Anhalt

MS   Stolb.-Wern. Za. 86

Paper. 261 ff. 275 x 210 mm. **Saec.** XV (‡XV/2‡). §**Poss.** St. Michael, Hildesheim (OSB).§ Contents *Vitae patrum; Diadema;* saints' lives; *EN; EP;* etc.

I/E   ‡Title 251rb *In nomine domini dei sancti Incipit passio salvatoris et redemptoris domini nostri ihesu christi quae invenit theodosius...* Prol. II *Factum est in anno xix imperatoris tiberii cesaris romanorum et herodis filii herodis imperatoris galilee...* Text *Annas et caiphas et somne et datam Gamaliel Judas levi neptalim...* Ch. I,1- . *EP* ...257vb *omnia quae gesta sunt de Jesu in praetorio meo.* Closing 257vb *Expliciunt gesta de filio dei. Amen.*‡

SS   Bibl. ‡Herricht, p. 29. §Krämer, 1989-90. vol. I, p. 352. Corresp. ‡Prof. Dr. sc. Dietze. Dr. Hans-Erich Teitge.

106. HAMBURG, Germany. Universitätsbibliothek
MS   Theol. 1468
       Paper. ii 32 ff. 190 x 135 mm. Saec. XV ex. Orig. The Netherlands. Poss. Jean-Baptiste Hautin (his name on 1^r, saec. XVII); Zacharias Conrad von Uffenbach (1683-1734), Frankfurt a. M.; J. Chr. Wolf. Contents *EN; EP; CST;* Gautier de Bruges, *Instructiones circa divinum officium; Notae katecheticae,* etc.

*I/E   Title 1^r *Incipit prologus Nichodemi de passione et resurrectione saluatoris domini nostri Ihesu Christi.* Prol. II *Factum est in anno nonodecimo Tyberii cesaris imperii Romanorum et Herodis imperii Galilee...*—*...mandauit Nichodemus litteris hebraicis.* Text *Igitur Ananias et Cayphas et Sobnam et Dathan et Gamaliel et Iudas et Leui, Neptalim, Alexander et Cyrus...*—*...15^r et posuit omnia verba hec in cordibus publici pretorii.* Ch. I,1-XXVII. *EP* 15^r *Et post volens cesari omnia renunciare, ipse Pilatus epistolam ad vrbem Claudio imperatori scripsit dicens: Poncius Pilatus Claudio suo salutem. Nuper accidit quod ipse probaui...*—*...15^v omnia que gesta sunt de Ihesu in pretorio meo. CST* 15^v *Hanc epistolam direxit Pilatus Claudio adhuc viuente Tyberio imperatore licet grauissimo laborante morbo...*—*...19^v Dominus autem contulit salutem credentibus in se, quia ipsum credimus Dei esse Filium qui cum Patre... Amen.* Version B, ch. 1-20.

SS   Bibl. ‡Krüger, pp. 52-3. Corresp. Eva Horvath.

107. HANNOVER, Germany. Niedersächsische Landesbibliothek
MS   I 100
       Parchment. 48 ff. 175 x 135 mm. Saec. XIII ex.-XIV in. (between 1285 and 1303). Orig. Northern France (Paris ?; cf. script, contents). Scr. Two scribes. Poss. The name of Thomas Scheffer on 48^v (saec. XVI). Contents Ps.-Alcuinus, *Liber de divinis officiis; EN; EP; Quibus modis remittuntur peccata; De votis; De permissis; De timore,* a chronology from Adam to Christ; ps.-Alcuinus; Paulus Ungarus.

I/E   Title 15rb *In nomine domini Incipiunt gesta salvatoris domini nostri Ihesu Cristi, que invenit Theodosius magnus in Iherusalem in pretorio Pontii Pylati in codicibus publicis.* Prol. II *Factum est in anno nono decimo Tyberij Cesaris, imperatoris*

Romanorum et Herodis filij Herodis, principis galilee...—...mandauit ipse Nichodemus litteris hebraicis. **Text** *Annas et Cayphas et Sonna et Datan et Gamaliel, Judas, Leui, Neptalim, Alexander et Syrus...—...26va et posuit ea uerba in codicibus publicis pretorij sui.* **Ch.** I,1-XXVII. *EP* 26va *Et post hec ipse Pylatus scripsit epistolam ad urbem Romanam Claudio dicens: Nuper accidit, quod et ipse probaui...—...27ra omnia, que facta sunt de Jhesu in pretorium meum.* **Closing** 27ra *Expliciunt gesta salvatoris.*

SS **Bibl** Bodemann, pp. 18-9. [†]Härtel and Ekowski, pp. 162-4. **Corresp.** Anke Hölzer.

108. **HANNOVER**, Germany. Niedersächsische Landesbibliothek
MS I 238
Parchment. 20 ff. 230 x 150 mm. **Saec.** XI and XIII. **Scr.** Three scribes. **Contents** *EN*; Alexander Neckham, *De passione Christi*; exemplum; Bertharius Cassinensis.

*I/E **Title** 1^r ⌈*Gesta salvatoris a Nicodemo scripta.* Two later hands.⌉ 1^v *In nomine sanctae et indiuiduae Trinitatis incipiunt gesta saluatoris domini nostri Ihesu Christi, littera scripta a Nichodemo ebrahycis, quae inuenit Theodosius imperator in pretorio Pontii Pilati in codicibus publicis.* **Prol** II *Factum est in anno xviiii imperii Tiberii caesaris, imperatoris Romanorum, et Herodis regis Galileae...—...viii kalendas aprilis.* **Text** *Annas et Cayphas et Somme et Dathan et Gamaliel et Iudas et Leui et Neptalim et Alexander et Syrus...—...8^v Ego Karinus et Leutius, fratres germani, amplius non sumus permisi enarrare cetera misteria.* **Ch.** I,1-XXVII,1.

SS **Bibl** Bodemann, p. 42. [†]Härtel, 1982, pp. 85-6. **Corresp.** Anke Hölzer.

109. **HANNOVER**, Germany. Niedersächsische Landesbibliothek
MS I 247
Parchment. 32 ff. 185 x 130 mm. **Saec.** XIV. **Scr.** Mostly by one scribe. **Poss.** Marc Meibom (d. 1711; ex-libris on a flyleaf). **Contents** *EN*; *EP*; *De horis canonicis*; *CST*; *De passione domini (Passio Christi fuit ex passione amara...)*; *Planctus b. Mariae (Quis dabit capiti meo...)*; *De dolore s. Mariae in passione Filii*; benedictions.

I/E **Title** 1^r ⌈*Evangelium Nicodemi. Incipit liber de passione domini.* Later hand.⌉ **Prol** II *Factum est anno nonagesimo imperii Tyberii cesaris, Herodis, filii Herodis ... Theodosius autem magnus imperator fecit eam transferri...* **Text** *Annas Chayphas, Symeon... et reliqui Iudeorum venerunt ad Pylatum adversus Iesum...* **Ch.** I,1- . XXVIII ...16^v *hii anni simul iuncti sunt milia et semi anni. Amen. EP* 16^v *Post hec Pylatus scripsit ad urbem Romam. Claudio dicens... Nuper accidit quod et ipse probavi...—...17^r vel Iudeorum. De horis canonicis* 17^r *Prima hora consilium fecerunt Iudei...—...17^v Matutina, quia dominus mane surrexit. CST* 17^v *De inventione ymaginis domini. Factum est cum Tyberio et Vitellio...—...21^r in* *stratu suo in pace.* Version A, ch. 1-14.

SS   Bibl. Bodemann, p. 45. †Härtel, 1982, pp. 94-5. Corresp. Anke Hölzer.

110. INNSBRUCK, Austria. Universitätsbibliothek

MS Cod. 342

Parchment. i 171 ff. 180 x 132 mm. Saec. XIV. Scr. One scribe. Poss. Wilten (OPraem), dioc. Brixen. Contents *Legenda aurea*; ps.-Matthaeus; *EN; EP.*

I/E Title 158ʳ *Incipiunt gesta salvatoris domini nostri Iesu Christi qui invenit Theodosius invenit imperator in Ierusalem.* Text ...170ᵛ *et posuit omnia verba in codicibus publicis pretorii sui.* Ch. -XXVII. *EP* 170ᵛ *Et post hæc ipse Pylatus scripsit epistolam ad urbem Romanam Cladio dicens...—...omnia que gesta sunt de Iesu in pretorio.* Closing *Finiunt gesta nostri salvatoris.*

SS   Corresp. †Dr. W. Neuhauser.

111. KARLSRUHE, Germany. Badische Landesbibliothek

MS Reichenauer Pergamenths. Aug. LXIII

Parchment. ii 72 ii ff. 339 x 245 mm. Saec. XIV ex. Orig. Italy. Poss. Inside front cover recorded births and deaths of children of Nicolas *in communi Burgi Toscanorum de Montess* (saec. XIV/2); Reichenau (OSB), dioc. Konstanz. Contents Ps.-Aristoteles; *Protoevangelium Iacobi*; ps.-Matthaeus; *EN; EP; VS;* hymns to the Virgin; prayers; Leo Archipresbyter, *Vita Alexandri Magni.*

I/E Prol. II 31ʳ *Factum est in anno nono decimo inperij Tiberij... EP* ...38ʳ *mendacijs Iudeorum. direxi... in pretorio meo Vallete et iterum valete:. VS In diebus Tiberij Jullij Cesaris inperij...—...40ʳ laudabilis et gloriosus in secula seculorum amen.* Ch. 1-.

SS   Bibl. Gijsel, p. 257. †Holder, pp. 203-6. Krämer, 1989-90, vol. II, p. 684. Corresp. Amtsrat.

112. KASSEL, Germany. Landesbibliothek und Murhardsche Bibliothek der Stadt Kassel

MS 2º Ms. theol. 271

Parchment. 4 ff. Saec. IX. Contents Fragments of saints' lives and *EN.*

*I/E Title *Passio* [... ? page torn] *Ihesu Christi.* Prol. II *Factum est in anno xviiii imperatoris Tiberii, cesaris Galileae, anno xviiii principatus eius...—...mandauit ipse Nicodimus litteris hebreicis.* Text *Annas et Cayfas et Summe et Dathan, Gammalihel, Iudas, Leui, Neptalim, Alexander et Syrus...—...Numquid et praesis discipulus eius factus est et uerbum pro ipso facit. Numquid non constituit eum et cesar super dignitatem istam.* Ch. I,1-III,2, fragments.

SS   Corresp. †Dr. Hartmut Broszinski.

113. **KIEL**, Germany. Universitätsbibliothek
MS Cod. ms. Bord. 83

381 ff. **Saec.** XVI in. (1508-12). **Scr.** Most items signed *per me fratrem Johannem cum naso*. **Poss.** Bordesholm (OCan), dioc. Hamburg (‡mentioned in the catalogue of 1488‡). **Contents** Verses on the passion; *Passio Christi Arnold. Westfael*; Henricus Rubenow, *Passio extensa salvatoris*; EN; *De ortu Pilati iudicis Christi*; *Sermo de passione, Ex pantheologia passio Christi*; etc.

I/E   **Title** 235ʳ *Evangelicum Nichodemi hebreorum doctor et in lege peritus*. **Prol.** II *Factum est autem in anno decimo tyberii... imperatoris romanorum regni vero herodis filii herodis octavus...*

SS   **Bibl.** Krämer, 1989-90, vol. I, p. 99. ‡Ratjen, pt 2, pp. 98-9. ‡Steffenhagen, 1883, p. 108. **Corresp.** Dr. Else M. Wischermann.

114. **KLAGENFURT**, Austria. Archiv der Diözese Gurk
MS Maria Saal 16

Paper. 168 ff. 275 x 215 mm. **Saec.** XIV-XV. **Orig.** Wien. **Scr.** Ten scribes, some of whom identify themselves; EN by an anonymous scribe. **Poss.** On a flyleaf the name of *Hansl von Ninnderthaim* (saec. XV); Wien. **Contents** *Passionale sanctorum; Liber generationis*; sermons; *Dialogus b. Mariae et Anselmi; ...; Poenae et gaudia animae*, EN; *Legenda aurea*, cap. LXVII,2 (*Refert Iosephus...*); *De quindecim signis ante diem iudicii; Expositio missae*, Frater Andreas, O.F.M.; Henricus de Frimaria; ...; Samuel Iudaeus; Nicolaus de Lyra; etc.

*I/E   **Title** 94ʳᵃ *Incipit passio Nichodemi. In nomine domini amen. Incipiunt gesta saluatoris nostri domini Ihesu Christi que inuenit Theodosius magnus imperator in Ierusalem in pretorio Poncii Pylati in codicibus publicis*. **Prol.** II *Facta in anno xixᵒ imperatoris Tyberii, cesaris Romanorum, et Herggiis filii Herodis regis Galilee ...—...⌈mandauit ipse Nichodemus* top margin⌉ *litteris ebraycis*. **Text** *Anna enim et Cayphas et Samnas et Dathan et Gamaliel et Iudas, Leui, Neptalim, Allexander et Syrus...—...98ᵛᵇ posuit omnia verba in codicibus publicis pretorii sui*. Ch. I,1-XXVII.

SS   **Bibl.** ‡Menhardt, pp. 273-4. **Corresp.** Dr. Hermann Rainer.

115. **KLOSTERNEUBURG**, Austria. Stiftsbibliothek
MS 151

Paper. 191 ff. 284 x 206 mm. **Saec.** XV in. (‡ca. 1400‡). **Poss.** Klosterneuburg (OCan), dioc. Passau, now Wien (ownership notes on 81ʳ, 191ᵛ, saec. XV, and on 1ʳ, 1656). **Contents** *Biblia Novi Testamenti*; EN; EP; *Distributio epistolarum et evangeliorum per circulum anni; Dispositio Veteris ac Novi Testamenti*; etc.

*I/E   **Title** 165ʳᵃ ⌈*Nychodemus*. Top margin, running title.⌉ *In nomine sancte Trinitatis incipiunt gesta saluatoris domini nostri Ihesu Christi que invenit Theodosius* *magnus imperator in Iherusalem in pretorio Poncii Pylati in codicibus publicis.* **Prol. II** *Quod actum est in anno xviiii° Tyberii cesaris, imperatoris Romanorum, et Herodis imperantis Galylee...—...mandauit ipse Nychodemus litteris hebraicis.* **Text** *Annas et Cayphas et Somne et Dathan, Gamaliel, Iudas, Leui, Neptalim, Allexander et Syrus...—...*175rb *et posuit omnia uerba hec in codicibus publicis pretorii sui.* Ch. I,1-XXVII. **EP** 175rb *Et post hec ipse Pylatus scripsit epistolam ad urbem Romam Claudio dicens: Poncius Pylatus regi suo Claudio salutem. Nuper accidit quod et ipse probaui...—...*175vb *omnia que facta sunt de Ihesu in pretorio meo.* **Closing** 175vb *Explicit Nychodemus.*

SS   **Bibl.** †Pfeiffer and Černík, vol. I, pp. 97-8. **Corresp.** ‡Dr. Alois Haidinger.

116. KLOSTERNEUBURG, Austria. Stiftsbibliothek
MS   495

Paper. 182 ff. 290 x 210 mm **Saec.** ‡XV in.‡ **Scr.** Several scribes; ff. 106^v-147 by *Stephanus, rector de Saar.* ‡**Contents** *EN; EP; De arbore crucis; CST; Dialogus b. Mariae et Anselmi; Legenda aurea;* sermons; *Tractatus de sacramentis;* Innocentius IV papa; Willelmus de Lavicea; etc.‡

*I/E   **Prol.** II/I 1ra *Factum est in anno octauodecimo imperii Tiberii cesaris, imperatoris Romanorum, Herodis regis, tetrarcha Galilee, filii regis Herodis...—...in grecis commutaui ad cognicionem omnium fidelium credencium in Christo.* **Text** *Anna et Cayphas, Sopnas et Dathan, Equialiel et Ionathas, Levi et Neptalim, Allexander et Benichel, Surus et Payziis...-...*9rb *et scripsit omnia verba et facta in codicibus publicis pretorii sui.* Ch. I,1-XXVII. **EP** 9rb *Post hec ipse Pilatus scripsit epistolam ad vrbem Romam Tyberis dicens: Pontius Pilatus imperatori Tyberio salutem et triumphalia vota. Nuper accidit et quod ipse probauit...—...*9vb *omnia que gesta sunt de Ihesu in pretorium meum. Hec itaque de Christo Filio Dei.* **Epil.** 9vb *Nunc autem, dilectissimi fratres, hanc leccionem quam audistis...—...ad nostram noticiam deuenerit. Cui sit honor et gloria in secula seculorum. De arbore crucis Narrat quedam hystoria Grecorum quia Moyses, famulus domini...—...*10va *et in bonis actibus iugiter conseruare dignetur, quod nobis patrare dignetur Ihesus Christus dominus noster, cui est cum Patre... Amen.* **CST** 10va *Tempore quo passus est dominus Ihesus Christus, relatus erat Tyberio cesari qui nic* 10vb *hil adhuc de Christi passione...—...*12va *defunctus est in palacio suo aput Romam, regnante domino nostro Ihesu Christo cum Patre... Amen.* Ch. 1-14.

SS   **Bibl.** Fleith, p. 139, no. 312. †Pfeiffer and Černík, vol. III, pp. 276-9. **Corresp.** ‡Dr. Alois Haidinger.

117. KLOSTERNEUBURG, Austria. Stiftsbibliothek
MS   840

Parchment. 136 ff. 270 x 170 mm. **Saec.** XIII. **Poss.** Klosterneuburg (OCan), dioc. Passau, later Wien (ownership notes on 1^r, 68^r, 135^r, saec. XV). **Con-**

tents *De nativitate Mariae, Visio s. Hildegardis;* Konrad von Fußesbrunnen (in Latin); *EN; EP; Transitus Mariae, Themata sermonum.*

*I/E **Title** 44ᵛ *In nomine sancte Trinitatis incipiunt gesta saluatoris domini nostri Ihesu Christi que inuenit Theodosius magnus imperator in Ierusalem in pretorio Pontii Pylati in codicibus publicis.* **Prol** II *Factum est in anno xviiii inperii Tiberii cesaris, imperatoris Romanorum, et Herodis filii Herodis imperatoris Galilee...—...hystoriatus est Nichodemus litteris hebraycis scribi.* **Text** *Annas et Cayphas et Sompnas et Dathan et Gamaliel, Iudas, Leui, Neptalim, Alexander et Sirus...—...62ᵛ et posuit omnia uerba in codicibus publicis pretorii sui.* **Ch.** I,1-XXVII. *EP* 62ᵛ *Et post hec ipse Pylatus scripsit epistolam ad urbem Rome Claudio dicens: Poncius Pylatus regi Claudio suo salutem. Nuper accidit et quod ipse probaui...—...63ʳ omnia que gesta sunt de Ihesu in* 63ᵛ *pretorio meo. Hec teneas et firmiter credas. Amen.*

SS **Bibl** †Pfeiffer and Černík, vol. V, pp. 21-3. **Corresp.** Dr. Alois Haidinger, Dr. Rita Beyers.

118. KØBENHAVN, Denmark. Det Arnamagnæanske Institut

MS AM 792, 4°

Paper. 236 ff. 210 x 145 mm. **Saec.** XV. **Orig.** Scandinavia. **Scr.** Several scribes. **Contents** Miscellaneous texts in Old Norse, Swedish, Scanian, Danish, and Latin: ...; *De spiritu Guidonis;* ...; *Bernardus saga,* in Old Norse; *EN; EP; De Udone,* a guide for pilgrims, in Danish; *Materia trium regum;* etc.

*I/E **Title** 165ʳ *In nomine sancte Trinitatis incipiunt gesta saluatoris domini nostri Ihesu Christi que inuenit Theodosius magnus in Ierusalem in pretorium Poncii Pilati in codicibus publicis.* **Prol** II *Factum est in anno vicesimo tercio imperii Tyberii cesaris, imperatoris Romanorum, et Herodis regis Galilee filii Archalai...—... mandauit ipse Nichodemus litteris habraicis.* **Text** *Annas et Cayphas et* 165ʳᵇ *Sonine, Dathan, Gamalien, Iudas, Leui, Neptalim et Alexander et Syrus...—...185ʳᵃ et posuit omnia verba in codibus publicis pretorii sui.* **Ch.** I,1-XXVII. Ff. 177ʳ-178ᵛ contain miracles of Udo and should follow 188ᵛ. *EP* 185ʳᵃ *Et post hec ipse Pilatus scripsit epistolam ad urbem Romam. Tyberio suo salutem. Nuper accidit et quod ipse probaui...—...185ᵛᵇ omnia que gesta sunt de Ihesu in pretorium meum. Hec omnia de Christo Filii Dei viui. Amen.*

SS **Bibl** †København, Arnamagnæanske Legat, pp. 206-8. **Corresp.** Prof. Agnete Loth.

119. KØBENHAVN, Denmark. Kongelige Bibliotek

MS Gl. kgl. S. 1335, 4°

Parchment. 20 ff. 234 x 153 mm. **Saec.** IX-X. **Scr.** At least three scribes. **Poss.** Bordesholm (OCan), dioc. Hamburg (†mentioned in the catalogue of 1488†); Gottorp, Schleswig. **Contents** *EN; EP; Alleluia cum versu; Antiphonae.*

*I/E   Title 1ra *In nomine Dei summi incipiunt gesta saluatoris domini nostri Ihesu Christi quem inuenit Theodosius magnus imperator in Hierussalem in pretorio Pontii Pilati in codicibus publicis.* Prol. II *Factum est in anno xviiii imperatoris Tiberii cesaris, imperatoris Romanorum, et Herodis filii Erodis imperatoris Galileae...—...*1rb *mandauit ipse Nichodemus litteris ebraicis.* Text 1rb *Annas et Caiphas et Somme et Dathan et Gamaliel, Iudas, Leui, Neptalim, Alexander et Syrus...—...*19va *et posuit omnia uerba in codicibus publicis pretorii sui.* Ch. I,1-XXVII. EP 19va *Et post hec ipse Pilatus scripsit epistolam ad urba Romam Claudio dicens: Pontius Pilatus regi Claudio suo salutem. Nuper* 19vb *accidit et quod ipse probaui...—...*20rb *omnia quae gesta sunt de Ihesu in pretorium meum.* Closing 20rb *Explicit gesta de Christo Filio Dei. Amen.*

SS   Bibl. †Jørgensen, p. 15. ‡Steffenhagen, 1884, p. 32, no. 240. Corresp. Erik Petersen.

120. KØBENHAVN, Denmark. Kongelige Bibliotek

MS   Gl. kgl. S. 1336, 4º

Parchment. 14 ff. 204 x 140 mm. Saec. XV in. (1400). Orig. and scr. 14^v *Anno Domini 1400 in Bordesholm per Bernardum Hane.* Poss. Bordesholm (OCan), dioc. Hamburg (mentioned in the catalogue of 1488); Gottorp, Schleswig. Contents *EN; Conversio s. Catherinae.* Used by Thilo and Tischendorf for their editions of *EN.*

I/E   Title 1^r *Relacio Nychodemi de passione et resurrectione Domini.* Prol. II *Factum est in anno 19 Tyberii...* Text ...13^r *in propria sua redierunt.* Ch. -XXVII.

SS   Bibl. †Jørgensen, pp. 15-6. Corresp. Erik Petersen.

121. KØBENHAVN, Denmark. Kongelige Bibliotek

MS   Ny. kgl. S. 123, 4º

Paper. 349 ff. 210 x 142 mm. Saec. XV/2 (1454-83). Orig. 54^v *Scriptum Ripen A.D. 1454...* Poss. Belonged to Petrus Mathie, *curati ecclsie sancti Petri Ripis,* i.e., Ripen, Denmark (ownership note on a flyleaf); T. Klavenfeldt; P.F. Suhm. Contents A religious miscellany: Laurentius de Dacia; *De quindecim signis ante diem iudicii; ...; Visio Tundali; Antiphonae et orationes; EN; Vita Adae et Evae (Cum Adam et Eva expulsi essent...);* sermons; exempla; saints' lives; *Speculum humanae salvationis;* etc.

I/E   Title 39^r *Euangelium Nicodemi.* Prol. II *Anno Domini 22 imperii Tyberii cesaris et Herodis thetrarce Galilee anno 19...—...*‡*reliquis Judaeis mandavitque litteris hebraicis.* Text *Annas et Caiphas, Sabina et Tadan, Gamaliel et Judas, Juda et Neptalim, Alexander et Thiarus...—...*‡ 47^r *Ista omnia admiranda a Karino et Leucio dicta omnis synagoga Judeorum audiens ad inuicem dixit: Vere ista omnia facta sunt que uidimus et audiuimus ad salutem nostram. Et sit Deus benedictus in secula seculorum.* Ch. -XXVII.

SS   **Bibl.** †Jørgensen, pp. 163-5. ‡Stegmüller, vol. I, no. 179,26. **Corresp.** Erik Petersen.

122. **KØBENHAVN**, Denmark. Kongelige Bibliotek
MS Thott 130, 2°
    Paper. 37 ff. 298 x 201 mm. **Saec.** XV. **Orig.** Germany. **Poss.** Othon Thott (1703-85). **Contents** *Officium s. Cunegundis*; *Calendarium*; *Tabula computistica*; ...; *De passione domini (Passio domini fuit ex dolore amara...)*; EN; EP; Ivo, *De festivitatibus*; *Sermo de Spiritu sancto.*
I/E **Title** 18ᵛ *Euangelium Nicodemi.* **Prol.** II *Factum est in anno XIX Tiberii Cesaris imperatoris Romanorum... EP ...27ʳ ne existimes credere mendaciis Judeorum, direxi potestati tue omnia, que gesta sunt de pretorio meo.*
SS **Bibl.** †Jørgensen, pp. 175-6. **Corresp.** Erik Petersen.

123. **KOBLENZ**, Germany. Stadtbibliothek
MS θ 65
    Parchment. 179 ff. 350 x 270 mm. **Saec.** XV/1 (1432). **Orig.** Antwerp. **Scr.** Iohannes de Minderhout. **Poss.** Marienberg, Boppard, dioc. Trier (Benedictine nuns; ownership note inside front cover, saec. XV); Georg Jos. Christoph Lang (1755-1834), Neuendorf near Koblenz. ‡**Contents** *Vetus Testamentum*; *Transitus Mariae*; *Dialogus b. Mariae et Anselmi*; EN; EP.‡
*I/E **Title** 165ʳᵃ *Passio domini nostri Ihesu Xpristi secundum Nichodemum.* **Prol.** II 165ʳᵇ *Factum est in anno nonodecimo imperii Tyberii cesaris, imperatoris Romanorum, et Herodis imperatoris Galilee...—...mandauit ipse Nichodemus litteris hebraycis.* **Text** *Annas et Cayphas et Somme et Dathan, Gamaliel, Iudas, Leui, Neptalim, Alexander et Syrus...—...178ᵛᵃ et posuit omnia uerba in codicibus publicis pretorii sui.* Ch. I,1-XXVII. EP 178ᵛᵃ *Post hec Pilatus scripsit epistolam et misit ad urbem Romam Claudio cesari dicens: Pontius Pilatus Claudio regi salutem. Nuper accidit quod et ipse probaui...—...179ʳᵃ omnia quae gesta sunt de Ihesu in pretorio meo.* **Closing** 179ʳᵃ *Explicit. Anno domini millesimo quadringentesimo tricesimo secundo finitus est iste liber per manus Iohannis de Minderhout, Antwerpiensis clerici, Cameracensis dyocesis.*
SS **Bibl.** ‡Dronke, pp. 102-4. **Corresp.** †Herr Schmidt.

124. **KÖLN**, Germany. Erzbischöfliche Diözesan- und Dombibliothek
MS Priesterseminarbibliothek 66
    Parchment. 103 ff. 120 x 90 mm. **Saec.** XIV. ‡**Contents** EN; EP; CST; *Post peccatum Adae...*; *Tractatus de locis et de statu Terrae Sanctae.*‡
*I/E **Title** 1ʳ ⌐*Euuangelium Nicodemi.* Later hand.⌐ **Prol.** II *Factum est in anno nonodecimo Tyberii imperatoris, cesaris Romanorum, et Herodes filius Herodis*

imperatoris Galylee...—...1ᵛ mandauit ipse Nichodemus litteris hebraicis fieri. **Text** *1ᵛ Annas et Cayphas et Sompnas et Datan et Gamalyel, Iudas, Leui, Neptalym, Alexander et Syrus...—...49ʳ Ioseph et Nichodemus nuntiauerunt Pylato presidi.* **Ch. I,1-XXVII.** *EP 49ʳ Tunc ipse Pylatus scripsit epistolam ad urbem Romanam Claudio dicens: 49ᵛ Poncius Pylatus regi Claudio salutem. Nuper accidit quod et ipse probaui...—...50ᵛ omnia que gesta sunt de Ihesu in pretorio meo.* **CST 50ᵛ** *Hanc epistolam direxit Pylatus Claudio adhuc 51ʳ uiuente Tyberio imperatore licet grauissimo laborante morbo...—...65ʳ Dominus autem contulit salutem credentibus in se, quia ipsum credimus Dei esse Filium qui cum Patre... Amen.* Version B, ch. 1-20.

SS   **Bibl.** †Hill Monastic Manuscript Project, microfilm identification note. ‡Köln, Erzbischöfliche Diözesan und Dombibliothek. **Corresp.** Librarian.

125. KRAKÓW, Poland. Biblioteka Jagiellońska
MS   1453
Paper. i 480 i pp. 300 x 215 mm. **Saec.** XV in. **Poss.** Inside front cover the name of *Martinus de Slupcza*. **Contents** Henricus de Frimaria; *De s. Maria Magdalena; ...; Chronica minor auctore minorita Erphordensi;* ps.-Albertus Magnus; ...; Guillelmus Peraldus; Samuel Iudaeus; *EN; EP; CST; Auctoritates totius philosophiae, Species turpitudinis.*

*I/E   **Title** Listed as *Ewangelium Nicodemi* in the table of contents on iʳ. P. 372ᵃ *Incipit ewangelium Nicodemi.* **Prol. II** *Et factum est in anno xix Tyberii cesaris, imperatori Romanorum, et Herodis imperii Gallilee...—...hystoriatus Nycodemus litteris ebraycis.* **Text** *Igitur Anna et Cayphas et Sabria et Cathaii, Gamaliel et Iudas, Leui, Neptalim, Allexander et Syrus...—...p. 389ᵇ et posuit omnia verba hec in cordibus publicis pretorii.* **Ch. I,1-XXVII.** *EP* P. 389ᵇ *Et post hec volens ~~ipse Pylatus~~ cesari omnia renuncciare, epistolam ipse Pylatus ad vrbem Claudio imperatori misit dicens: Dominus Pylatus Claudio suo imperatori salutem. Nuper accidit quod ipse probaui...—...p. 390ᵃ et estimans credere mendaciis Iudeorum nolo.* **CST** P. 390ᵃ *Hanc Pylatus Claudio direxit epistolam adhuc viuente Tyberio imperatore licet grauissimo laborante morbo...—...p. 394ᵇ Post menses vero ix credidit in Christo Ihesu cesar etc.* Version B, ch. 1-14. **Closing** 394ᵇ *Explicit ewangelium Nycodemi.*

SS   **Bibl.** Wisłocki, vol. I, pp. 357-8. **Corresp.** †Ryszard Tatarzyński.

126. KRAKÓW, Poland. Biblioteka Jagiellońska
MS   1494
Paper. i 288 ii ff. **Saec.** XV. **Scr.** Several scribes. **Contents** *Sermones quadragesimales et alii tractatus theologici; EN; EP.*

*I/E   **Title** 279ᵛᵃ *In nomine domini amen. Secuntur gesta saluatoris que scripta erant Ierusalem in pretorio et cetera.* **Prol. II** *Factum est in anno vicesimo nono Thiberii* *cesaris Romanorum et Herodis filii Herodis regis Galilee...—...et reliquis Iudeis mandauit litteris ebraycis.* **Text** *Annas et Cayphas Symeon et Datan, Banialiel, Iudas, Leuir et Neptalim, Allexander et Sirus...—...288ʳ et scripsit preses omnia gesta et dicta a Iudeis de Ihesu et posuit in pretorio in codicibus supplicibus.* Ch. I,1-XXVII. **XXVIII** 288ʳ *Post hec Pylatus convocans principes sacerdotum clausit eos in templo...—...invenerunt esse ipsum Christum in lege promissum. Et exeuntes de synagoga contristati sunt et grauuerunt corde etc.* Abridged. **EP** *Post hec Pylatus scripsit epistolam ad vrbem Romanam Claudio regi dicens: Pocius Pylatus regi Claudio salutem. Nuper accidit et ipse probaui...—...omnia que gesta sunt in pretorio meo.* **Closing** *Et sic est finis. Explicit Nicodemus per manus illius qui scripsit. Et scripsit scipta, sit manus eius benedicta.*

SS **Bibl** †Wisłocki, vol. I, p. 367. **Corresp.** Anna Sobańska.

127. KRAKÓW, Poland. Biblioteka Jagiellońska
MS 1509

Paper. 176 iv. 310 x 215 mm. **Saec.** XV ex. **Orig.** Probably Kraków. **Poss.** Given to Biblioteka Jagiellońska by Sebastianus Petricius in 1610 (donation note on 1ʳ). **Contents** A homiletic treatise; *Miracula de veritate corporis Christi*; Iohannes de Hildesheim, *Liber de gestis et translatione trium regum; EN; De passione domini nostri Iesu Christi*; Gregorius Magnus; Ebervinus; sermons; *De tribus regibus in die Epiphaniae, Legenda de tribus regibus.*

*I/E **Title** 89ʳ ⌜*Hic aliud.* Margin.⌝ **Prol** II *Sub Poncio Pylato preside Ierosolimorum, anno nonodecimo imperii Tyberii cesaris, imperatoris Romanorum, et Herodis imperatoris Galillee...—...sub principatum sacerdotum Iosephi et Cayphe* (**Text**) *venerunt ad Pylatum Annas et Cayphas, Summet et Datan, Gamaliel et Iudas, Leui et Neptalim, Allexander et Iabirus...—...94ʳ et sicut tres viri attestantes eum assumptum in celum.* Ch. I,1-XVI. **Oratio populi** 94ʳ *Et dixerunt doctores ad omnem populum: Si autem ad nos factum esset...—...Et ympno dicto abiit vnusquisque tristis in domum suam. Amen.*

SS **Bibl** Wisłocki, vol. I, pp. 370-1. **Corresp.** †Ryszard Tatarzyński.

128. KRAKÓW, Poland. Biblioteka Jagiellońska
MS 1671

Paper. i 81 ff. **Saec.** XIV and XV. **Poss.** On the cover, *Liber de Boxicze,* a letter dated *Cracouie in vigilia Purificacionis s. Marie a.d.* 1426 on 81ᵛ. **Contents** *Summa de fide catholica; EN; EP; CST.*

*I/E **Title** 71ᵛᵃ *Incipit ewangelium Nicodemi.* **Prol** II *Factum est in anno 19° Tyberii cesaris imperatoris et Herodis filii Herodis imperatoris Galilee...—...mandauit ipse Nicodemus litteris hebraicis.* **Text** *Anna et Cayphas et Sompna et Datan, Gamaliel, Iudas, Leui, Neptalim, Allexander, Sechus...—...78ᵛᵃ et posuit omnia verba in codicibus publicis pretori sue.* Ch. I,1-XXVII. **EP** 78ᵛᵃ *Et post hec ipse Pylatus scripsit*

epistolam ad urbem Romanam Claudio dicens: ⌐Pylatus scribit regi Claudio Romam. Margin.⌐ *Poncius Pilatus regi Claudio suo salutem. Nunc accidit quod ipse
probaui...—...78vb omnia gesta sunt de Ihesu in pretorio meo etc.* CST 78vb *Eodem
tempore cum Tiberius cesar gubernaret imperium, necesse fuit ut in partes Ierosolimorum...—...80vb iterum in Armeniam ciuitatem in exilium a Nerone cesari ductus
est.* Version A, ch. 1-18. †**Closing** 81^r *Et sic est finis huius tractatuli, quem deter-
minauit cancellarius Parisyensis, pro quo Deus Gloriosus sit benedictus in secula
seculorum. Amen.*†

SS   Bibl. †Wisłocki, vol. I, p. 402. **Corresp.** Anna Sobańska.

129.   KRAKÓW, Poland. Biblioteka Jagiellońska

MS   2724

Paper. 302 ff. ‡215 x 150 mm.‡ Saec. XV/1 (1426-41). **Scr.** S. Jan Kanty (Iohannes Cantius). **Contents** Augustinus Hipponensis; Hieronymus; Iosephus
(excerpts); *EN; EP; Tria sunt bona matrimonii....*

*I/E   **Title** 291^r ⌐*Incipit Nicodemus.* Top margin.⌐ **Prol.** II/I *Factum est in anno decimo octauo imperii Tyberii cesaris imperatoris, Herodis regis, tetrarche Galilee, filii
regis Herodis...—...et grecis litteris comutaui ad cognicionem omnium fidelium credencium in Christo.* **Text** *Annas et Cayphas, Sampnas et Datan, Gamaliel et Ionathas, Leui, Neptalim, Gayrus, Allexander, Beniel, Secus...—...301^r et posuit omnia
in codicibus propriis et publicis pretorii sui.* Ch. I,1-XXVII. *EP* 301^r *Sequitur hec
[diuersa ?]. Et post hec Pilatus scripsit epistolam ad vrbem Romanam. Poncius Pilatus Claudio suo salutem. Nuper accidit et ipse probaui...—...301^v omnia que gesta
sunt de Ihesu in pretorio meo.* **Oratio populi** 301^v *Et dixerunt discipuli eius ad
omnem populum: A domino factum est istud...—...Et ympno dicto abierunt vnusquisque in domum suam.* **Closing** *Explicit ewangelium Nicodemi principis Iudeorum de passione Ihesu Christi domini nostri quod ipse conscripserat ebrayce. Set
postmodum quidam nomine Eneas transtulit in latinum, ut dicitur in premio, pro
quo Deus sit benedictus in secula seculorum. Amen. Deo gracias.*

SS   **Bibl.** ‡Römer, 1973, p. 174. †Wisłocki, vol. II, pp. 641-2. **Corresp.** Anna Sobańska.

130.   KREMSMÜNSTER, Austria. Stiftsbibliothek

MS   3

Paper. 439 ff. ‡210 x 152 mm.‡ Saec. XV/1 (ca. 1416). **Scr.** Several scribes; *EN*
by the same scribe who signed another piece on 189^v, *per manus Johanni p.
pro nunc socius divinorum in puchel Anno domini M°CCCC°XVI.* **Contents** A
collection of sermons: ...; Peregrinus Polonus, *Sermones de tempore; EN; EP;
Sermones de epiphania domini;* saints' lives; sermons; ps.-Matthaeus; etc.

*I/E   **Title** 138^v *Incipit ewangelium Nychodemi doctoris legis et prophete.* **Prol.** II 139^r
Factum est in anno ix° decimo imperatoris Thyberii cesaris, imperatoris Romano-

rum, et Herodis filii Herodis regis Galilee...—...mandauit ipse Nychodemus literis hebraycis. **Text** *Annas, Cayphas, Somne, Gamaliel, Dathan, Iudas, Leui, Neptalim, Alexander et Syrus...—...152ᵛ et posuit omnia verba in codicibus publicis pretorii sui. Et post hec ipse Pylatus scripsit epistolam ad vrbem Romam accusatum annunctians Iesum, passum, mortuum et sepultum ac in triduo resurrexisse et per nequicia Iudeorum rursus viuere denegatum. Rogemus etc.* **Ch.** *I,1-XXVII.* **EP** *152ᵛ Incipit epistola Pylati ad Claudium regem de passione. Poncius Pylatus regi Glaudio salutem. Nuper accidit et quod ipse probauit...—...153ʳ omnia que gesta sunt in pretorio meo de Ihesu Christo etc.*

SS   **Bibl.** ‡Gijsel, p. 177. †Schmid, pp. 34-52. **Corresp.** Dr. Hauke Fill.

131. KREMSMÜNSTER, Austria. Stiftsbibliothek
MS   170

Paper. 336 ff. **Saec.** XV in. **Scr.** Three scribes. **Poss.** Kremsmünster (OSB), dioc. Passau, now Linz. **Contents** A homiliary: ...; *Sermo in cena domini;* exegetical notes; *EN; EP; Sermones de sanctis.*

*I/E   **Title** 236ʳᵃ ⌈*Ewangelium Nycodemi. Top margin.*⌉ **Prol.** II *Factum est in anno 19 imperatoris et cesaris Tyberii et Herodis filii Herodis imperatoris Galilee...—... mandauit ipse Nycodemus litteris hebraycis.* **Text** *Annas, Cayphas, Somne, Dathan, Gamaliel, Iudas, Leui et Neptalim, Alexander et Syrus...—...241ᵛᵇ et posuit omnia verba in codicibus publicis pretorii sui.* **Ch.** *I,1-XXVII.* **EP** *241ᵛᵇ Et post hec ipse Pylatus scripsit epistolam ad vrbem Romam Claudio imperatori dicens: Poncius Pylatus regi Claudio suo salutem. Nuper accidit et quod ipse probaui...—...242ʳᵃ omnia que gesta sunt de Ihesu in pretorio meo. Datum etc.* **Closing** 242ʳᵃ *Expliciunt gesta saluatoris que invenit Theodosius magnus imperator in Ierusalem in pretorio Pylati in codicibus publicis. Et conscripta sunt per Nycodemum qui semper interfuit passioni domini, et quid ewangeliste non scripserunt in passionibus quod forte nesciuerunt vel nimis longum fuisset omnia illa narrare in passionibus, hic scripsit etc. etc.*

SS   **Bibl.** †Kremsmünster, Stiftsbibliothek. **Corresp.** Dr. Hauke Fill.

132. KREMSMÜNSTER, Austria. Stiftsbibliothek
MS   311

Paper. 336 ff. **Saec.** XV. **Scr. and poss.** Written by *Thomas Handl de Zlawings* in Moravia and presented by him to Kremsmünster (OSB), dioc. Passau, now Linz (donation note on iʳ, saec. XVI). **Contents** Franciscus Woitsdorf, *Sermones de tempore, EN;* Franciscus Woitsdorf, cont'd; other sermons.

*I/E   **Title** 95ʳᵃ *Ewangelium Nicomedi.* **Text** *Avdientes Iudei quod Ioseph et Nicodemus corpus domini sepelissent honorabilem, querebant contra eum consilia mala...—... 96ᵛᵇ et ita in suis maliciis persistentibus eternaliter sunt damnati... et sic indubie cum ipso eternaliter regnabimus, quod nobis ipse prestet qui in secula seculorum* *viuit et regnat. Amen.* Ch. XII,1-XXVII.

SS   **Bibl** †Kremsmünster, Stiftsbibliothek. **Corresp.** Dr. Hauke Fill.

133. **LAON,** France. Bibliothèque Municipale

MS 265

Parchment. 191 ff. Approx. 240 x 130 mm. **Saec.** IX. **Scr.** Several scribes. **Poss.** Used by Martin Hiberniensis in the cathedral library in Laon (cf. marginal notes, saec. IX), then owned and presented to that church by Adelelm and Bernard of Laon (ownership note on 1ᵛ, saec. IX-X). **Contents** *EN*; *EP*; Gennadius de Marseille, *De ecclesiasticis dogmatibus*; Hieronymus; Gregorius Magnus; ...; Fulgentius Ruspensis; Isidorus Hispalensis; miscellaneous sermons, saints' lives, etc.

*I/E   **Title** In the table of contents on 1ᵛ listed as *Gesta saluatoris*. 2ʳ ⌐*Hunc librum qui uocatur gesta saluatoris nullatenus recipimus quia nullum habet pondus auctoritatis et quia sanctus papa Gelasius cum lxx episcopis, uiris eruditissimis, inter apocriphas deputauit scripturas.* Top margin.⌐ *In nomine sanctae Trinitatis incipit gesta saluatoris domini nostri Ihesu Christi quae inuenit Theodosius magnus imperator in pretorio Pontio Pilati in codicibus publicis.* **Prol. II** *Factum est in anno xviiii imperatoris Tyberii caesaris, imperatoris Romanorum, et Herodis filii Herodis imperatoris Galileae...—...2ᵛ mandauit ipse Nichodimus litteris hebreicis.* **Text** 2ᵛ *Annas et Cayfas et Somme et Dathan, Gamalihel, Iudas, Leui, Neptalim, Alexander et Syrus...—...34ᵛ et posuit omnia uerba in codicibus publicis pretorii sui.* Ch. I,1-XXVII. *EP* 34ᵛ *Et post* ⌐*haec above line*⌐ *ipse Pilatus scripsit epistolam ad urbem Romam Cladio dicens: Pontius Pilatus regi Cladio suo salutem. Nuper accidit et quod ipse probaui...—...35ʳ omnia quae gesta sunt de Ihesu in preturium meum.* **Closing** 35ʳ *Explicit gesta de Christo Filio Dei.*

SS   **Bibl.** *Catalogue général,* 1849, Quarto I, pp. 155-8. †Contreni, pp. 36-8, 130-4, passim.

134. **LEIDEN,** Holland. Bibliotheek der Rijksuniversiteit

MS Voss. Lat. Q. 28

Parchment. 94 ff. 262 x 155 mm. **Saec.** XII. **Scr.** Five scribes. **Poss.** Gaul, possibly Aquitaine; Melchisédech Thevenot (1620-92); Gerardus Vossius (1577-1649); Isaac Vossius (1618-89). **Contents** A hagiographical miscellany: *Passio Theodori martyris*; ps.-Matthaeus; *Miracula a Christo facta*; *EN*; *EP*; *Transitus Mariae*; Gregorius Turonensis; *Theophili poenitentia*; ps.-Anselmus; various Marian texts; Ildefonsus Toletanus; *De imagine Berytensi Christi crucifixi*; Amalarius; Beda Venerabilis; etc.

I/E   **Title** 16ʳ *Incipit gesta saluatoris nostri domini ihesu christi quę invenit theodosius magnus imperator in ierusalem in pretorio poncii pilati in codicibus publicis.* **Prol. II** *Factum est anno XVIIII imperii tiberii cesaris imperatoris romanorum et herodis*

filii herodis imperatoris galileę anno XVIIII principatus eius... **Text** ...28ʳ. **EP** 28ʳ
Et posthęc ipse pilatus scripsit epistolam ad urbem romam claudio dicens: Poncius pilatus regi claudio suo salutem. Nuper accidit...—*...28ᵛ omnia quę gesta sunt de domino ihesu in pretorio meo.* **Closing** 28ᵛ *Explicit.*
SS Bibl. ᵗMeyier, pp. 73-7. Gijsel, p. 107. **Corresp.** J.A.A.M. Biemans.

135. **LEIPZIG, Germany.** Universitätsbibliothek
MS 799
Parchment. **Saec.** XIV. **Scr.** Several scribes. **Contents** ...; *EN*; *EN*; etc.
*I/E **Prol.** II 57ʳ *Factum est in anno decimo nono Tyberii cesaris imperii Romanorum et Herodis imperii Galilee...*—*...mandauit ea ipse* 57ᵛ *Nichodemus litteris hebraicis.*
Text 57ᵛ *Igitur Anna et Cayphas et Sobna et Dathan, Gamaliel, Iudas, Leui, Neptalim, Allexander et Sirus...*—*...68ʳ et ipsi cum iuramento quia uidimus Ihesum in monte Mambre.* **Ch.** I,1-XV,1.
*I/E **Prol.** II 68ᵛ, different hand [F]*actum est autem in anno nonodecimo Tyberii cesaris imperii Romanorum, reoni uero Herodis filii Herodis...*—*...mandauit Nichodemus principibus sacerdotum et reliquis Iudeis factam litteris hebraicicis ita dicens.*
Text *Annas et Cayphas et Summe et Dathan, Gamalyel, Iudas, Leui, Neptalym, Alexander...*—*...94ʳ et erit oleum misericordie in regeneracione qui renascendi sunt ex aqua et Spiritu sancto in uitam eternam.* **Ch.** I,1-XIX.
SS **Corresp.** ᵗDoz. Dr. D. Debes.

136. **LEIPZIG, Germany.** Universitätsbibliothek
MS 819
Parchment. 113 ff. **Saec.** XIII in. **Poss.** Petersberg (OCan), near Halle/Saale, dioc. Magdeburg (ownership notes on 2ᵛ, 111ᵛ); at Universitätsbibliothek since 1543. **Contents** ...; *EN*; *EP*; *De horis canonicis*; *CST*; etc.
*I/E **Title** 92ʳ [*Et* ?] *incipit ordo passionis eius gloriossissime et sanctissime, gaudeat omnis homo.* 92ᵛ *In nomine domini Dei summi incipit passio domini nostri Ihesu Christi quam inuenit Theodosius magnus imperator in Iherusalem in pretorio Pontii Pilati in codicibus publicis.* **Prol.** II *Factum est in anno nonodecimo imperatoris Tyberii, cesaris Romanorum, et Herodis filii Herodis imperatoris Galilee...*—*...mandauit ipse Nichodemus literis ebraicis.* **Text** 92ᵛ *Annas, Caypas et Sompne et Datham et Gamaliel, Iudas, Leui, Neptalim, Alex...nder et Syrus...*—*...107ᵛ et posuit omnia uerba in codicibus publicis pretorii sui.* **Ch.** I,1-XXVII. **EP** 107ᵛ *Post hec Pylatus scripsit epistolam ad urbem Romam Clavdio dicens: Pontius Pylatus Claudio regi salutem.* 108ʳ *Nuper accidit quod et ipse probaui...*—*...omnia que gesta sunt de Ihesu.* **De horis canonicis** 108ʳ *Prima hora consilium fecerunt Iudei...*—*... 108ᵛ Matutina dicitur quia dominus mane surrexit.* **CST** 108ᵛ *Incipit captiuitas Pontii Pylati presidis. Factvm est cum Tyberio et Uitellio consulibus, eodem tempore Tyberius cesar gubernaret imperium...*—*...111ᵛ et sanus a plaga siringii*

defunctus est in stratu suo in pace. Version A, ch. 1-14.

SS   **Corresp.** †Doz. Dr. D. Debes.

137. LEMGO, Germany. Stadtbibliothek
MS   **10**

Paper. 16 ff. **Saec.** XV in. (ca. 1400). **Poss.** Franciscans, Lemgo, dioc. Paderborn; Gymnasialbibliothek, Lemgo. **Contents** *EN; EP; CST.*

*I/E   **Title** 1ʳ ⌜*Incipit ewangelium Nychodemi.* Top margin.⌝ **Prol. II** 1ʳᵃ *Factum est anno nonodecimo Tybarii cesaris imperii Romanorum et Herodis imperii Galylee...* —*...mandauit ipse Nychodemus litteris hebraycis.* **Text** *Igitur Anna et Cayphas [...na* erased] *et Dathan, Cathael et Iudas, Leui et Neptalym, Allexander et Cyrus...* —*...*13ʳᵃ *que ipse posuit in codicibus suis publicis pretorii.* Ch. I,1-XXVII. *EP* 13ʳᵃ *Postea quod volens cesari nunciare hec omnia, scripsit epistolam dicens:* ⌜*Epistola Pilati ad Claudium.* Different hand.⌝ *Poncius Pylatus Claudio suo salutem. Nuper accidit quod ipse probaui...*—*...*13ʳᵇ *omnia que gesta sunt de Ihesu in pretorio nostro. Hanc epistolam direxit Pylatus Claudio etc. CST* 13ᵛ ⌜*Tiberius propter infirmitatem misit pro Ihesu.* Top margin, different hand.⌝ 13ᵛᵃ *Tyberius cum gubernaret imperium et Claudium successorem rei publice delegasset...*—*...*16ᵛ. Version B, ch. 1-.

SS   **Bibl.** †Gerlach, p. 7. Krämer, 1989-90, vol. II, p. 488. Weißbrodt, p. 491. **Corresp.** Frau Bongers.

138. LILIENFELD, Austria. Stiftsbibliothek
MS   **67**

Parchment. 284 ff. **Saec.** XIII. **Contents** *De venditione Ioseph; Testamenta duodecim patriarcharum; De septem donis Spiritus sancti; Vita rhythmica b. virginis Mariae et salvatoris;* Origenes; *Dialogus b. Mariae et Anselmi; EN; EP; Transitus Mariae, Visio Elisabeth; Opusculum de actione missarum;* Odo de Cheriton.

*I/E   **Title** 196ʳᵇ *In nomine sancte Trinitatis incipiunt gesta saluatoris domini nostri Ihesu Christi que invenit Theodosius magnus imperator in Ierusalem in pretorio Pontii Pylati in codicibus publicis.* **Prol. II** *Factum est in anno xiᵒx imperii Tyberii cesaris, imperatoris Romanorum, et Herodis filii Herodis imperatoris Galilee...*—*...et Nichodemus litteris hebraicis scribi.* **Text** *Annas et Cayphas et Sobnas et Dathan et* 196ᵛᵃ *Gamaliel, Iudas, Leui, Neptalim, Alexander et Syrus...*—*...*216ᵛᵇ *et posuit omnia verba in codicibus publicis pretorii sui.* Ch. I,1-XXVII. *EP* 216ᵛᵇ *Et post hec ipse Pylatus scripsit epistolam ad urbem Rome Claudio dicens: Poncius Pylatus regi suo salutem. Nuper accidit et quod ipse probaui...*—*...*217ᵛᵃ *omnia que gesta sunt de Ihesu in pretorio meo. Hec teneas et firmiter credas. Amen.*

SS   **Bibl.** †Schimek, p. 505.

139. **LILLE, France. Bibliothèque Municipale**
MS 138

Paper. 46 ff. 280 x 197 mm. **Saec.** XV/2 (1481). **Scr. and poss.** Written and owned by Henry Descamps, parish priest at Bouvignies, Pévèle (cf. notes on 24ᵛ, 46ʳ); Cysoing (OCan), dioc. Tournai. **Contents** *EN; EP; De trinubio Annae (Anna et Emeria sorores fuerunt...)*; ps.-Matthaeus; *Transitus Mariae, Historia apocrypha* of the *Legenda aurea (Legibus olim liberalibus...)*; Iohannes Presbyter; miscellaneous texts on the passion; Iohannes Gerson; etc.

*I/E **Title** 117ʳᵃ *Sequitur gesta saluatoris nostri Ihesu Christi scripta a Nychodemo.* **Prol. II** *Factum est in anno nonodecimo imperii Tyberii cesaris, imperatoris Romanorum, et Herodis regis Galilee...—...viiiᵒ kalendas aprilis.* **Text** *Annas et Cayphas et Same et Datan et Gamaliel et Iudas et Leui et Neptalim et Alexander et Syrus... —...121ᵛᵇ et posuit in codicibus publicis 122ʳᵃ pretorii sui.* Ch. I,1-XXVII. **EP** 122ʳᵃ *Et post hec ipse Pylatus scripsit epistolam ad vrbem Romanam Claudio cesari dicens: Pontius Pylatus suo regis Claudio salutem. Super accidit et quod ipse probaui...—...omnia que gesta de Ihesu in pretorio meo.* **SN** *Cumque hec Claudius suscepisset et Neroni imperatori legisset...—...statim cecidit palacium Neronis.* Ch. I. **Closing** *Explicit.*

SS **Bibl.** †*Catalogue général,* 1897, Octavo XXVI, pp. 107-8.

140. **LINZ, Austria. Bundesstaatliche Studienbibliothek**
MS 347 neu (=77 alt)

Paper. i 190 ff. 287 x 205 mm. **Saec.** XIV. **Poss.** Garsten (OSB), dioc. Passau (ownership note on 1ʳ). **Contents** *Martyrologium; Statuta monachorum ordini s. Benedicti; Passio s. Catherinae virginis; EN; De passione Christi; De septem verbis in cruce, De illusionibus Dei.*

*I/E **Title** 137ᵛᵃ *Incipit Nychodemus.* **Text** *Annas et Cayphas et Somne et Dathan, Gamaliel, Iudas, Leui, Neptalim, Alexander et Syrus...—...162ᵛᵇ et posuit omnia uerba hec in codicibus publicis pretorii sui.* Ch. I,1-XXVII. **Closing** 162ᵛᵇ *Explicit Nychodemus.*

SS **Bibl.** †Schiffmann, vol. I, p. 89. **Corresp.** Dr. Alois Zauner.

141. **LISBOA, Portugal. Biblioteca Nacional**
MS Alcobaça CCLXXXV/419

Parchment. 188 ff. 436 x 285 mm. **Saec.** XII/2. **Scr.** One scribe. **Orig. and poss.** Alcobaça (OCist), dioc. Leiria. **Contents** *EN* and *EP* are final items in vol. 2 of a five volume *Legendarium Cisterciense.*

*I/E **Title** 175ᵛᵇ *Incipiunt gesta passionis et resurrectionis domini nostri Ihesu Christi.* **Prol. II** *Quod inuentum est in publicis codicibus pretorii Poncii Pilati, scriptum in anno olimpiadis ccᵒxxᵒviᵒ...—...ipse Nicodemus scripsit litteris ebraicis.* **Text**

*Annas et Caiphas et Sume et Datan, Gamaliel et Iudas, Leui et Neptalim, Alexander et Gairus...—...*186[vb] *et posuit omnia in publicis codicibus pretorii sui.* Ch. I,1-XXVII. XXVIII 186[vb] *Et post ingressus in templum Iudeorum, congregans omnes principes et gramaticos...—...*187[vb] *omnia reposuit inter cetera gesta saluatoris in codicibus publicis pretorii sui.* EP 187[vb] *Et scripsit epistolam ad Claudium regem urbis Rome dicens: Poncius Pilatus Claudio regi suo salutem. Nuper accidit quod ipse probaui...—...*188ra *que gesta et facta sunt in pretorio meo de Ihesu rege Iudeorum quem crucifixerunt.* ⌐*Historiam Titi et Uespasiani quere tertia parte passionum ante finem libri.* Hand saec. XIV; cf. Alcobaça CCLXXXVI/420.⌐

SS   **Bibl.** Black and Amos, pp. 188-9. [†]Dolbeau, 1984, pp. 281-4.

142. **LONDON**, Great Britain. British Library
MS   Add. 11619

Parchment. **Saec.** XIV. **Contents** A miscellany: Latin verses; ...; *Summa de bono et optimo modo praedicandi*; sermons; Isidorus Hispalensis; *Versus de conflictu virtutum et vitiorum*; *De pueris in claustro nutriendis*; Alcuinus; *Vita Secundi Philosophi*; Latin verses; *Tractatus de septem criminalibus peccatis*; *Fabulae Aesopi*, in verse; *EN*; *EP*; *CST*; *Liber moralis*; etc.

*I/E   **Prol.** II 211[r] *Factum est in anno quintodecimo imperii Tiberii cesaris, imperatoris Romanorum, et Herodis filii Herodis regis Galilee...* **Text** *Igitur Annas et Caiphas et Sobna, Datan, Gamaliel, Iudas, Leui, Neptalim, Alexander et Sirus...—...*228[r] *et posuit omnia uerba hec in codicibus publicis pretorii.* Ch. I,1-XXVII. EP 228[r] *Et post uolens cesari omnia renunciare, ipse Pilatus epistolam ad urbem Claudio imperatori scripsit dicens: Poncius Pilatus Claudio suo salutem. Nuper accidit et quod ipse probaui...—...*228[v] *omnia que gesta sunt de Ihesu in pretorio meo. Valete.* CST 228[v] *Hanc Pilatus Claudio direxit adhuc uiuente Tiberio imperatore licet grauissimo laborante morbo...—...*234[r] *Dominus autem salutem contulit credentibus in se, quia ipsum credimus Filium Dei vivi qui cum Patre... Amen.* Version B, ch. 1-20.

SS   **Bibl.** [†]London, British Museum, 1843, p. 8.

143. **LONDON**, Great Britain. British Library
MS   Add. 17003

Parchment. **Saec.** XV. **Orig.** England. [‡]**Poss.** Ker rejects Ford Abbey (OCist), Devonshire.[‡] **Contents** A homiliary: homilies; Greg.; ps.-Aug.; *EN*; *EP*; *Inventio s. crucis*; homilies.

*I/E   **Greg.** 66[v] *Gregorius* 67[r] *Turonensis Francorum de passione domini et resurreccion refert hec.* [For erased.] *Apprehensus autem et Ioseph qui eum aromatibus conditum...—...*67[v] *pro eo quod non ad eum primitus aduenisset.* **Ps.-Aug.** 67[v] *Augustinus quoque hec sanctus in sermonibus de sabbato pasche refert. Attonite mentes obstupuere tortorum...—...*68[r] *per lignum edati sumus, per lignum euertimur.* **Title**

68^r *In nomine sancte Trinitatis incipiunt gesta saluatoris domini nostri Ihesu Christi que inuenit Theoderius magnus imperator in Ierusalem in pretorio Poncii Pilati in codicibus publicum.* **Prol. II** *Factum est in anno uicesimo tercio imperii Tiberii cesaris, imperatoris Romanorum, et Herodis regis Galilee filii Archelai...* **Text** 68^v *Annas et Caiphas et Somne et doctor Gamaliel, Iudas, Leui, Neptalim, Alexander et Sirus...—...90^r et posuit omnia uerba in codicis publicis pretorii sui.* **Ch.** I,1-XXVII. **EP** 90^r *Et post hec Pilatus scripsit epistolam ad urbem Romam Tiberiam dicens: Poncius Pilatus regi Tiberio suo salis. Nuper accidit et quod ipse* 90^v *probaui...—...91^r dixitque patribus nostre omnia que gesta.*

SS   **Bibl.** ‡Ker, 1964, p. 88. †London, British Museum, 1864, p. 344.

144. LONDON, Great Britain. British Library
MS   Add. 22349

Parchment. **Saec. XIV. Contents** Martinus Polonus; Bernardus Clarevallensis; *EN*; *EP*; *CST*; Iohannes Presbyter, Iohannes Wirzeburgensis; Latin verses.

*I/E   **Title** 166ra *Incipit prologus in hystoriam Nichodemi de passione et resurrectione domini.* **Prol. II** 166rb *Factum est in anno nonodecimo Thyberii cesaris imperii Romanorum et Herodis imperii Galilee...* **Text** *Igitur Annas et Cayphas et Sobnan et Datan et Gamaliel et Iudas et Leuy, Neptalin, Alexander et Syrus...—...181rb et posuit omnia uerba hec in cordibus publicis pretorii.* **Ch.** I,1-XXVII. **EP** 181rb *Et postea uolens cesari omnia renunciare, ipse Pylatus epistolam ad urbem Claudio imperatori scripsit dicens: Poncius Pylatus Claudio suo salutem. Nuper accidit quod et ipse probaui...—...181vb omnia que gesta sunt de Iesu in pretorio meo.* **CST** 181vb *Hanc epistolam direxit Claudio Pylatus adhuc uiuente Tyberio imperatore licet grauissimo laborante morbo...—...186ra Dominus salutem contulit credentibus in se, quia ipsum credimus Dei Filium qui cum Patre... Amen.* Version B, ch. 1-20. **Closing** 186ra *Explicit hystoria Nichodemi.*

SS   **Bibl.** †London, British Museum, 1875-80, vol. I, p. 637.

145. LONDON, Great Britain. British Library
MS   Add. 29630

Parchment. ‡148 ff. 225 x 153 mm.‡ **Saec. XII. Orig.** Spain (?). **Contents** Gregorius Magnus, *Dialogorum libri IV*; *EN*; sermons; a legend of the exaltation of the cross; *Passio beatissimae martyris Eugeniae.*

*I/E   **Title** 93^r ⌈*Sermones.* Written between columns.⌉ **Prol. I** 93ra *Avdistis, fratres karissimi, quae acta sunt sub Pontio Pilato preside temporibus Tiberii cesaris. Ego Eneas Hebreus, primus* ⌈corrected to *primo*⌉ *legis doctor, perscrutans diuinitatem legis et scripturarum...—...ego interpretaui in literis grecis ad cognicionem hominum.* **Text** *Annas autem et Cayfas, summi sacerdotes et doctores qui Gamaliel et Beileg, Iudas et Neptalim, Andeoson et Iairus...—...103rb Hoc est testimonium Carini et Leutii de Christo Dei Filio, quid sanctis suis gessit apud inferos.* **Ch.** I,1-

XXVII. **Closing** 103rb *Explicit contextus passionis domini nostri Ihesu Christi.*
SS   **Bibl.** ⁺London, British Museum, 1875-80, vol. II, p. 687. ‡Römer, 1972, p. 156.

146. **LONDON**, Great Britain. British Library
MS   **Arundel 52**
Parchment. 119 ff. ‡280 x 190 mm.‡ **Saec.** XIII or XIV (§XIII§). **Scr.** Mostly by
one scribe, but *EN* in three different hands. **Contents** *Vita s. Thomae; EN;
EP*; Greg.; ps.-Aug.; *Formulae epistolarum; ...; Visio Pauli; De creatione et ordine
mundi; ...; De sacerdotio Christi; ...; Historia b. Mariae Virginis; Qualiter b. Maria
assumpta fuerit in coelum;* verses on s. Thomas.
*I/E **Title** 41vb ⌈*In nomine sancte Trinitatis incipiunt gesta saluatoris domini nostri
Ihesu Christi que inuenit Theodosius magnus imperator in Ierusalem in pretorio
Poncii Pilati in codicibus publicis.* Hand saec. XV.⌉ **Prol.** **II** *Factum est in anno
uicesimo tercio imperii Tyberii cesaris, publici imperatoris Romanorum, et Herodis
regis Galilee filii Atthelai...—...mandauit ipse Nichodemus litteris hebraycis.* **Text**
*Annas et Cayphas et Sompne et Dathan, Gamahelis, Iudas, Leui, Neptalim, Alexan-
der et Syrus...—..46^v et posuit omnia verba in codicibus publicis pretorii sui.* **Ch.**
I,1-XXVII. **EP** 46^v *Et post hec ipse scripsit epistolam ad vrbem Romam Tyberio
cesari dicens: Poncius Pilatus regi Tyberio salutem. Nuper accidit quod et ipse probaui...—...47^r omnia quecumque dicta sunt de Ihesu in pretorium meum.* **Greg.** 47^r
*Gregorius Turonensis in gestis Francorum in passione et resurreccione domini re-
fert hec. Apprehensus autem Ioseph qui cum aromatibus corpus Christi conditum...
—...pro eo quod non ad eum primitus aduenisset.* **Ps.-Aug.** *Augustinus quoque
sanctus in sermonibus de sabato pasche refert hec. Attonite mentes obstupuere
tortorum...—...per lignum ditati sumus, per lignum euertimur.*
SS   **Bibl.** ⁺London, British Museum, 1834-40, pt 1, p. 11. ‡Römer, 1972, p. 162.
§Ward and Herbert, vol. II, pp. 402-3.

147. **LONDON**, Great Britain. British Library
MS   **Arundel 326**
Parchment. 134 ff. 170 x 120 mm (‡140 x 82 mm‡). **Saec.** XIII and XIV. **Poss.**
Abingdon (OSB), Berkshire; the name of *William Howarde* on 1^r (saec. XVII
or XVIII). **Contents** *Calendarium;* notes on chronology; *Chronica a principio
mundi; EN; EP; Post peccatum Adae...;* Anselmus Cantuariensis, *De Antichristo;
Vita Adae et Evae (Factum est cum expulsi essent...); De trinubio Annae (Anna et
Emeria fuerunt sorores...); ...; De locis sanctis (Si quis ab occidentalibus partibus...);*
ps.-Methodius; *Prophetia Sibyllae,* Galfridus Monemutensis; etc.
*I/E **Title** 23^r *In nomine sancte Trinitatis incipiunt gesta saluatoris domini nostri Ihesu
Christi que inuenit Theodosius magnus imperator in Ierusalem in pretorio Poncii
Pilati in codicibus publicis.* **Prol.** **II** *Factum est in anno xix imperatoris Theodosii
cesaris, imperatoris Galilee, anno xix principatus eius...* **Text** *Anna et Cayphas et*

Some et Datan, Gamaliel, Iudas, Leui, Neptalim, Syrus et Alexander...—...36ʳ et posuit omnia verba in codicibus pupplicis pretorii sui. Ch. I,1-XXVII. *EP* 36ʳ *Et post hec ipse Pilatus scripsit epistolam ad vrbem Romam Claudio dicens: Poncius Pilatus Claudio suo salutem. Nuper accidit quod et ipse probaui...—...36ᵛ omnia que gesta sunt de Ihesu in pretorio meo.* **Closing** 36ᵛ *Expliciunt gesta saluatoris domini nostri Ihesu Christi.*

SS   **Bibl.** †Crick, pp. 142-4. Ker, 1964, p. 2. London, British Museum, 1834-40, pt 1, p. 94. ‡Römer, 1972, p. 165. Ward and Herbert, vol. I, p. 246.

148. LONDON, Great Britain. British Library

MS   Arundel 404

Parchment. 28 ff. **Saec.** XIV. **Poss.** Michelsberg, Mainz (OCart). **Contents** Latin infancy gospels; *EN*; *EP*.

*I/E   **Title** 19ʳᵇ *Incipiunt gesta saluatoris domini nostri Ihesu Christi que invenit Theodosius magnus imperator in Ierusalem in pretorio Poncii Pylati, a Nychodemo scripta in codicibus publicis.* **Prol.** II *Factum est in anno xviii imperatoris Tyberii, cesaris Romanorum, et Herodis filii regis Galylee...* **Text** 19ᵛᵃ *Annas et Cayphas et Somne et Dathan, Gamaliel, Iudas, Leui, Neptalin, Alexander et Syrus...—...28ʳᵃ et posuit omnia verba in codicibus publicis pretorii sui.* Ch. I,1-XXVII. *EP* 28ʳᵃ *Et post hec ipse Pylatus scripsit epistolam ad urbem Romam dicens: Poncius Pylatus regi suo Claudio salutem. Nuper accidit et que ipse probaui...—...28ʳᵇ omnia que gesta sunt de Ihesu in pretorio meo.*

SS   **Bibl.** Krämer, 1989-90, vol. II, p. 533. †London, British Museum, 1834-40, pt 1, p. 117.

149. LONDON, Great Britain. British Library

MS   Cotton Galba E. VII

Parchment. 206 (corr. 208) ff. ‡**Saec.** XV in.‡ **Orig.** England. **Poss.** §Dr. John Dee (1574).§ ¶Ker rejects Malmesbury (OSB), Wiltshire.¶ **Contents** *Chronicon breve, Eulogium historiarum; EN; EP; CST; Eulogium,* cont'd. Used by Haydon for his edition of *Eulogium (historiarum sive temporis),* which includes *EN* and associated texts.

*I/E   **Title** 31ᵛᵇ *Cronica domini nostri Ihesu Christi.* **Prol.** II *Cum de regibus et principibus et eorum gestis in bellis in victoriis, in pugna, in fuga pluries tractauimus de rege regum iam intendimus aliquid enarrare. Factum est autem in anno xvᵒ imperii cesaris imperatoris Romanorum et Herodis filii Herodis regis Galilee...—...hanc epistolam principibus sacerdotum et reliquis litteris hebraycis destinauit.* **Text** *Igitur Annas et Chayphas, Sobna, Dathan, Gamaliel, Iudas, Leui, Neptalim, Alexander et Syrus...—...37ʳᵇ et posuit omnia verba hec in publicis codicibus pretorii.* Ch. I,1-XXVII. *EP* 37ʳᵇ *Postmodum vero idem Pilatus misit ad urbem Rome et scripsit Claudio imperatori dicens: ⌐Littera Pilati ad imperatorem.*

Margin.] *Poncius Pilatus Claudio suo salutem. Nuper accidit quod ipse probaui...* —*...37va que gesta sunt in pretorio meo. Valete. CST 37va Hanc epistolam Claudio direxit Pilatus adhuc viuente Tiberio imperatore licet morbo grauissimo laborante...* —*...39rb Dominus autem salutem contulit in se credentibus, et ipsum credimus Filium Dei esse et redemptorem nostrum cui est honor... Amen.* Version B, ch. 1-20. **Closing** 39rb *Explicit tractatus de passione resurrexione et ascensione domini.*

SS   **Bibl.** ‡Haydon, pp. ix-x. §James, 1921, p. 18. ¶Ker, 1964, p. 129. †London, British Museum, 1802, p. 363.

150. LONDON, Great Britain. British Library

MS   Cotton Titus D. XIX

Paper and parchment. 171 ff. **Saec.** XV. **Poss.** England (cf. contents); a fly-leaf belonged to Cathedral priory, Durham (OSB). **Contents** *Chronicon breve*, various texts on Roman antiquities, incl. *Duodecim Sibyllarum prophetiae, Constitutiones imperatorum; EN; EP; CST; Epistola Lentuli de Iesu Christo; De quindecim signis ante diem iudicii;* texts relating to English history, John Wycliff.

*I/E   **Title** 64r *Incipiunt gesta saluatoris nostri domini Yhesu Christi que inuenit Theodosius magnus imperator Ierusalem in pretorio Pilati in codicibus publicis in anno xviiii.* **Prol.** II/I *Factum est in anno nonodecimo imperii Tiberii cesaris Romanorum et Herodis filii Herodis qui imperabat Galilee...—...et ego interpretatus sum in litteris grecis ad cognitionem omnium.* **Text** *Anna et Cayphas, summi sacerdotes, et Sonne et Dathan, Gamaliel et Iudas,* 64v *Leui et Neptalim, Alexander et Sirius...—...88r et hec omnia posuit in publicis codicibus pretorii.* Ch. I,1-XXVII. *EP* 88r *Et post hec omnia uolens cesari nuntiare, ipse Pilatus ad vrbem misit epistolam Claudio imperatori dicens: Pontius Pilatus Claudio cesari salutem. Nuper accidit et quod ipse probaui...—...89r omnia que gesta sunt de Yhesu in pretorio meo. Valete. CST 89r Hanc Pilatus Claudio direxit epistolam adhuc viuente Thiberio imperatore licet morbo grauissimo laborante...—...97r Dominus autem salutem contulit in se credentibus, quia ipsum credimus Dei Filium qui cum Patre etc. Amen.* Version B, ch. 1-20.

SS   **Bibl.** Ker and Watson, p. 30. †London, British Museum, 1802, pp. 565-6.

151. LONDON, Great Britain. British Library

MS   Cotton Vesp. E. I

Parchment. 254 (‡255‡) ff. ‡163 x 110 mm.‡ **Saec.** XV. §**Poss.** Henry Savile of Banke (1568-1617; mentioned in his catalogue).§ **Contents** *Bonaventura; Ricardus Rolle de Hampole;* various devotional texts; *Bernardus Clarevallensis, Super contemplationem dominicae passionis; EN; EP; De imperatoribus; Planctus b. Mariae; Meditatio Bernardi de compassione Christi; De cruce Christi; De spiritu Guidonis;* etc.

*I/E   **Title** 182v *Iste tractatus sequens dicitur euangelium Nicodemi.* **Prol.** II *Factum est* *in anno xxiiii Tiberii cesaris, imperatoris Romanorum, et Herodis regis Galilee filii Archelai...* **Text** *Annas et Caiphas et Somneth et doctor Gamaliel, Iudas, Leui, Neptalim, Alexander et Syrus...—...195ʳ et posuit omnia verba in codicibus publiciis pretorii sui.* Ch. I,1-XXVII. *EP 195ʳ Et post hec Pilatus scripsit epistolam ad urbem Romam Tiberio dicens: Poncius Pilatus regi Tiberio suo salutem. Nuper accidit quod et ipse probaui...—...195ᵛ omnia que gesta sunt de Ihesu in pretorio meo. Valete.* **EpiL** *Nunc ergo, dilectissimi fratres, hanc leccionem quam audistis...—...ad nostram deuenerunt noticiciam.* **De** *imperatoribus 195ᵛ Illis ergo diebus in quibus crucifixus est dominus Ihesus Christus, Tiberius cesar in vrbe Rome quietus manebat...—...196ᵛ necnon et omnes Christianos precepit grauiter puniri.*

SS   **Bibl** §Gilson, p. 183. †London, British Museum, 1802, p. 478. ‡Römer, 1972, p. 169.

---

152. **LONDON**, Great Britain. British Library

MS   **Harley 215**

       Parchment. **Saec.** XV. **Orig.** England (cf. contents). ‡**Poss.** Sir Simonds D'Ewes of Stow Hall, near Bury St. Edmunds (1602-50).‡ **Contents** A collection of letters; Iohannes Presbyter, *Narratio de corpore s. Thomae apostoli*; Rabanus Maurus; *Historia de Thoma Beketto*; EN; EP; verses, in English.

*I/E   **Prol** II 149ʳ *Factum est autem in anno xix° imperatoris Theodosii cesaris, imperatoris Romanorum, et Herodis filii Herodis regis Galilee...* **Text** *Anna et Caiphas et Someth, Datan, Gamaliel et Iudas, Leui, Neptalim et Alexander et Sirius...—...160ʳ et posuit omnia verba in codicibus publicis pretorii sui.* Ch. I,1-XXVII. *EP 160ʳ Et post hec ipse Pilatus scripsit epistolam ad vrbem Romanam Claudio dicens: Pontius Pilatus regi Claudio suo salutem. Nuper accidit quod ipse probaui...—...160ᵛ omnia que gesta sunt de Ihesu in pretorio meo. Valete.*

SS   **Bibl** †London, British Museum, 1808-12, vol. I, pp. 68-9. ‡Wright, p. 131.

---

153. **LONDON**, Great Britain. British Library

MS   **Harley 232**

       Parchment. ‡89 ff. 190 x 130 mm. **Saec.** XV‡ (the first EN text is earlier). §**Poss.** The name of Willelmus Bocher written on 21ᵛ (saec. XV); Sir Simonds D'Ewes of Stow Hall, near Bury St. Edmunds (1602-50).§ **Contents** *Formulae litterarum*; *Littera Ignatii ad s. Iohannem Evangelistam*; *Littera Ignatii ad b. Mariam*; EN; EP; *De quattuordecim partibus aeternae beatitudinis*; constitutions of John of Stratford; Gregorius Magnus; Isidorus Hispalensis; Augustinus Hipponensis; excerpts from Bernardus Clarevallensis, Iohannes Chrysostomus, and others; EN; *De Deo orando*, in French.

*I/E   **Title** 8ʳ *Passio Nichodemi.* **Prol** II *Factum est in anno nonodecimo imperii Tyberii cesaris, imperatoris Romanorum, et Herodis filii Herodis regis Galilee...—...manda-uit ipse Nichodemus litteris hebraicis.* **Text** *Annas et Cayphas et Sonne et Dathan*

*et Gamaliel, Iudas, Leui, Neptalim, Alexander et Sirus...—..13ᵛ et posuit omnia
uerba hec in cordibus publicis pretorii sui.* Ch. I,1-XXVII. *EP* 13ᵛ *Et post hec ipse
Pilatus regi Claudio salutauit: Nuper accidit quod ipse probauit...—..omnia que
gesta sunt de Ihesu in pretorio me[o ?].* Valete. *CST* 13ᵛ *[H]anc Pilatus Claudio
direxit adhuc uiuente Tiberio imparatore licet grauissimo laborante morbo...—..14ᵛ
Postea Pilatus iterum in Timerina ciuitate missus in exilium pre angustia gladio
se ibi interfecit.* Version B, ch. 1-18.

*I/E   Title 87ʳ ⌐Passio Nichodemi. Later hand.⌐ **Prol. II** *Factum est in anno nonodeci-
mo imperii Tyberii cesaris, imperatoris Romanorum, et Herodis filii Herodis regis
Galilee...—..mandauit ipse Nichodemus litteris hebraicis.* **Text** *Annas et Caiphas,
Sonne, Dathan, Gamaliel, Iudas, Leui, Neptalim, Alexander et Sirus...—..88ʳ Di-
cunt Iudei Pilato: Nobis non licet occidere neminem. Dicit Pilatus Iudeis.* Ch. I,1-
III,1.

SS   **Bibl.** †London, British Museum, 1808-12, vol. I, p. 72. ‡Römer, 1972, p. 171.
§Wright, pp. 74, 131.

154. LONDON, Great Britain. British Library
MS Harley 2667

Parchment. i 168 i ff. 315 x 250 mm. **Saec.** XIV. **Scr.** Several scribes. **Poss.**
Val-St.-Martin (OCan), Leuven (ownership notes on 21ᵛ, 70ᵛ, 71ʳ, 124ʳ, 166ᵛ,
all saec. XV); Daniel Browne, bookseller (1723/4). **Contents** I: Vegetius; Vincentius Bellovacensis. II: Petrus de Ceffons; Symon de Valle Lucenti; Iohannes de Buxeriis; Iohannes Abbas Fontis Danielis; Iohannes Presbyter; ps.-
Matthaeus; *EN; EP*; Alanus de Insulis, *Liber de arte fidei catholicae.*

*I/E   Title 154ʳᵇ *Incipiunt gesta saluatoris domini nostri Ihesu Christi que inuenit Theo-
dosius imperator in Iherusalem.* ⌐Evangelium Nychodemi. Added saec. XVII.⌐
Prol. II *Factum est in anno xix⁰ Tyberi cesaris, imperatoris Romanorum, et Herodis filii Herodis Galilee...—..mandauit ipse Nichodemus litteris hebraicis.* **Text** *Annas et Cayphas et Somne et Datan et Gamaliel, Iudas, Leui, Neptalim, Alexander
et Syrus...—..161ʳᵃ et posuit omnia uerba in codicibus puplicis pretorii sui.* Ch.
I,1-XXVII. *EP* 161ʳᵃ *Et post hoc ipse Pilatus scripsit epistolam ad urbem Romam
Claudio dicens: Poncius Pilatus regi Claudio suo salutem. Nuper accidit et quod
ipse probauit...—..161ʳᵇ que gesta sunt de Ihesu in pretorium meum.*

SS   **Bibl.** London, British Museum, 1808-12, vol. II, p. 706. †Lourdaux, pp. 639-50.

155. LONDON, Great Britain. British Library
MS Harley 3185

Parchment. 92 ff. **Saec.** XIV. **Contents** *Infantia Iesu Christi (In diebus illis venit
angelus...); EN; EP; SN; Virtutes duodecim cardinales; De quindecim signis ante
diem iudicii; Quomodo arbor s. primitus crevit; Quae trahunt ad superos, et quae
ad inferos;* Iohannes Presbyter; etc. Used by Dobschütz for his edition of *SN.*

*I/E **Title** 15ᵛ *Incipiunt gesta quedam domini saluatoris que Theodosius magnus imperator inuenit in Ierusalem in pretorio Poncii Pilati.* **Text** *Uidens centurio que facta sunt per passionem domini nostri Ihesu Christi glorificauit Deum et dixit quia hic homo Filius Dei erat...—...*38ᵛ *et posuit omnia verba in codicibus publicis pretorii sui.* Ch. XI,1-XXVII. **EP** 38ᵛ *Et post hæc ipse Pilatus epistolam scripsit ad urbem regni Rome dicens: Poncio Pilatus regi Claudio suo salutem. Nuper accidit quod et ipse probaui...—...*40ʳ *omnia que gesta sunt de Ihesu in pretorio meo.* **SN** 40ʳ *Cumque Claudius suscepisset Neronique imperatori legisset...—...*43ᵛ *sicut in sua presencia Christus dominus manifestans Iudeis que facturus esset eis.* Ch. I-IV,1.

SS **Bibl.** †British Museum, 1808-12, vol. III, p. 8.

156. LONDON, Great Britain. British Library

MS Harley 4725

Parchment. ⸸ii 223 ff. 170 x 115 mm.‡ **Saec.** XIV. §**Poss.** Cathedral priory, Durham (OSB; cf. inscription on 1ʳ); in 1513 owned by Thomas Swawell (d. 1539), a monk at Durham (record of purchase on 1ʳ); then by Sir Thomas Tempest (his name written on 2ᵛ).§ **Contents** Bonaventura; *Testamenta duodecim patriarcharum;* Augustinus Hipponensis; Boethius; Cicero; Gregorius III; Ricardus de s. Victore; Iohannes Beleth; Iacobus de Vitriaco; sermons; *De arbore crucis (Mirabiliter coepit oriri...);* EN; EP; *De imperatoribus.*

I/E ¶**Text** 206ᵛ *Cum sero factum esset. uenit quidam homo diues ab arimathia nomine ioseph, accessitque ad pilatum...* Ch. XI,3-. **EP** 209ᵛ *Pontius pilatus. claudio suo salutem. Nuper accidit...—...*210ʳ *et existimet esse credentum, mendaciis iudeorum.* **Epil.** 210ʳ *Nunc ergo fratres dilectissimi hanc lectionem quam audistis... De imperatoribus ...*210ᵛ *ad siluam fugit, ibique uitam indignam perdidit.*¶

SS **Bibl.** Ker, 1964, p. 73. †London, British Museum, 1808-12, vol. III, p. 196. ‡Römer, 1972, p. 183. §Wright, pp. 142, 322, 325. **Corresp.** ¶Bob Miller.

157. LONDON, Great Britain. British Library

MS Royal 1 E. IX

Parchment. 350 ff. 24¹/₂ x 17 in. (622 x 432 mm). **Saec.** XIV ex. **Orig.** England. **Poss.** Executed possibly for Richard II. **Contents** *Biblia latina:* EN, EP, and CST inserted between the gospels and Pauline epistles.

*I/E **Title** 282ʳᵇ *Incipit tractus passionis Christi secundum Nichodemum.* **Prol.** II *Factum est in anno nonodecimo imperii Tyberii cesaris, imperatoris Romanorum, et Herodis filii Herodis regis Galilee...—...*282ᵛᵃ *mandauit ipse litteris hebraicis.* **Text** 282ᵛᵃ *Annas et Cayphas, Sompne, Dathan, Gamaliel, Iudas, Leui, Nepthalim, Alexander et Syrus...—...*286ʳᵃ *et posuit omnia uerba hec in codicibus publicis pectoris sui.* Ch. I,1-XXVII. **EP** 286ʳᵃ *Et regi Claudio nunciauit salutans in hec uerba: Superaccidit quod et ipse probaui...—...omnia que gesta sunt de Ihesu in pretorio* *meo. CST Hanc epistolam Pilatus Claudio dixit adhuc vivente Tyberio imperatore licet grauissimo laborante morbo...—...286va missus in exilium pre angustia seipsum gladio interfecit.* Version B, ch. 1-18. **Closing 286va** *Explicit tractus passionis Christi secundum Nichodemum.*

SS   **Bibl.** †Warner and Gilson, vol. I, pp. 21-2.

158. **LONDON, Great Britain. British Library**

MS   Royal 5 E. XIII

Parchment. 100 ff. 9¼ x 5½ in. (235 x 140 mm). **Saec.** IX ex. **Scr.** Several scribes. **Orig. and poss.** Written on the Continent but glossed in an English hand (saec. X); Cathedral priory, Worcester (OSB); some notes in John Theyer's hand (1597-1673). **Contents** A theological treatise; *Testimoniale s. Cypriani;* ...; two penitential texts; an extract from the Book of Enoch; *De vindictis magnis magnorum peccatorum; EN.*

*I/E   **Title 82^r** ⌈*Passio secundum Nichodemum.* Later hand.⌉ **Prol. II** *Factum est in anno xuiiii [imperatoris erased] Tiberii cessaris, imperatoris Romanorum, et Herodis filius Herodis [imperatoris erased] Galilae...—...mandauit ipse Nicodimus literis hebrehicis.* **Text** *Annas et Caipas et Sumne et Datan, Gamaliel, Iudas, Leui, Neptalem, Alexandre et Sirus...—...100^r sacra misteria que uidimus et audivimus.* Ch. I,1-XXVII.

SS   **Bibl.** Collett, pp. 42-4. Ker, 1964, p. 208. †Warner and Gilson, vol. I, p. 116.

159. **LONDON, Great Britain. British Library**

MS   Royal 7 C. XII

Parchment. 231 ff. 12½ x 8 in. (318 x 203 mm). **Saec.** VIII, XI, XII. **Scr.** Three scribes; vol. III by one scribe. **Poss.** Cardinal Thomas Wolsey (d. 1530; his signature on 2^r); Robert Beale, Clerk to the Council ca. 1572-1601 (see note on 4^r); St. James' Palace (press-mark, saec. XVII). **Contents** I: Part of the Eusebian canons of the gospels. II: Aelfric, in Old English. III: Greg.; ps.-Aug.; *EN; EP;* Cassiodorus, *Super quinquagesimum psalmum de poenitentia.*

*I/E   **Greg. 219ra** *Gregorivs Tvronensis in gestis Francorum de passione et resurrectione domini refert haec. Apprehensvs avtem et Ioseph qui cum aromatibus corpus Christi conditum...—...pro eo quod non ad eum primitus aduenisset.* **Ps.-Aug.** *Avgustinvs qvoque sanctus in sermonibvs de sabbato paschae refert et haec. Attonitae mentes obstupuere tortorum...—...219rb per lignum ditati sumus, per lignum euertimur.* **Title 219rb** *In nomine sanctae Trinitatis incipiunt gesta saluatoris domini nostri Ihesu Christi quae inuenit Theodosius magnus imperator in Ierusalem in pretorio Pontii Pilati in codicibus publicis.* **Prol. II** *Factvm est in anno uicesimo tercio imperii Tyberii cesaris, publici imperatoris Romanorum, et Herodis regis Galileae filii Archelai...—...mandauit ipse Nichodemus litteris 219va hebraicis.* **Text 219va** *Annas et Cayphas et Somne et Datan, Gamalielis, Iudas, Leui, Neptalim, Alexander*

et Syrus...—...226va et posuit omnia uerba in codicibus publicis pretorii sui. Ch.
I,1-XXVII. *EP* 226va *Et post haec ipse Pilatus scripsit epistolam ad urbem Romam
Tyberio cesari dicens: Pontius Pilatus regi Tyberio suo salutem. Nuper accidit quod
et ipse probaui...—...226vb omnia quae gesta sunt de Ihesu in pretorium meum.*
SS   **Bibl** Collett, pp. 44-6. Römer, 1972, p. 198. †Warner and Gilson, vol. I, pp.
180-1.

160. **LONDON**, Great Britain. British Library
MS   **Royal 8 B. XV**
     Parchment iii 188 ff. 8³/₄ x 5¹/₂ in. (222 x 140 mm). **Saec. XIV. Poss.** 186^r *Ego
habui istum librum de Iohanne Fourde...* (saec. XV); i^v *Iste liber pertinet vxori
Willelmi Scorch filie Iohannis Fowrde de Dorchester...* (saec. XV); i^v *[Liber] iste
constat Iohanni Bedeford...* (saec. XV); the name *Iohannes Combe* scribbled on
185^v; John Theyer (1597-1673). **Contents** *Oculus sacerdotis; Transitus Mariae;
EN;* tracts on the commandments and the Lord's prayer; constitutions of
John of Stratford; etc.
*I/E   **Title** 165^r *Incipit tractatus secundum Nichodemum de passione domini,
resurrexione atque ascensione et de visitacione Adam aliorumque sanctorum et de
spoliacione inferni.* **Prol** I *Audistis, fratres karissimi, que acta sunt sub Poncio
Pilato preside tempore Tiberii cesaris. Ego Eneas Hebreus, primus legis doctor, perscrutans diuinitatem legis et scripturarum...—...ego interpretatus sum in literis grecis ad cognicionem hominum.* **Text** *Annas autem et Cayphas, summi sacerdotes,
et doctores quidem Gamaliel et Beileth, Iudas et Neptalim, Andeoson, Varrus...—...
175^r Hoc est testimonium Carini et Leucii de Christo Dei Filio et de hiis que inter
sanctos suos gessit apud inferos.* Ch. I,1-XXVII.
SS   **Bibl** †Warner and Gilson, vol. I, pp. 225-6.

161. **LONDON**, Great Britain. British Library
MS   **Royal 8 F. XVI (B)**
     Parchment. 11 ff (numbered 55-65). 11¹/₄ x 7¹/₂ in. (286 x 191 mm). **Saec. XIV.
Poss.** 65^r *orate pro anima domini Roberti Coff;* John Theyer (1597-1673). **Con-
tents** *Vita Adae et Evae (Factum est cum expulsi essent...); EN.*
*I/E   **Title** 59ra *Passio domini a Nichodemo Iudeo etc.* **Prol** II *Factum est autem in
anno nonodecimo imperii Tiberii cesaris, imperatoris Romanorum, et Herodis filii
Herodis regis Galilee...* **Text** *Annas et Cayphas et Sobna, Datan, Gamaliel, Iudas,
Leui, Nepthalim, Alexander, Gyarus...—...64vb dixit ad infernum: Apperi portas
tuas vt.* Ch. I,1-XXI,2.
SS   **Bibl** †Warner and Gilson, vol. I, p. 273.

162. **LONDON**, Great Britain. British Library
MS Royal 13 A. XIV
  Parchment. 279 ff. 240 x 180 mm. **Saec.** XIII ex.-XIV in. **Orig.** Ireland. **Scr.**
  Nine scribes. ‡**Poss.** Limerick (OP; cf. note on 10ᵛ, ca. 1400); a rental of the
  lordship *adjoynynge to the abbey of Clare or appartaynynge* on 117ʳ (saec. XV
  ex.), i.e., Clare abbey (OESA), dioc. Killaloe; the name of *Conor Thomond*
  scribbled on 279ʳ (saec. XVI); Henry FitzAlan, Earl of Arundel (d. 1580; cf.
  note on 1ʳ); John, Lord Lumley.‡ **Contents** I: Statutes; Giraldus Cambrensis;
  Philomela; Marbodus de Rennes; Innocentius III papa. II: Ricardus de Lei-
  cestria, *Summa brevis*; *EN*; *De coniuge non ducenda*. III: Miscellaneous texts,
  including ps.-Matthaeus. *EN* edited from this manuscript by Lewis.
  *I/E Text 195ʳ *In diebus illis, postquam Iudei in die parascheues Ihesum crucifixissent,
  aduesperante die, Nichodemus stans coram Pilato et Iudeis laudauit opera Christi...*
  —*...196ᵛ ix gaudium angelorum qui non peccauerunt, in unitate sancte et indiuidue
  Trinitatis, Patris et Filii et Spiritus sancti. Amen.*
  SS **Bibl.** †Gijsel, pp. 178-9. Lewis, pp. 262-3. Römer, 1972, p. 203. ‡Warner and
  Gilson, vol. II, pp. 82-4.

163. **LONDON**, Great Britain. British Library
MS Sloane 281 and 289
  Parchment. i 14 and 195 ff. 185x140 mm. **Saec.** XV. **Poss.** Catalogued in 1697
  among the books of Francis Bernard F.R.C.P. **Contents** MS 281: ...; notes on
  chronology; *Chronica a principio mundi*. MS 289: A compilation of geographical and historical materials; *Vespasianus regnauit quasi annis viii...*; *EN*; *EP*;
  Post peccatum Adae...; *Vita Adae et Evae* (*Factum est cum expulsi essent...*); *De
  trinubio Annae* (*Anna et Emeria fuerunt sorores...*); ...; *De locis sanctis* (*Si quis ab
  occidentalibus...*); ps.-Methodius; *Prophetia Sibyllae*; Anselmus Cantuariensis,
  De Antichristo; ...; Galfridus Monemutensis; notes pertaining to English
  history; etc.
  *I/E **Title** 60ʳ *In nomine sancte Trinitatis incipiunt gesta saluatoris domini nostri Ihesu
  Christi que inuenit Theodosius magnus imperator in Ierusalem in pretorio Poncii
  Pilati in codicibus puplicis.* **Prol. II** †*factum est in anno xix imperatoris Theodosii
  cesaris, imperatoris Galilee...* **Text** *Anna et Caiphas et Gome et Datan, Gamaliel,
  Iudas, Leui, Neptalim, Sirus, Alexander...*—*...70ʳ et posuit omnia verba in codicibus
  publicis pretorii sui.* Ch. I,1-XXVII. *EP* 70ʳ *Et post hec ipse Pilatus scripsit episto-
  lam suam ad vrbem Romam Claudio dicens: Poncius Pilatus Claudio suo salutem.
  Nuper accidit quod et ipse probaui...*—*...70ᵛ omnia que gesta sunt de Ihesu in pretorio meo.* **Closing** 70ᵛ *Expliciunt gesta Christi.*
  SS **Bibl.** †Crick, pp. 189-92. London, British Museum, [1837-40], pp. 45-6.

164. **LONDON**, Great Britain. College of Arms

MS Arundel 1

Parchment and paper. viii 236 i ff. 370 x 230 mm. **Saec.** XIV. **Orig.** England (?). **Scr.** Several scribes. **Poss.** On the recto of the flyleaf before the text, *Cronica quondam Th[o]m[ae] Walmesford* (saec. XV); Dr. John Dee (his signature on 91ʳ). **Contents** Galfridus Monemutensis; historical and geographical texts; Honorius Augustodunensis; Iacobus de Vitriaco; ...; Willelmus Gemmeticensis; ps.-Matthaeus; *De imperatoribus*; *EN*; *EP*; Dares Phrygius; *Liber Theophrasti de nuptiis*; *Epistola Alexandri Magni ad Aristotelem*; *Epistola Alexandri Magni ad Dindimum*; other texts on Alexander, etc.

I/E Title 185ᵛᵃ *De factis Iudeorum in Iesum que inuenit Theodosius magnus in Ierusalem in pretorio Pontii Pilati in codicibus publicis.* **Prol.** II *Anno .xiii. imperii Tyberii Cesaris imperatoris Romanorum et [Lodis ?] regis Galylee...* **EP** ...188ᵛᵇ *omnia que gesta sunt de Iesu in pretorium meum.*

SS **Bibl.** †Crick, pp. 193-6. **Corresp.** Bob Miller.

165. **LONDON**, Great Britain. Lambeth Palace Library

MS 165

Parchment. 190 ff. $11\frac{1}{2}$ x $7\frac{3}{4}$ in. (292 x 197 mm). **Saec.** XIII in. **Scr.** Several scribes. **Poss.** Vol. II is from Lanthony (OCan), Gloucestershire; vol. I is probably of the same provenance; on the flyleaf, *Morganus canonicus de kermerd.* **Contents** I: A canonical collection; Remigius Autissiodorensis; homilies on Sunday gospels; *EN*; *EP*; *CST*; two meditations on Mary Magdalene; a sermon on the Virgin. II: Petrus Babion's collection of sermons.

*I/E Title 95ᵛᵃ *Gesta saluatoris.* **Text** *Avdientes autem Iudei quod corpus Ihesu petierat Ioseph et sepelierat, querebant illum et duodecim uiros...—...99ʳᵃ et posuit omnia uerba hec in codicibus publicis pectoris sui.* Ch. XII,1-XXVII. *EP* 99ʳᵃ *Et regi Claudio salutans nuntiauit in hec uerba: Nvper accidit quod et ipse probaui...—...99ʳᵃ omnia que gesta sunt de Ihesu in pretorio meo. Valete.* CST 99ʳᵃ *Hanc epistolam Pilatus Claudio direxit adhuc uiuente imperatore licet grauissimo laborante morbo... —...100ʳᵃ in Tyberinam ciuitatem missus in exilium pre angustia se gladio interfecit.* Version B, ch. 1-18.

SS **Bibl.** †James, 1932, pp. 260-3. Ker, 1964, p. 110.

166. **LONDON**, Great Britain. Lambeth Palace Library

MS 200

Parchment and paper. ii 64, i 46, iii 113. 10¾ x 7¾ in. (273 x 197 mm). **Saec.** X, **XII**, XIII, XIV, and XV. **Poss.** Vol. II is from Waltham (OCan), Essex; vol. III, containing *EN*, belonged to Lanthony (OCan), Gloucestershire (ownership note on 114ᵛ, below the name *Morganus*). **Contents** I: Rogerus Bacon;

Robertus Grosseteste; etc. II: Aldhelmus. III: *Distinctiones super Psalterium*; an exposition of the Lord's prayer and the creed; extracts from Augustinus Hipponensis; a litany; *De latrone qui crucifixus fuit cum domino in dextera parte, EN*; a collection of sermons; etc.

*I/E   **Title** 173ra *Incipit passio domini nostri Ihesv Christi secundum Nichodemvm*. **Prol.** II 173rb *Factvm est in anno nonodecimo imperii Tiberii cesaris, imperatoris Romanorum, et Herodis filii Herodis regis Galileae...—...mandauit ipse Nichodemus litteris hebraicis*. **Text** *Annas et Caiphas et Sonne et Dathan et Gamalieb, Iudas, Leui, Neptalim, Alexander et Sirus...—...175vb et opera eius manifestauerant ei. Omnibus autem se occultantibus*. Ch. I,1-XII,1.

SS   **Bibl** †James, 1932, pp. 315-8. Ker, 1964, pp. 110, 193. Ker and Watson, p. 42.

167. **LONDON, Great Britain. Lambeth Palace Library**
MS   352
Parchment. ii 226 ff. 10 x 7 in. (254 x 178 mm). **Saec.** XV. **Orig.** England (some passages in English). **Scr.** Several scribes. **Poss.** Given by Robertus de Norton, chaplain in Malling, Kent (Benedictine nuns), to Johannes May, rector of All Hallows' the Great, London; Willelmus Swanle (ownership note on ii^v). **Contents** *Vita Adae et Evae (Factum est cum expulsi essent...)*; *De spiritu Guidonis; Visio Tundali*; various stories; Iohannes Wladeby; *Visio Caroli regis*; a collection of sermons; Ricardus Rolle de Hampole; notes on Christmas, Epiphany, Holy Family; *EN*, excerpts; *Meditationes de passione domini; Meditationes b. Anselmi; Planctus b. Mariae (Quis dabit capiti meo...)*; etc.

*I/E   **Text** 205^r ⌈*Mortuo Ihesu Christo*. Above line.⌉ *Cum audisset Adam prothoplastus pater noster quia in Iordane baptizatus est exclamauit ad filium suum Seth dicens...—...et homo est timens mortem dicens: Tristis est anima mea vsque ad mortem*. Ch. XIX-XX,1. *Clamauerunt Iudei Pilato et dixerunt: Regem habemus cesarem non Ihesum...—...hodie mecum eris in paradiso etc.* Ch. IX,3-X,2. *Dicit preses ad Ihesum: Tu es rex Iudeorum...—...Dixit se Christum Filium Dei esse et regem*. Ch. III,2-IV,5. *Et dicunt: Non es amicus cesaris...—...nisi forte vis hunc regem esse*. Ch. IX,1.

SS   **Bibl** †James, 1932, pp. 466-70.

168. **LONDON, Great Britain. Lambeth Palace Library**
MS   398
Parchment. ii 204 ff. 8⅝ x 5¾ in. (219 x 146 mm). **Saec.** XIII. **Scr.** Several scribes. **Poss.** Ireland (cf. pencil notes after 203^v); Lanthony (OCan), Gloucestershire (cf. the list of contents and, below it, the name *Morganus*). **Contents** I: Sermons. II: *Summa magistri Willelmi de Montibus; EN; Tractatus W. Mesel de vii artibus*; etc. III: *Summa Raymundi*. IV: *De significationibus quorundam verborum in scriptura*. V: Sermons; etc. VI: Miscellaneous texts.

*I/E Text 82ᵛ *In diebus illis, postquam Iudei in die paraseue Ihesum crucifixissent, aduesperascente die, Nichomedus stans coram Pilato et Iudeis laudabat opera Christi...—...83ᵛ in vnitate ix graduum angelorum qui non peccauerunt, in vnitate sancte et indiuidue Trinitatis, Patris et Filii et Spiritus sancti.*

SS **Bibl.** †James, 1932, pp. 548-54. Ker, 1964, p. 111.

169. LONDON, Great Britain. Lincoln Inn Library

MS Hale 73

‡Parchment.‡ 210 (‡178‡) ff. **Saec.** XIV ex. **Orig.** May have been executed for a member of the Brokesby family. **Poss.** Given to Kirby Bellars (OCan), Leicestershire, in 1437 by Bartholomew Brokesby (d. 1448); the name of *Jon Thynne* on 210ᵛ. **Contents** *Eulogium historiarum*; EN; EP; CST; *Eulogium* cont'd; other historical tracts. Used by Hydon for his edition of *Eulogium (historiarum sive temporis),* which contains EN and associated texts.

I/E §Title *CHRONICA DOMINI NOSTRI JESU CHRISTI.* **Prol. II** *Cum de Regibus et Principibus et de eorum gestis in bellis, in victoriis, in pugna, et fuga pluries tractavimus... Factum est autem in anno XV. imperii Cæsaris Imperatoris Romanorum et Herodis filii Herodis Regis Galileæ...—...literis Hebraicis destinavit.* **Text** *Igitur Annas et Cayphas, Sobna, Dathan, Gamaliel, Judas, Levi, Neptalim, Alexander et Syrus...—...et posuit omnia verba hæc in publicis codicibus prætorii.* **Ch. I,1-XXVII. EP** *Postmodum vero idem Pilatus misit ad urbem Romæ, et scripsit Claudio Imperatori, dicens: Pontius Pilatus Claudio suo salutem. Nuper accidit, et quod ipse probavi...—...omnia quæ gesta sunt in prætorio meo. Valete.* **CST** *Hanc epistolam Claudio direxit Pilatus, adhuc vivente Tiberio Imperatore, licet morbo gravissimo laborante...—...Dominus autem salutem contulit in se credentibus et ipsum credimus esse Dei filium, Redemptorem nostrum, cui est honor... Amen.* **Closing** *Epistola Nichodemi finit.*§

SS **Bibl.** §Haydon, pp. 92-141. ‡Hunter, pp. 304-8. †Ker, 1969-83, vol. I, pp. 126-7.

170. LONDON, Great Britain. Wellcome Historical Medical Library

MS 365

Parchment. 36 ff. 180 x 135 mm. **Saec.** XIII. **Orig.** France. **Scr.** Two scribes. **Poss.** Amiens (OCael; ownership note on 36ᵛ, saec. XIV). **Contents** Hugo de Folieto; *Regula brevis Caeloestinorum;* EN; EP; *De imagine Berytensi Christi crucifixi;* Leboinus.

I/E **Title** 17ʳ *Incipiunt gesta diuine passionis que inuenit theodosius magnus imperator in pretorio pontii pilati in codicibus publicis.* **Prol. II** *[F]actum est in anno nonodecimo imperii tyberii cesaris...* **EP** *...28ᵛ omnia que gesta sunt de ihesu in pretorio meo.*

SS **Bibl.** Ker, 1969-83, vol. I, p. 397. †Moorat, pp. 234-5.

171. **LUZERN, Switzerland. Zentralbibliothek**
MS   KB P Msc. 29 quarto
      Parchment. i 43 i ff. 218 x 163 mm. **Saec.** XIV. **Poss.** Sankt Urban (OCist),
      dioc. Konstanz; acquired by Zentralbibliothek in 1848. **Contents** EN; EP;
      CST; on the Virgin and the apostles; on the assumption of the Virgin; De
      Nerone et Domitiano (Nero fecit primam persecutionem...); Anselmus Cantuarien-
      sis, De Antichristo.
*I/E **Title** 1ʳ ⌈Hystoria Nichomedi de Ihesu Christo, optimo omnium creatore, quomodo
      a Iudeis iniuste damnatus. Top margin, hand saec. XVI.⌉ Incipit epistola Nicho-
      demi quam Pilatus Claudio misit de passione et resurrectione et ascentione domini
      nostri Ihesu Christi. **Prol.** II Factum est in anno xixᵒ Tiberii cesaris imperii Roma-
      norum et Herodis imperii Galilee...—...mandauit ipse Nicodemus litteris hebraicis
      Anne et Cayphe et omnibus Iudeis. **Text** Incipit liber quomodo Iudei accusauerunt
      Ihesum ante Pilatum. Igitur Anna et Cayphas et Sobna et Nathan, Iudas, Leui,
      Neptalim, Alexander et Syrus...—...26ʳ et posuit omnia uerba in codicibus publicis
      pretorii sui. Ch. I,1-XXVII. **EP** 26ʳ Et post hec Pylatus ipse scripsit ephistolam ad
      urbem Romam Claudio imperatori dicens: ⌈Epistola Pilati Claudio missa. Different
      hand.⌉ Poncius Pylatus regi Claudio salutem. Nuper accidit quod et ipse probaui...
      —...26ᵛ omnia que gesta sunt de Ihesu in pretorio meo. **Closing** 26ᵛ Explicit euan-
      gelium Nicodemi. Amen. **CST** 27ʳ ⌈Quomodo Volucianus Pylatum sub custodia
      positum Romam duxit. Different hand.⌉ Eo tempore ⌈cum above line⌉ Tyberius
      cesar gubernaret imperium et Claudium successorem rei publice elegisset...—...33ᵛ
      ibique ipsum per angustia 34ʳ gladio transuerberans spiritum exalauit. Version B,
      ch. 1-18.
SS   **Corresp.** †Peter Kamber.

172. **MADRID, Spain. Biblioteca Nacional**
MS   9783 (formerly Ee 103)
      Parchment. 184 ff. **Saec.** XIII. **Poss.** Joseph Louis Dominique de Cambis
      (1706-72). **Contents** A miscellany: Epistola Turpini archiepiscopi ad Leoprandum;
      ps.-Turpinus; Leo Archipresbyter, Epistola Aristotelis ad Alexandrum Magnum;
      Epistola Alexandri Magni ad Aristotelem; other texts on Alexander the Great;
      Historia Appollonii Tyrii; Iohannes Presbyter, Vita Amici et Amelii; EN; EP;
      CST; Visio Tundali; ...; ps.-Matthaeus; Henricus Salteriensis, De purgatorio s.
      Patricii; Vita Barlaam et Iosaphat; Passio b. Amasii; Passio sanctorum martyrum
      septem fratrum dormientium; Gesta et passio Matthiae apostoli; etc.
*I/E **Title** 87ᵛᵇ In nomine sancte et indiuidue Trinitatis. Incipiunt gesta saluatoris do-
      mini nostri Ihesu Christi que inuenit Theodosius magnus imperator in Iherusalem
      in pretorio Pontii Pilati in codicibus publicis. **Prol.** II Factum est in anno quintode-
      cimo Tiberii cesaris, imperatoris Romanorum, et Herodis filii Herodis inperatoris
      Galilee...—...mandauit ipse Nichodemus litteris ebraicis. **Text** Annas et Caiphas et

Sompne et Datan, Gamaliel, Iudas, Leui, Neptalim, Alexander et Syrus...—...95vb et posuit omnia uerba in codicibus publicis pretorii. ⌈*Explicit.* Margin.⌉ Ch. I,1- XXVII. *EP* 95vb *Et post hec ipse Pilatus scripsit epistolam hanc ad urbem Romam Claudio dicens. Pontius Pilatus regi Claudio suo salutem. Nuper accidit quod et ipse probaui...—...96ra omnia que gesta sunt de Ihesu in pretorium meum. Valete. CST* 96ra *Eodem tempore Tiberius cesar gubernabat imperium et necesse fuit...—... 98ra Dominus autem salutem contulit credentibus in se, quia ipsum credimus Dei filium, qui cum Patre... Amen.* Version A, ch. 1-20.

SS   **Bibl.** Cambis, pp. 400-34. Étaix, p. 79. Gijsel, pp. 109-10. †Loewe and Hartel, pp. 222-6.

173. **MADRID**, Spain. Biblioteca Nacional

MS   Vitr. 23-8

Parchment. 214 ff. 210 x 150 mm. **Saec.** XII and **XIII-XIV. Orig.** Vol. II, containing *EN*, written and illuminated in Italy. **Poss.** 182^r *Rda Sore Claudia del Duca Abbatessa M.D.LXVI*; library of Cardinal F.X. Zelada (d. 1801); Cathedral library, Toledo. **Contents** I: *Calendarium; Psalterium; Meditationes editae ab Anselmo*; prayers; etc. II: *EN; EP; SN.*

*I/E   **Title** 162^r *Incipit gesta saluatoris quam inuenit Theodosius magnus imperator in Iherusalem in pretorio Poncii Pilati in codicibus publicis.* **Prol. II** *Factum est in anno nonodecimo Tiberii cesaris, imperatoris Romanorum, et Herodis filii Herodis imperatoris Galilee...—...162^v mandauit ipse Nichodemus litteris hebraicis.* **Text** 162^v *Annas et Cayphas et Sumine et Dadan, Gamaliel, Iudas, Leui, Neptalim, Alexander et Tyarus...—...200^v et posuit omnia uerba hec in codicibus publicis pretorii sui.* Ch. I,1-XXVII. *EP* 200^v *Post hec ipse Pilatus scripsit epistolam ad urbem regni Rome Claudio dicens: 201^r Poncius Pilatus regi Claudio suo salutem. Nuper accidit et quod ipse probaui...—...202^r omnia que gesta sunt de Ihesu in pretorio meo.* **SN** 202^r *Cumque hec Claudius suscepisset et Neroni imperatori legisset...—... 213^v et consilium pacificum erit in medio nacionum.* Ch. I-XII,1.

SS   **Bibl.** Erbach Fuerstenau. †Janini and Serrano, pp. 257-8.

174. **MELK**, Austria. Stiftsbibliothek

MS   1838 (474, H 96)

Paper. 374 ff. **Saec.** XV. **Contents** Haimo Halberstadiensis; *Ex sermone angeli, quem dictavit b. Brigittae; Oratio in expulsione daemonis; EN; EP; CST*; Eusebius Caesariensis, *Historia ecclesiastica*, excerpts (*De Abgaro rege*); *De dispositione personae Christi; De modo vivendi b. Virginis Mariae ante conceptionem*; a prayer to the Virgin; Isaac Abbas; Bernardus Clarevallensis; *Tractatus de reformatione hominis*; etc.

*I/E   **Title** 146^r *Incipit ewangelium Nicodemi.* **Prol. II** *Factum est in anno nonodecimo Tiberii cesaris imperii Romanorum et Herodis imperii Galilee...—...mandauit ipse Nicodemus litteris ebraicis.* **Text** *Igitur Annas et Caiphas et Sobna et Dathan,*

Gamaliel et Iudas, Leui, Neptalim, Allexander et Syrus...—...166ʳ et posuit omnia verba hec in codicibus publicis pretorii sui. Ch. I,1-XXVII. **EP** 166ʳ *Et post volens cesari omnia renunciare, ipse Pilatus epistolam ad vrbem Claudio imperatore scripsit dicens: Dominus Pilatus Claudio suo salutem. Nuper accidit que et ipse probaui...—...166ᵛ omnia que gesta sunt de Ihesu in pretorio meo. Valete.* **CST** 166ᵛ *Hanc epistolam Pilatus Claudio direxit adhuc viuente Tiberio imperatore licet grauissimo laboraret morbo...—...172ᵛ Dominus autem noster Ihesus Christus salutem contulit credentibus in se, quia ipsum credimus Dei Filium qui cum Patre...* Version B, ch. 1-20. **Closing** 172ᵛ *Explicit ewangelium Nicodemi.*

SS **Bibl** †Melk, Stiftsbibliothek. **Corresp.** P. Gottfried Glaßner.

175. MICHAELBAUERN, Austria. Stiftsbibliothek
MS Cart. 100

Paper. 202 ff. 225 x 150 mm. **Saec.** XV (1424-66). **Scr.** Written in part by *fr. Petrus.* **Poss.** Michaelbauern (OSB), dioc. Salzburg (ownership note on 201ʳ). **Contents** *Festivale; Hierarchia angelorum;* notes from Augustinus Hipponensis, Isidorus, Hispalensis etc.; *Sermo de novem alienis peccatis; EN; EP;* sermons on the passion; *Conopeum;* etc.

*I/E **Prol.** II 171ᵛ *Factum est in anno 19 imperatoris et cesaris Tyberii et Herodis filii Herodis imperatoris Galilee...—...mandauit ipse Nicodemus litteris hebraycis.* **Text** *Annas, Cayphas, Somne, Dathan, Gamaliel, Iudas, Leui et Neptalin, Alexander et Syrus...—...187ʳ et posuit omnia verba in codicibus publicis pretorii sui.* Ch. I,1-XXVII. **EP** 187ʳ *Et post hoc ipse Pylatus scripsit epistolam ad vrbem Romam Claudio imperatori dicens: Poncius Pylatus regi Claudio suo salutem. Nuper accidit et quod ipse probauit...—...187ᵛ omnia que gesta sunt de Ihesu in pretorio meo. Datum etc.* **Closing** 187ᵛ *Expliciunt gesta saluatoris que invenit Theodosius magnus imperator in Ierusalem in pretorio Pylati in codicibus publicis. Et conscripta sunt per Nycodemum qui semper interfuit passioni domini, et quid ewangeliste non scripserunt in passionibus quod forte nesciuerunt uel nimis prolixum fuisset omnia illa narrare in passionibus, hic scripsit etc.*

SS **Bibl** †Mayr. **Corresp.** Mag. Josef Feldner.

176. MILANO, Italy. Biblioteca Ambrosiana
MS C 33 Sup.

Parchment. 159 ff. ‡230 x 160 mm.‡ **Saec.** XII/2. **Scr.** Several scribes. **Orig.** Northern France. **Poss.** In the Ambrosiana since saec. XVII. **Contents** Bernardus Clarevallensis, *Sermones; EN; EP; Epistola Abgari ad Iesum Christum; Epistola Iesu Christi ad Abgarum;* Boethius; Gilbertus Porretanus; *Commentaria super psalmos;* Stephanus de Liciaco.

I/E **Title** 45ʳ *Incipiunt gesta de passione Christi, que scripsit Nichodemus et que invenit Theodosius imperator reposita in pretorio Pilati presidis.* XXX. **Prol.** II *Factum*

est in anno nonodecimo Tyberii cesaris imperatoris Romanorum et Herodis filii He-
rodis regis Galilee...—...mandauit ipse litteris hebraicis. **Text** *Annas et Cayphas et*
Somnas et Dathan, Gamaliel, Iudas, Leui, Neptalim, Alexander et Syrus...—...61ᵛ
et posuit omnia uerba in codicibus publicis pretorii sui. **Ch.** I,1-XXVII. *EP* 61ᵛ *Et*
post hec ipse Pilatus scripsit epistolam ad urbem Romam dicens: Pontius Pilatus
regi Claudio salutem. Nuper accidit quod & ipse probaui...—...62ʳ omnia que sunt
gesta de Ihesu in pretorio meo. Vale. **Closing** 62ʳ *Ipse nos adiuuare dignetur, qui*
uiuit et regnat in secula seculorum. Amen.

SS **Bibl.** †Jordan and Wool, pp. 34-6. ‡Milano, Biblioteca Ambrosiana. **Corresp.**
Il Prefetto, Biblioteca Ambrosiana.

177. MILANO, Italy. Biblioteca Ambrosiana

MS O 35 Sup.

Parchment. 145 ff. 190 x 140 mm. **Saec.** XIV. **Scr.** Several scribes. ‡**Contents**
Gesta Alexandri pueri Magni; EN; EP; SN; VS; Poenitentia Adae, De assumptione
b. Mariae Virginis; Resolutio fidei; Principium generationis; De miraculis s. Geor-
gii; Epistola Aristotelis ad Alexandrum Magnum; ...; apocrypha concerning the
Virgin and the apostles.‡ Used by Tischendorf for his editions of *EN* and
VS, and by Dobschütz for *SN.*

I/E **Title** 65ᵛ *Incipit gesta saluatoris quam inuenit Theodosius magnus in pretorio*
Pontii Pilati in codicibus publicis. In different hand than the text. **Prol.** II *Qvod*
inuentvm est in publicis codicibus pretorii Pontii Pilati, scriptum in anno quarto
ducentesimo secundo olimpiadis sub principatu sacerdotum Iudeorum...—...ipse Ni-
codemus scripsit licteris ebraicis. **Text** *Annas 66ʳ autem et Caiphas et alii summi*
sacedotes, Datam uidelicet et Gamaliel et Iudas et Leui et Nectalim, Alexander et
Iairus...—...83ᵛ et posuit ea in puplicis codicibus plectorii sui. **Ch.** I,1-XXVII.
XXVIII 83ᵛ *Et post hec ingressus* ⌈*Pilatus* in margin⌉ *Pilatus in tenplum Iudeo-*
rum inuenit in sinagoga magna et congregatos omnes principes et gramaticos et
scribas et legis doctores...—...85ʳ Pilatus omnia repossuit in gestis saluatoris domini
in codicibus puplicis prœtorii sui. EP 85ʳ et scripsit epistolam ad Cladium regem
urbis Rome dicens ⌈*epistola Pontii ad Claudum* in another hand⌉ *Pontius Pilatus*
Claudio regi suo salutem. Nuper accidit eo quod ipse probaui...—...85ᵛ hec omnia
que gesta sunt in plectorio meo de ihesu rege Iudeorum quem crucifixerunt Iudei
et omnia 86ʳ in nostris codicibus prenotauimus quoniam ipsius est regnum et pote-
stas in secula seculorum amen. SN 86ʳ ⌈*legit epistolam Claudius Neroni* in another hand⌉ *Cumque illas Claudius suscepisset et Tibe*[*rii ?*] *inperatori legisset...—*
...88ʳ consurget furor super uos ut afferemini de terra. **Ch.** I-V,2. *VS 88ʳ* ⌈*Incipit*
uindicta saluatoris. Another hand.⌉ *In diebus Tiberii Iulii cesaris inp*[*erans ?*]
tetrarca supontio Pilato, in diebs illis erat Titus regulus...—...95ʳ et non fui dingus
uidere faciem tuam. Ipse est rex regum, deus et dominus dominantium, ipse in nos
regnare dingnetur et perducat nos in uitam ecternam. Qui est benedictus et

laudabilis et gloriosus et super exaltatus in secula seculorum amen. Ch. 1-36. All texts heavily corrected by another hand.

SS   **Bibl.** Dobschütz, 1915, p. 3. ‡Milano, Biblioteca Ambrosiana, pp. 289-90. **Corresp.** †Il Prefetto, Biblioteca Ambrosiana.

178. MONTPELLIER, France. Bibliothèque Interuniversitaire, Section Médecine

MS 503

Parchment. 123 ff. 155 x 115 mm. **Saec.** XIV. §**Poss.** Until 1804 at Bibliothèque publique, Genève.§ ‡**Contents** Augustinus Hipponensis; Martinus Braccarensis; Albinus Presbyter, Isidorus Hispalensis; *Visio Pauli*; *EN*; *EP*; *CST*; *SN*; *De Antichristo; Epistolae duae quas Evax rex Arabiae misit Tyberio;* medical notes, in French; verses, in Latin; *Regula s. Benedicti*; Henricus Salteriensis, *De purgatorio s. Patricii.*‡ Used by Dobschütz for his edition of *SN.*

*I/E **Title** 40^r *De passione domini nostri Ihesu Christi Nichodemus Pilatus Theodosio inperatori.* **Prol.** II *Factum est in nonodecimo anno imperii Tiberii cesaris, imperatoris Romanorum, et Herodis filii Herodis regis Galilee...—...mandauit ipse Nichodemus literis hebraicis.* **Text** *Annas et Caypas et Somne et Datan et Gamaliel, Iudas, Leui, Neptalim, Alexander et Syrus...—...51^v et posuit hec verba in codicibus publicis pretorii.* Ch. I,1-XXVII. *EP* 51^v *Et post volens cesari omnia renunciare, ipse Pilatus scripsit epistolam ad urbem Romam Claudio imperatori dicens: Pontius Pilatus Claudio suo salutem. Nuper accidit quod et ipse probaui...—...52^r omnia que gesta sunt de Ihesu in pretorio meo. Valete.* CST 52^r *Hanc Pilatus Claudio direxit adhuc viuente Tyberio imperatore licet grauissimo laborante morbo...—...55^v Dominus autem salutem contulit credentibus in se...* Version B, ch. 1-20. *SN* 55^v *Postquam appropinquauit dies vltionis...—...qui tunc ibidem erat et presenciam Christi vidit et exterminacionem Hebreorum.* Ch. II-IV,1.

SS   **Bibl.** ‡*Catalogue général*, 1849, Quarto I, p. 473. †Dobschütz, 1915, p. 4. Senebier, pp. 121-3. **Corresp.** §Philippe Monnier.

179. MÜNCHEN, Germany. Bayerische Staatsbibliothek

MS Clm 642

Parchment. 45 ff. **Saec.** XI. **Poss.** †Prüll (OSB; after 1484 OCart), near Regensburg;‡ Hartmann Schedel (1440-1514); Hofbibliothek, München. **Contents** *EN; EP; SN; Visio Caroli regis; Passio ss. xi milium virginum; Gradus consanguinitatis;* etc.

*I/E **Title** 1^v *Incipiunt gesta domini saluatoris quae inuenit Theodosius magnus imperator in Hierusalem in pretorio Pontii Pilati in codicibus publicis et manifestauit fidelibus Christianis.* **Prol.** II *Factvm est in anno nonodecimo Tyberii cesaris, imperatoris Romanorum, et Herodis filii Herodis regis Galileae...—...et mandauit litteris* *hebraicis.* **Text** *Annas et Caiphas et Summine et Dadan, Gamaliel, Iudas, Leui, Neptalim, Alexander et Thiarus...*—...24^v *et posuit omnia uerba* 25^r *in codicibus publicis pretorii sui.* **Ch.** I,1-XXVII. *EP* 25^r *Et post haec ipse Pilatus scripsit epistolam ad urbem Romam dicens: Pontius Pilatus regi Claudio salutem. Nuper accidit et quod ipse probaui...*—...25^v *omnia quae gesta sunt de Ihesu in pretorio meo. SN* 25^v *Cumque haec Claudius suscepisset et Neroni imperatori legisset...*—... 26^r *signa et prodigia multa sicut in diuinis scripturis legimus.* **Ch.** I-II. **Closing** 26^r *Explicivnt gesta domini saluatoris.*

SS   **Bibl** Bischoff, 1974-80, vol. I, p. 263. †Halm, 1892-4, pt 1, pp. 167-8. ‡Krämer, 1989-90, vol. II, p. 682. **Corresp.** Dr. H. Hauke.

180. **MÜNCHEN, Germany.** Bayerische Staatsbibliothek
MS   Clm 2625
     Parchment. 59 ff. 140 x 70 mm. **Saec.** XII ex.-XIII in. **Scr.** Mostly by one scribe. **Poss.** Aldersbach (OCan, then OCist), dioc. Passau. **Contents** *EN; EP;* verses against women; a prayer, *Signa mortis;* ps.-Matthaeus; *Epistola Iesu Christi de die dominico; Transitus Mariae, Visio Pauli.*
*I/E   **Title** 1^r *Incipit prefacio de gestis domini nostri Ihesu Christi que inuenit Theodosius imperator in Ierusalem in pretorio Pontii Pilati in codicibus publicis.* **Prol.** II *Factum est qualiter auditum est de gestis Ihesu in anno* [...?] *Tyberii cesaris, imperatoris Romanorum, et Herodis filii Herodis inperantis Galilee...*—...1^v *mandauitque ipse Nychodemus litteris hebraycis. Explicit prefacio.* **Text** 1^v *Incipit textus. Annas et Cayphas, Somne et Dathan, Gamaliel, Iudas, Leui, Neptalim, Alexander et Syrus...*—...26^v *et posuit omnia uerba in codicibus publicis pretorii sui.* **Ch.** I,1-XXVII. *EP* 26^v *[P]ontius Pylatus regi Claudio cesari salutem. Nuper accidit et quod ipse probaui...*—...27^r *omnia que gesta sunt in Ihesum de pretorio meo.*
SS   **Bibl** †Gijsel, pp. 74-5. Halm, 1892-4, pt 2, p. 21. Krämer, 1989-90, vol. I, p. 7.

181. **MÜNCHEN, Germany.** Bayerische Staatsbibliothek
MS   Clm 2689
     Parchment. v 194 iii ff. 320 x 230 mm. **Saec.** XIV. **Poss.** Aldersbach (OCan, then OCist), dioc. Passau (saec. XIV). **Contents** I: Aegidius Romanus; Aelredus Rievallensis; Rabanus Maurus; Odo Morimundensis; .... II: Conradus de Brundelsheim; Bernardus Clarevallensis, *Contemplatio de passione domini; EN; EP; CST.* III: Bernardus Clarevallensis, *Vita s. Malachiae archiep.; Vita Edmundi Cantuariensis; Planctus b. Mariae (Quis dabit capiti meo...);* ps.-Origenes; saints' lives; etc. IV: Ps.-Salonius. Used by Dobschütz for his edition of *CST.*
*I/E   **Title** 94va *Incipit tractatus Nychodemi de passione domini nostri Iesu Christi.* **Prol.** II *Factus est in anno nonodecimo Tyberii cesaris imperii Romanorum et Herodis imperii Galylee...*—...*mandauit ipse Nychodemus literis hebraicis.* **Text**

Igitur Annas et Cayphas et Sobna et Dathan et Gamalyel et Iudas et Leui et Neptalim, Alexander et Syrus...—...103ʳᵇ et posuit omnia uerba hec in cordibus publicis pretorii. Ch. I,1-XXVII. *EP* 103ʳᵇ *Et post uolens cesari omnia renunciare, eo tempore Pylatus epistolam ad urbem Claudio imperatori scripsit dicens: Poncius Pylatus Claudio suo salutem. Nuper accidit et ipse probaui...—...103ᵛᵃ omnia que gesta sunt de Iesu in pretorio meo. Valete. CST* 103ᵛᵃ *Hanc epistolam direxit Claudio Pylatus adhuc uiuente Tyberio imperatore licet grauissimo laborante morbo...—...* 105ᵛᵃ *qui non post multos dies templum Ysidis Tyberim demergens Clavdium reliquit.* Version B, ch. 1-14.

SS   **Bibl** ‡Mottoni, pp. 19-26. Halm, 1892-4, pt 2, p. 28. Krämer, 1989-90, vol. I, p. 7. **Corresp.** Dr. H. Hauke.

182. **MÜNCHEN, Germany. Bayerische Staatsbibliothek**
MS   **Clm 4620**
      Parchment. 133 (‡139‡) ff. 190 x 130 mm. **Saec.** XII ex. and XIII in. **Scr.** Several scribes. **Poss.** Benediktbeuern (OSB), dioc. Augsburg (ownership note on 2ʳ). **Contents** I: *EN; EP;* ps.-Matthaeus; *Miracula s. Mariae.* II: Various texts relating to Hospitalers of Jerusalem.
*I/E   **Title** In the table of contents on 1ᵛ listed as *Euangelium Nicodemi.* 2ʳ *Miracula sanctae Mariae et de passione Christi.* **Prol.** II *Factum est in anno decimo nono Tyberii cesaris, imperatoris Romanorum, et Herodis filii Herodis imperatoris Galileae...—...mandauit ipse Nichodemus litteris hebraicis.* **Text** *Annas et Cayphas et Somne et Dathan, Gamaliel, Iudas, Leui, Neptalim, Alexander et Syrus...—...15ᵛ et posuit omnia uerba in codicibus publicis pretorii sui.* Ch. I,1-XXVII. *EP* 15ᵛ *Et post hec ipse Pilatus scripsit epistolam ad urbem Romam Claudio dicens: Pontius Pilatus preses Claudio cesari salutem. Nuper accidit quot et ipse probaui...—...16ʳ et estimes credendum mendatio Ivdeorum.*
SS   **Bibl** †Gijsel, pp. 92-3. ‡Halm, 1892-4, pt 2, p. 218. Krämer, 1989-90, vol. I, p. 79. **Corresp.** Dr. H. Hauke.

183. **MÜNCHEN, Germany. Bayerische Staatsbibliothek**
MS   **Clm 5127**
      Parchment. 98 ff. **Saec.** XI and XII. **Poss.** Beuerberg (OCan), dioc. Freising. **Contents** Iulianus Toletanus; *Quaestiones de rebus ecclesiasticis; EN; EP; EP; De ecclesiaticis caerimoniis;* Paulus Diaconus; two expositions of the Lord's prayer; *Expositio symboli s. Augustini;* etc.
*I/E   **Title** 25ʳ ⌈*De passione domini nostri Ihesu Christi et de miraculis que acciderunt ante passionem [eius ?].* Top margin.⌉ **Prol.** II [F]*actvm est in anno xviiii imperatoris Tyberii cesaris, imperatoris Romanorum, et Herodis filii Herodis imperatoris* ⌈*regis above line*⌉ *Galilee...—...mandauit ipse Nichodemus litteris hebracis.* **Text** *Annas et Cayphas et Somne et Dathan, Gamaliel, Iudas, Leui, Neptalim, Alexander*

et Syrus...—*...46ᵛ et posuit omnia uerba in codicibus publicis pretorii sui.* Ch. I,1-XXVII. *EP* 46ᵛ *Et post hec ipse Pilatus scripsit epistolam ab urbe Romam Claudio dicens: Pontius Pilatus regi suo Claudio salutem. Nuper accidit et quod ipse probaui...*—*...47ʳ omnia quae gesta sunt de Ihesu in pretorio meo. EP* 47ʳ ⌐*quia [popule ?] meus ipse est. Ego autem uerbis eorum credidi ita esse et flagellatum tradidi illum...* Fragment in a later hand.⌐

SS **Bibl.** †Halm, 1892-4, pt 2, p. 268. Krämer, 1989-90, vol. I, p. 82.

184. MÜNCHEN, Germany. Bayerische Staatsbibliothek

MS Clm 7587

Paper. 120 ff. **Saec.** XV. **Poss.** Indersdorf (OCan), dioc. Freising. **Contents** Nicolaus de Lyra, *Sermones*; EN; EP; CST; indulgencies; Henricus de Hassia, *Bulla Luciferi ad prelatos et sacerdotes*; Iacobus de Voragine; *Interpretatio nominis Augustini*; *Visiones de Augustino*, various notes on the passion; etc. Used by Dobschütz for his edition of *CST.*

*I/E **Title** 24ʳᵃ *In nomine sancte Trinitatis incipiunt gesta saluatoris domini nostri Ihesu Christi inuenta a Theodosio magno imperatore in Ierusalem in pretorio Poncii Pilati in codicibus publicis. Sequitur.* **Prol. II** *Factum est in anno decimo nono imperatoris Thyberii, cesaris Romanorum, et Herodis filii Herodis imperatoris Galilee...*—*...mandauit ipse Nichodemus litteris ebraycis.* **Text** *Annas et Cayphas et Somnas et Dathan, Gamaliel, Iudas, Leui, Neptalim, Alexander et Syrinus...*—*...35ᵛᵇ et posuit omnia in codicibus publicis pretorii sui.* Ch. I,1-XXVII. *EP* 35ᵛᵇ *Et post hec ipse Pilatus scripsit epistolam ad urbem Romam Claudio dicens: Poncius Pilatus regi suo Claudio salutem. Nuper accidit et quod ipse probaui...*—*...36ʳᵇ omnia que gesta sunt de Ihesu in pretorium meum.* **Closing** 36ʳᵇ *Explicit liber primus. Sequitur liber secundus.* **CST** *Factum est autem Thyberio et Vite illo consulibus, eodem tempore cum Tyberius cesar gubernaret imperium necesse fuit...*—*...40ʳᵇ Dominus autem salutem contulit credentibus in se, quia ipsum credimus Dei Filium qui cum Patre... Amen.* Version A, ch. 1-20.

SS **Bibl.** †Halm, 1868-81, vol. I, pt 3, p. 175.

185. MÜNCHEN, Germany. Bayerische Staatsbibliothek

MS Clm 8330

‡Paper.‡ 334 ff. ‡310 x 215 mm.‡ **Saec.** XV. **Poss.** Austin Friars, München, dioc. Freising (ex-libris inside front cover). **Contents** *Index in Biblia*; *Epitome capitulorum s. scripturae*, EN; EP; Iohannes Andrea, *Super arboribus consanguinitatis*; *Evangelia dominicalia*; excerpts on the passion; *De oratione dominica*; various theological tracts.

*I/E **Title** 55ʳ ⌐*Ewangelium Nycodemi.* Top margin.⌐ *Incipit prefatio in gesta saluatoris domini nostri Ihesu Christi quem invenit Theodosius magnus imperator in Ierusalem in pretorio Poncii Pylati in codicibus publicis.* **Prol. II** *Factum est qualiter* *de gestis Ihesu auditum que in anno xviiii Tyberii cesaris et imperatoris Romanorum et Herodis filii Herodis imperantis Galilee...—...mandauit ipse Nichodemus litteris hebraycis.* **Text** *Incipit textus operis. Annas et Cayphas et Somne et Dathan, Gamaliel, Iudas, Leui, Neptalym, Alexander et Syrus...—...62ᵛ et posuit omnia verba in codicibus publicis pretorii sui.* Ch. I,1-XXVII. *EP 62ᵛ Poncius Pylatus regi Claudio cesari salutem. Nuper accidit et quod ipse probaui...—...62ᵛ omnia que gesta sunt in Ihesu de pretorio meo.*

SS   Bibl. †Halm, 1868-81, vol. II, pt 1, p. 14. ‡Kurz, p. 335.

186. MÜNCHEN, Germany. Bayerische Staatsbibliothek
MS   Clm 8374

Paper. 235 ff. **Saec.** XIV ex.-XV in. **Poss.** Austin Friars, München, dioc. Freising. **Contents** *Flores de tempore, Sermo de ix alienis peccatis; Flores apostolorum de sanctis;* Augustinus de Ancona; *Dialogus b. Mariae et Anselmi; Tractatus de corpore Christi; De vii donis Spiritus sancti; De assumptione b. Mariae Virginis;* Albertus de Padua, *XL mansiones filiorum Israel; EN; EP; CST.* Used by Dobschütz for his edition of *CST.*

*I/E   **Title** 225ᵛᵃ *In nomine Trinitatis incipiunt gesta saluatoris domini nostri Iesu Christi que inuenit Theodosius magnus imperator in Ierusalem in pretorio Poncii Pylati in codicibus publicis in anno.* **Prol.** II *Quod actum est in anno xviiiiᵒ Tyberii cesariis, imperatoris Romanorum, et Herodis imperantis Gallilee...—...mandauit ipse Nichodemus litteris hebraycis.* **Text** *Annas et Cayphas et Senne, Dathan, Gamaliel, Iudas, Leui, Neptalym, Alexander et Syrus...—...232ᵛᵇ et posuit omnia verba hec in codicibus publicis pretorii.* Ch. I,1-XXVII. *EP 232ᵛᵇ Et post volens cesari omnia renunciare, ipse Pylatus epystolam 233ʳᵃ ad vrbem Claudio imperatori scripsit dicens: Poncius Pylatus Claudio suo salutem. Nunc accidit quod et ipse probaui...—...233ʳᵃ omnia que gesta sunt de Iesu in pretorio meo. CST 233ʳᵃ Hanc epystolam direxit Claudio Pylatus adhuc viuente 233ʳᵇ Tyberio imperatore licet grauissimo laborante morbo...—...235ᵛᵃ Dominus autem contulit salutem credentibus in se, quia ipsum credimus Dei Filium qui cum Deo Patre...* Version B, ch. 1-20.

SS   Bibl. †Halm, 1868-81, vol. II, pt 1, pp. 19-20. Krämer, 1989-90, vol. II, p. 583.

187. MÜNCHEN, Germany. Bayerische Staatsbibliothek
MS   Clm 8872

Paper. 188 ff. **Saec.** XIV. **Poss.** Franciscans, München, dioc. Freising. **Contents** Sermons; theological tracts by Franciscus de Marchia (?); Nicolaus de Lyra; sermons; *EN; EP; CST;* Iohannes Parvus, *De matrimonio; De septem peccatis capitalibus.* Used by Dobschütz for his edition of *CST.*

*I/E   **Title** 171ʳ ⌜*Ewangelium Nicodemi.* Top margin.⌝ **Prol.** II *Factum est in anno quintodecimo inperii Tiberii cesaris, inperatoris Romanorum, in Herodis filii Hero-*

dis regis Galilee...—...hystoriatus est Nicodemus litteris ebraicis. **Text** *Annas et Cayphas et Somne et Datan, Gamaliel legis quoque peritus et Iudas et Leui, Neptalim, Alexander et Syrus...—...175ᵉ et posuit in publicis codicibus pretorii sui.* **Ch.** I,1-XXVII. **EP** 175ᵉ *Et post hec ipse Pilatus scripsit epistolam ad vrbem Romam Claudio inperatori dicens: Poncius Pilatus Claudio cesari salutem. Nuper accidit Iudeos per invidiam occidisse Ihesum...—...175ᵛ omnia que gesta sunt in pretorio meo. Valete.* **Closing** *Expliciunt gesta saluatoris.* **CST** 175ᵉ ⌜*Incipit epistola Claudii inperatoris ad Pilatum presidem quam sibi direxit adhuc viuente Tyberio inperatore licet grauissimo morbo laborante...* Margin.⌝ *Eodem tempore Tyberius cum gubernaret imperium...—...177ᵉ Dominus autem salutem contulit in se credentibus, qui ipsum credunt Dei Filium qui cum Patre... Amen.* Version B, ch. 1-20.

SS **Bibl.** ✝Halm, 1868-81, vol. II, pt 1, p. 61. Krämer, 1989-90, vol. II, p. 584. **Corresp.** Dr. H. Hauke.

188. MÜNCHEN, Germany. Bayerische Staatsbibliothek
MS Clm 8954

Paper. 326 ff. ✝208 x 150 mm.‡ **Saec.** XIV ex. (1394-5). **Scr.** One scribe, who signed his name on 167ᵛ, *per me Johannem.* **Poss.** Franciscans, München, dioc. Freising. **Contents** Various notes on seven deadly sins, seven sacraments, and seven gifts of the Holy Spirit; *EN; EP; De virtutibus;* Thomas Hibernicus; Bernardus Clarevallensis; *Dialogus de passione Christi et de gaudio paschali;* sermons, in German and Latin.

*I/E **Title** 29ᵉ ⌜*Evangelium Nicodemi.* Top margin.⌝ *Incipiunt gesta saluatoris domini nostri Ihesu Christi, per Nychodemum sunt completa, et dicuntur ewangel[ᶜᵃ ?] Nychodemi.* **Prol.** II *Factum est in anno xviiiⁱᵒ imperatoris Tyberii, cesaris Romanorum, et Herodis filii regis Galylee...—...mandauit ipse Nychodemus licteris ebraycis.* **Text** *Annas et Cayphas et Samme et Datan Gama[liel erased]niel, Iudas, Leui, Neptalym, Alexander et Syrus...—...40ᵉ et posuit omnia verba in codicibus publicis pretorii sui.* **Ch.** I,1-XXVII. **EP** 40ᵉ *Et post hoc ipse Pylatus scripsit epistolam ad vrbem Romanam dicens: Poncius Pylatus regi suo dando salutem. Nuper accidit et ipse probaui...—...omnia que gesta sunt de Ihesu in pretorio meo. Amen.* **Closing** *Explicit ewangelium Nicodemi.*

SS **Bibl.** ✝Halm, 1868-81, vol. II, pt 1, p. 67. Krämer, 1989-90, vol. II, p. 584. ‡Rouse and Rouse, p. 359. **Corresp.** Dr. H. Hauke.

189. MÜNCHEN, Germany. Bayerische Staatsbibliothek
MS Clm 9022

Paper. 371 ff. **Saec.** XV. **Scr.** Several scribes, two of whom identified themselves: Johannes Amator wrote ff. 213-26, and Franciscus Altheimer de Noerdlingen ff. 348-71. **Poss.** Franciscans, München, dioc. Freising. **Contents** Robertus Holcot; Marquardus de Lindau; *De septem peccatis;* Henricus de

Hassia; *De decem praeceptis*; Iacobus de Cessolis; Nicolaus de Lyra; Anselmus
Cantuariensis; *Planctus Mariae (Facta est quasi vidua*...); Franciscus de
Maronis, *Sermo de passione domini; EN; Testamentum Christi; Vita Adae et Evae
(Cum expulsi fuissent*...); etc.
*I/E Title 294ᵛ ⌈*Sequencia sunt ex ewangeli Nicodemi sumpta.* Margin.⌉ Text *[A]vdi-
entes autem Iudei quia corpus Ihesu pecierat Ioseph querebant eum et illos xii viros
qui dixerant quia natus non est de fornicacione*...—...298ᵛ *et vniuersa sydera com-
mota sunt et factus es inter mortuos liber et* ⌈*nunc legiones nostras perturbas.* Bottom margin.⌉ Ch. XII,1-XXII,1.
SS   Bibl. †Halm, 1868-81, vol. II, pt 1, p. 76. Krämer, 1989-90, vol. II, p. 584.

190. MÜNCHEN, Germany. Bayerische Staatsbibliothek
MS   Clm 11403
      Paper. iii 78 and 255 ff. Saec. XV/2 (1458-60). Poss. Polling (OCan), dioc.
      Augsburg (ex-libris inside front cover, 1744). Contents *Novum Testamentum;
      EN; EP*; Nicolaus de Dinkelsbühl, *De corpore Christi, de poenitentia*, etc.;
      sermons; *Ars moriendi.*
*I/E Title 62ᵛᵃ *Incipit ewangelium Nicodemi de passione domini* [... ?] *et primo.* Prol.
      II *Factum est in anno 19 imperatoris et cesaris Thyberii et Herodis filii Herodis
      imperatoris Gallilee*...—...*mandauit ipse Nicodemus literis hebraicis.* Text *Annas,
      Cayphas, Sonne, Athan, Gamaliel, Iudas, Leui et Neptalim, Allexander et Syrus*...—
      ... 69ᵛᵇ *posuit omnia uerba in codicibus suis publicis pretorii sui.* Ch. I,1-XXVII.
      EP 69ᵛᵇ *Et post hec Pylatus scripsit epistolam ad vrbem Romanam Claudio impe-
      ratori dicens: Poncius Pylatus regi Claudio suo super nuper accidit et quod ipse
      probaui*...—...70ʳᵃ *omnia que gesta sunt de Ihesu in pretorio meo. Datum.* Closing
      70ʳᵇ *Expliciunt gesta saluatoris que inuenit Theodosius magnus imperator in Ieru-
      salem in pretorio Pylati in codicibus publicis. Et conscripta sunt per Nicodemum
      qui semper interfuit passioni domini, et quid ewangeliste non scripserunt in
      passionibus quod forte nesciuerunt* ⌈*uel* between columns⌉ *que nimis longum
      fuisset omnia illa narrare in passionibus, hec scripsit et compleuit Nicodemus* etc.
SS   Bibl. †Halm, 1868-81, vol. II, pt 2, p. 17. Krämer, 1989-90, vol. II, p. 661.
      Corresp. Dr. H. Hauke.

191. MÜNCHEN, Germany. Bayerische Staatsbibliothek
MS   Clm 11460
      Paper. 175 ff. Saec. XV/2 (1482). Scr. 175ʳᵇ *per fratrem Mathiam professum in
      Polling.* Orig. and poss. Polling (OCan), dioc. Augsburg. Contents Sermons;
      Historia passionis Dei; Tractatus de passione Dei; prayers, in German; *EN; EP;
      VS.*
*I/E Title 167ʳᵃ *Incipit ewangelium Nicodemi de passione domini* etc. Prol. II *Factum
      in anno nonodecimo imperii Tyberii cesaris, imperatoris Romanorum, et Herodis*

filii Herodis regis Gallilee...—...mandauit ipse Nicodemus litteris hebraicis. **Text** *Annas et Cayphas et Somma et Datan, Gamaliel, Iudas et Leui, Neptali, Alexander et Syrus...—...173*[ra] *et posuit omnia uerba in codicibus publicis pretorii sui.* Ch. I,1-XXVII. **EP** 173ra *Et post hæc ipse Pilatus scripsit epistolam ad urbem Romanam Claudio dicens: Poncius Pilatus Claudio salutem. Nuper accidit et quod ipse probaui...—...omnia que gesta sunt de Ihesu in pretorium meum.* The bulk of the letter omitted. **Closing** *Expliciunt gesta de Christo Filio Dei etc.* **VS** 173rb *In diebus illis Tiberii regis imperatoris, tetracha sub Poncio Pilato traditus fuit Christus a Iudeis et reuelatus a Tyberio. In diebus illis Tytus sub brauis sudoris...—...175*[rb] *ipse nos protegat, defendat et liberet ab omni malo et perducat nos ad uitam eternam, qui est benedictus in secula seculorum. Amen.* Ch. 1-36. **Closing** 175rb *Explicit liber passionis et resurreccionis domini nostri Ihesu Christi seu ewangelium Nichodemi, per fratrem Mathiam professum in Polling... anno 1482...*

SS **Bibl.** [†]Halm, 1868-81, vol. II, pt 2, p. 23. Krämer, 1989-90, vol. II, p. 661. **Corresp.** Dr. H. Hauke.

192. MÜNCHEN, Germany. Bayerische Staatsbibliothek

MS Clm 11747

Paper. 160 ff. **Saec.** XV. **Scr.** *EN* in a different hand than the rest of the manuscript. **Poss.** Polling (OCan), dioc. Augsburg (ex-libris inside front cover, 1744). **Contents** Prayers, in German; *Passio Christi sec. quattuor evangelia*; exegetical tracts; *Historia passionis Christi ex iv evangeliis; De passione Christi; Surgens Maria in diebus*, with an exposition; *EN; EP; VS.*

*I/E **Prol.** II 146[r] [F]actum in anno nonodecimo imperii Tiberii cesaris, imperatoris Romanorum, et Herodis filii Herodis regis Gallilee...—...mandauit ipse Nicodemus litteris hebraycis.* **Text** *Annas et Cayphas et Somme et Datan, Gamaliel, Iudas et Leui, Neptali, Allexander et Syrus...—...157*[r] *et posuit omnia verba in codicibus publicis pretorii sui.* Ch. I,1-XXVII. **EP** 157[r] *Et post hæc ipse Pilatus scripsit epistolam ad vrbem Romanam Claudio dicens: Poncius Pylatus regi Claudio salutem. Nuper accidit et quod ipse probaui...—...omniaque gesta sunt de Ihesu in pretorium meum etc.* The bulk of the letter omitted. **Closing** *Expliciunt gesta de Christo Filio Dei et cetera.* **VS** *In diebus illis Tiberii regis imperatoris, tetrarcha sub Poncio Pylato traditus fuit Christus a Iudeis et reuelatus a Tyberio. In diebus illis erat Tytus sub brauis...—...160*[v] *ipse nos protegat, defendat et liberet ab omni malo et perducat nos ad uitam eternam, qui est benedictus in secula seculorum. Amen.* Ch. 1-36. **Closing** 160[v] *Explicit liber passionis et resurrexionis domini nostri Ihesu Christi. Amen.*

SS **Bibl.** [†]Halm, 1868-81, vol. II, pt 2, p. 36. Krämer, 1989-90, vol. II, p. 661. **Corresp.** Dr. H. Hauke.

193. **MÜNCHEN, Germany. Bayerische Staatsbibliothek**
MS   Clm 12306
     Paper. 200 ff. **Saec.** XV. **Scr.** *EN* in a different hand than the rest of the manuscript. **Poss.** Rottenbuch (Raitenbuch; OCan), dioc. Freising. **Contents** Ricardus de Media Villa, *Quaestiones in secundum librum Sententiarum*; *EN*; *EP*; homiletic notes.
*I/E **Title** 189ᵛ ⌈*Euangelium Nicodemi de passione Christi.* Top margin.⌉ **Prol. II** *Factum est anno decimo nono imperii Thyberii cesaris imperatorum Romanorum et Herodys filii Herodis regis Galilee...—...mandauit ipse Nichodemus litteris hebraycis ita scribens.* **Text** *Annas et Cayphas, Dathan et Gamaliel, Iudas, Leui, Neptalim, Allexander et Sirus...—...195ᵛ et posuit in codicibus publicis pretorii sui. Post hec scripsit hanc epistolam ad Claudium imperatorem Augustinus etc.* Ch. I,1-XXVII. *EP* 195ᵛ *Poncius Pilatus regi Claudio salutem. Nuper accidit quod ipse probaui...—...196ʳ omnia hec de Ihesu gesta sunt in pretorio meo. Valete etc.*
SS   **Bibl.** †Halm, 1868-81, vol. II, pt 2, pp. 67-8. Krämer, 1989-90, vol. II, p. 692.

194. **MÜNCHEN, Germany. Bayerische Staatsbibliothek**
MS   Clm 13429
     Paper. 251 ff. **Saec.** XV/1 (1412). **Poss.** Ulricus de Novo Foro (ownership notes inside front cover and on 1ʳ); St. Blasius, Regensburg (OP). **Contents** *EN*; Thomas de Pusilia, *Sermones super epistolas et evangelia per circulum anni.*
*I/E **Title** 1ʳ ⌈*Hec gesta saluatoris.* Top margin.⌉ 1ʳᵃ *In nomine sancte Trinitatis incipiunt gesta saluatoris domini nostri Ihesu Christi que invenit Theodosius magnus imperator in Ierusalem in pretorio Poncii Pylati in codicibus publicis.* **Prol. II** *Actum est in anno xixᵒ imperii liberii cesaris, imperabolis Romanorum, et Herodis filii Herodis imperatoris Galilee...—...historiatus est Nicodemus litteris hebraicis.* **Text** *Amicis et Cayphas et Scempnas et Datham et Gamaliel, Iudas, Leui, Neptalim, Allexander et Syrus...—...9ᵛᵃ Yoseph et Nicodemus anuncciauerunt presidi omnia verba hec in codicibus publicis in pretorio sui. Amen.* Ch. I,1-XXVII. **Closing** 9ᵛᵃ *Explicit gesta saluatoris sub anno domini mᵒcccc xiiᵒ...*
SS   **Bibl.** †Halm, 1868-81, vol. II, pt 2, pp. 110-1. Krämer, 1989-90, vol. II, p. 680.

195. **MÜNCHEN, Germany. Bayerische Staatsbibliothek**
MS   Clm 14332
     Paper. 230 ff. **Saec.** XV. **Poss.** St. Emmeram (OSB), Regensburg. **Contents** *Speculum clericorum*; Iohannes de Capestrano; Paulus Burgensis, *Scrutinium scripturarum contra Iudaeos*; *EN*; *EP*; *CST*; sermons. Used by Dobschütz for his edition of *CST*.
*I/E **Title** 217ʳᵃ ⌈*[Inci]pit [... ?] Nicodemi.* Lower margin.⌉ **Prol. II** 217ʳᵇ *Factum est in anno duodecimo Tyberii cesaris imperii Romanorum et Herodis imperii Galilee...*

—...*mandauit ipse Nycodemus litteris iudaicis.* **Text** *Ewangelium Nicodemi etc.*
⌜*ewangelium nicodemi* in margin⌝*Igitur Annas et Chayphas et Sodama et Dathan
et Gamaliel et Iudas et Leui et Neptalim et Allexander, Syrus...*—...225ʳᵃ *et posuit
omnia in codicibus publicis pretorii.* Ch. I,1-XXVII. *EP* 225ʳᵃ *Et post volens omnia
cesari renuncciare, ipse Pylatus epistolam ad vrbem Claudio imperatori scripsit:
Poncius Pylatus Claudio suo salutem. Nuper accidit Ihesum a Iudeis crucifixum
et ipse probaui...*—...225ʳᵇ *omnia que gesta sunt de Christo in pretorio meo. Valete.*
CST 225ʳᵇ *Hanc epistolam direxit Pylatus Claudio ad hoc Tyberio imperatori licet
grauissimo laborante morbo...*—...227ʳᵇ *in exilium missus est a Nerone cesare ibique
seipsum transuerberans gladio spiritum exalauit etc. Et sic est finis huius etc.*
Version B, ch. 1-18.
SS   **Bibl** †Halm, 1868-81, vol. II, pt 2, p. 159. Krämer, 1989-90, vol. II, p. 677. **Corresp**. Dr. H. Hauke.

196. MÜNCHEN, Germany. Bayerische Staatsbibliothek
MS   Clm 14719
Paper. 125 ff. **Saec**. XV. **Poss**. St. Emmeram (OSB), Regensburg. **Contents**
A miscellany: sermons; verses; theological tracts; *EN*; various notes; historical tracts.
*I/E   **Title** 81ʳ ⌜*Incipit ewangelium Nycodemi.* Top margin.⌝ **Prol** II *Factum est in
anno decimo nono Tyberii cesaris imperatoris et Herodis filii Herodis imperatoris
Galilee...*—...*mandauit ipse Nycodemus litteris ebraycis.* **Text** *Anna et Cayphas et
Sompna et Datan, Gamaliel, Iudas, Levi, Neptalim, Allexander, Secne...*—...89ʳ *et
uniuersa mota sunt sydera et nunc sedens inter mortuus liber et legiones nostras
perturbas.* Ch. I,1-XXII,1.
SS   **Bibl** †Halm, 1868-81, vol. II, pt 2, p. 222. Krämer, 1989-90, vol. II, p. 677.

197. MÜNCHEN, Germany. Bayerische Staatsbibliothek
MS   Clm 15722
Parchment. 74 ff. **Saec**. XIV ex. (1390). **Orig. and poss**. On front cover, *Marchi not. de Sporo civis Tridentini est liber iste quem scribi fecit per quendam famulum suum teutonicum;* ‡Salzburg, Hofbibliothek.‡ **Contents** Innocentius III
papa; *Liber de fide catholica;* Gualterus Burlaeus; ...; *Officium missae, EN;
Oratio devota ante accessum altaris.*
*I/E   **Title** 68ᵛᵇ *In nomine sancte Trinitatis incipiunt gesta saluatoris domini nostri
Yhesu Christi que inuenit Teodosius magnus imperator in Yerusalem in pretorio
Poncii Pilati in codicibus publicis.* **Prol** II 69ʳᵃ *Factum est in anno nonodecimo
imperii Tiberii cesaris, imperatoris Romanorum, et Herodis filii Herodis imperatoris
Galilee...*—...*mandauit ipse Nicodemus literis hebraicis.* **Text** *Annas et Cayfas et
Somine et Dathan, Gamaliel, Iudas, Leui, Neptalim, Alexander et Syrus...*—...74ᵛᵃ
et posuit omnia uerba in codicibus publicis pretorii sui. Et post hec ipse Pilatus

scripsit epistolam ad vrbem Romam Claudio dicens: Poncius Pilatus regi suo Claudio salutem. Nuper accidit et cetera. Ch. I,1-XXVII. **Closing** 74ᵛᵃ *Expliciunt gesta domini nostri Yhesu Christi. Amen.*

SS   **Bibl.** ‡Foltz, pp. 105-6. †Halm, 1868-81, vol. II, pt 3, p. 28.

198. **MÜNCHEN, Germany. Bayerische Staatsbibliothek**
MS   Clm 17181

    Parchment. 165 ff. ‡220 x 165 mm.‡ **Saec.** XI. **Poss.** Schäftlarn (OSB, later OPraem), dioc. Freising. **Contents** *VS*; Defensor de Ligugé; Augustinus Hipponensis; *Quicumque vult*; Augustinus Hipponensis, *Sermo de reddendis decimis*; *EN*; *Sermo de confusione diaboli*; *Vetus Testamentum*; sermons.

*I/E   **Title** 103ʳ *Gesta domini nostri Ihesu Christi que acta sunt sup Pontio Pilato temporibus Tiberii cesaris.* **Prol.** I *Ego Enaeas Ebreus, primus legis doctor, perscrutans diuinitatis legis scripturarum...—...ego interpretaui et litteris ad cognitionem omnium dedi.* **Text** *Anna et Caiphas, Summis et Doctis, Gamalech et Leui, Iudas et Neptalim et Salian, Vore et Zares...—...111ᵛ que hec apparuit super nos quia simus patrem et matrem Ihesum. Respondit 112ʳ Leui didalascus et dixit eis.* Ch. I,1-XVI,1. *Sermo de confusione diaboli 112ʳ Audiuit diabolum dominum dicentem: Tristis est anima mea usque ad morte. Sperauit se...—...119ʳ et iudicaturum uiuos ac mortuos et omnem seculum per ignem, cum Spiritu sancto et sancta ecclesia catholica uitam eternam, ipso 119ᵛ domino nostro Christo adiuuantem, cui est honor... Amen.*

SS   **Bibl.** Bischoff, 1974-80, vol. I, p. 152. †Halm, 1868-81, vol. II, pt 3, p. 85. Izydorczyk, 1989a, pp. 253-4. Krämer, 1989-90, vol. II, p. 710. ‡Kurz, p. 376. **Corresp.** Dr. H. Hauke.

199. **MÜNCHEN, Germany. Bayerische Staatsbibliothek**
MS   Clm 19105

    Parchment. i 106 ff. ‡178 x 122 mm.‡ **Saec.** X, palimpsest; *EN* in upper script. **Orig. and poss.** Tegernsee (OSB), dioc. Freising; ownership note on iʳ, 1482). **Contents** Ps.-Matthaeus; *De nativitate Mariae, Transitus Mariae, EN; EP; Passio sanctorum martyrum septem fratrum dormientium.*

*I/E   **Title** In the table of contents on iʳ listed as *Euangelium Nicodemi* (1482). 51ᵛ *In nomine sancte Trinitatis incipivnt gesta salvatoris domini nostri Ihesu Christi qvae invenit 52ʳ Theodosivs magnvs imperator in Iervsalem in praetorio Pontii Pilati in codicibvs bvblicis.* **Prol.** II 52ʳ *Factum est ⌈autem above line, later hand⌉ in anno xviiii imperii Thyberni caesaris, ymperatoris Romanorum, et Herodis filii Herodis ymperatoris Galilaeae...—...mandauit ipse Nichodemus litteris haebr ⌈hebraicis above line, later hand⌉.* **Text** 52ᵛ *Annas et Cayphas et Somne et Dathan, Gamalihel, Iudas ⌈et above line, later hand⌉ Leui, Neptalim, Alexander et Syrus ...—...94ᵛ et posuit omnia uerba in codicibus bublicis pretorii sui.* Ch. I,1-XXVII.

EP 94ᵛ *Et post haec ipse Pilatus scripsit epistolam ad urbem Romam Claudio dicens: Pontius Pilatus preses Claudio caesari salutem. ~~Nuper accidit~~* ⌐*Nuper accidit* above line⌐ *et quod ipse probaui...—...*95ᵛ *et estimes credendum mendacio Iudaeorum.*

SS   **Bibl** †Dold, pp. ix-x. ‡Gijsel, p. 89. Halm, 1868-81, vol. II, pt 3, p. 231. Krämer, 1989-90, vol. II, p. 754. **Corresp**. Dr. H. Hauke.

200. **MÜNCHEN, Germany. Bayerische Staatsbibliothek**
MS   **Clm 19544**
       Paper. 352 ff. 310 x 270 mm. **Saec**. XV. **Orig**. Southern or Central Germany. **Scr**. Several scribes. **Poss**. Tegernsee (OSB), dioc. Freising (cf. note inside front cover, 1523). **Contents** I: Moral and theological treatises. II: Ps.-Matthaeus; *EN*; *EP*; *De poena et origine Pilati* (*Fuit rex quidam nomine Tytus...*); *De nativitate Constantini imperatoris; Historia trium regum.*
*I/E   **Title** 292ʳᵃ *Incipit libellus et exposicio passionis domini nostri Ihesu Cristi.* **Prol**. II *Factum est autem in anno nonodecimo imperii Tiberii cesaris Romanorum et Herodis filii Herodis imperatoris Galilee...—...mandauit ipse* 292ʳᵇ *Nicodemus litteris hebraicis.* **Text** 292ʳᵇ *Annas et Cayphas et Somne et Dathan, Gamaliel, Iudas, Leui, Neptalim, Alexander et Syrus...—...*302ʳᵃ *et posuit omnia verba in codicibus pretorii sui publicis.* Ch. I,1-XXVII. *EP* 302ʳᵃ *Et post hec ipse Pilatus scripsit epistolam ad vrbem Romam Claudio dicens: Epistola Pilati. Poncius Pilatus preses Claudio cesari salutem. Nuper accidit quod et ipse probaui...—...*302ʳᵇ *et estimes credendum mendatio Iudeorum.*
SS   **Bibl**. †Gijsel, pp. 91-2. Halm, 1868-81, vol. II, pt 3, pp. 255-6. Krämer, 1989-90, vol. II, p. 754.

201. **MÜNCHEN, Germany. Bayerische Staatsbibliothek**
MS   **Clm 19644**
       Paper. 149 ff. **Saec**. XIV. **Poss**. Tegernsee (OSB), dioc. Freising (ownership note on 2ʳ). **Contents** Excerpts from *Legenda aurea; EN; EP; CST;* etc. Used by Dobschütz for his edition of *CST.*
*I/E   **Title** In the table of contents on 2ʳ listed as *Hystoria seu euangelium Nycodemi.* 97ʳᵇ *Ewangelium Nichodemi de passione.* **Prol**. II 97ʳᵇ *Factum est in anno viiiiᵖxᵒ imperii Tyberii cesaris Romanorum et Herodis regis Galilee...—...et mandauit litteris hebraicis.* **Text** *Igitur Annas et Cayphas, Sobna, Dathan, Gamalyel, Iudas, Leui, Neptalim, Alexander, Syrus...—...*106ᵛᵇ *et posuit omnia uerba hec in publicis et cordibus pretori.* Ch. I,1-XXVII. *EP* 106ᵛᵇ *Postea uolens cesari renunciare, scripsit epistolam ad urbem Claudio imperatori tali modo: Poncio Pylatus Cladio salutem. Nuper accidit quod et ipse probaui...—...*107ʳᵇ *omnia que gesta sunt de Iesu in pretorio meo. CST* 107ʳᵇ *Hanc epistolam direxit Claudio Pylatus adhuc viuente Tyberio imperatore grauissimo [...?] laborante morbo...—...*110ʳᵃ *quod*

108 CENSUS OF MANUSCRIPTS

Symon ei arte diabolica prenunciauerat. Version B, ch. 1-20. **Closing** 110ra *Explicit hystoria Nichodemi de passione domini nostri Ihesu Christi.*
SS **Bibl.** Fleith, p. 191, no. LA 505. †Halm, 1868-81, vol. II, part 3, p. 263. Krämer, 1989-90, vol. II, p. 754.

202. **MÜNCHEN, Germany. Bayerische Staatsbibliothek**
MS Clm 22353
Paper. 309 ff. **Saec.** XV/2 (1452-4). **Scr.** and **orig.** Georgius Aetinger, *plebanus in Aytterhofen.* **Poss.** Windberg (OPraem), dioc. Regensburg. **Contents** *Novum Testamentum;* 5 empty folios; *EN; EP;* ps.-Matthaeus; Bertholdus Friburgensis; Isidorus Hispalensis; Gregorius Magnus; *Oculus sacerdotis.*
*I/E **Title** ⌐*Ewangelium Nicodemi.* Top margin, running title.⌐ 86ra *Incipit prefacio in gesta saluatoris domini nostri Ihesu Christi quem invenit Theodosius magnus imperator in Ierusalem in pretorii Poncii Pilati in codicibus publicis.* **Prol.** II *Factum est qualiter de gestis Ihesu auditu que in anno xix Tiberii cesaris, imperatoris Romanorum, et Herodi filii Herodis imperantis Galilee...—...mandauit et ipse Nichodemus literis hebraycis.* **Text** *Textus operis. Annas et Cayphas et Somne, Dathan, Gamaliel, Iudas, Leui, Neptalim, Alexander, Sirus...—...94rb et posuit omnia verba in codicibus publicis pretorii sui.* **Ch.** I,1-XXVII. **EP** 94rb *Poncius Pylatus regi Claudio cesari salutem. Nuper accidit et quod ipse probaui...—...94va omnia que gesta in Ihesu de pretorio meo.* **Closing** 94va *Anno domini m^{o}cccc^{o}lii^o in die deccollacionis Iohannis Baptiste.*
SS **Bibl.** †Halm, 1868-81, vol. II, pt 4, pp. 42-3.

203. **MÜNCHEN, Germany. Bayerische Staatsbibliothek**
MS Clm 23839
Paper. 212 (†215†) ff. ‡300 x 215 mm.‡ **Saec.** XV/1 (1434). **Orig.** Many items written in Prüll, near Regensburg, by Johannes Winter. §**Poss.** Prüll (OSB, after 1484 OCart), near Regensburg.§ **Contents** Miscellaneous exegetical, moral, and theological texts; sermons; *EN; EP; CST; De Maria;* sermons; *Gesta trium regum;* Augustinus Hipponensis; Iacobus de Cessolis; sermons. Used by Dobschütz for his edition of *CST.*
*I/E **Prol.** II 57rb *Factum est in anno 19 Tyberi cesaris imperii Romanorum et Herodis in 22 Galilee...—...mandauit ipse Nichodemus litteris hebraicis, grecis et latinis.* **Text** *Igitur Annas et Cayphas et Sodoma et Dathan et Gamaliel et Iudas et Leui, Neptalym et Allexander et Syrus...—...64rb et posuit omnia in codicibus publicis pretorii.* **Ch.** I,1-XXVII. **EP** 64rb *Et postea volens omnia cesari renunciare, ipse Pylatus epistolam ad vrbem* ⌐*Romam above line and in margin*⌐ *Claudio imperatore scripsit dicens: Poncius Pylatus Claudio suo salutem. Nuper accidit Ihesum a Iudeis crucifixum et ipse probaui...—...64va omnia que gesta sunt in pretorio. Valete.* **CST** 64va *Hanc epistolam direxit Pylatus Claudio adhuc viuente Tyberio*

imperatore licet grauissimo laborante morbo...—...66ʳᵇ ibique seipsum transverberans gladio spiritum exalauit. Rogemus ergo dominum. Rogemus dominum. Version B, ch. 1-18.

SS **Bibl.** †Halm, 1868-81, vol. II, pt 4, pp. 99-100. §Krämer, 1989-90, vol. II, p. 682. ‡Kurz, p. 407.

204. MÜNCHEN, Germany. Bayerische Staatsbibliothek
MS Clm 23989

Paper. 67 ff. **Saec.** XV/2 (1482). **Contents** Bonaventura; *Sermo in novo anno; Quaestio de missis dicendis;* Gregorius Morgenstern de Oedern, *De clavibus sacerdotum; EN; EP; CST.*

*I/E **Prol.** II 61ᵛ *Factum est nonodecimo Tyberii cesaris imperii Romanorum et Herodis imperii Galilee...—...mandauit ipse Nichodemus litteris hebraicis.* **Text** *Igitur et Cayphas et Sobna et Datan et Gamaliel et Iudas, Leui, Neptalim, Alexander et Syrus...—...66ᵛᵇ omniaque ipse posuit in codicibus publicis pretorii.* Ch. I,1-XXVII. *EP* 66ᵛᵇ *Posteaque volens cesari nunciare hec omnia, scripsit epistolam dicens: Poncius Pylatus Claudio suo salutem. Nuper contigit quod et ipse probaui...—...67ʳᵃ omnia que gesta sunt de Ihesu in pretorio meo. CST* 67ʳᵃ *Hanc Pylatus Claudio direxit adhuc viuente Tyberio imperatore licet grauissimo laborante morbo...—... 67ᵛᵇ eamque perduxerunt ad Volusianum qui visa ymagine.* Version B, ch. 1-9.

SS **Bibl.** †Halm, 1868-81, vol. II, pt 4, p. 114.

205. MÜNCHEN, Germany. Bayerische Staatsbibliothek
MS Clm 26684

Paper. 173 ff. **Saec.** XIV. **Poss.** Prüll (OSB; after 1484 OCart), near Regensburg; Franciscans, Regensburg. **Contents** Iacobus de Voragine; *Sermones ex postilla quadragesimales per omnes ferias; EN; EP; CST; De imagine b. Virginis;* sermons. Used by Dobschütz for his edition of *CST.*

*I/E **Title** 155ʳᵃ *Prologus Nycodemi.* **Prol.** II *Factum est in anno nonodecimo Thyberii cesaris imperii Romanorum et Herodis imperii Galylee...—...mandauit ipse Nychodemus literis hebraicis.* **Text** *Incipit ewangelium Nichodemi.* 155ʳᵇ *Igitur Annas et Cayphas et Sodoma et Dathan et Gamaliel et Iudas et Leui et Neptalim et Alexander Syrus...—...160ᵛᵇ et posuit omnia in codicibus publicis pretorii.* Ch. I,1-XXVII. *EP* 160ᵛᵇ *Et post volens omnia cesari renunciare, ipse Pylatus epistolam ad vrbem Claudio imperatori scripsit dicens: Poncius Pylatus Claudio suo salutem. Nuper accidit Iesum Iudeis crucifixum et ipse probaui...—...161ʳᵃ omnia que gesta sunt de Christo in pretorio meo. Valete. CST* 161ʳᵃ *Hanc epistolam direxit Pylatus Claudio adhuc viuente Tiberio imperatore licet grauissimo laborante morbo...—... 162ʳᵇ ibique seipsum transuerberans gladio spiritum exalauit.* Version B, ch. 1-18.

SS **Bibl.** †Halm, 1868-81, vol. II, pt 4, p. 202. Krämer, 1989-90, vol. II, pp. 681, 682.

206. MÜNCHEN, Germany. Bayerische Staatsbibliothek
MS   Clm 28168
Parchment. 174 ff. 395 x 280 mm. Saec. XIII and XIV. Orig. South-western Germany. Scr. Two scribes. Poss. Kaisheim (OCist), dioc. Augsburg (shelfmark, saec. XVIII). Contents *Biblia Novi Testamenti; EN; EP.*
*I/E Title 166ra *Euangelium Nychodemi.* Prol. II *Factum est in anno nonodecimo imperatoris Tyberii, cesaris Romanorum, et Herodis filii Herodis regis Galilee...—...mandauit ipse Nychodemus litteris hebraicis.* Text *Annas et Cayphas et Somne et Dathan, Gamaliel, Iudas, Leui, Neptalim, Alexander et Syrus...—...174rb et posuit omnia uerba in codicibus publicis pretorii sui.* Ch. I,1-XXVII. EP 174rb *Et post hec ipse Pylatus scripsit epistolam ad urbem Romanam Claudio dicens: Epistola Pylati ad Claudium de morte Christi. Poncius Pylatus preses Claudio cesari salutem. Nuper 174va accidit quod et ipse probaui...—...174va et estimes fore credendum mendaciis Iudeorum.*
SS   Bibl. †Hauke, pp. 86-8. Krämer, 1989-90, vol. I, p. 384.

207. MÜNCHEN, Germany. Bayerische Staatsbibliothek
MS   Clm 29275 (formerly Clm 29163)
Parchment. 4 ff. and several strips. 275 x 165 mm. Saec. IX. Orig. France. Scr. At least two scribes. Poss. Weihenstephan (OSB), dioc. Freising. Contents *EN.*
*I/E Text Fragments of ch. I,1-XXI,2.
SS   Bibl. †Bischoff, 1974-80, vol. I, p. 151. Krämer, 1989-90, vol. II, p. 802. Corresp. Dr. H. Hauke.

208. MÜNCHEN, Germany. Universitätsbibliothek
MS   2° Cod. ms. 87a
Parchment. 2 ff. in 12 strips, once part of binding of 2° Cod. ms. 87 (written in 1446 by Johannes Gotfridt, parish priest in Hochenprug, dioc. Freising, and others). 220 x 140, 200 x 155 mm. Saec. IX/1. Orig. Southern Germany. Poss. St. Blasius (OP), Landshut, dioc. Freising. Contents Augustinus Hipponensis, *De civitate Dei; EN.*
I/E Text IIr *hic. Iste autem qui mecum est Helias est Thesbites...—...IIv Nobis autem iussit Michahel archangelus.* Ch. XXV-XXVII.
SS   Bibl. Bischoff, 1974-80, vol. II, p. 234. †Daniel, Kornrumpf, and Schott, pp. 141-2. Krämer, 1989-90, vol. II, p. 474. Corresp. Dr. G. Schott.

209. NAMUR, France. Musée Archéologique
MS   Fonds de la Ville 160
Paper. 225 ff. 210x143 mm. Saec. XV/2 (1480). Orig. Written and owned at Le Jardinet (Walcourt; OCist), dioc. Liége, now Namur (ownership notes on

1a[v], 61[r], 66[r], 153[r], 219[r], all saec. XV). **Contents** *Sententiae patrum;* Thomas Cantimpratensis; *Hymnus de s. Lutgarde,* EN; EP; *Planctus b. Mariae (Quis dabit capiti meo...); Miracula b. Virginis Mariae,* Augustinus Hipponensis; Bernardus Clarevallensis; Adamus Scotus; Iohannes Heisterbacensis; *Revelationes Mechthildis,* excerpts; ...; Arnulphus de Boeriis; *Tractatus de tribulatione,* Iohannes Gerson; Aegidius ab Assisia; Hieronymus; etc.

I/E   **Title** 44[r] ⌜*Passio domini secundum nichodemum.* Top margin.⌝ **Prol.** II 44[ra] *Factum est in anno decimonono imperii tyberii... EP* ...61[rb] *de Jhu in pretorio meo.* **Closing** 61[rb] *Deo gratias semper.*

SS   **Bibl.** †Faider et al., pp. 229-35. Hagiographi Bollandiani, 1882, p. 530.

210. NAPOLI, Italy. Biblioteca Nazionale Vitt. Em. III

MS   VII.G.15

Paper. 368 i ff. 142 x 210 mm. **Saec.** XV/2 (written partly in 1482-3). **Scr.** One scribe. **Poss.** 1[r] *De loco s. Bernardini Campli,* possibly Campli (OFM), prov. Teramo. **Contents** A religious miscellany: Franciscus Philelphus; Guarinus Veronensis; ...; Anselmus Cantuariensis; Basilius Magnus; ...; genuine and spurious works of Bonaventura, Bernardus Clarevallensis, and Augustinus Hipponensis; Matthaeus de Cracovia; ...; Ricardus Rolle de Hampole; ...; *Notabilia de passione domini extracta de Biblia Hebraeorum;* Iohannes Fanconis; Bonaventura, *Notabilia circa passionem;* EN; notes; *Epistola Lentuli de Iesu Christo.*

I/E   **Title** Listed as *Passio secundum Nicodemum* in the table of contents on 368[r]. **Prol.** II 356[ra] *Factum est anno 18 imperii Tiberii Cesaris...—...*365[ra].

SS   **Bibl.** †Cenci, 1971, pp. 575-9. Kristeller, 1965b, p. 423. **Corresp.** Dott. Maria Rosaria Romano Vicenzo.

211. NAPOLI, Italy. Biblioteca Nazionale Vitt. Em. III

MS   VIII.AA.32

Paper. iii 248 iii ff. 140 x 205 mm. **Saec.** XV/2 (1453). **Scr.** Antonius Matheus Amicus de Alfidena. **Poss.** Antonius Matheus Amicus de Alfidena, *habitator Castri Sangri,* i.e., Castel di Sangro, prov. Aquila (ownership note on 137[r]); 1[r] *Loci Sulmone,* probably Sulmona, prov. Aquila. **Contents** A collection of saints' lives, including *Legenda s. Francisci, Visio Pauli, De natura hominis et animalium,* EN; ‡VS;‡ etc.

I/E   **Title** 217[r] (‡215‡) ‡*Incipiunt Gesta Salvatoris quando dominus noster Iesus Christus sub Pontio Pilato et Anna et Caypha traditus fuit a Iudaeis ad crucifigendum et visitavit infernum et exspoliavit eum.* VS 229[r] *Gesta Salvatoris, quomodo Titus et Vespetianus Ierusalem destruxerunt. In diebus Tiberii Caesaris imperii tetrarcha sub Pontio Pilato traditus fuit Christus a Iudaeis et celatus Tiberio. In illis diebus erat Titus regulus sub Tiberio...—...*233[r] *Tunc post menses novem sanus et fideliter*

credens Tiberius in suo lectulo cum pace in Domino requievit.‡ Ch. 1- .
SS   Bibl. †Cenci, 1971, p. 798. ‡Hagiographi Bollandiani, 1911, pp. 146-8.

212. **OLOMOUC, Czech Republic. Kapitulní knihovna (at Státní oblastní archív v Opavě)**
MS   CO 59
      Parchment and paper. 176 ff. 310 x 230 mm. Saec. XIV-XV. Contents Isidorus Hispalensis; Beda Venerabilis; Bernardus Clarevallensis; ps.-Bernardus; Augustinus Hipponensis; *Tractatus de vii vitiis*, three tracts on the passion; *Sermones de sanctis*; *EN*; *Vita s. Adalberti*; saints' lives.
I/E   ‡Prol. II 153ᵛ *Factum est in anno XIX° imperatoris Tiberii caesaris imperatoris Romanorum et Herodis filii Herodis principis Galilee...—...*161ʳ.‡
SS   Bibl. †Bistřický, Boháček, and Čáda, p. 109. Corresp. ‡Státní Oblastní Archiv v Opavě.

213. **OLOMOUC, Czech Republic. Kapitulní knihovna (at Státní oblastní archív v Opavě)**
MS   CO 407
      Paper. 232 ff. 310 x 220 mm. Saec. XV in. Contents Guillelmus Peraldus; sermons; *EN*.
I/E   ‡Text 111ʳ *Annas et Cayphas et Somne et Dathan, Gamaliel, Iudas, Levi, Neptalim, Alexander et Iarius...*‡ Ch. I,1- .
SS   Bibl. †Bistřický, Boháček, and Čáda, p. 138. Corresp. ‡Státní Oblastní Archiv v Opavě.

214. **OLOMOUC, Czech Republic. Státní vědecká knihovna**
MS   M II 14
      Paper. Saec. XV. Contents Iohannes de Crinellis; ...; *Summa regum*; *Vita Christi*; *EN*; *De naturis rerum*.
*I/E Title 284ʳ ⌈*Euwangelium Nicodemi*. Top margin.⌉ Prol. II 284ʳᵃ *Factum est in anno decimo nono Tyberii cesaris Romanorum et Herodis filii Herodis regis Gallilee ...—...mandauit literis hebraicis.* Text *Annas et Cayphas, Symeon et Datan, Gamaliel et Iudas, Leui, Neptalim, Allexander, Syrus...—...*291ᵛᵇ *et posuit omnia verba in codicibus publicis sui pretorii. Amen.* Ch. I,1-XXVII.
SS   Corresp. †Dr. Marie Nadvornikova.

215. **ORLÉANS, France. Bibliothèque Municipale**
MS   341 (289)
      Parchment. 460 pp. 230 x 190 mm. Saec. X-XI (‡IX-X‡). Orig. and poss. Possibly written and owned at Saint-Benoit-sur-Loire (OSB), dioc. Orléans.

Contents A lectionary: saints' lives; *Passio s. Thomae apostoli; EN;* Augustinus Hipponensis, *Quia viderunt oculi mei...;* sermons.

*I/E **Title** P. 415 *Incipit gesta domini.* **Prol.** II *Facta est in anno xuiiii imperii Tiberii caesaris Romanorum et Herode filii Herodis imperatoris Galileae...—...mandauit ipse Nichodemus litteris ebreicis.* **Text** *Anna et Caiphas, Summe et Datan, Gamalihel, Iudas, Leui, Neptalim, Alexander et Iayrus...—...p.* 444 *Nobis autem iusit Michae[l] archangelus ambulare trans Iordanen in locum optimum pingu[...* illegible on microfilm]. Ch. I,1-XXVII.

SS **Bibl.** †*Catalogue général,* 1889, Octavo XII, pp. 183-6. ‡Samaran and Marichal, vol. VII, p. 571.

216. OSLO, Norway. Universitetsbiblioteket

MS Ms. 8° 2993

Parchment. 128 ff. 158 x 111 mm. **Saec.** XIV-XV (1350-1450 ?). **Scr.** Ten scribes. **Contents** A theological, homiletic miscellany: ...; *De dignitate presbyteri; De septem sacramentis; EN;* etc.

I/E **Title** 91rb *Incipiunt gesta Salvatoris. In nomine Domini et individuae Trinitatis incipiunt... publicis.* **Prol.** II *Factum est autem in anno decimo nono Tiberii Caesaris imperatoris Romanorum et Herodis filii Herodis imperantis Galilaeae...* **Text** *Annas et Caiphas et Sompne et Dathan, Gamaliel...—...*93vb *Tunc repletus Pilatus furore dixit ad eos. Semper gens vestra seditiosa fuit, et qui pro vobis fuerunt [....* Several words illegible.] Chap. I,1-IX,2.

SS **Corresp.** †Tone Modalsli.

217. OSNABRÜCK, Germany. Gymnasium Carolinum

MS 31

Paper. 248 ff. 280 x 205 mm. **Saec.** XV. ‡**Scr.** Several scribes.‡ **Contents** Thomas Cantimpratensis; table of contents; *EN; EP;* Iohannes Gobii Alesten-sis Iunior, *Scala caeli;* Iacobus de Cessolis.

*I/E **Title** 128ra ⌜*Historica Carini et Eleutii relatio de gestis et vita felici Dei Iesu Christi.* Top margin, early modern hand.⌝ **Prol.** II 128ra *Factum est in anno nonodecimo imperii Tyberii cesaris, imperatoris Romanorum, et Herodis filii Herodis regis Galilee...—...mandauit ipse Nycodemus litteris hebraicis.* **Text** *Annas et Cayfas et Somme et Datan, Gamaliel, Iudas et Leui, Neptali, Allexander et Syrus...—...*135va *et posuit omnia verba in codicibus publicis pretorii sui.* Ch. I,1-XXVII. **EP** 135va *Et post hec ipse Pylatus scripsit epistolam ad vrbem Romanam Claudio dicens: Poncius Pylatus regi Claudio salutem. Nuper accidit et quod ipse probaui..—...* 135vb *omnia que gesta sunt de Ihesu in pretorio meo.* **Closing** 135vb *Expliciunt gesta de Christo Filio Dei que ad honorem et ad reuerenciam nobilissimi Ottonis ac optimi sanguinis de Depholte exemplaui. Amen.*

SS **Bibl.** ‡Hagiographi Bollandiani, 1937, p. 240. **Corresp.** Dr. Bergmann. †Dr. Helmar Härtei.

114   CENSUS OF MANUSCRIPTS

218. **OXFORD**, Great Britain. All Souls College
MS   20
      Paper. 134 ff. 215 x 295 mm. **Saec.** XV. **Poss.** J.R. Bird; William Warham,
      archbp of Canterbury (d. 1532), who donated the book to the College
      (‡mentioned in the Vellum Inventory list of books bequeathed by Archbish-
      op Warham‡). **Contents** *EN; EP; Speculum humanae salvationis; Liber anecdoto-*
      rum de vitis imperatorum Romanorum.
*I/E **Title** 1ʳ *Libellus qui dicitur gesta passionis et resurrexcionis domini nostri Ihesu*
      Cristi. Amen. **Prol. II** *Factum est sub Poncio Pilato Iherosolimis, anno xviii in die-*
      bus Tiberii cesaris, imperatoris Romanorum, et Herodis filii Herodis regis Galilee...
      Text *Annas et Cayphas, Somine et Dathan et Gameliel, Iudas, Leui, Neptalim, Ale-*
      xander et Sirus...—...11ᵛ et posuit omnia uerba hec in codicis publicis pretorii sui.
      Ch. I,1-XXVII. **EP** 11ᵛ *Et post hec ipse Pilatus scripsit epistolam ad vrbem Roma-*
      nam Claudio imperatori dicens: Poncius Pilatus regi Claudio salutem. Nuper acci-
      dit quod ego ipse probaui...—...12ʳ omnia que gesta sunt in pretorio meo. **Closing**
      12ʳ Explicit gestu passionis et resurreccionis saluatoris nostri Ihesu Cristi. Amen.
SS   **Bibl.** ‡Coxe, vol. II, pt 1, pp. 5-6. ‡Ker, 1971, p. 24, no. 631.

219. **OXFORD**, Great Britain. Bodleian Library
MS   Add. A. 44
      Parchment. iv 259 ff. 7³/₈ x 5¹/₈ in. (187 x 130 mm). **Saec.** XIII in. and XV.
      Orig. England. **Scr.** Several scribes. **Poss.** Thomas Bekynton, bp of Bath and
      Wells (1443-65; his name on 8ᵛ); J. Grenehalgh (cf. 85ᵛ, saec. XVI in.); John
      Hill, rector of Combe Flory in Somerset (cf. ii, 1ʳ, saec. XVII ex.); Richard
      and Blanche Hill (cf. 252ᵛ, saec. XVII); acquired by the Bodleian probably
      before 1860. **Contents** An anthology of poetry, with some pieces in prose:
      ...; Martinus Dumiensis, *Formula honestae vitae,* Greg.; *EN; EP; Prophetia Dani-*
      elis de quattuor imperiis; De Antichristo, etc.
*I/E **Greg.** 105ʳ *Gregorius Turonensis in gestis Francorum de passione et resurrectione*
      domini refert hec. 105ᵛ *Apprehensus autem et Ioseph qui cum aromatibus corpus*
      Christi conditum...—...pro eo quod non ad eum primitus aduenisset. **Title** 105ᵛ
      ⌜*Tractatus de passione et resurreccione domini qui euuangelium Nichodemi dicitur.*
      Top margin, saec. XV.⌝ **Prol. II** 106ʳ *Factum est in anno xxiiiº imperii Tiberii*
      cesaris, publici imperatoris Romanorum, et Herodis regis Galilee, filii Archelai...—...
      et mandauit Nichodemus ipse literis ebraicis. **Text** *Anna et Caiphas et Some et Da-*
      than, Gamaliel, Iudas, Leui, Neptalim, Alexander et Sirus...—...121ᵛ et posuit om-
      nia uerba in codicibus publicis pretorii sui. **Ch.** I,1-XXVII. **EP** 121ᵛ *Et post hec*
      ipse Pilatus scripsit epistolam ad urbem Romam Tyberio cesari dicens: Pontius Pi-
      latus regi Tiberio suo salutem. Nuper accidit quod et ipse probaui...—...122ʳ omnia
      que gesta sunt de Ihesu in pretorium meum.
SS   **Bibl.** Collett, p. 52. Ker and Watson, p. 67. Kingsford, pp. 311-3. ‡Madan et
      al., vol. V, pp. 745-6. Wilmart, 1943.

220. **OXFORD**, Great Britain. Bodleian Library

MS   Add. A. 367

Parchment. i 110 ff. $8^{1}/_{2}$ x $5^{1}/_{8}$ in. (216 x 130 mm). **Saec.** XII ex. (ca. 1200). **Orig.** Italy (cf. script). **Poss.** Italy (some notes in Italian, saec. XV); bought from Albert Cohn of Berlin in 1886. **Contents** *EN; EP.*

*I/E **Title** 2^{r} *In nomine Dei summi incipiunt gesta saluatoris domini nostri Ihesu Christi quae inuenit Theodosius magnus imperator in Ierusalem in pretorio Poncii Pilati in codicibus publicis.* **Prol.** II *Factum est autem in anno decimo nono Thiberii caesaris, imperatoris Romanorum, et Herodis filii Herodis regis Galileae...—...mandauit ipse Nichodemus litteris hebraicis.* **Text** *De accusatione Iudeorum aduersus dominum nostrum Ihesum Christum. Anna enim et Cayphas et Sanas et Datan et Gamilibel, Iudas, Leui, Neptalim, Alexander, Cysirus...—...25^{r} et posuit omnia uerba in codicibus publicis pretorii sui.* **Ch.** I,1-XXVII. *EP* 25^{r} *Et post haec ipse Pylatus* ⌈scripsit in margin⌉ *epistolam ad urbem Romam regi Tiberio ita dicens: Poncius Pylatus regi Tiberio Claudio salutem. Nuper accidit et quod ipse probaui...—... 25^{v} omnia quae gesta sunt de Ihesu in pretorio meo.* **Closing** *Expliciunt gesta de Christo Filio Dei. Deo gratias.*

SS   **Bibl.** †Madan et al., vol. V, pp. 656-7.

221. **OXFORD**, Great Britain. Bodleian Library

MS   Add. C. 21

Parchment. i 227 ff. $12^{3}/_{4}$ x $10^{7}/_{8}$ in. (324 x 276 mm). **Saec.** XIV/2. **Orig.** The Netherlands (cf. script). **Contents** I: *Novum Testamentum.* II: *Testamenta duodecim patriarcharum; EN; EP; Biblia b. Mariae Virginis;* Marian texts.

*I/E **Title** 170ra *Incipit ewangelium Nycodemi.* **Prol.** II *Factum est in anno xix^{o} imperatoris Tyberii, cesaris Romanorum, et Herodis filii Herodis imperatoris Galylee...* **Text** *Annas et Cayphas et Somme et Datan et Gamaliel, Iudas, Leui, Neptalim, Allexander et Syrus...—...179rb et posuit omnia verba in codicibus publicis pretorii sui.* **Ch.** I,1-XXVII. *EP* 179rb *Post hec Pylatus scripsit epistolam ad vrbem Romanam Claudio dicens: Poncius Pylatus regi Claudio suo salutem. Nuper actum et quod ipse probaui...—...179va omnia que gesta sunt de Ihesu in pretorio nostro. Amen.* **Closing** *Explicit ewangelium Nycodemi.*

SS   **Bibl.** †Madan et al., vol. V, pp. 480-1.

222. **OXFORD**, Great Britain. Bodleian Library

MS   Add. C. 214

Paper. i 44 ff. $11^{3}/_{4}$ x $8^{1}/_{2}$ in. (298 x 216 mm). **Saec.** XV. **Orig.** Germany. **Poss.** Bought from H. Grevel in 1884. **Contents** *EN; EP; CST.*

*I/E **Title** 2ra *Ewangelium Nicodemi etc.* **Prol.** II *Factum est nonodecimo Tyberii cesaris, imperatoris Romanorum, et Herodis imperatoris Galilee...* **Text** *Igitur et*

Cayphas et Sobna et Datan et Gamaliel et Iudas, Leui, Neptalim, Alexander et Syrus...——..8ra que ipse posuit in codicibus publicis pretorii. Ch. I,1-XXVII. *EP* 8ra *Posteaque uolens cesari nuctiare hec omnia, scripsit epistolam dicens: Pontius Pylatus Claudio suo salutem. Nuper* 8rb *contigit quod et ipse probaui...——..8rb omnia que gesta sunt de Ihesu in pretorio meo. CST* 8rb *Hanc Pylatus Claudio direxit adhuc viuente Tyberio imperatore licet gruis-* 8va *-simo laborante morbo...——..10rb Dominus autem salutem contulit in se credentibus, qui cum Deo Patre... Amen.* Version B, ch. 1-20.
SS   Bibl. †Madan et al., vol. V, p. 619.

223. OXFORD, Great Britain. Bodleian Library
MS   Bodl. 90

Parchment. ii 109 ff. 9 x 5$^{1}/_{2}$ in. (229 x 140 mm). Saec. XIII/2. Orig. England. Poss. Presented by Sir Richard Wolseley in 1607. Contents Sermons, in French; a penitential treatise, in French; theological notes; *EN*; *EP*; *VS*; letters of Helena and Constantine; excerpts from the *Legenda aurea.*

I/E   Prol. II 78^r Factum est in anno nonodecimo imperii Tiberii cesaris, imperatoris Romanorum, et Herodis filii Herodis regis Galilee...——..mandauit ipse Nichodemus litteris ebraicis. Text *Annas et Cayphas et Sompne et Datan et Gamaliel, Iudas, Leui, Neptalim, Alexander et Syrus...——..88^r et posuit omnia verba hec in codicibus pupplicis pretorii sui.* Ch. I,1-XXVII. *EP* 88^r *Et post hec Pilatus ipse scripsit epistolam ad vrbem Romanam Claudio imperatori dicens: Pontius Pilatus regi Claudio salutem. Nuper accidit et quod ipse probaui...——..omnia que gesta sunt de Ihesu in pretorio meo.* Closing 88^v *Explicit euangelium Nichodemi de passione Ihesu Christi. VS Incipit passio domini nostri Ihesu Christi qui in Iudea patitur. In diebus Tiberii Iulii cesaris, thetracca sub Poncio Pilato traditus fuit a Iudeis, selatus a Tiberio. In diebus illis erat quidam Titus sub regulam Tiberii...——..90^v descenderunt in Ierusalem et crediderunt similiter in Christo. Ipse qui passus est et uindicatus fuit, ipse nos liberet... Amen.* Ch. 1-35.
SS   Bibl. †Madan et al., vol. II, pt 1, pp. 98-9.

224. OXFORD, Great Britain. Bodleian Library
MS   Bodl. 110

Parchment. iv 184 ff. 9$^7/_8$ x 7 in. (251 x 178 mm). Saec. XV in. Orig. England. Poss. Purchased by W. C[leue] *de J. Pye stacionario Londoniensis...coram Roberto Paling,* in 1463; presented by Willelmus Cleue, *nuper Rector ecclesie de Clyve Kancie,* i.e., †parish church in Headcorn, Kent,‡ to Willelmus Camyl, *huius cantarie capellano...*; a note by Johannes Huntt on 128^v (saec. XV ex.); presented by Sir Henry Savile in 1620. Contents I: *EN*; *EP*; *CST*. II: Ps.-Bonaventura, *Meditationes de passione domini nostri Iesu Christi; Speculum ecclesiae;* saints' lives; *Speculum s. Edwardi;* a moral dialogue; *Speculum peccatorum;*

Disputatio inter corpus et animam; Ricardus Rolle de Hampole; a manual of theology; *Chronica mirabilia*.

*I/E **Prol.** II 1ʳ [*F*]*actm est in anno nonodecimo imperii Tiberii cesaris, imperatoris Romanorum, et Herodis filii Herodis regis Galilee...* **Text** *Annas et Caiphas et Sonne et Datan et Gamaliel, Iudas, Leuy, Neptalim, Alexander et Syrus...—...*13ᵛ *et posuit omnia verba hec in cordibus publicis pectoris sui et regi Claudio salutans nunciauit in hec verba:* Ch. I,1-XXVII. **EP** 13ᵛ [*N*]*uper accidit quod et ipse probaui...—...omnia que gesta sunt de Ihesu in pretorio meo. Valete etc.* **CST** 14ʳ [*H*]*anc epistolam Pilatus Claudio direxit adhuc viuente Tiberio imperatore licet grauissimo laborante morbo...—...*16ᵛ *missus in exilium pre angustia se gladio interfecit etc.* Version B, ch. 1-18.

SS **Bibl.** ‡Ker and Watson, p. 14. †Madan et al., vol. II, pt 1, pp. 135-6.

225. OXFORD, Great Britain. Bodleian Library

MS Bodl. 406

Parchment. xv 196 ff. 295 x 210 mm. **Saec.** XIII ex. (1291). **Orig.** England. **Poss.** Given to Regular Canons in Leeds, Kent, by Thomas de Meydistane, *ipsius loci canonicum* (ownership note on ivʳ). ‡**Contents** A collection of sermons, including *Legenda aurea*, cap. LIV (*De resurrectione domini*), EN, EP, *De ascensione domini tractatus*, etc.‡

*I/E **Title** Listed as *Euangelium Nichodemi quod optime exprimit resurrexionis Christi modum* in the table of contents on vʳ (saec. XIV). 2ᵛ *Incipit liber Nichodemi editus de passione et resureccione domini nostri Ihesu Christi in quo multa bona et utila et fide plena sunt contenta.* **Prol.** II *Factum est in anno xxiii° imperii Tiberii cesaris, puppliciss imperatoris Romanorum, et Herodis regis Galilee, filii Archelay...* **Text** *Annas et Cayphas, Somne, Datan, Gamaliel, Iudas, Leui, Neptalim, Alexander, Syrus...—...*8ʳ *et posuit omnia uerba in codicibus pupplicis pretorii sui.* Ch. I,1-XXVII. **EP** 8ʳ *Et post hec ipse Pilatus scripsit epistolam ad urbem Romam Tyberio cesari dicens: Poncius Pilatus regi Tiberio salutem. Nuper accidit quod ipse probaui...—...*8ᵛ *omnia que gesta sunt de Ihesu in pretorio meo.* **Closing** 8ᵛ *Explicit liber de gestis Ihesu Christi.*

SS **Bibl.** Collett, p. 53. Ker, 1964, p. 112. ‡Madan et al., vol. II, pt 1, p. 295. †Watson, p. 16.

226. OXFORD, Great Britain. Bodleian Library

MS Bodl. 428

Parchment. ii 60 ff. 11¼ x 7⅜ in. (286 x 187 mm). **Saec.** XIII/1. **Orig.** Possibly France. **Scr.** Three scribes. **Poss.** Thomas Cardif (cf. note dated 1546). **Contents** Two penitential treatises; EN; EP; SN; *Sermo s. Augustini de ebrietate*, Anselmus Cantuariensis. Used by Dobschütz for his edition of *SN*.

*I/E **Title** 29ᵛᵃ *Incipit passio domini a sancto Ambrosio de greco in latinum translata*

que reperta fuit in pretorio Pontii Pilati a Theodosio magno. **Prol. II** [F]*actum est in anno nonodecimo Tiberii cesaris, imperatoris Romanorum, et Herodis filii Herodis imperatoris Galilee...* **Text** 29vb *Annas et Caiphas et Sumine et Dadam, Gamaliel, Iudas, Leur, Neptalius, Alexander et Tiarus...*—*...*36rb *et posuit omnia uerba in codicibus publicis pretorii sui.* Ch. I,1-XXVII. *EP* 36rb *Et post hec ipse Pilatus epistolam scripsit ad urbem regni Rome dicens: Pontius Pilatus regi Claudio suo salutem. Nuper accidit quod et ipse probaui...*—*...*36va *omnia que gesta sunt de Ihesu in pretorio meo.* SN 36va *Cumque Claudius suscepisset Neronique imperatori legisset...*—*...*39rb *ut non sacrificent michi nec agant in sempiternum.* Ch. I-XIII,2.
SS   **Bibl.** †Madan et al., vol. II, pt 1, pp. 404-5.

227. OXFORD, Great Britain. Bodleian Library
MS   Bodl. 555
Parchment. vi 120 ff. 9$^7/_8$ x 6$^3/_4$ in. (251 x 171 mm). **Saec.** XV in. (ca. 1400). **Orig.** England. **Poss.** Merton (OCan), Surrey (cf. notes on flyleaves, saec. XV); Johannes Heyford gave it to Hugo Samon (saec. XV); other names also occur; presented to the Bodleian in 1605 by William Cotton, bp of Exeter. **Contents** Henricus Salteriensis, *De purgatorio s. Patricii*; Bernardus Clarevallensis, *De interiori homine quomodo invenit Deum*; EN; *Legenda aurea*, cap. LXVII,2 (*Refert Iosephus quod propter mortis peccatum...*); *Planctus b. Mariae* (*Quis dabit capiti meo...*); a penitential treatise.
*I/E **Title** 63^v *Incipiunt gesta saluatoris que inuenit Theodosius magnus imperator in Ierusalem in pretorio Pilati codicibus publicis.* **Prol. II** *Factum est in anno uigesimo tercio imperii Tyberii cesaris, publici imperatoris Romanorum, et Herodis regis Galilee, filii Archelai...* **Text** 64^r *Annas et Cayphas, Sompnas et Datan, Gamaliel et Iudas, Leui et Neptalim, Alexander et Syrus...*—*...*83^r *Et dederunt eis et sedentes separati scripserunt.* Ch. I,1-XVII,3. **Closing** 83^r *Explicit.*
SS   **Bibl.** †Madan et al., vol. II, pt 1, pp. 312-3.

228. OXFORD, Great Britain. Bodleian Library
MS   Bodl. 556
Parchment. i 25 ff. 9$^1/_8$ x 6$^3/_8$ in. (232 x 162 mm). **Saec.** XIII in. **Poss.** Given to the Bodleian by Sir Walter Cope (saec. XVI/2). **Contents** Greg.; ps.-Aug.; EN; EP; *De imperatoribus*; Rood-tree legend (*Sancta et divina eloquia... Post egressionem autem filiorum Israel...*); *De imagine Berytensi Christi crucifixi.* Greg. printed from this manuscript by Fowler.
*I/E **Title** 1^r *Epistole Nichodemi de passione et resurrectione Christi.* **Greg.** *Apprehensus autem Ioseph qui cum aromatibus conditum corpus Ihesu...*—*...pro eo quod non ad eum primitus aduenisset.* **Ps.-Aug.** *Attonite mentes obstupuerunt tortorum...*—*...*1^v *per lignum ditati sumus et per lignum euertimur.* **Prol. II** 1^v *Factum est in anno uigesimo tercio imperii Tiberii cesaris, imperatoris Romanorum, et Herodis*

regis Galilee filii Archelai...—...mandauit ipse Nichodemus litteris ebraicis. **Text** *Annas et Caiphas et doctor Gamaliel, Iudas, Leui, Neptalim, Alexander et Sirus...—...12^r et posuit omnia uerba in codicibus publicis pretorii sui.* Ch. I,1-XXVII. **EP** *12^r Et post hec Pilatus scripsit epistolam ad urbem Romam Tiberio dicens: Pilatus Pontius regi Tiberio suo salvtem. 12^v Nuper accidit quod et ipse probaui...—...omnia que gesta sunt de Ihesu in pretorio meo. Valete.* **EpiL** *12^v Nunc ergo, dilectissimi fratres, hanc lectionem quam audistis...—...ad nostram deuenerunt noticiam. De imperatoribus Illis diebus in quibus crucifixus Ihesus Christus dominus, Tiberius cesar in urbe Roma quietus manebat...—...13^v anno sextodecimo post Christi passionem et Tiberius priuiginus eius suscepit imperium.*

SS   **Bibl** Collett, pp. 48-9. †Madan et al., vol. II, pt 1, p. 317.

229. **OXFORD**, Great Britain. Bodleian Library

MS   Bodl. 636

     Paper and parchment. ii 224 ff. 8$^1/_8$ x 5$^7/_8$ in. (206 x 149 mm). **Saec.** XV. **Orig.** England. **Poss.** 224^r *Iste liber constat domino J. Peny...* (saec. XV); presented to the Bodleian in 1602 by Sir Walter Cope. **Contents** I: Vincentius Bellovacensis (*Visio Tundali*). II: *Visio monachi de Eynesham; De passione domini (Passio Christi fuit ex dolore amara...); Legenda aurea,* cap. LIV (*De resurrectione domini*); *EN; EP; Testamenta duodecim patriarcharum; ...; Regula s. Benedicti; Ars moriendi; Isidorus Hispalensis; Hieronymus;* lections; theological and moral tracts; *Post peccatum Adae....*

*I/E   **Title** *91^v In nomine sancte Trinitatis incipiunt gesta saluatoris domini nostri Iesu Christi que inuenit Theodosius 92^r magnus imperator in Ierusalem in pretorio Poncii Pilati in codicibus puplicis.* **Prol** II *92^r Factum est in anno quintodecimo Tyberii cesaris, imperatoris Romanorum, et Herodis regis Iudeorum imperatorum Galilee...* **Text** *Igitur Anna et Cayphas et Sobna, Datan, Gamaliel, Iudas, Leui, Neptalim, Alexander et Sirus...—...106^v et posuit omnia verba in codicibus puplicis pretorii sui.* Ch. I,1-XXVII. **EP** *106^v Et post hec ipse Pilatus scripsit epistolam ad vrbem Romam Claudio imperatori dicens: Poncius Pilatus regi suo Claudio salutem. Nuper accidit quod ipse probaui...—...107^r omnia que gesta sunt de Iesu.*

SS   **Bibl** †Madan et al., vol. II, pt 1, pp. 154-5.

230. **OXFORD**, Great Britain. Bodleian Library

MS   Canon. Pat. Lat. 117

     Paper. 45 ff. 210 x 305 mm. **Saec.** XV. **Contents** A miscellany in prose and verse: ...; *Passio domini Iesu Christi sec. Iohannem;* prayers; *EN; EP; CST; Nota de xii articulis fidei;* notes and excerpts; *Passio domini in rimis;* Bernardus Clarevallensis; verses; notes; *Epistola Bernardi ad Raymundum;* Gualterus Mapes; etc.

*I/E   **Title** 9^r *Passio Nicodemi quod fecit de passione Christi.* **Prol** I *Facta est autem* *altercatio presidi Pilato aduersus dominum, Anna et Cayfa principibus sacerdotum, temporibus Tiberii cesaris. Ego Eneas Hebreus, primus legis doctorum, perscrutans diuinitatem legis et scripturarum...—...literis grecis ad cognoscendum.* **Text** *Anna et Caipha summo principi et legis doctores Gamaliel Iudaici, Neptalim et aliorum nomina, Iairum et ceteros...—...14ᵛ et posuit omnia uerba in codicibus publicis pretorii sui.* Ch. I,1-XXVII. **EP** 14ᵛ *Et post hec ipse Pillatus scripsit epistolam ad urbem Romam Claudio dicens: Pontius Pillatus Claudio regi salutem. Nuper accidit quod ipse probaui...—...15r et mendacio assensum Iudeorum prebeatis, hec omnia scripta sunt.* **CST** 15ʳ *Factum est autem cum Tyberius cesar gubernaret imperium... —...16ʳ Eodem tempore suscepit imperium Romanum Nero cesar.* Version A, ch. 1-15.

SS　　**Bibl.** ⁺Coxe, 1854, coll. 359-61.

231. OXFORD, Great Britain. Bodleian Library
MS　Digby 16

Parchment. 223 ff. 115 x 160 mm. **Saec.** XIV. **Poss.** Thomas Allen (1540-1632). **Contents** *Liber de imagine mundi;* Iacobus de Vitriaco, *Exempla;* EN; EP.

*I/E　**Title** 208ʳ *Incipit hystoria Nichodemi de gestis saluatoris que inuenta est in pretorio Poncii Pilati.* **Prol.** II *Incipit prologus. Factum est in anno decimo nono imperii cesaris imperatoris Romanorum et Herodis filii Herodis regis Galilee... Explicit prologus.* **Text** *Annas et Cayphas et Somne et Dathan et Gamaliel, Iudas, Leui, Neptalim, Alexander et Syrus...—...222ᵛ et posuit omnia uerba hec in codicibus publicis pretorii sui.* Ch. I,1-XXVII. **EP** 222ᵛ *Et post ipse Pilatus scripsit epistolam ad urbem Romam Claudio dicens: Pontius Pilatus regi Claudio salutem. Nuper accidit quod et ipse probaui...—...223ʳ omnia que gesta sunt de Ihesu in pretorio meo.* **Closing** 223ʳ *Explicit hystoria Nichodemi quam inuenit Theodosius magnus imperator in Ierusalem in pretorio Poncii Pilati in codicibus publicis.*

SS　　**Bibl.** ⁺Macray, 1883, coll. 11-2.

232. OXFORD, Great Britain. Bodleian Library
MS　Fairfax 17

Parchment. 85 ff. 10¹/₅ x 6¹/₂ in. (267 x 165 mm). **Saec.** XII ex. **Orig.** England. **Poss.** Possibly Louth Park (OCist), Lincolnshire (cf. 64ʳ); Charles Fairfax (1597-1673), *ex dono Henrici Cholmley...* (ex-libris). **Contents** A theological, devotional miscellany: Hugo de s. Victore; Ambrosius Mediolanensis; Bernardus Clarevallensis; sermons; EN; EP; CST; Rood-tree legend (*Sancta et divina eloquia... Post egressionem autem filiorum Israel...*); *De inventione s. crucis;* Lanfranc; *Lamentatio Gervasii abbatis;* ...; accounts of visions (Orm; Drichtelm); etc. Used by Collett for her edition of EN A.

*I/E　**Title** 44ʳ *Incipiunt gesta domini nostri Ihesu Christi que inuenit Theodosius magnus imperator in Ierusalem in pretorio Poncii Pilati in codicibus publicis.* **Prol.** II

Factum est in anno nonodecimo imperatoris Theodosii cesaris, imperatoris Galilee...
—*...mandauit ipse Nichodemus litteris hebraicis.* Text *Anna et Cayphas et Gome et Dathan, Gamaliel, Iudas, Leui, Neptalim, Alexander et Sirus...*—*...54ʳ et posuit omnia uerba in codicibus publicis pretorii sui.* Ch. I,1-XXVII. EP 54ʳ *Et post hec ipse Pilatus scripsit epistolam ad urbem Romam Claudio dicens: Pontius Pilatus Claudio regi suo salutem. Nuper accidit quod et ipse probaui...*—*...54ᵛ omnia que gesta sunt de Iesv in pretorio meo. Valete.* CST 54ᵛ ⌈*Hanc Pilatus etc.* A note in a different hand referring to four inserted leaves that follow.⌉ 55ʳ *Hanc Pilatus Claudio direxit adhuc uiuente Tiberio imperatore licet grauissimo laborante morbo...*—*...58ᵛ Dominus autem salutem contulit credentibus in se, quia ipsum credimus Dei Filium qui cum Patre... Amen.* Version B, ch. 1-20.

SS   **Bibl.** Collett, pp. 47-8. Goy, p. 307. Ker, 1964, p. 127. †Madan et al., vol. II, pt 2, pp. 780-1.

233. OXFORD, Great Britain. Bodleian Library
MS   Hamilton 6
   Paper. 347 ff. 310 x 215 mm. **Saec.** XV/1 (1417-9). **Orig.** At least partly at *Gorlicz*; cf. note on 3ʳ). **Scr.** Apeczkonen Nuendorff, presbyter (cf. inscription on 3ᵛ). §**Poss.** Possibly Petersberg, Erfurt (OSB).§ **Contents** Willelmus de Lavicea; ‡sermons, some possibly by Philippus Florentinus; *EN*; *EP*; *SN*; *Speculum humanae salvationis*; sermons; etc.‡ Used by Dobschütz for his edition of *SN*.
*I/E   **Title** 118ʳᵃ *Ewangelium Nychodemi.* **Prol.** II *Factum est in anno xviiiᵒ imperatoris Tiberii, cesaris Romanorum, et Herodis filii Herodis imperatoris Galilee...* Text *Annas et Cayphas et Dathan, Gamaliel, Iudas, Leui, Neptalim, Allexander et Syrus et Semas, Ionathas, Yairus...*—*...127ʳᵇ et posuit omnia verba in codicibus publicis pretorii sui [... ?].* Ch. I,1-XXVII. EP 127ʳᵇ *Et post hec Pylatus scripsit epistolam ad vrbem Romanam Claudio: Poncius Pylatus regi Claudio suam salutem. Nuper accidit et quod ipse probaui...*—*...127ᵛᵃ que gesta sunt de Ihesu in pretorio meo etc.* SN 127ᵛᵃ *Cumque hec Claudius 127ᵛᵇ Claudius suscepiset Neroni imperatorique legasset...*—*...129ᵛᵇ ut essetis michi in filios et ego vobis in patrem. Amen.* Ch. I-VII,6.
SS   **Bibl.** §Krämer, 1989-90, vol. I, p. 230. ‡Madan et al., vol. V, pp. 13-4. †Watson, p. 79.

234. OXFORD, Great Britain. Bodleian Library
MS   Laud. misc. 75
   Parchment. 44 ff. 185 x 265 mm. **Saec.** XIII. **Scr.** Several scribes. **Poss.** Michelsberg, Mainz (OCart). **Contents** *Gesta b. Catherinae virginis et martyris*; saints' lives; Hugo de s. Caro; *De symbolo cantando*; *EN*; *EP*.
*I/E   **Title** 38ᵛᵃ *Incipit passio Nycodemi.* **Prol.** II *Factum est in anno xviiiᵒ imperii Ty-*

berii cesaris, imperatoris Romanorum, et Herodis filii Herodis imperatoris Galilee...
Text *Annas et Cayphas et Somme et Datan, Gamaliel, Iudas, Leui, Neptalim, Alexander et Syrus...—...44rb et posuit omnia uerba in codicibus publicis pretorii sui.*
Ch. I,1-XXVII. Closing 44rb *Explicit. EP Post hec Pylatus scripsit epistolam et misit ad urbem Romanam Claudio cesari dicens: Poncius Pylatus Claudio regi salutem. Nuper accidit et quod ipse probaui...—...omnia que gesta sunt de Ihesu in pretorio meo. Explicit epistola Pylati.*

SS   Bibl. †Coxe, 1858-85, pt 1, coll. 88-9. Krämer, 1989-90, vol. II, p. 547.

235.   OXFORD, Great Britain. Bodleian Library
MS   Laud. misc. 79

Parchment. 149 ff. Saec. XII in. ‡Orig. England.‡ Poss. Reading (OSB), Berkshire (ownership note on 104^v); stolen ca. 1490, it was purchased by Willelmus Wargrave and returned to Reading (cf. note on 104^v). Contents Haimo Halberstadiensis; *De commemoratione defunctorum; Epistola Alexandri Magni ad Dindimum*; a prayer, in French; excerpts from Augustinus Hipponensis, Isidorus Hispalensis, etc.; a prayer to Mary; *EN*; *EP*; *Oratio animae peccatricis ad Deum*; prayers; *Relatio Iosephi patriarchae*, prayers. Used by Kim for his edition of *EN*; some variants quoted by Collett in footnotes to her edition of *EN A.*

*I/E   Title 92^r *In nomine sancte Trinitatis incipiunt gesta saluatoris domini nostri Ihesu Christi que inuenit Theodosius magnus imperator in Ierusalem in pretorio Pontii Pilati in codicibus publicis.* Prol. II *Factum est in anno uicesimo tercio imperii Tiberii cesaris, publici imperatoris Romanorum, et Herodis regis Galileae, filii Archelai...—...mandauit ipse Nichodemus litteris hebraicis.* Text *Annas et Cayphas et Somne et Datan, Gamaliel, Iudas, Leui, Neptalim, Alexander et Sirus...—...103^v et posuit omnia uerba in codicibus publicis praetorii sui.* Ch. I,1-XXVII. *EP* 103^v *Et post haec ipse Pilatus scripsit epistolam ad urbem Romam Tiberio cesari dicens: Pontius Pilatus regi Tiberio suo salutem. Nuper accidit quod et ipse probaui...—... 104^r omnia quae gesta sunt de Ihesu in praetorium meum.*

SS   Bibl. ‡Collett, pp. 46-7. †Coxe, 1858-85, pt 1, coll. 90-2. Ker, 1964, p. 157.

236.   OXFORD, Great Britain. Bodleian Library
MS   Laud. misc. 183

Parchment. 332 and 370 ff. Saec. XIV. Poss. Michelsberg, Mainz (OCart). Contents Vol. I: *Legenda aurea.* Vol. II: Saints' lives; *Vita s. Silvestri papae; EN; EP; CST; Dialogus b. Mariae et Anselmi*; saints' lives. Used by Dobschütz for his edition of *CST.*

*I/E   Title 530^v *In nomine sancte Trinitatis incipiunt gesta saluatoris domini nostri Ihesu Christi que inuenit Theodosius magnus imperator in Iherusalem in pretorio Poncii Pylati in codicibus publicis.* Prol. II *Factum est in anno xix imperii Tyberii*

cesaris, imperatoris Romanorum, et Herodis filii Herodis imperatoris Galylee... **Text**
...545ᵛ et posuit omnia verba in codicibus publicis pretorii sui. Ch. -XXVII. *EP*
545ᵛ Incipit epistola Pylati ad Claudium imperatorem. Post hec Pylatus scripsit
epistolam et misit ad vrbem Romam Claudio cesari dicens: Pontius Pylatus Claudio
regi salutem. Nuper accidit et quod ipse probaui...—...546ʳ omnia que gesta sunt
de Ihesu in pretorio meo. Vale. **Closing 546ʳ,** different hand *Hanc epistolam*
direxit Pylatus Claudio adhuc viuente Tyberio imperatore licet grauissimo laborante
morbo. Finit ewangelium Nychodemi siue gesta saluatoris nostri Ihesu Christi. CST
Eodem tempore cesar Tyberius cum gubernaret imperium...—...548ᵛ ingrassatus est
in nobilitatem Romani senatus. Version B, ch. 1-14.

SS   **Bibl** †Coxe, 1858-85, pt 1, coll. 165-6. Fleith, p. 211, no. LA 588. Krämer,
1989-90, vol. II, p. 547.

237. **OXFORD**, Great Britain. Bodleian Library
MS   Laud. misc. 402
Parchment. ii 219 ff. 165 x 235 mm. **Saec. XIII,** XIV, and XV. **Scr.** Several
scribes. **Poss.** ‡Cathedral priory, Durham (OSB);‡ Daniel Birkhead, *ex dono*
ornatissimi magistri Anth. Maxton. **Contents** A miscellany in prose and verse:
...; Laurentius Aquileiensis; letters and charters; Ricardus de s. Victore;
Simon de Gandavo; Hugo de s. Victore; Iohannes Hoveden; ...; *Expositio du-*
odecim ramorum ligni vitae, Iohannes Wallensis; notes and sermons; *EN; EP;*
CST; Robertus Grosseteste, *Sermones;* etc. Used by Dobschütz for his edition
of *CST.*

*I/E   **Title** 117ʳ *In nomine sancte Trinitatis incipiunt gesta saluatoris domini nostri Ihe-*
su que inuenit Theodosius magnus imperator in Ierusalem in pretorio Poncii Pilati
in codicibus publicis. **Prol. II** *Factum est in anno octauodecimo imperii Tiberii*
cesaris, imperatoris Romanorum, et Herodis filii Herodis regis Galilee...—...manda-
uit Nichodemus litteris hebraicis ita. **Text** *Annas et Caiphas et Sonna et Datan,*
Gamaliel, Iudas, Leui, Neptalim, Alexander et Sirus...—...129ʳ et posuit omnia ver-
ba ista in codicibus publicis pretorii sui. Ch. I,1-XXVII. *EP* 129ʳ *Et post hec ipse*
Pilatus scripsit epistolam ad vrbem Romam Tiberio dicens: Poncius Pilatus Tiberio
129ᵛ cesari salutem. Nuper accidit quod ille probaui...—...129ᵛ et hestimet creden-
dum mendaciis Iudeorum. **Closing** 129ᵛ *Expliciunt gesta saluatoris.* CST *Hanc Pi-*
latus Claudio epistolam direxit adhuc viuente Tiberio imperatore laborante grauissi-
mo morbo...—...132ʳ Dominus autem salutem confert omnibus in eum credentibus,
ipsum ergo credimus Dei Filium qui cum Patre... Amen. Explicit punicio Pilati et
reuelacio ymaginis Christi. Version B, ch. 1-20.

SS   **Bibl** †Coxe, 1858-85, pt 1, coll. 295-7. ‡Ker, 1964, p. 74. Ker and Watson, p.
32.

238. **OXFORD**, Great Britain. Bodleian Library
MS   Rawlinson D. 1236
      Parchment. 77 ff. 190 x 120 mm. **Saec.** XIII. **Scr.** One scribe. **Poss.** St. Mary,
      Dublin (OCist, ownership note, saec. XIV). **Contents** *Vita s. Mariae*, ps.-Mat-
      thaeus; ps.-Thomas; *Transitus Mariae*, a compilation including excerpts from
      the Rood-tree legend (*David autem regnavit...*), *De destructione Hierusalem*
      (*Adveniente igitur paschali solemnitate...*), *De arbore crucis* (*Mirabiliter coepit oriri*
      ...), and *EN*; *EN*; *VS*.
*I/E **Title** 54^r *Quomodo Ioseph peciit corpus Ihesu.* **Text** *Cum autem sero factum esset*
      uenit quidam homo diues ab Arimathia nomine Ioseph...—...60^r Statim Ihesus re-
      spondebat dicens: Amen dico tibi, hodie mecum eris in paradiso. Ch. XI,3-XXVI.
*I/E **Title** 60^r *Incipit epistola Nichodemi de passione Ihesu Christi euuangelii Nazareo-*
      rum. **Prol.** I *Audistis, fratres karissimi, que acta sunt sub Poncio Pilato preside,*
      temporibus Tyberii cesaris. Ego Eneas Ebreus, primus legis doctor, perscrutans
      diuinitatem scripturarum...—...que ego interpretatus sum litteris grecis ad cognicio-
      nem omnium. **Text** *Anna et Cayphas, sacerdotes et doctores, Gamaliel et Uellegis,*
      Iudas et Neptalim, Andoson et Iairus...—...72^r Hec sunt testimonia Karini et Leucii,
      fratres karissimi, de Christo Dei Filio qui sanctis suis gessit apud inferos. Cui aga-
      mus omnes laudes, cui honor... secula. Ch. I,1-XXVII. *VS* 72^r *De confusione Iudeo-*
      rum. In diebus Tyberii cesaris, tetrarcha sub Poncio Pilato traditus fuit Ihesus a Iu-
      deis, celatus a Tyberio. In diebus illis erat quidam regulus sub Tyberio...—...74^v que
      imperator nullus antea audierat. Quibus auditis. Ch.1-19.
SS   **Bibl.** Gijsel, p. 55. †Hoffmann, ch. 3.2.2. Macray, 1898, coll. 371-2.

239. **OXFORD**, Great Britain. Bodleian Library
MS   Selden Supra 74
      Parchment. ii 126 ff. 8³/₄ x 6¹/₂ in. (222 x 165 mm). **Saec.** XIII/2. **Orig.** Eng-
      land. **Scr.** Several scribes. **Poss.** The name of *Sir Ryc. Hadele* on 14^v (saec. XV
      ?); the name of *John Somervyle* on 125^v (saec. XVI); Roger Young (cf. note
      on ii^r, saec. XVI). **Contents** Didactic pieces in verse and prose, in French;
      Historia s. Neminis; Vita Adae et Evae (*Factum est cum expulsi essent...*); *EN*; *EP*;
      SN; *VS*; fifteen signs of the Last Judgment; moral poems; excerpts from the
      Vulgate, in French; *Speculum ecclesiae*, in French; Gautier de Metz; Innocen-
      tius III papa; *Planctus b. Mariae* (*Quis dabit capiti meo...*); a chronicle of Eng-
      land, in French. Used by Dobschütz for his edition of *SN*.
*I/E **Prol.** II 18va *Factum est in anno xix° Tiberii cesaris, imperatoris Romanorum, et*
      Herodis filii Herodis regis Galilee... **Text** *Tunc Annas, Cayphas, Summe, Dadan,*
      Gamaliel, Iudas, Leui, Neptalim, Alexander et Syrus...—...25va et posuit omnia in
      codicibus publicis pretorii sui. Ch. I,1-XXVII. *EP* 25va *Et post hec ipse Pilatus*
      epistolam scripsit ad vrbem regni Rome dicens: Poncius Pilatus regi Claudio suo
      salutem. Nuper accidit quod et ipse probaui...—...25vb omnia que gesta sunt de

Ihesu in pretorio meo. SN 25vb *Cumque Claudius suscepisset Neronique imperatori legisset...—...28va ut non sacrificium michi agant in sempiterno.* Ch. I-XIII,2. VS 28va *In diebus imperii cesaris Tyberii, tetrarcha Pontio Pilato Iudee traditus fuit dominus, zelatus a Tyberio. In diebus illis erat quidam Tytus sub regulis Tyberii... —...31ra mergantur in profundum fluminis cauentes in hodiernum diem.* Ch. 1-.

SS Bibl. †Madan et al., vol. II, pt 1, pp. 642-4.

240. **OXFORD, Great Britain. Christ Church**
MS 99
Parchment. i 260 i ff. 170 x 255 mm. Saec. XIII/2. Scr. Five scribes. **Contents** Galfridus Monemutensis; *Liber provincialis*; Martinus Polonus; Beda Venerabilis; ...; ps.-Aristoteles; *Disputatio magistralis inter ducem et philosophiam*; ps.-Aristoteles; ...; Martinus Polonus; proverbs in Latin; *EN*; *EP*; *CST*; anecdotes and exempla; Innocentius III papa.

*I/E **Prol. II** 202^r [F]*actum est autem in anno quintodecimo imperii Tiberii cesaris, imperatoris Romanorum, et Herodis filii Herodis regis Galilee...* Text *Igitur Annas et Cayphas et Sobna, Dathan, Gamaliel, Iudas, Leuy, Neptalim, Alexander et Sirus ...—...209^r et posuit omnia uerba hec in codicibus pupplicis pretorii.* Ch. I,1-XXVII. *EP* 209^r *Et post uolens cesari omnia nunciare, ipse Pilatus epistolam ad urbem Claudio imperatori scripsit dicens: Poncius Pilatus Claudio suo salutem. Nuper accidit et quod ipse probaui...—...209^v omnia que gesta sunt de Ihesu in pretorio meo. Valete.* CST 209^v *Hanc Pilatus Claudio direxit adhuc uiuentem Tiberio imperatore licet grauissimo laborante langore...—...211^v Dominus autem salutem contulit credentibus in se, quia ipsum credimus Dei Filium qui cum Patre... Amen.* Version B, ch. 1-20.

SS Bibl. †Crick, pp. 249-51. Kitchin, p. 44.

241. **OXFORD, Great Britain. Jesus College**
MS 4
Parchment. 107 ff. 145 x 180 mm. Saec. XI and XII. †Orig. England (?).‡ Poss. §Pershore (OSB), Worcestershire;§ ¶Sir John Prise (mentioned in the list of Prise's books at Jesus College, ca. 1621-2).¶ **Contents** Anselmus Cantuariensis; Boethius; *Liber de arte geometriae*; *De arbore crucis* (*Mirabiliter coepit oriri...*); *EN*; *EP*; *CST*.

*I/E **Prol. II** 96^v *Factum est in anno nonodecimo imperii Tyberii cesaris, imperatoris Romanorum, et Herodis filii Herodis regis Galilee...—...mandauit ipse Nichodemus litteris hebraicis.* Text *Anna et Caiphas et Sonne et Dathan et Gamaliel, Iudas, Leui, Neptalim, Alexander et Syrus...—...105^r et omnia uerba hec in cordibus publicis pectorii sui.* Ch. I,1-XXVII. *EP* 105^r *Et post hec ipse Pilatus regi Claudio salutauit. Nuper accidit quod ipse probaui...—...omnia que gesta sunt de gesta sunt de Ihesu in pretorio meo. Valete.* CST *Hanc Pilatus epistolam Claudio direxit adhuc* *uiuente Tiberio imperatore licet grauissimo laborante morbo...—...*106[v] *Dominus autem salutem contulit in se credentibus, quia ipsum credimus Dei Filium qui cum Patre... Amen.* Version B, ch. 1-20.

SS   Bibl. ‡Bower, p. 229. †Coxe, 1852, vol. II, pt 7, p. 2. §Ker, 1964, p. 150. ¶Ker, 1985, pp. 484, 489.

242. OXFORD, Great Britain. Magdalen College
MS   Lat. 53

Parchment. 165 ff. 150 x 220 mm. **Saec.** XII, **XIII,** and XIV. **Scr.** Several scribes. ‡**Poss.** Pp. 169-98 are from Holy Trinity, Norwich (OSB).‡ **Contents** Historical tracts; saints' lives; chronicles; *EN; EP;* chronicles; *Vita s. Neoti;* ps.-Methodius; *De sanguine Christi; De situ civitatum Aegypti; Visio Dunstani; Visio Tundali;* etc.

*I/E   **Title** P. 169 *Euangelium Nichodemi.* **Prol.** II *Factum est in anno nonodecimo imperatoris Theodosii cesaris, imperatoris Galilee... **Text** Anna et Caiphas et Some et Datan, Gamaliel, Iudas, Neptalim, Alexander...—...p. 188 et posuit omnia uerba in codicibus publicis pretorii sui.* Ch. I,1-XXVII. *EP* P. 188 *Et post hec ipse Pilatus scripsit epistolam ad urbem Romam Claudio dicens: Poncius Pilatus regi suo Claudio salutem. Nuper accidit quod et ipse probaui...—...p. 189 omnia que gesta sunt de Ihesu in pretorio meo.*

SS   Bibl. †Coxe, vol. II, pt 2, pp. 31-2. ‡Ker, 1964, p. 139.

243. OXFORD, Great Britain. Magdalen College
MS   Lat. 260

Parchment. 14 ff. 230 x 132 mm. **Saec.** XV/2. **Orig.** England. **Scr.** One scribe. **Poss.** A gift from John Rawstone, chaplain, in 1807. **Contents** *EN; EP.*

*I/E   **Prol.** II 1[r] *Factum est in anno nonodecimo imperii Tiberii cesarii, imperatoris Romanorum, et Herodis filii Herodis Galilee...—...mandauit ipse Nichodemus litteris ebraicis.* **Text** *Anna et Caiphas et Some et Datan, Gamaliel, Iudas, Neptalim, Alexander...—...13[v] et posuit omnia verba in codicibus pubplicis pretorii sui.* Ch. I,1-XXVII. *EP* 13[v] *Et post hec ipse Pilatus scripsit epistolam ad vrbem Romam Claudio dicens: Poncius Pilatus regi suo Claudio salutem. Nuper accidit quod et ipse probaui...—...omnia que gesta sunt de Ihesu in pretorio meo.*

SS   Bibl. †Ker, 1969-83, vol. III, p. 653.

244. OXFORD, Great Britain. Merton College
MS   13

Parchment. 239 ff. 193 x 265 mm. **Saec.** XIV ex. and XV. **Scr.** Several scribes; *EN* apparently in three different hands. **Poss.** Merton College since saec. XV, *ex dono magistri Henrici Sever, sacre theologie professoris.* **Contents** A miscellany, including writings of Anselmus Cantuariensis, Augustinus Hipponensis, Hugo de s. Victore, and others. Among them are ps.-Thomas, *S. Pauli verba ad Neronem, De spiritu Guidonis*, ps.-Methodius, *Epistola Iesu Christi de interdictione omnium malorum, Visio Pauli, De s. Thoma apostolo, EN, EP, Dialogus b. Mariae et Anselmi, Clementinarum liber.*

*I/E   **Title** 186ra *Incipit euangelium Nazareorum secundum Nichodemum.* **Prol** II *Factum est in anno decimo nono imperii Tyberii cesaris Romanorum et Herodis filii Herodis regis Galilee...* **Text** *Annas et Cayphas et Sonne et Dathan et Gamaliel, Iudas, Leui, Neptalim, Alexander et Syrus...*—*...190vb et posuit omnia verba hec in codicibus publicis pretorii sui.* **Ch.** I,1-XXVII. **EP** 190vb *Et post hec ipse Pilatus scripsit epistolam ad vrbem Romam Claudio imperatori dicens: Pontius Pilatus regi Claudio salutem. Nuper accidit quod et ego ipse probaui...*—*...191ra omnia que gesta sunt de Ihesu in pretorio meo.* **Closing** 191ra *Explicit euangelium Nichodemi quod dicitur euangelium Nazareorum.*

SS   **Bibl.** †Coxe, vol. I, pt 3, pp. 7-10. Powicke, p. 204.

245. PADERBORN, Germany. Bibliotheca Theodoriana, now in Erzbischöfliche Akademische Bibliothek

MS   Ba 16

Paper. Approx. 350 ff. 290 x 200 mm. **Saec.** XV. **Scr.** Several scribes. ‡**Poss.** Abdinghof, Paderborn (OSB; ownership note on 1v). **Contents** *Regula s. Benedicti; ...; Speculum monachorum; Stella clericorum;* sermons; *Consolatio peccatorum;* sermons; *Epistola Eusebii ad Damasum episcopum;* letters, glossaries; *Vocabularium breve graeco-latinum; EN; EP;* a monastic oath.‡

*I/E   **Title** 210ra ⌈*Passio domini secundum Nichodemum.* Top margin.⌉ **Prol** II *Factum est in anno xixº inperii Tyberii cesaris, inperatoris Romanorum, et Herodis regis Galilee...*—*...viiiº kalendas aprilis.* **Text** *Annas et Cayphas, Somine, Dachan, Gamaliel, Iudas, Leui, Neptalim, Allexander et Syrus...*—*...215vb.* **Ch.** I,1-. **EP** *...216ra omnia que gesta sunt de Ihesu in pretorio meo etc.* **Closing** 216ra *Finita passio domini secundum Nichodemum scripta ab eo licteris hebraicis et inventa in pretorio Pilati a Theodocio inperatore in codicibus publicis.*

SS   **Bibl.** †Hagiographi Bollandiani, 1937, p. 230. Krämer, 1989-90, vol. II, p. 647. ‡Richter, pp. 40-1. **Corresp.** Hermann-Josef Schmalor.

246. PADOVA, Italy. Biblioteca Antoniana

MS   211 Scaff. X

Paper. 113 ff. 222 x 147 mm. **Saec.** XV/1 (1431). **Orig.** Croatia; vols. I and II written in Split. **Scr.** Vol. I by *Jacobus filius ser Pauli Vulcini de Spaleto canonicus metropolitanae Ecclesiae Spaletanae;* vol. II *per me fratrem Petrum de Scibenico;* the scribe of vol. III does not identify himself. **Contents** I: Ambrosius

Mediolanensis. II: Franciscus de Mayronis, *De septem vitiis capitalibus*. III: *EN;*
EP.

I/E Title 99ʳ *Incipit evangelium Nicodemi*. **Prol. II** *Actum est in anno decimo imperii*
Tiberii Caesaris imperatoris Romanorum et Herodis regis Galileae... Ch. I,1-. *EP*
*...*113ʳ *Potestati vestrae omnia quae gesta sunt de Jesu in praetorio meo sunt scrip-*
ta. **Closing** 113ʳ *Expleta sunt gesta de Christo Filio Dei, Deo gratias in sempiterna*
saecula saeculorum. Amen.

SS **Bibl.** †Abate and Luisetto, vol. I, pp. 228-9.

247. **PADOVA**, Italy. Biblioteca Antoniana
MS   473 Scaff. XXI
    Parchment. 184 ff. 283 x 177 mm. **Saec.** XI-XII. **Poss.** 184ᵛ *Iste liber est conces-*
    sus ad usum fratri Petri de Padua de contrata sanctae Crucis, Ord. Minorum
    (saec. XIV). **Contents** *Flores evangeliorum; Homiliae de sanctis; Commune sanc-*
    torum; sermons; *EN; Visio Pauli;* sermons; *Sermo de confusione diaboli; Epistola*
    de Antichristo; De quindecim signis ante diem iudicii; sermons.

*I/E Title 138ᵛ *Sermo de passione*. **Prol. I** *Avdistis, fratres karissimi, que acta sunt sup*
    Poncio Pilato preside, teporibus Tiberii cesaris. Ego Eneas Ebreus, legis doctor, 139ʳ
    *perscrutans diuinitatem legis scripturarum...—...*139ʳ *ego interpretaui de hebreis*
    uoluminibus litteris grecis ad cognitionem omnium. **Text** 139ʳ *Anna et Cayphas,*
    summi sacerdotes et doctores, Gamaliel, Beilec, Iudas, Neptalim et Androson et
    *Iairus...—...*147ᵛ *Haec sunt, fratres karissimi, que uidimus et testificamur, aiurati*
    a uobis illum testantes qui pro nobis mortuus est et resurrexit, quia sicut scripsi-
    mus ita gesta sunt per omnia. Ch. I,1-XXVII.

SS **Bibl.** †Abate and Luisetto, vol. II, pp. 447-55.

248. **PARIS**, France. Bibliothèque de l'Arsenal
MS   128 (39 A.T.L.)
    Parchment. i 28 ff. 180 x 110 mm. **Saec.** XIV in. (possibly 1310). **Poss.** 28ʳ *De*
    Cauperes; Marc-Antoine-René de Paulmy (d. 1787). **Contents** *EN;* diverse
    notes.

*I/E Title iʳ ⌜*Vita salvatoris per Nicodemum anno 1310*. Later hand.⌝ 1ʳ *Hic incipiunt*
    gesta saluatoris scripta a sancto Nichodemo. **Prol. II** *Factum est in anno xix impe-*
    rii Tyberii cesaris, imperatoris Romanorum, et Herodis filii Herodis regis Galilee...
    —...Theodosius autem magnus imperator fecit ea transferri de hebreo in latinum.
    Text *Annas et Cayphas, Symeon et Dathan, Gamaliel et Iudas, Leui et Neptalim,*
    *Alexander et Iairus...—...*26ᵛ *et posuit omnia miracula hec in codicibus publicis pre-*
    torii sui. Ch. I,1-XXVII. **XXVIII** 26ᵛ *Post hec ingressus Pilatus templum* 27ʳ *Iude-*
    *orum congregauit omnes principes sacerdotum et gramaticos...—...*28ʳ *Et sunt simul*
    anni quinque milia et semi. **Closing** 28ʳ *Explicit.*

SS **Bibl.** †Martin, p. 67.

249. **PARIS, France. Bibliothèque de l'Arsenal**

MS   532 (581 Y.T.L.)

Parchment and paper. i 238 i ff. 301 x 214 mm. **Saec.** XV/2 (1457-8). **Scr.**
Walterus Vliet de Rethy (d. 1483; cf. notes on 80ʳ, 123ʳᵇ); ff. 234-8 by another
scribe. **Poss.** Korssendonck (OCan), dioc. Cambrai (cf. title on cover, saec.
XV). ‡**Contents** Bernardus Guidonis; Aegidius Romanus; Matthaeus de Cracovia; genuine and spurious works of Thomas de Aquino; ...; Paulinus Mediolanensis; ...; *De coena domini*; *EN*; Hugo de Folieto, *De nuptiis*; miscellaneous texts by Hugo de s. Victore, Iohannes Gerson, Augustinus Hipponensis, Nicolaus de Lyra, and others.‡

*I/E **Title** 119ʳᵃ *Incipit ewangelium Nychodemi*. **Prol.** II *Factum est in anno decimo*
Tyberii cesaris, imperatoris Romanorum, et Herodis filii Herodis imperatoris Galilee
... Text Annas et Cayphas et summi sacerdotes et Iadam, Gamaliel et reliqui Iudeo-
*rum...—...*123ᵛᵇ *Et ipse in Iordane baptizabitur. Et cum egressus fuerit de aqua Ior-*
danis tunc de oleo misericordie vnget omnes credentes in se. Ch. I,1-XIX. **Closing**
123ᵛᵇ *Explicit ewangelium Nychodemi scriptum anno domini a passione m°cccc°lvii*
in octabis sancte uirginis Agnetis per fratrem Walterum Vliet de Rethy, presbite-
rum professum qui humiliter desiderat orationes pro se suisque omnibus amicis
quoniam qui pro alio orat seipsum iuuat et quod alteri nititur impetrare crescit sibi
in augmentum meriti etc.

SS   **Bibl.** ‡Luna, pp. 18-29. Martin, pp. 388-92. †Samaran and Marichal, vol. I, p.
95.

250. **PARIS, France. Bibliothèque Mazarine**

MS   693 (939)

Parchment. i 158 ii ff. 232 x 152 mm. **Saec.** XII and XIII. **Scr.** Several scribes.
Poss. ‡Ff. 6-137 are possibly from St.-Remi, Reims (OSB; ownership note on
93ᵛ-94ʳ, saec. XI)‡; given by Wilhelm Bloc to Rouge-Cloître (OCan), near
Bruxelles, dioc. Malines (donation note on iᵛ-1ʳ, saec. XV). **Contents** I: A collection of sermons, with some liturgical pieces. II: *Planctus b. Mariae (Quis*
dabit capiti meo...); Transitus Mariae, *EN*; *EP*; *CST*; *EP*; *Historia apocrypha* of
the *Legenda aurea (Regibus olim liberalibus...).*

*I/E **Prol.** II 145ᵛᵃ *Factum est in anno nonodecimo imperii Tyberii cesaris, Romanorum*
imperatoris, et Herodis regis Galylee anno xviiii° principatus eius... Text 145ᵛᵇ *An-*
nas et Cayphas et Abyron et Dathan et Gamaliel, Iudeis, Leui, Neptalym, Alexan-
*der et Syrus...—...*154ᵛᵇ *et posuit omnia uerba hec in codicibus publicis pretorii sui.*
Ch. I,1-XXVII. *EP* 154ᵛᵇ *Et post hec ipse Pylatus regi Claudio salutauit: Nuper*
*accidit quod ipse probaui...—...*155ʳᵃ *omnia que gesta sunt de Ihesu in pretorio meo.*
CST 155ʳᵃ *Hanc Pylatus Claudio direxit adhuc uiuente Tyberio im-* 155ʳᵇ *-peratore*
*licet grauissimo laborante morbo...—...*156ᵛᵃ *missus in exilium pre angustia gladio*
se ibi interfecit. Version B, ch. 1-18. *EP* 156ᵛᵇ *Quedam epistola quam Pylatus di-*

rexit ad urbem Romam Claudio. Pontius Pylatus regi suo Claudio salutem. Nuper accidit et quod ipse probaui...—...157ra omnia que gesta sunt de Ihesu in pretorium meum.

SS   Bibl. †Molinier, vol. I, pp. 318-21. ‡Samaran and Marichal, vol. I, p. 416.

251.   PARIS, France. Bibliothèque Mazarine

MS   1730 (1337)

Parchment. 246 ff. 240 x 158 mm. Saec. XIV. Poss. The name of *Nicholaus Poulain* on 210^v (saec. XIV); St.-Victor, Paris (OCan; ‡mentioned in the catalogue of 1514‡). Contents Saints' lives; *Miracula b. Mariae, EN; EP.*

*I/E   Title 242ra *Incipit euuangelium Ihesu Christi secundum* [... erased]. Prol. II *Factum est in anno xix^o imperii Tyberii cesaris, imperatoris Romanorum, et Herodis filii Herodis imperatoris Galilee...* Text *Annas et Cayphas et Somna et Dathan, Gamaliel, Iudas, Leui, Neptalim, Alexander et Syrus...—...245vb et posuit omnia uerba in codicibus publicis pretorii sui.* Ch. I,1-XXVII. EP 245vb *Et post hec ipse Pilatus scripsit epistolam ad vrbem Romam Claudio dicens: Nuper accidit quod et ipse probaui...—...246ra omnia que sunt gesta de Ihesu in pretorium meum.* Closing 246ra *Expliciunt gesta domini nostri Ihesu Christi que ostensa sunt Constantino regi.*

SS   Bibl. †Molinier, vol. II, p. 201. ‡Ouy, 1983, p. 319.

252.   PARIS, France. Bibliothèque Nationale

MS   Lat. 1652

Parchment. 51 ff. 245 x 185 mm. Saec. XV. Poss. Jean-Baptiste Colbert (1619-83); Bibliothèque Royale. Contents Cyprianus; ps.-Matthaeus; *EN; EP; SN; Epistola Abgari ad Iesum Christum; Epistola Iesu Christi ad Abgarum.* Used by Dobschütz for his edition of *SN*; by Thilo and Tischendorf for their editions of *EN.*

*I/E   Title 31rb *In nomine domini incipit liber de gestis domini nostri saluatoris per Emaux Hebreum post Nichodemum.* Prol. I *Incipit prefacio. Ego Emaus Hebreus qui eram legis doctor de Hebreis, in diuinis scripturis perscrutans diuinitates legis scripturarum...—...pax sit ista legentibus, sanitas audientibus. Explicit prefacio. Incipit liber, capitulum primum.* Prol. II 31va *Capitulum primum. Factum est sub Poncio Pilato preside Ierosolimis, anno xviii^{uo} imperatore Romanorum Tyberii cesaris et Herodis filii Herodis regis Galilee...—...mandauit litteris hebraycis sic.* Text *Accusacio Iudeorum in Ihesum. ii. Annas et Cayphas et Somme et Dathan et Gamaliel, Iudas, Leui, Neptali, Alexander et Syrus...—...48ra et posuit omnia verba in codicibus publicis pretorii sui sui.* Ch. I,1-XXVII. EP 48ra *Et post hec ipse Pilatus scripsit epistolam ad vrbem Romam Claudio imperatori sic dicens: Epistola Poncii Pylati ad Claudium imperatorem. xvii. Poncius Pylatus regi suo Claudio salutem. Nuper accidit quod et ipse probaui...—...48va omnia que gesta sunt de Ihesu in* *pretorio meo.* SN 48va *De testimonio Petri apostoli et quomodo Ihesus apparuit Neroni imperatori in visione. xviii. Cumque Claudius has litteras suscepisset* 48vb *et Neroni imperatori legisset...—...49vb et presenciam Christi domini vidit et exterminationem Iudeorum.* Ch. I-IV,1. **Closing** 49vb *Expliciunt gesta saluatoris edita a Nichodemo qui venit ad Ihesum nocte.*

SS **Bibl.** Gijsel, p. 170. †Paris, Bibliothèque Nationale, vol. II, p. 109.

253. **PARIS, France.** Bibliothèque Nationale
MS Lat. 1722
Parchment. i 112 ff. 275 x 195 mm. **Saec.** XII-XIII. **Poss.** Notre-Dame de Chercamp (OCist), dioc. Amiens (ownership notes on i^v, 112^v); Cardinal Jules Mazarin (1602-61); Bibliothèque Royale. **Contents** Ambrosius Mediolanensis; Petrus Damianus; Beda Venerabilis; *Epistola Pauli ad Laodicenses*; Baruch; *De quodam mercatore Alexandriae, De arbore crucis (Mirabiliter coepit oriri...)*; *EN*; *EP*; *De imperatoribus*; *VS*; Isidorus Hispalensis; Prudentius Trecensis.

*I/E **Text** 102^v *Cum sero autem esset factum, uenit quidam homo diues ab Arimathia nomine Ioseph...—...105^v et in codicibus publicis pretorii sui reposuit atque ad Claudium consulem misit epistolam hec in se continentem:* Ch. XI,3-XXVII, abbreviated. **EP** 105^v *Pontio Pilatus Claudio salutem. Nuper accidit quod ipse probaui...—...et si aliquis de eo aliud uobis dixerint non credatis mendatiis eorum.* **Epil.** *Nunc ergo, dilectissimi fratres, hanc lectionem quam audistis...—...ad nostram uenit noticiam.* **De imperatoribus** 105^v *In illis ergo diebus in quibus Christus Ihesus crucifixus est Tyberius cesar in urbe Roma quitus manebat...—...106^r emisit spiritum anno xvi post Christi natiuitatem et Tyberius priuignus eius suscepit imperium.* **VS** 106^r *Tyberio et Uitellio consulibus, factum est in ipso articulo passionis...—...108^v in extrema gente pergere cupis.* Ch. 1- .

SS **Bibl.** †Paris, Bibliothèque Nationale, vol. II, p. 142.

254. **PARIS, France.** Bibliothèque Nationale
MS Lat. 1933
Parchment. 139 ff. 300 x 205 mm. **Saec.** XII-XIII. **Poss.** Notre-Dame de Bonlieu (OCist), dioc. Bordeaux or Limoges (?; ownership note on 139^v); the name of *Frater Guillelmus Boni loci* on 139^v (saec. XIV-XV); Jean-Baptiste Colbert (1619-83); Bibliothèque Royale. **Contents** Hieronymus; Augustinus Hipponensis; Suplicius Severus; Gregorius Turonensis; Martinus Turonensis, *Confessio*; *EN*; *EP*.

*I/E **Title** 128^r *Incipit explanatio dominicae passionis* ⌈*et dicitur esse Euangelium Nicodemi. Margin.*⌉ **Prol. II** *Factum est in anno nonodecimo imperii Tiberii cesaris, imperatoris Romanorum, et Herodis filii Herodis regis Galilee...—...mandauit ipse Nichodemus litteris hebraicis.* **Text** *Annas et Caiphas et Sonne et Dathan et Gama-*

*liel, Iudas, Leui, Neptalim, Alexander et Sirus...—...*138^v *et posuit omnia uerba hec in quodicibus publicis pretorio suo.* Ch. I,1-XXVII. *EP* 138^v *Et post hec Pilatus regi Claudio salutem. Nuper accidit et quod ipse probaui...—...*139^r *Ille autem die tercia resurrexit a mortuis.*

SS   Bibl. Delisle, 1868-81, vol. II, p. 342. †Paris, Bibliothèque Nationale, vol. II, pp. 247-8.

255.   PARIS, France. Bibliothèque Nationale
MS   Lat. 2825
       Parchment. iii 137 ff. Size varies. Saec. X to XVI. Scr. Several scribes. Poss.
       Jean-Baptiste Colbert (1619-83); Bibliothèque Royale. Contents Fragments
       of codices. VII: Various notes; a fragment on the Holy Trinity and the Incar-
       nation; notes and extracts from decrees of various councils; prayers; *EN*
       (title only).
*I/E   Title 137^v *In nomine sancte Trinitatis incipit gesta salvatoris domini nostri Ihesu
       Christi de passione sua qui invenit Teneodosius magnus imperator in Hierusalem
       in pretorio Poncii Pilati in codicibus publicis.*
SS   Bibl. †Paris, Bibliothèque Nationale, vol. III, pp. 118-120.

256.   PARIS, France. Bibliothèque Nationale
MS   Lat. 2860
       Parchment. 84 ff. 185 x 135 mm. Saec. XIII. Orig. England (cf. script). Scr.
       Several scribes. Poss. Jean-Baptiste Hautin (his name on 1^v); Étienne Baluze
       (1630-1718); Bibliothèque Royale. Contents I: *Evangelium sec. Matthaeum.* II:
       Remigius Autissiodorensis; ...; Paulus Diaconus; ...; *Liber exemplorum;* various
       notes; *De Berengario, Miraculum de corpore et sanguine domini; EN; EP; De locis
       sanctis (Si quis ab occidentalibus partibus...); De quindecim signis ante diem iudi-
       cii;* excerpts and sermons.
*I/E   Title 38^r *Evangelium Nichodemi. In nomine Dei summi incipiunt gesta saluatoris
       domini nostri Ihesu Christi que inuenit Theodosius magnus imperator in Ierusalem
       in pretorio Pilati in codicibus pupplicis.* Prol. II *Factum est in anno nonodecimo
       imperii Tiberii cesaris Romanorum et Herodis regis Galilee...—...mandauit ipse
       Nichodemus literis ebraicis.* Text *Annas vero et Caiphas et Sompne et Datan et
       Gamaliel, Iudas, Leui, Neptalim, Alexander et Syrus...—...*53^v *et posuit omnia verba
       hec in codicibus pupplicis pretorii sui.* Ch. I,1-XXVII. *EP* 53^v *Et post hec scripsit
       epistolam ad urbem Romam Claudio imperatori dicens: Poncius Pilatus regi Clau-
       dio salutem. Nuper accidit quod et ipse probaui...—...omnia que gesta sunt de Ihesu
       in pretorio meo.* Closing *Explicit liber de passione domini.*
SS   Bibl. Delisle, 1868-81, vol. I, pp. 364-5. Hagiographi Bollandiani, 1889-93, vol.
       I, pp. 220-1. †Paris, Bibliothèque Nationale, vol. III, pp. 171-4.

257. **PARIS**, France. Bibliothèque Nationale
MS   Lat. 3214
     Parchment. 190 ff. 310 x 225 mm. **Saec.** XIV. ‡**Scr.** The explicit on 122ᵛ, *per manum magistri Johannis Anglici de pontificatu Lincolniensis in anno Domini millesimo CCCᵒ tricesimo secundo*, apparently copied from the archetype.‡ **Poss.** The library of Benedict XIII (§mentioned in the catalogue of the library at Peñiscola, saec. XIV§); the name of *[Petrus Doto* ?] on 1ʳ; Collège de Foix, Toulouse; Jean-Baptiste Colbert (1619-83); Bibliothèque Royale. **Contents** Vincentius Bellovacensis; Gerardus Iterii; Hugo de s. Victore; ps.-Origenes; *EN*; *EP*; Gregorius Magnus, *Liber regulae pastoralis.*
*I/E **Title** 132ᵛᵇ *Passio domini nostri Ihesu Christi secundum hoc quod Pilatus a Iudeis inquisivit et postea in libris suis scripsit et Romano regi transmisit.* **Prol. II** *Quod inventum est in publicis codicibus pretorii Poncii Pilati...—...ipse Nichodemus scripsit litteris ebraicis.* **Text** *Annas autem et Cayphas et alii summi sacerdotes, Datan uidelicet et Gamaliel et Iudas et Leui, Neptalim, Elexander et et Iaurus...—... 139ʳᵃ et posuit omnia in publicis codicibus pretorii sui.* **Ch.** I,1-XXVII. **XXVIII** 139ʳᵃ *Post hec ingressus Pilatus in templo Iudeorum inuenit synagogam magnam et congregans omnes principes et gramaticos...—...139ᵛᵃ Hec uerba Anne et Cayphe audiens Pilatus omnia reposuit et gesta saluatoris domini in codicibus publicis pretorii sui.* **EP** 139ᵛᵃ *Et scripsit epistolam ad Claudum regem urbis Rome dicens: Poncius Pilatus Claudio regi suo salutem. Nuper accidit et quod ipse probaui...—... 139ᵛᵇ et omnia in nostris codicibus prenotabimus quoniam ipsius est regnum et potestas in secula seculorum. Amen.*
SS   **Bibl.** Delisle, 1868-81, vol. I, p. 508. §Faucon, pp. 108-9. †Paris, Bibliothèque Nationale, vol. IV, pp. 359-61. ‡Samaran and Marichal, vol. II, p. 532.

258. **PARIS**, France. Bibliothèque Nationale
MS   Lat. 3267
     Parchment. 82 ff. 275 x 195 mm. **Saec.** XIV/2. **Orig.** Southern France (cf. script). **Scr.** Two scribes. **Poss.** Antoine Faure (d. 1689); Bibliothèque Royale. **Contents** *Summa poenitentiae*, Quodvultdeus; *De tribus Mariis*; *De trinubio Annae (Esmeria et Anna sorores fuerunt...)*; *Summa de baptismo*; *EN*; *EP*; Innocentius III papa; ...; Honorius Augustodunensis; etc.
*I/E **Prol. II** 28ᵛᵃ [*F*]*actum est in anno xixᵒ imperii Tyberii cesaris, imperatoris Romanorum, et Herodis filii Herodis Galilee...—...mandauit ipse Nichodemus litteris hebraicis.* **Text** *Annas et Cayphas et Sonne et Datham et Gamaliel et Iudas et Leui et Neptalim et Alexander et Syrus...—...36ʳᵇ et posuit omnia uerba hec in codicibus suis publicis pretorii sui.* **Ch.** I,1-XXVII. **EP** 36ʳᵇ *Et post hec ipse Pylatus scripsit epistolam ad urbem Romam Claudio imperatori dicens: Pontius Pilatus regi Claudio salutem. Nuper accidit quod et ipse probaui...—...36ᵛᵃ omnia que gesta sunt de Ihesu in pretorio meo.* **Closing** 36ᵛᵃ *Quisquis enim enim passionem istam contem-*

platus fuerit, oportet eum credulum esse in vniuersis que in hoc uolumine habentur. Expliciunt gesta saluatoris. Te Deum laudamus.

SS   **Bibl** †Paris, Bibliothèque Nationale, vol. IV, pp. 470-2.

259. PARIS, France. Bibliothèque Nationale
MS   Lat. 3338

Parchment. i 194 ff. 330 x 240 mm. **Saec.** XIII ex.-XIV in. **Poss.** Chambre des Comptes de Blois (ex-libris on 194ᵛ; †mentioned in the 1514 and 1518 catalogues†); notes in the hand of Mellin de Saint-Gelais (d. 1558); Bibliothèque Royale. **Contents** Excerpts from *Vitae Patrum; Historia monachorum;* Roodtree legend (*Sancta et divina eloquia... Post egressionem autem filiorum Israel...*); *Exempla et miracula;* Leo Neapoleos; exempla; *Gesta Barlaam et Iosaphat;* more exempla; *De miraculis b. Mariae; EN; EP; De arbore crucis* (*Sancta arbor de qua fuit crux Christi orta...*); *EN; EP; CST; De imperatoribus* (on Nero); *De destructione Hierusalem; De Antichristo, De quindecim signis ante diem iudicii;* Henricus Salteriensis, *De purgatorio s. Patricii;* visions; *Caroli Magni expugnatio Terrae Sanctae,* Hariulfus, *Chronicon Centulense* (*Visio Caroli regis*). *CST* printed by Darley, used by Dobschütz for his edition of *CST*.

*I/E   **Title** 155ᵛᵃ *Euangelium Nazareorum. lxxix.* **Prol. II** *Factum est in anno xix⁰ imperii Tyberii cesaris, imperatoris Romanorum, et Herodis imperatoris Galilee...—* *...mandauit ipse Nichodemus hebraicis litteris.* **Text** *Annas et Cayphas et Somna et Dathan, Gamaliel, Iudas, Leui, Neptalim, Alexander et Syrus...—...162ᵛᵃ et posuit omnia uerba in codicibus publicis pretorii sui.* Ch. I,1-XXVII. *EP* 162ᵛᵃ *Et post hec ipse Pilatus scripsit epistolam ad urbem Romam dicens: Pontius Pilatus regi Claudio salutem. Nuper accidit quod ipse probaui...—...162ᵛᵇ omnia que sunt gesta de Ihesu in pretorium meum.* **Closing** 162ᵛᵇ *Expliciunt gesta domini Ihesu Christi que ostensa sunt Constantino regi.*

*I/E   **Title** 162ᵛᵇ *Euangelium Nichodemi. lxxx. De arbore crucis* 162ᵛᵇ *Sancta arbor de qua fuit crux Christi orta...—...163ʳᵇ uenit Ioseph ab Arimathia et petiit a Pilato corpus Ihesu.* **Text** 163ʳᵇ *Audientes autem Iudei quia Ioseph tulisset corpus Ihesu et sepelisset eum...—...165ᵛᵇ et ea in codicibus pupblicis pectoris sui reposuit atque ad Claudium consulem misit hanc epistolam hec in se continentem:* Ch. XII,1-XXVII. *EP* 165ᵛᵇ *Pontius Pilatus Claudio salutem. Nuper accidit quod probaui...—...166ʳᵃ existimentes non esse credendum mendaciis eorum.* **Epil.** 166ʳᵃ *Nunc ergo, dilectissimi fratres, hanc lectionem quam audistis Nichodemus hebraicis commendauit litteris.* **CST** *De Tyberio sanato. lxxxii. Eodem tempore Tyberius cesar dum gubernaret imperium...—...168ʳᵃ hec autem omnia scripta sunt qualiter primum est dampnatus Pilatus a Thyberio Augusto qui credidit in domino Ihesu Christo et de hac luce in pace ablatus est.* Version B, ch. 1-20. *De imperatoribus* 168ʳᵃ ⌈*De mala uita et morte Neronis. lxxxiiii.* Margin.⌉ *Nero itaque, Gaii cesaris auunculus, surrexit in locum eius...—...168ʳᵇ et Tyberius priuignus eius suscepit imperium. De* *destructione Hierusalem* 168rb *De destructione Ierusalem a Tito et Uespasiano.* *lxxxv. In diebus illis quidam Iudeus erat, Nathan nomine...—...*169rb *quatinus xxx^a Iudeos pro uno denario donabant Romani.*

SS   **Bibl.** Hagiographi Bollandiani, 1889-93, vol. I, pp. 230-1. Omont, 1908-13, vol. I, pp. 76, 85, no. 562, and 161, no. 79. †Paris, Bibliothèque Nationale, vol. V, pp. 216-28.

260. **PARIS**, France. Bibliothèque Nationale
MS   **Lat.** 3431
     Parchment and paper. ii 273 ff. 215 x 140 mm. **Saec.** XV. ‡**Scr.** The bulk of the manuscript, but not *EN*, written by Aubertus Robette in 1428. **Poss.** The name of [*J* ?] *Robant j*[*unior* ?] on 272^v and 273^v (saec. XV); the name of *Franciscus de La Morlière* on 1^r and 254^r (saec. XVII); Jean-Baptiste Hautin; Étienne Baluze (1630-1718; cf. 1^r); Bibliothèque Royale.‡ **Contents** Hugo Ripelin; *De innovatione mundi*; *EN*; *EP*.
*I/E   **Title** 265^r *Euangelium Nichodemi* ⌈*de passione Christi*. Different hand.⌉ *In nomine Dei summi incipit gesta saluatoris domini nostri Ihesu Christi quam inuenit Theodosius magnus imperator in Ierusalem in pretorio Poncii Pilati in codicibus publicis.* **Prol.** II *Factum est in anno nonodecimo imperii Tyberii cesaris, imperatoris Romanorum, et Herodis filii Herodis regis Galilee...* **Text** *Annas et Cayphas et Somne et Dathan et Gamaliel, Iudas, Leui, Neptalim, Alexander et Sirus...—...*272^v *et posuit omnia uerba hec in codicibus publicis pretorii sui.* Ch. I,1-XXVII. *EP* 272^v *Et post hec ipse Pilatus scripsit epistolam ad vrbem Romam Claudio imperatori dicens: Poncius Pilatus regi Claudio salutem. Nuper accidit et quod ipse probaui ...—...omnia que gesta sunt de Ihesu in pretorio meo.* **Closing** *Explicit gesta saluatoris domini nostri Ihesu Christi secundum euuangelium verissimum Nichodemi Iudei.*
SS   **Bibl.** Delisle, 1868-71, vol. I, p. 365, note 7. †Paris, Bibliothèque Nationale, vol. V, pp. 392-4. ‡Samaran and Marichal, vol. II, p. 173.

261. **PARIS**, France. Bibliothèque Nationale
MS   **Lat.** 3454
     Parchment and paper. v 198 ff. Size varies; vol. I: 235 x 138 mm. **Saec.** XII and XIII. **Scr.** Several scribes. **Poss.** Ex-libris for vol. I on 42^r *Iste liber est... de* [*Sellilia* ?]*...* (saec. XII); St.-Martial, Limoges (OSB; shelf-mark on 1^r); Bibliothèque Royale. **Contents** Manuscript fragments from St.-Martial, Limoges. I: Florilegium of extracts from the Fathers and canonical collections, including *Vita Gregorii Turonensis*; *EN*; Hieronymus, *Vita s. Pauli eremitae*, etc. II: Theological notes and questions. III: A letter formulary. IV: Grammatical questions. V: Texts pertaining to canon law. Etc.
*I/E   **Title** 29^r *Incipit gesta Ihesu Christi domini nostri que imperator magnus Teodosius*

repperit in Iherusalem. **ProL II** *Factum est in anno quintodecimo imperii Tiberii cesaris, imperatoris Romanorum, et Herodis filii Herodis regis Galilee...—...manda- uit ipse Nichodemus literis hebreiis.* **Text** *Igitur Annas et Caiphas et Sobna, Datan, Gamaliel, Iudas, Leui, Neptalim, Alexander et Sirus...—...32ᵛ absoluis captiuos et in libertatem pristinam reuocas...* Ch. I,1-XXII,1.

SS   **BibL** †Paris, Bibliothèque Nationale, vol. V, pp. 423-38.

262. PARIS, France. Bibliothèque Nationale
MS   Lat. 3628

Paper. iii 126 iii ff. 210 x 150 mm. **Saec. XV. Scr.** One scribe. **Poss.** Jacques-Auguste de Thou (1553-1617; his signature on 1ʳ); introductory notice in the hand of Nicolas Le Fèvre (1544-1612); Jean-Baptiste Colbert (1619-83); Bibliothèque Royale. **Contents** Iacobus Mediolanensis; *Dialogus b. Mariae et Anselmi*; *EN*; *EP*; *CST*. Used by Dobschütz for his edition of *CST*.

*I/E **ProL II** 109ʳ *Qvod inuentum est scriptum a militibus iudicibus pretorii principis Pylati in anno iiiiᵒʳ cc llᵒ ollmpiadis sub principatu sacerdotum...—...Et Nichodemus post crucem et passionem Christi scribens litteris ebraicis* (**Text**) *quod Annas et Cayphas, summi sacerdotes, Dathan et Gamaliel, Iudas, Leui et Neptalin, Alexander et Neptalim...—...121ʳ et reposuit omnia in publicis codicibus pretorii sui.* Ch. I,1-XXVII. **XXVIII** 121ʳ *Et venit ad sinagogam magnam Iudeorum congregans omnes principes, gramaticos et scribas...—...122ʳ Audiens Pylatus ab Anna et Caypha omnia verba hec scripsit hoc in gesta saluatoris domini in codicibus publicibus pretorii sui.* **EP** 122ʳ *Et scripsit epistolam ad Claudium regem vrbis Rome dicens: Nuper accidit quod ego probaui...—...122ᵛ omnia que gesta sunt in pretorio meo de Ihesu rege Iudeorum quem crucifixerunt et omnia in nostris cordibus prenotauit quoniam ipsius est regnum... Amen.* **CST** 122ᵛ *Actum est cum Tyberio et nobilibus consulibus suis, eodem tempore Tyberius cesar gubernabat imperium...—...125ʳ Tyberius credens in Ihesum Christum et sanus a plagis defunctus est in lecto suo. Amen. Deo gracias. Explicit iste liber, scriptor sit crimine liber.* Version A, ch. 1-14.

SS   **BibL** †Paris, Bibliothèque Nationale, vol. VI, pp. 386-9.

263. PARIS, France. Bibliothèque Nationale
MS   Lat. 3784

Parchment. 132 ff. 350 x 240 mm. **Saec.** VIII, X, and XI/1 (a. 1034; ‡ca. 1025‡) ‡**Scr.** Ff. 42ʳ-130ʳ by Adémar de Chabannes (989-1034).‡ **Orig.** St-Cybard, Angoulême (OSB) or St-Martial, Limoges (OSB). **Poss.** St-Martial, Limoges (notes in the hand of Bernard Itier, the abbey librarian, on 132ʳ, saec. XIII/1; ¶listed in the catalogue saec. XII and XIII¶). §**Contents** I: Fragments of homilies. II: Homiliary of Paulus Diaconus, fragments. III: *Vitae patrum*, excerpts; florilegium of patristic texts; saints' lives; poems by Ademarus Cabannensis. IV: *Vita s. Brendani*; *EN*; *EP*; *CST*; *De imagine Berytensi Christi crucifixi*; saints' lives; *Vitae patrum*, excerpts; .... V: Fragments of chronicles; etc.§ Used by Dobschütz for his edition of *CST*.

*I/E **Title** 108ᵛ *Incipivnt gesta Ihesv Christi domini nostri qvae imperator magnvs Theodosius repperit* 109ʳ *in Hiervsalem in praetorio Pontii Pilati in codicibvs pvblicis.* **Prol. II** 109ʳ *Factvm est in anno quintodecimo imperii Tiberii caesaris, imperatoris Romanorum, et Herodis filii Herodis regis Galileae...—...mandauit ipse Nichodemus litteris hebraicis.* **Text** *Igitur Annas et Caiphas et Sobna, Datan, Gamaliel, Iudas, Leui, Neptalim, Alexander et Sirus...—...*112ᵛ *et posuit omnia haec uerba in codicibus publicis praetorii.* Ch. I,1-XXVII. *EP* 112ᵛ *Et post uolens caesari omnia renunciare, ipse Pilatus scripsit epistolam ad urbem Romam Claudio imperatori dicens: Pontius Pilatus regi Claudio suo salutem. Nuper accidit et quod ipse probaui...—...* 113ʳ *omnia quae gesta sunt de Ihesu in praetorio meo. Valete. CST* 113ʳ *Hanc Pilatus Claudio direxit adhuc uiuente Tiberio imperatore licet grauissimo laborante morbo...—...*114ʳ *Dominus autem salutem contulit credentibus in se, quia ipsum credimus Dei Filium qui cum Patre... Amen.* Version B, ch. 1-20.

SS **Bibl.** ¶Delisle, 1868-81, vol. II, p. 500. Hagiographi Bollandiani, 1889-93, vol. I, pp. 276-7. ‡Landes, p. 190, note 48, and p. 204. §Paris, Bibliothèque Nationale, vol. VII, pp. 56-66. †Samaran and Marichal, vol. II, p. 193.

264. PARIS, France. Bibliothèque Nationale
MS Lat. 4977

Parchment. 240 ff. 350 x 245 mm. **Saec.** XIV. **Poss.** §Cathedral library, Langres;§ Jean-Baptiste Colbert (1619-83); Bibliothèque Royale. ‡**Contents** Bernardus Guidonis; devotional and historical tracts; *Gesta Caroli Magni*; ps.-Turpinus, *Historia Caroli Magni*; *EN*; *EP*; *CST*; *De honore s. Mariae Virginis coenobii.*‡

*I/E **Title** 227ʳ ⌈*Passio domini Nichodemi.* Top margin, later hand.⌉ **Prol. II** 227ʳᵃ *Qvod inuentum est scriptum a militibus iudicibus pretorii principis Pylati in anno iiiiᵒʳ ccᵒ iiᵒ olimpiadis sub principatu sacerdotum...—...scribens litteris ebraycis* (**Text**) *quod Annas et Cayphas, summi sacerdotes, Dathan et Gamaliel, Iudas, Leui et Neptalim, Alexander et Lazarus...—...*231ᵛᵇ *et reposuit omnia in publicis codicibus pretorii sui.* Ch. I,1-XXVII. **XXVIII** 231ᵛᵇ *Et uenit ad synagogam magnam Iudeorum congregans omnes principes et gramaticos...—...*232ʳᵇ *scripsit hoc in gesta saluatoris domini in codicibus publici pretorii sui. EP* 232ʳᵇ *Et scripsit epistolam ad Claudium regem urbis Rome dicens: Nuper accidit quod ego probaui...—...*232ᵛᵃ *omnia que gesta sunt in pretorio meo de Ihesu rege Iudeorum que crucifixerunt et omnia in nostris codicibus prenotauit, quoniam ipsius est regnum et potestas in secula seculorum. Amen. CST* 232ᵛᵃ *Actum est cum Tyberio et Bielio consulibus, eodem tempore Tyberius cesar gubernabat imperium...—...*233ᵛᵃ *et sanus a plaga syrigii defunctus est in lecto suo.* Version A, ch. 1-14.

SS **Bibl.** §Dolbeau, 1979, p. 194. †Hagiographi Bollandiani, 1889-93, vol. I, p. 386. ‡Paris, Bibliothèque Royale, vol. IV, pp. 24-5.

265. **PARIS, France. Bibliothèque Nationale**
MS Lat. 4999 A
    Parchment. 25 and 93 ff. 162-70 x 118-25 mm. **Saec.** XII ex.-XIII in. **Scr.** Several scribes. **Poss.** The name *Picard* on 92ᵛ (saec. XVI); Joseph Barrois (1785-1855); Ashburnham Place. **Contents** I: A chronicle. II: A chronicle of popes; ...; *Prophetia Sibyllae*, Hugo de s. Victore; *De nominibus imperatorum*. III: *EN*; Beda Venerabilis, *De locis sanctis*, names of archbishops of Rouen.
*I/E **Title** 76ʳ ‡ ⌐*Euangelium Nichodemi quod apocrifum reputatur.* Top margin, cut off by binder.⌐ ‡ *In nomine Dei summi incipiunt gesta saluatoris domini nostri Ihesu Christi que inuenit Teodosius magnus imperator in Ierusalem in pretorio Poncii Pilati in codicibus publicis.* **Prol. II** *Factum est in anno nonodecimo imperii Tyberii cesaris, imperatoris Romanorum, et Herodis filii Herodis regis Galilee...* **Text** *Annas et Caiphas et Sonne et Dathan et Gamaliel, Iudas, Leui, Neptalim, Alexander et Syrus...—...86ʳ et posuit omnia uerba hec in codicibus publicis pretorii sui.* Ch. I,1-XXVII.
SS **Bibl.** ⁺Crick, pp. 262-3. ‡Delisle, 1888, pp. 203-5. Delisle, 1866, pp. 223-6. Goy, p. 40. Paris, Bibliothèque Royale, vol. IV, p. 28.

266. **PARIS, France. Bibliothèque Nationale**
MS Lat. 5265
    Parchment. 187 ff. 300 x 205 mm. **Saec.** XIV. **Poss.** Donated by prior Hermannus to Saint-Walburg (OSB), dioc. Strasbourg (donation note on 165ʳ⁻ᵛ); Cardinal Jules Mazarin (1602-61; ‡mentioned in the 1668 catalogue‡); Bibliothèque Royale. **Contents** *EN*; *EP*; *Miracula b. Andreae apostoli*; saints' lives.
*I/E **Title** 1ʳ *Incipiunt gesta saluatoris domini nostri Ihesu Christi que sunt inuenta in codicibus publicis. In nomine domini amen.* **Prol. II** *Factum est in anno xviiii imperatoris Tyberii cesaris, imperatoris Romanorum, et Herodis filii Herodis imperatoris Galilee...* **Text** *Annas et Cayphas et Somme et Dathan, Gamaliel, Iudas, Leui, Neptalim, Alexander et Syrus...—...14ᵛ et posuit omnia uerba in codicibus publicis pretorii sui.* Ch. I,1-XXVII. *EP* 14ᵛ *Et post hec ipse Pylatus scripsit epistolam ad urbem Romam Claudio dicens: Pontius Pylatus regi Claudio suo salutem. Nuper accidit et quod ipse probaui...—...15ʳ omnia que gesta sunt de Ihesu in pretorio meo.*
SS **Bibl.** ⁺Hagiographi Bollandiani, 1889-93, vol. I, pp. 403-5. ‡Omont, 1908-13, vol. IV, p. 296, no. 373. Paris, Bibliothèque Royale, vol. IV, p. 16.

267. **PARIS, France. Bibliothèque Nationale**
MS Lat. 5266
    Parchment. **Saec.** XIV. **Poss.** Comte de Béthune (‡mentioned in the 1662 catalogue‡); Bibliothèque Royale. **Contents** *EN*; *Sermo in decollatione s. Iohannis Baptistae*; *Visio Wettini*; *Visio Pauli*; Anselmus Cantuariensis; *Philosophorum apophthegmata*.

*I/E Title 1ra *Incipit liber saluatoris domini nostri Ihesu Christi quem inuenit Theodosius magnus imperator in Iherusalem in pretorio Pontii Pilati in codicibus publicis.* Prol. II *Factum est in anno nonodecimo imperii Tyberii cesaris, imperatoris Romanorum, et Herodis filii Herodis regis Galilee...* Text *Annas et Cayphas et Senne et Dathan et Gamaliel, Iudas, Leui, Neptalim, Alexander et Syrus...—...*12vb *et posuit omnia uerba hec in codicibus publicis pretorii sui.* Ch. I,1-XXVII. Closing 12vb *Expliciunt gesta saluatoris.*

SS Bibl. ‡Omont, 1908-13, vol. IV, p. 214, no. 40. †Paris, Bibliothèque Royale, vol. IV, p. 16.

268. PARIS, France. Bibliothèque Nationale
MS Lat. 5327

Parchment. 205 ff. ca. 258 x 180 mm. **Saec.** X. **Orig.** Saint-Amand-les-Eaux (OSB), dioc. Tournai, now Cambrai. **Scr.** Several scribes. **Poss.** Saint-Amand-les-Eaux (ownership notes on 25^r and 170^v; ‡listed in the library catalogue saec. XII‡); §Charles Maurice Le Tellier, archbp of Reims (d. 1710);§ Bibliothèque Royale. **Contents** I: A legendary. II: Adelbaldus, *Vita b. Waltburgae; EN; EP; SN; VS;* ps.-Matthaeus; *De inventione s. crucis; Vita Adae et Evae,* etc. III: *Transitus Mariae, ...; Dedicatio ecclesiae b. Archangeli Michaelis; Vita s. Arnulfi, ...;* ps.-Matthaeus; *Passio s. Andreae.*

*I/E Title 35^v *Incipiunt gesta domini salvatoris qvam invenit Theodosivs magnvs imperator in Hiervsalem in pretorio Pontii Pilati in codicibvs publicis et manifestavit fidelibvs christianis.* Prol. II *Factum est in anno nonodecimo Tyberii caesaris, imperatoris Romanorum, et Herodis filii Erodis imperatoris Galileae...—...mandauit ipse Nichodemus lateris hebraicis.* Text *Annas et Caiphas et Summine et Dadan, Gamaliel, Iudas, Leui, Neptalim, Alexan-* 36^r *-der et Thiarus...—...*54^r *et posuit omnia uerba in codicibus pullicis pretorii sui.* Ch. I,1-XXVII. EP 54^r *Et post haec ipse Pilatus scripsit epistolam ad urbem regni Rome dicens: Pontius Pilatus regi Claudio suo salutem. Nuper accidit et quod ipse probaui...—...*54^v *omnia quae gesta sunt de Ihesu in pretorio meo.* SN 54^v *Cumque haec Claudius suscepisset et Neroni imperatori legisset...—...*55^r *et prodigia multa sicut in diuinis scripturis legimus.* Ch. I-II. Closing 55^r *Explicit gesta domini salvatoris.* VS *Incipit sermo de vindicta domini. In diebus illis Tyberii caesaris, tetharcha Pontio Pilato traditus fuit Ihesus a Iudaeis, caelatus a Tyberio. In diebus illis erat quidam eius regulus sup Tyberio...—...*61^v *Et fecit speluncam in nomine domini nostri Ihesu Christi, in illo anno requieuit in pace adiuuante domino nostro Ihesu Christo qui uiuit et regnat in saecula saeculorum. Amen.* Ch. 1-35.

SS Bibl. ‡Delisle, 1868-81, vol. II, p. 453. †Gijsel, pp. 47-8. §Hagiographi Bollandiani, 1889-93, vol. II, pp. 241-3.

269. **PARIS**, France. Bibliothèque Nationale
MS Lat. 5555

Parchment. Saec. XI. **Poss.** Jean-Baptiste Colbert (1619-83); Bibliothèque Royale. **Contents** *EN; EP.*

*I/E **Title** 1ᵛ *In nomine sanctae Trinitatis incipiunt gesta salvatoris domini nostri Ihesv Christi qvae invenit Theodosivs magnvs imperator in Hierusalem in pretorio Pontii Pilati in codicibus publicis.* **Prol.** II *Factum est in anno xviiii Tiberii caesaris, imperatoris Romanorum, et Herodis filii Herodis imperantis Galilee...—...mandauit ipse Nichodemus litteris hebraicis. Explicit prologus.* **Text** *Incipit textvs. Annas et Caiphas et Somne et Dathan, Gamalihel, Iudas, Leui, Neptalim, Alexander et Syrus ...—...21ʳ et posuit omnia uerba in codicibus publicis pretorii sui.* Ch. I,1-XXVII. *EP* 21ʳ *Et post haec ipse Pilatus scripsit epistolam ad urbem Romam Claudio dicens: Pontius Pilatus regi Claudio suo salutem. Nuper accidit et quod ipse probaui...—...22ʳ omnia quae gesta sunt de Ihesu in pretorio meo.*
SS **Bibl.** †Paris, Bibliothèque Royale, vol. IV, p. 130.

270. **PARIS**, France. Bibliothèque Nationale
MS Lat. 5556

Parchment. 24 ff. 213 x 152 mm. **Saec.** XIV. **Poss.** Jean-Baptiste Colbert (1619-83); Bibliothèque Royale. **Contents** *EN; EP; SN;* Rufinus, *Historia ecclesiastica,* ii, 7. Used by Dobschütz for his edition of *SN.*

*I/E **Title** 1ʳ *Incipit epistola de Pilato et de Iudeis.* **Prol.** II 1ʳᵃ *Factum est in anno nonodecimo imperatoris Theodosii cesaris, imperatoris Galilee...* **Text** *Annas et Cayphas et Some et Dathan, Gamaliel, Iudas, Leui, Neptalim, Alexander et Sirus...—... 20ʳᵃ et posuit omnia uerba in codicibus puplicis pretorii 20ʳᵇ sui.* Ch. I,1-XXVII. *EP* 20ʳᵇ *Et post hec ipse Pilatus scripsit epistolam ad urbem Romam Claudio dicens: Pontius Pilatus regi Claudio suo salutem. Nuper accidit quod et ipse probaui ...—...21ʳᵃ omnia que gesta sunt de Ihesu in pretorio meo. SN* 21ʳᵃ *Cumque hec Claudius suscepisset et Neroni imperatori legisset...—...22ᵛᵃ et presentiam Christi domini uidit et exterminationem Iudeorum.* Ch. I-IV,1.
SS **Bibl.** †Dobschütz, 1915, pp. 3-4. Paris, Bibliothèque Royale, vol. IV, pp. 130-1.

271. **PARIS**, France. Bibliothèque Nationale
MS Lat. 5557

Parchment. 145 x 250 mm. **Saec.** XIV (‡XIII‡). **Poss.** ‡Crowland (OSB), Lincolnshire (cf. note on iᵛ, saec. XIV);‡ Jean-Baptiste Colbert (1619-83); Bibliothèque Royale. **Contents** *EN; EP; CST; De sacerdotio Christi;* Bernardus Clarevallensis; *Liber Senecae de quattuor speciebus virtutum;* Robertus Grosseteste; Isidorus Hispalensis; ...; Hugo de s. Victore; etc. Used by Dobschütz for his edition of *CST.*

*I/E Title 2ʳ *Relatio Nichodemi de passione domini et actibus Iudeorum.* **Prol. II** *Factum est in nonodecimo anno imperii Tiberii cesaris, imperatoris Romanorum, et Herodis filii Herodis regis Galilee...* **Text** *Igitur Annas et Cayphas et Sobna, Dathan, Gamaliel, Iudas et Leui, Neptalim, Alexander et Syrus...—...19ᵛ et posuit omnia uerba hec in codicibus publicis pretorii.* Ch. I,1-XXVII. **EP** 19ᵛ *Et post uolens cesari omnia nuntiare, ipse Pilatus epistolam ad urbem Claudio imperatori scripsit dicens: Pontius Pilatus Claudio suo salutem. Nuper accidit et quod ipse probaui...—...20ᵛ omnia que gesta sunt de Ihesu in pretorio meo. Valete.* **CST** 20ᵛ *Hanc epistolam Pilatus Claudio direxit adhuc uiuente Tyberio imperatore licet grauissimo laborante morbo...—...25ᵛ Dominus autem saluator contulit credentibus in se, quia ipsum credimus Dei Filium qui cum Patre... Amen.* Version B, ch. 1-20.
SS **Bibl.** †Paris, Bibliothèque Royale, vol. IV, p. 131. ‡Ker, 1964, p. 56.

272. **PARIS, France. Bibliothèque Nationale**
MS **Lat. 5558**
Parchment. 82 ff. 175 x 127 mm. **Saec. XIV. Poss.** Jean-Baptiste Colbert (1619-83); Bibliothèque Royale. **Contents** *EN; EP; SN;* Rufinus, *Historia ecclesiastica,* ii, 7; verses in praise of the Virgin; sermons; etc. Used by Dobschütz for his edition of *SN.*
*I/E Title 5ʳ ⌈*Christus non sunt scripta in libro hoc .i. in euangelio. Inueniuntur autem quedam tamen omnia non inueniuntur.* Top margin.⌉ *Incipit epistola de Pilato et de Iudeis.* **Prol. II** *Factum est in anno nonodecimo imperatoris Theodosii cesaris, imperatoris Galilee...* **Text** *Anna et Chayfas et Some et Datam, Gamaliel, Iudas, Leui, Neptalim, Alexander et Syrus...—...17ʳ et posuit ea in codicibus publicis pretorii sui.* Ch. I,1-XXVII. **EP** 17ʳ *Et post hec ipse Pilatus scripsit epistolam ad urbem Romam Claudio dicens: Poncius Pilatus regi Claudio salutem. Nuper accidit quod et ipse probaui...—...17ᵛ omnia que gesta sunt de Ihesu in pretorio meo.* **SN** 17ᵛ *Cumque Claudius hec suscepisset et Neroni inperatori legisset...—...18ᵛ.* Ch. I-IV,1.
SS **Bibl.** †Dobschütz, 1915, p. 4. Paris, Bibliothèque Royale, vol. IV, p. 131.

273. **PARIS, France. Bibliothèque Nationale**
MS **Lat. 5559**
Parchment. 81 ff. 175 x 120 mm. **Saec. XV ex. (a. 1502). Scr.** One scribe. **Poss.** Executed for Jean Budé (d. 1502; his coat of arms and initials on 2ʳ, 62ᵛ; his initials only on 51ʳ, 57ᵛ; 66ʳ). **Contents** *EN; CST;* verses on the Bible; Origenes. Used by Dobschütz for his edition of *CST.*
*I/E Title 2ʳ *In nomine sancte Trinitatis incipit historia de passione et resurreccione atque ascensione domini nostri Ihesu Christi edita a venerabili Nichodemo quam inuenit Theodosius magnus imperator in Iherusalem in pretorio Pontii Pylati in codicibus publicis.* **Prol. II** *Factum est in anno ocatuodecimo imperii Tiberii cesaris, imperatoris Romanorum, et Herodis filii Herodis imperatoris Galilee...* **Text** 2ᵛ

Igitur Annas et Caiphas et Somne et Datan, Gamaliel, Iudas, Leui, Neptalim, Alexander et Cyrus...—..40ʳ et posuit omnia hec in codicibus publicis pretorii sui. Ch. I,1-XXVII; much amplified. *CST* 40ʳ *Factum est autem Tyberio et Vitellio consulibus, cum eodem tempore Tyberius cesar gubernaret imperium...—...50ᵛ Dominus autem salutem contulit credentibus in se, qui ipsum credunt Dei Filium qui cum Patre... Amen.* Version A, ch. 1-20.

SS   Bibl. Paris, Bibliothèque Royale, vol. IV, p. 131. †Samaran and Marichal, vol. II, p. 496.

274. **PARIS, France. Bibliothèque Nationale**
MS   Lat. 5559 A
Parchment. 82 ff. 215 x 135 mm. Saec. XIV/1. Scr. One scribe. Poss. Johannes Navarre d'Aubigny (ownership note on 82ᵛ). Contents Ps.-Matthaeus; *EN; EP.*

*I/E   **Title** 33ʳ *In nomine Dei summi incipiunt gesta saluatoris domini nostri Ihesu Christi que inuenit Theodosius magnus imperator in Ierusalem in pretorio Pontii Pilati in codicibus publicis.* **Prol.** II *Factum est in anno nonodecimo imperii Tyberii cesaris, imperatoris Romanorum, et Herodis filii Herodis regis Galilee...* **Text** *Annas et Cayphas et Somne et Dathan et Gamaliel, Iudas, Leui, Neptalim, Alexander, et Sirus...—...80ᵛ et posuit omnia uerba hec in codicibus publicis pretorii sui.* Ch. I,1-XXVII. **EP** 80ᵛ *Et post hec ipse Pilatus scripsit epistolam ad urbem Romam Claudio imperatori dicens: Pontius Pilatus regi Claudio salutem. Nuper accidit et quod ipse probaui...—...82ʳ omnia que gesta sunt de Ihesu in pretorio meo.*

SS   Bibl. †Gijsel, p. 153. Paris, Bibliothèque Royale, vol. IV, p. 131.

275. **PARIS, France. Bibliothèque Nationale**
MS   Lat. 5561
Parchment. 88 ff. 162 x 231 mm. Saec. XIII. Orig. Italy (?). Scr. One scribe. Poss. Jean-Baptiste Colbert (1619-83); Bibliothèque Royale. Contents Ps.-Matthaeus; *EN; EP; VS; Transitus Mariae,* sermons.

*I/E   **Title** 25ʳᵇ *Incipit liber geste saluatoris.* **Prol.** II [F]actum ⌐est in margin¬ *in anno octauodecimo inperii Tiberii cesaris, Romanorum imperatoris, et Herodis filii Herodis principis Galilee...* **Text** *Anna et Cayphas et Somme* 25ᵛᵃ *et Dathari, Gamaliel et Iudas, Leui, Neptalim, Alexander et Syrus...—...44ᵛᵇ Et posuit omnia uerba in codicibus publicis pretorii sui.* Ch. I,1-XXVII. **EP** 44ᵛᵇ *Et post hec ipse Pilatus epistolam scripsit et ad urbem Romam misit Claudio dicens: Poncius Pilatus regi suo Claudio salutem.* 45ʳᵃ *Nuper accidit et cetera que scripta et facta sunt de Christo et pro eo misit notificando Claudio.* **VS** 45ʳᵃ *In diebus Tiberii cesaris imperatoris, tetrarcha* ⌐Herode in margin¬ *sub Pontio Pilato traditus fuit Christus Iudeis et relatus Tiberio. In diebus illis erat Titus subregulus Tiberii...—...51ᵛᵇ atque liberet nos ab omni malo et perducat nos ad uitam eternam. Qui est benedictus in*

secula seculorum. Amen. Amen. Ch. 1-36. **Closing** 51vb *Explicit liber gesta saluatoris de natiuitate et de uita, de passione et de resurrectione et qualiter abstraxit sanctos ab inferno et de natiuitate beatae Mariae et de uita eius et de gestis eius.*
SS   **Bibl.** †Gijsel, pp. 192-3. Paris, Bibliothèque Royale, vol. IV, p. 131.

276. **PARIS**, France. Bibliothèque Nationale
MS   Lat. 6041 A
Parchment. ii 213 ii ff. 305 x 195 mm. **Saec.** XIV. **Orig.** Possibly Italy (cf. script). **Poss.** Roger de Gaignières (d. 1715). **Contents** Galfridus Monemutensis; Robert Abilaut; extracts from Raymond d'Aguilers, *Historia belli sacri*, and from *Gesta Francorum; Prophetia Sibyllae,* ps.-Thomas; *De imagine Berytensi Christi crucifixi; Epistola Abgari ad Iesum Christum; Epistola Iesu Christi ad Abgarum; Navigatio s. Brendani;* ps.-Turpinus; *Testamenta duodecim patriarcharum;* EN; Haitonus, *Flos historiatus.*
*I/E   **Title** 178va *Incipit passio secundum Nichodemum de passione et resurreccione atque assentione domini nostri Ihesu Christi, de uisitatione Adam aliorumque et de expoliatione inferni.* **Prol.** I *Audistis, fratres karissimi, que acta sunt sub Poncio Pilato presidis temporibus Tyberii cesaris. Ego Eneas Hebreus, primus legis doctor, perscrutans diuinitatem legis scripturarum...—...ad cognicionem hominum.* **Text** *Annas autem et Cayphas, summi sacerdotes et doctores, quod et Gamaliel et Beileg, Iudas et Neptalim, Androson et Ianus...—...*179vb *Si ex hoc mundo esset regnum meum ministri mei utique re-* ⌐*pugnarent. Lower margin.*⌐ Ch. I,1-III,2.
SS   **Bibl.** †Crick, pp. 271-2. Hagiographi Bollandiani, 1889-93, vol. II, pp. 549-50. Paris, Bibliothèque Royale, vol. IV, p. 195.

277. **PARIS**, France. Bibliothèque Nationale
MS   Lat. 6755
Parchment. 119 ff. in 3 vols. 137-60 x 108-10 mm. **Saec.** XIII/2 (ca. 1267), XIV, and XV. †**Orig.** Ff. 47-68 written at Saint-Feuillien-du-Rœulx (OPraem), dioc. Cambrai.‡ **Scr.** Several scribes; §ff. 61-70 written by Daniel de Chaumont, a monk at Saint-Feuillien-du-Rœulx.§ **Poss.** Saint-Feuillien-du-Rœulx (cf. note on 62^v, saec. XIV); Cardinal Jules Mazarin (1602-61); Joseph Barrois (1785-1855); Ashburnham Place. **Contents** I: Ps.-Aristoteles; a lapidary; ...; *De conflictu vitiorum et virtutum;* extracts from Gregorius Magnus; *De vera cordis compunctione, De triplici bono coniugii;* ...; a compilation including excerpts from the Rood-tree legend (*David autem rex super Israel...*), *De destructione Hierusalem (Erat quoque in illis diebus quidam homo Iudaeus Natan...*), *De arbore crucis (Mirabiliter igitur coepit oriri...*), EN, EP, *De imperatoribus;* ps.-Methodius; *De poenitentia; De locis sanctis (Si quis de occidentalibus partibus...*); etc. II: *Ars musicae.* III: Barthélemi Fazio.
*I/E   **Text** 50va *Cum sero autem factum esset venit quidam homo diues ab Arimathia*

nomine Ioseph...—...54vb *et in codicibus publicis pretorii sui reposuit misitque ad Claudium consulem epistolam hec in se continentem.* Ch. XI,3-XXVII. *EP* 54vb *Pontius Pilatus Claudio suo salutem. Nuper accidit quod et ipse probaui...—...55*^{ra} *et existimes credendum esse mendaciis Iudeorum.* EpiL 55ra *Nunc ergo, dilectissimi fratres, hanc epistolam quam audistis...—...55*^{rb} *ad nostram deuenerunt noticiam. De imperatoribus* 55rb *Illis ergo diebus in quibus crucifixus est dominus noster Ihesus Christus, Tiberius cesar in vrbe Roma quietus manebat...—...56*^{rb} *et suscepit Tyberius priuinus eius imperium regnante domino nostro Ihesu Christo cui est honor et gloria... Amen.* Closing 56rb *Explicit.*

SS   BibL †Delisle, 1888, pp. 216-20. Delisle, 1866, pp. 196-201. §Samaran and Ma-
      richal, vol. II, p. 373. ‡Wymans, p. 77. Corresp. A.R. Miller.

278. PARIS, France. Bibliothèque Nationale
MS   Lat. 10358
      Parchment. Saec. XIII. Contents Évrard de Béthune; Seneca; ...; *Liber Probae,*
      Petrus de Blois; Bernardus Clarevallensis; Albertus Magnus, *De mineralibus;*
      EN; EP; Oratio ad crucem; Hildebertus Cenomanensis; Robertus Grosseteste;
      Stephanus de Salleya; *Quaestiones ab Orosio propositae, Imago mundi; Summa
      magistri Willelmi de computo;* Iohannes de Garlandia.
*I/E Title 149^r ⌈*Euangelium Nychodemi.* Top margin, later hand.⌉ *Incipiunt gesta
      saluatoris domini nostri Ihesu Christi que inuenit Theodosius magnus imperator
      in Ierusalem in pretorio Poncii Pilati in codicibus publicis.* ProL II *Factum est in
      anno nonodecimo imperii Tyberii cesaris, imperatoris Romanorum, et Herodis filii
      Herodis regis Galilee...—...mandauit ipse Nichodemus litteris hebraicis scribi* (Text)
      *qualiter Annas et Cayphas et Somnas et Dathan et Gamaliel, Iudas, Leui, Neptalim,
      Alexander et Siri...—...159*^r *et posuit omnia uerba in codicibus publicis pretorii sui.*
      Ch. I,1-XXVII. *EP* 159^r *Et post hec Pilatus scripsit epistolam ad urbem Rome
      Claudio dicens: Poncius Pilatus regi Claudio salutem. Nuper accidit et quod ipse
      probaui...—...159*^v *omnia que gesta sunt de Ihesu in pretorio meo, prestante domino
      nostro Ihesu Christo qui uiuit et regnat in secula seculorum. Amen.*
SS   BibL †Delisle, 1863-71, pt 1, p. 71.

279. PARIS, France. Bibliothèque Nationale
MS   Lat. 10586
      Saec. XIV. Contents Preparation for the mass; Iohannes Ul'heti; gospel
      readings for the Holy Week; *Planctus b. Mariae (Quis dabit aquam capiti meo
      ...); EN; CST; Contemplationes fratris B. de ordine Cisterciensi.* Used by Dob-
      schütz for his edition of *CST.*
*I/E Title 56^v *In nomine sancte Trinitatis incipit historia de passione et resurrectione
      atque ascensione domini nostri Ihesu Christi edita a uenerabili Nichodemo quam
      inuenit Theodosius magnus imperator in Ierusalem in pretorio Pontii Pilati in codi-*

cibus publicis. **Prol. II** *Factum est in anno octauodecimo imperii Tyberii cesaris, imperatoris Romanorum, et Herodis filii Herody imperatoris Galylee...—...mandauit ipse Nichodemus litteris hebraicis.* **Text** *Igitur Annas et Cayphas et Somne et Dathan, Gamaliel, Iudas, Leui, Neptalim et Alexander et Syrus...—...80ᵛ et posuit omnia hec in codicibus publicis pretorii sui.* Ch. I,1-XXVII; much amplified. **CST** *80ᵛ Incipit hystoria quomodo Ueronica fuit Rome delata. Factum est autem Tyberio et Vitello consulibus, cum eodem tempore Tyberius cesar gubernaret imperium...—... 85ᵛ ⌈in Arimeniam ciuitatem iterum in exilio [... ?].* Conclusion in a different hand.⌉ Version A, ch. 1-18.

SS **Bibl.** †Delisle, 1863-71, pt 2, p. 82.

280. **PARIS, France.** Bibliothèque Nationale
MS Lat. 11867
Parchment. ‡244 ff/ 330 x 240 mm.‡ **Saec.** XIII ex. **Poss.** St.-Germain-des-Prés, Paris (OSB). **Contents** Collection of letters; Thomas de Capoue; Petrus de Blois; Cicero; verses, in Latin; *De trinubio Annae (Anna et Emeria fuerunt sorores...); Liber de infantia salvatoris; EN; EP; VS; Historia apocrypha* of the *Legenda aurea;* hymns to the Virgin; Petrus Alfonsus; Alexander Neckham; verses, in Latin; etc.

*I/E **Prol. II** *171ᵛᵃ Factum est in nonodecimo anno imperii Tyberii cesaris, imperatoris Romanorum, et Herodis filii Herodis regis Galilee...—...mandauit ipse Nichodemus litteras hebraycas.* **Text** *Annas et Cayphas, Sompno et datum est Gamael et Iudas, Leui, Neptalim, Alexander et Cirus...—...175ᵛᵃ et posuit omnia uerba[...?] in codicibus pupplicis pretorii sui.* Ch. I,1-XXVII. **EP** *175ᵛᵃ Et post hec ipse Pylatus scripsit epistolam ad urbem Romam Claudio imperatori dicens: Poncius Pylatus regi Claudio salutem. Nuper accidit quod ipse probaui...—...omnia que gesta sunt de Ihesu in pretorio meo. Valete.* **VS** *In diebus imperii Tiberii cesaris, tetrarcha Poncio Pylato iudice traditus fuit dominus zelatus 175ʳᵇ a Tyberio. In diebus illis erat quidam Titus sub regulis Tiberii...—...176ʳᵇ ne propter iniquitatem Pilati mergantur in profundum fluminis cauentes in hodiernum diem.* Ch. 1- .

SS **Bibl.** †Delisle, 1863-71, pt 2, pp. 25-6. **Corresp.** ‡Catherine Paupert.

281. **PARIS, France.** Bibliothèque Nationale
MS Lat. 13725
Paper. 177 ff. 190 x 130 mm. **Saec.** XV. **Poss.** St.-Germain-des-Prés, Paris (OSB); 1ʳ *Ad usum D. Alberici de Vienne, ord. S. Benedicti.* ‡**Contents** *EN; EP; Smaragdus, Diadema monachorum; Vita s. Euphrosynae, Vita s. Mariae Aegyptiacae.*‡

*I/E **Prol. II** *1ʳ Factum est in anno nonodecimo imperii Tyberii cesaris, imperatoris Romanorum, et Herodis filii Herodis regis Galilee...* **Text** *Annas et Caiphas et Somne et Dathan et Gamaliel, Iudas, Leui, Neptalim, Alexander et Syrus...—...23ᵛ et posuit omnia verba hec in codicibus publicis pretorii sui.* Ch. I,1-XXVII. **EP** *23ᵛ*

Et post hec ipse Pilatus scripsit epistolam ad vrbem Romam Claudio imperatori dicens: Poncius Pilatus regi Claudio salutem. Nuper accidit et quod ipse probaui...— ...24ᵛ *omnia que gesta sunt de Iesu in pretorio meo. Amen.* **Closing** 24ᵛ *Explicit gesta saluatoris mundi.*

SS   **Bibl** ‡Delisle, 1863-71, pt 2, p. 111. †Hagiographi Bollandiani, 1889-93, vol. III, p. 194.

282. PARIS, France. Bibliothèque Nationale

MS   Lat. 13781

Parchment. 95 ff. 215 x 150 mm. **Saec.** XIV. **Poss.** St.-Germain-des-Prés, Paris (OSB). **Contents** Ps.-Matthaeus; *EN; Transitus Mariae*, ‡*Prophetia b. Hildegardis, Quaestio determinata a N. de Lyra; Opus fratris J. de Paris.*‡

*I/E   **Title** 11ᵛᵃ *Incipiunt gesta saluatoris Ihesu Christi inuenta a Theodosio imperatore in pretorio Poncii Pylati in codicibus publicis.* **Prol. II** 11ᵛᵇ *Factum est autem anno nonodecimo imperatoris Romani, principatus regni vero Herodis filii Herodis octauodecimo...—...mandauit Nichodemus principibus sacerdotum et reliquis Iudeis factam literis hebraicis ita dicens.* **Text** *Anna et Cayphas et Summe et Dathan, Gamaliel, Iudas, Leui, Neptalim, Alexander et Ianus...—...*19ᵛᵇ *cum magna sollicitudine et timore et tremore percusserunt pectora sua et abierunt unusquisque in propria sua.* **Ch.** I,1-XXVII.

SS   **Bibl** ‡Delisle, 1863-71, pt 2, p. 115. †Hagiographi Bollandiani, 1889-93, vol. III, pp. 211-2.

283. PARIS, France. Bibliothèque Nationale

MS   Lat. 14432

Parchment. **Saec.** XII (‡XIII in‡). **Poss.** §St.-Victor, Paris (OCan; ownership notes on 2ʳ, saec. XII, and on 82ʳ, saec. XV;§ ¶mentioned in the catalogue of 1514¶); §Puiseaux (OCan), dioc. Sens, now Orléans (ownership note on 198ᵛ, saec. XIII).§ **Contents** Glosses on Ezekiel; *Epistolae Clementis papae ad Iacobum*; extracts from works of Hieronymus, Augustinus Hipponensis, Gregorius Magnus, Iohannes Chrysostomus, etc.; *De nominibus difficilioribus; Regula s. Augustini*; a chronology from Adam to Christ; *EN; EP.*

*I/E   **Title** 186ʳᵃ *Incipiunt gesta saluatoris.* **Prol. II** 186ʳᵇ *Factum est in anno nonodecimo Tiberii cesaris, imperatoris Romanorum, et Herodis filii Herodis principis Galilee...—...mandauit ipse Nichodemus litteris hebraicis.* **Text** *Annas et Caiphas et Sonna et Datan, Gamaliel, Iudas, Leui, Neptalim, Alexander et Syrus...—...*197ᵛᵇ *et posuit omnia uerba in codicibus publicis pretorii sui.* **Ch.** I,1-XXVII. **EP** 197ᵛᵇ *Et post hec ipse Pilatus scripsit epistolam ad urbem Romam Claudio dicens: Nuper accidit quod et ipse probaui...—...*198ʳᵇ *omnia que facta sunt de Ihesu in pretorium meum.* **Closing** 198ʳᵇ *Expliciunt gesta salvatoris.*

SS   **Bibl** †Delisle, 1863-71, pt 3, p. 14. Delisle, 1868-81, vol. III, p. 228, note 4.

§Gaspari, pp. 72, 74, 76. ¶Ouy, 1983, p. 269. ‡Samaran and Marichal, vol. III, p. 737.

284. **PARIS, France. Bibliothèque Nationale**
MS Lat. 14864
Parchment. **Saec.** XII ex. **Poss.** St.-Victor, Paris (OCan; ownership notes on 1ʳ and 1ᵛ; ‡mentioned in the catalogue of 1514‡). **Contents** Odo Cluniacensis, *Odonis collationes*; Augustinus Hipponensis; Ambrosius Mediolanensis, *De officiis divinis*; *EN*; Fulgentius Ruspensis, *Sermo*; etc.

*I/E **Prol.** I 109ʳ *Ego Eneas Ebreus, primus legis doctor, perscrutans diuinitatem legis scripturarum...—...ego interpretaui litteris grecis ad cognitionem hominum.* **Text** *Annas et Caiphas, summi sacerdotes, et Somne et Datan, Gamaliel et Iudas, Neptalim et Alexander et Atarias...—...128ʳ et abierunt unusquisque ad propria sua. Et contristati sunt nimis in erroribus suis usque in hodiernum diem.* Ch. I,1-XVI,4. **Closing** 128ʳ *Explicit paralipomenon de gestis domini nostri Ihesv Christi.*

SS **Bibl.** ‡Delisle, 1863-71, pt 3, p. 54. ‡Ouy, 1983, p. 148.

285. **PARIS, France. Bibliothèque Nationale**
MS Lat. 18201
Parchment. **Saec.** XII and XIII. **Poss.** ‡Chaalis (OCist), dioc. Senlis (ex-libris on 1ʳ);‡ St.-Martin-des-Champs, Paris (OSB). **Contents** *Liber viarum Dei*; *Visio Elisabeth*; *Passio s. Ursulae*; visions; *Dialogus Paracliti*, in verse; Radulphus Flaviacensis; *Miracula s. Mariae*, *Cantica canticorum*, with an exposition in verse; *EN*; *EP*; *VS*; prayers to Virgin Mary; Robertus Flamesburgensis.

*I/E **Prol.** II 112ʳᵃ *Factum est in anno nonodecimo Tyberii cesaris, inperatoris Romanorum, et Herodis filii Herodis principis Galilee...—...mandauit ipse Nichodemus litteris hebraicis.* **Text** *Annas et Cayphas et Sonna et Datam, Gamaliel, Ivdas, Leui, Neptalim, Alexander et Syrus...—...121ᵛᵇ et posuit omnia uerba in codicibus publicis pretorii sui.* Ch. I,1-XXVII. *EP* 121ᵛᵇ *Et post hec ipse Pilatus scripsit epistolam ad urbem Romam Claudio dicens: Nuper accidit quod et ipse probaui...—...122ʳᵇ omnia que facta sunt de Ihesu in pretorium meum. Explicit liber primus. VS* 122ʳᵇ *Incipit secundus. In diebus Tiberii cesaris, tetrarca sub Pontio Pilato erat quidam Titus sub Tiberio imperatore...—...125ʳᵃ Ipse uero fecit sibi speluncam, ibi finiens uitam suam feliciter anno illo. In nomine domini nostri Ihesu Christi qui cum patre ... Amen.* Ch. 1-35. **Closing** 125ʳᵃ *Explicit.* F. 126 should follow f. 123.

SS **Bibl.** ‡Delisle, 1863-71, pt 5, p. 85. Hauréau, vol. VI, pp. 78-89. ‡Samaran and Marichal, vol. III, p. 747.

286. **PARIS, France. Bibliothèque Nationale**
MS N.a.lat. 503
Parchment. 144 ff. 113 x 155 mm. **Saec.** XIV-XV. **Orig.** Italy. **Poss.** Eugène

Piot (1812-1890). **Contents** Tracts on Venetian history; *Historia s. Brendani;* a miracle of the Virgin; a poem on Mary Magdalene, in Italian; ...; *Admonitio Anselmi archiepiscopi ad fratrem morti proximum; Li miracoli de Santa Maria; EN; VS; Sacrum commentarium s. Francisci cum domina Paupertate.*

*I/E **Title** 111ʳ *Narratio passionis domini nostri Ihesu Christi secundum Nicodemum.* **ProL** II/I *Factum est autem in anno nonodecimo* ⌈*viii* above line⌉ *imperii Tyberii cesaris, imperatoris* ⌈*Roman*[... ?] *Herodis* [... ?]*che Gal*[... ?] *filii Her*[... ?] margin, cropped⌉ *regis...—...scripsit ipsemet Nicodemus litteris hebraicis* ⌈*quibus e*[... ? ... ?]*as a pu*[... ?] *diuina l*[... ? ... ?]*doctus commutau*[... ? ... ?]*tionem* [... ?] *fideli-um* [... ?]*cium in Christo.* Margin, cropped.⌉ **Text** *Anna et Cayfas et Some et Dathan, Gamaliel, Iudas, Leui, Neptalim, Alexander* ⌈[... ?] above line⌉ *et Syrus* ⌈*et Yarni* above line⌉*...—...*129ʳ *Hec sunt testimonia Carini et Leucini, fratres carissimi, de Christo Dei Filio sanctisque suis gestis apud inferos, cui agimus laudes et gloriam per infinita secula seculorum. Amen. Ineffabile nomen domini quod non est licitum nominare nisi in articulo magno.* Ch. I,1-XXVI. **VS** 129ᵛ *De vindicta facta a Tyto et Vespasiano de morte et tradicione domini nostri Ihesu Christi. In diebus Tyberii cesaris imperatoris, sub tetarcha Poncio Pillato traditus fuit Christus a Iudeis, reuelatus est Tyberio. In diebus illis erat Tytus subregulus...—...*136ᵛ *crediderunt in domino Ihesu Christo cuius regnum et imperium permanet in secula seculorum. Amen. Amen. Deo gracias. Amen.* Ch. 1-36.

SS   **BibL** †Omont, 1892, p. 337-8.

287. PARIS, France. Bibliothèque Nationale
MS   N.a.lat. 1154

Paper. 183 ff. 325 x 235 mm. **Saec.** XV. **Orig.** Italy. **Poss.** *Ex libris Herculis de Silva.* ‡**Contents** Taddeus de Gualandis, *De voluntario ingressu cuiusdam flagitiosi militis in purgatorium olim s. Patricii ostensum; EN; EP;* notes on the six ages of the world; *VS; Mors Pilati; Nativitas Pilati (Fuit autem Pilatus filius...); Inventio s. crucis;* saints' lives from *Legenda aurea;* notes on edifices in Rome; indulgences; miracles of the Virgin; on the Holy Land, in Italian.‡

*I/E **Title** 10ᵛ *Incipit euangelium Nichodemi translatum de grecho in latinum per Eneam hebrayce legis doctorem.* **ProL** I 11ʳ *Audistis, fratres carissimi, per sanctum euangelium que facta sunt sub Pontio Pilato preside in Iudea temporibus Thiberii cesaris... Qua propter quidem ego Eneas Hebreus, primus legis doctor, perscrutans diuinitatem legis et scripturarum...—...ego interpetratus sum litteris grecis ad cognitionem omnium...* **ProL** II *Factum est in anno decimo nono* [... ?] *vigesimo imperii Thiberii cessaris, imperatoris Romanorum, et Herodis regis Galilee...—...ascriptus est Nicodemus litteris hebraicis.* **Text** *Annas et Cayphas, summi sacerdotes et doctores, Gamaliel et* [... ?]*, Iudas, Neptalim, Indrosen, Sayrus...—...*15ᵛ *et posuit omnia uerba in codicibus publici pretorii.* Ch. I,1-XXVII. **EP** 15ᵛ *Et post hec ipse Pilatus scripsit epistolam Romanam regi Thiberio dicens: Regi Thyberio domino suo*

*Pilatus Claudio salutem. Nuper accedit aliquid quem ego ipse probaui...—...*16^r *omnia que gesta sunt de Ihesu in pretorio meo. Amen. Deo gratias. Amen.*

SS   **Bibl** ‡Delisle, 1871, p. 56. †Hagiographi Bollandiani, 1889-93, vol. III, pp. 456-7.

288. **PARIS**, France. Bibliothèque Nationale
MS   N.a.lat. 1605
      Parchment 110 ff. 265 x 187 mm. **Saec.** IX ex. **Orig.** Probably in the vicinity of Orléans. **Scr.** Three scribes. **Poss.** Vol. II was at Ramsey (OSB), Huntingdonshire (‡cf. note on 110^r, which mentions abbot Withman, saec. XI in.‡); Bibliothèque Municipale, Orléans. **Contents** I: *Passio s. Christophori; EN;* ps.-Matthaeus; *Transitus Mariae, Miracula Mariae,* Augustinus Hipponensis; saints' lives. II: Defensor de Ligugé.

*I/E   **Text** 4^r ⌜*Cursor agnoscens eum et adorauit et facialem inuoluturium quod ferebatur* top margin⌝ *cursor in manu sua, expandit eum in terra dicens: Domine super hoc ambulans ingredere quoniam preses te uocat...—...*16^v *percutientes pectora sua abierunt unusquisque in propria sua.* Ch. I,2-XXVII. **Closing** 16^v *Explicit gesta domini.*

SS   **Bibl** ‡Delisle, 1888, pp. 47-50. †Gijsel, p. 137 and 172, note 6. Hagiographi Bollandiani, 1889-93, vol. III, p. 471.

289. **PARIS**, France. Bibliothèque Nationale
MS   N.a.lat. 1755
      Paper. 27 ff. 197 x 276 mm. **Saec.** XV. **Contents** *EN; EP; Vita s. Ludovici;* saints' lives.

*I/E   **Title** 1ra *Incipit passio Nichodemi.* **Prol** II *Factum est in anno nonodecimo imperii Tyberii cesaris, imperatoris Romanorum, et Herodis filii Herodis regis Galilee...* **Text** *Annas, Cayphas, Symon, Dathan, Gamaliel et Iudas, Leui et Neptalim, Alexander et Iairus...—...*10ra *et posuit omnia miracula hec in codicibus publicis pretorii sui.* Ch. I,1-XXVII. **XXVIII** 10ra *Post hec ingressus Pilatus templum Iudeorum congregauit omnes principes sacerdotum et gramaticos...—...*10va *Et sunt simul quinque milia et semi.* **EP** 10va *Post hec ipse Pylatus scripsit epistolam ad urbem Romanam Claudio cesari dicens: Poncius Pylatus regi suo Claudio salutem. Nuper accidit et quod ipse probaui...—...ne aliter mencienti estimes credendum mendaciis Iudeorum.*

SS   **Bibl** †Omont, 1898, p. 96.

290. **PARIS**, France. Bibliothèque Nationale
MS   N.a.lat. 1984
      Parchment. 106 ff. 280 x 140 mm. **Saec.** XI-XII. **Poss.** Cathedral library, Beau-
      vais (‡listed in the catalogue of 1750‡). **Contents** Gospels; extracts from *Vitae
      patrum*; *EN*; *Vita s. Mariae Aegyptiacae*, etc.
*I/E **Title** 67ᵛ *Incipiunt gesta saluatoris que inuenit Theodosius magnus imperator.*
      Prol. II *Factvm est in anno nonodecimo imperii Tiberii cesaris, imperatoris Roma-
      norum, et Herodis filii Herodis regis Galilee...—...mandauit ipse Nichodemus litteris
      hebraicis.* **Text** *Annas et Cayphas et Senne et Dathan et Gamaliel, Iudas, Leui,
      Neptalim, Alexander et Sirus...—...89ʳ et posuit omnia uerba hec in [codi]cibus
      plublicis pretorii sui.* Ch. I,1-XXVII.
SS   **Bibl.** †Omont, 1911, p. 17. ‡Omont, 1916, p. 78, no. 7.

291. **PARIS**, France. Bibliothèque Nationale
MS   N.a.lat. 2171
      Parchment. 496 pp. (‡239 ff.‡). 362 x 260 mm. **Saec.** XI/2 (1067-73). **Orig.** San-
      to Domingo, Silos (OSB), dioc. Burgos; the only known manuscript of *EN*
      in Visigothic script. **Poss.** Santo Domingo, Silos, dioc. Burgos. §**Contents** I:
      EN; *EP*; *Libellus de s. Trinitate*; liturgical pieces; *De ratione numerorum*; *Orelo-
      gium*; *Adnuntiationes festivitatum.* II: *Calendarium*; *Liber commicus.*§
*I/E **Text** P. 1ᵃ *[...]cus patus sum et transiente domino Ihesu et clama[... domine ?] mei
      domine filii Dauid et miser[a]tus est mici...—...p. 10ᵇ et posuit omnia Pilatus in
      publicis codicibus pretorii sui.* Ch. I,1-XXVII. XXVIII P. 10ᵇ *Et post hec ingresus
      Pilatum in in templum Iudeorum inuenit sinagoga magnam et congregans multitu-
      dinem populorum...—...p. 11ᵇ Pilatus reposuit in ce[tera ?] gesta salbatorii in quo-
      dicibus publicis pretorii sui.* EP P. 11ᵇ *Et scripsit aepistolam ad Claudium inpera-
      torem urbis Rome dicens: Pontius Pilatus Claudio ⌐Tiberio margin⌐ inperatori
      salutem. Nuper accidit et quod ipse probabit...—...p. 12ᵇ Ecce omne ⌐gestum above
      line⌐ quod factum est in pretorio meo de Ihesu regem Iudeorum quem crucifixerunt
      et die tertia surrexit a mortuis et uibit cum Deo Patre... Amen. Finit. Deo gratias.*
SS   **Bibl.** Delisle, 1880, pp. 66-8. Diaz y Diaz, pp. 454-6. §Millares Carlo, pp. 67-8.
      ‡Perez de Urbel and González y Ruiz Zorrilla, pp. XLV-LIV. †Samaran and
      Marichal, vol. IV, pt 1, p. 229. **Corresp.** Fr. Miguel C. Vivancos.

292. **POITIERS**, France. Bibliothèque Municipale
MS   82 (255)
      Paper. 145 ff. 221 x 146 mm. **Saec.** XV. **Poss.** Charles-Madelon de la Frézeli-
      ere (d. 1702); Jesuit College, Poitiers. **Contents** *EN*; *EP*; Innocentius III papa,
      De miseria humanae conditionis; *Summa poenitentiae*, etc.
*I/E **Title** 9ʳ ⌐*Incipiunt gesta saluatoris secundum Nichodemum. Top margin.*⌐ **Prol.**

II [F]actum est in anno xix° imperii Tyberii cesaris, imperatoris Romanorum, et Herodis filii Herodis Galilee...—...mandauit ipse Nichodemus litteris hebraicis. **Text** Annas et Cayphas et Sonne et Datham et Gamaliel et Iudas et Leui et Neptalim et Alexander et Syrus...—...30ᵛ et posuit omnia verba hec in codicibus suis publicis pretorii sui. Ch. I,1-XXVII. **EP** 30ᵛ Et post hec scripsit ipse Pylatus epistolam ad vrbem Romam Claudio imperatori dicens: Poncius Pylatus regi Claudio salutem. Nuper accidit quod et ipse probaui...—...31ᵛ omnia que gesta sunt de Ihesu in pretorio meo. **Closing** 31ᵛ Quisquis enim passionem istam contemplatus fuerit oportet eum credulum esse in vniuersis que in hoc volumine habentur. Expliciunt gesta saluatoris.

SS   Bibl. ✝Catalogue général, 1894, Octavo XXV, p. 27.

293. **POITIERS**, France. Bibliothèque Municipale
MS   425 (105)
      Parchment. 54 ff. 300 x 140 mm. **Saec.** XII, XIV-XV, and XVII. **Orig.** Ff. 1-19 written at the instance of Johannes... Bituricensis et Arvernie dux celeberrimus, comes Pictavensis..., i.e., Jean de Berry (1340-1416). **Scr.** Several scribes. **Contents** I: EN; EP; on the foundation of Saint-Pierre le Puellier, Poitiers; De revelatione reliquiarum.... II: A record of an episcopal visitation. III: Gospels and epistles for several feasts; notes; Benedictio cerei in Pascha; etc.
*I/E **Title** 1ʳ [... ?] sancte Trinitatis incipit gesta saluatoris [... ?] Ihesu Christi [... ?] magnus imperator [... ?] in pretorio Poncii Pylati in codicibus publicis. Partly effaced and illegible on microfiche. **Prol.** II [F]actum est in anno ix° imperii Tyberii cesaris, imperatoris Romanorum, et Herodis filii Herodis regis...—...Theodosius autem magnus imperator fecit eam transferri de ebreo in latinum. **Text** Annas et Cayphas, Symeon et Daton, Gamaliel et Iudas, Leui et Neptalim, Alexander et Iairus...—...16ʳ et posuit omnia uerba in codicibus publicis pretorii sui. Ch. I,1-XXVII. **EP** 16ʳ Et post hec ipse Pylatus scripsit epistolam ad urbem Romam Claudio dicens: Poncius Pylatus regi et Claudio suo salutem. Nuper accidit et quod ipse probaui...—...16ᵛ omnia que gesta sunt de Ihesu in pretorium meum.
SS   Bibl. ✝Catalogue général, 1894, Octavo XXV, pp. 118-9.

294. **POZNAŃ**, Poland. Miejska Biblioteka Publiczna
MS   Rkp. 188
      340 ff. 155 x 100 mm. **Saec.** XV. **Poss.** From a Cistercian library in Poland. ✝**Contents** Vita b. Barbarae virginis; Augustinus Hipponensis; miscellaneous notes; EN; EP; SN; Planctus b. Mariae (Quis dabit capiti meo...); ...; Rubrica poznaniensis ecclesiae per ordinem.✝
*I/E **Title** 65ʳ Incipit euuangelium Nicodemi etc. **Prol.** II Factum est in anno nonodecimo Tyberii cesaris, imperatoris Romanorum, et Herodis filii Herodis imperatoris Galilee...—...mandauitque hec Nicodemus ipse litteris ebraicis. **Text** Tunc Annas

et Cayphas et Datan et Gamaliel, Iudas, Leui, Neptalin, Alexander et Borus...—*...*
83ᵛ *et posuit omnia verba in codicibus publicis pretorii sui.* Ch. I,1-XXVII. *EP* 83ᵛ
Et post hec ipse Pilatus epistolam scripsit ad vrbem regni Rome dicens: 84ʳ *Poncius
Pilatus regi Claudio suo salutem. Nuper accidit et quod ipse probaui...*—*...*84ᵛ *omnia que gesta sunt de Ihesu in pretorio meo. SN* 84ᵛ *Cumque hec Cludius suscepisset Neronique inperatori legasset...*—*...*87ᵛ *ut essetis michi in filios et ego vobis essem in patrem.* Ch. I-VII,6. **Closing** 87ᵛ *Explicit ewangelium Nicodemii etc.*
SS   **Bibl** ‡Sosnowski and Kurzmann, p. CCXLII. **Corresp.** †Mgr Janusz Dembski.

295. **PRAHA**, Czech Republic. Knihovna metropolitní kapituly
MS   B. XXVII
      Paper. 61 ff. 225 x 155 mm. **Saec.** XIV/2 (1373). **Poss.** Inside front cover, *Magistri Petri de Hradecz regine.* **Contents** *Speculum humanae salvationis; EN.*
I/E   **Title** 53ᵛ *Passio Christi, quae dicitur Nicodemi.* **Prol.** II *Factum est anno XIX imperii Tyberii...* **Closing** 61ʳ *Explicit Nicodemus, codex peroptimus.*
SS   **Bibl** †Patera and Podlaha, p. 198.

296. **PRAHA**, Czech Republic. Knihovna metropolitní kapituly
MS   G. XXVIII
      Paper. 192 ff. 296 x 207 mm. **Saec.** XV/1. **Poss.** A marginal note signed *N.p.
de Trzebenycz*; inside back cover a text in Czech. **Contents** Marco Polo; Brocardus de Barby, *Veridica Terrae Sanctae descriptio*; *EN*; *Vita b. Virginis Mariae*, Odoricus de Pordenone; sermons.
I/E   **Title** 53ʳ *Hic incipit Nichodemus. In nomine sancte Trinitatis incipiunt gesta passionis Domini...* **Closing** 62ʳ *Explicit Nicodemus.*
SS   **Bibl** †Podlaha, p. 100-1.

297. **PRAHA**, Czech Republic. Knihovna metropolitní kapituly
MS   N. XVII
      Paper. 158 ff. 300 x 235 mm. **Saec.** XIV/2. **Poss.** 2ʳ *Liber monasterii Brewn*, probably Břevnov (OSB), dioc. Praha; numerous notes in Czech. **Contents** *Tractatus de indiciis signorum et mensium et dierum*; expositions of *Pater noster, Ave Maria*, etc.; *Sermo capitularis*; *EN*; miscellaneous notes; *Summula de confessione, De dispositione personae Christi; De quindecim signis ante diem iudicii*; ...; *Disticha Catonis; Morale metricum*; Iohannes de Garlandia; Alexander de Villa Dei; etc.
I/E   **Prol.** II 20ᵛ *Actum in anno 12. Tiberii cezaris...* **Text** ...27ᵛ.
SS   **Bibl** †Podlaha, pp. 388-90.

298. **PRAHA**, Czech Republic. Knihovna metropolitní kapituly
MS N. XXXIV
Paper. 107 ff. 295 x 205 mm. Saec. XIV/2. **Contents** *Tractatus super Ave Maria;* notes for sermons; *EN;* Gregorius Magnus, *Homiliae de diversis lectionibus evangeliorum;* etc.
I/E **Prol** **II** 30ʳ *Factum est in anno XIX. Tyberii cesaris...* **Closing** 36ᵛ *Explicit ewangelium Nychodemi.*
SS **Bibl** ⁺Podlaha, pp. 409-10.

299. **PRAHA**, Czech Republic. Knihovna metropolitní kapituly
MS N. LIV
Paper. 107 ff. 217 x 152 mm. Saec. XV/2 (1478). **Orig.** and **scr.** 104ᵛ *Opusculum istud terminatum est... circa venerabilem dominum Erasmum decanum Trzebenicensem et plebanum in Lybochowicz anno Domini 1478.* **Poss.** 1ʳ *Georgii Pontani a Braitenberg.* **Contents** *EN; CST; Revelatio b. Iohannis apostoli; Visio b. Mariae, De die iudicii; Epistola Iesu Christi de die dominico;* ps.-Matthaeus; ...; *Expositio canonis missae, Pharetra fidei contra Iudaeos, De sectis haereticorum.*
I/E **Title** 1ʳ *Incipiunt Gesta Salvatoris domini nostri Jesu Christi, quae invenit Theodosius imperator in Jerusalem in pretorio Poncii Pilati in codicibus.* **Prol** I *Incipit prologus. Ego Eneas de Hebreis, qui eram legis doctor...* **Text** 7ᵛ *Nycodemi evangelium incipit...* **Closing** 21ʳ *Expliciunt Gesta Salvatoris domini nostri Ihesu. CST* 21ʳ *Hanc Pilatus Claudio direxit adhuc vivente imperatore Tyberio...—...*26ᵛ. Version B, ch. 1- .
SS **Bibl** ⁺Podlaha, pp. 441-2.

300. **PRAHA**, Czech Republic. Státní knihovna
MS Osek 33
Paper. 204 ff. **Saec.** XIV. **Scr.** One scribe. **Poss.** Osek (OCist), dioc. Praha. **Contents** Sermons; *Tractatus contra Iudaeos;* Bernardus Clarevallensis; Gregorius Magnus; *Meditationes Bernardi;* Augustinus Hipponensis; ...; Innocentius III papa; ...; *De vita et honestate clericorum; EN;* sermons; etc.
*I/E **Title** 162ᵛᵃ ⌈*Gesta saluatoris.* Top margin, running title.⌉ *In nomine Domini. Amen. Incipiunt gesta saluatoris nostri Ihesu Christi que inuenit Theodosius Magnus imperator in Iherusalem in pretorio Poncii Pilati in codicibus publicis* (**Prol** II) *facta in anno 19° Tyberii imperatoris Romanorum et Herogois filii Herodis regis Gallilee...—...mandauit ipse Nicodemus litteris hebraicis.* **Text** *Annas enim et Cayphas, Soronas et Dathan, Gamaliel et Iudas, Leui, Neptalim, Alexander et Syrus...—...*169ᵛᵃ *et posuit omnia* 169ᵛᵇ *verba in codicibus publicis pretorii sui etc.* Ch. I,1-XXVII.
SS **Bibl** ⁺Wohlmann, pp. 133-4. **Corresp.** Dr. Jaroslav Vrchotka.

301. **PRAHA**, Czech Republic. Státní knihovna
MS   Osek 40

Paper. 226 ff. **Saec.** XIV. **Scr.** Signed, *per manus Nicolai Penan scriptum concivis in Rochlicz.* **Poss.** Osek (OCist), dioc. Praha. **Contents** Sermons; Guillelmus Peraldus, *Summa septem vitiorum; EN; EP; CST.* Used by Dobschütz for his edition of *CST.*

*I/E   **Prol.** II 218ra *Factum est nonodecimo Tyberii cesaris imperii Romanorum et Herodis imperii Galilee...—...et mandauit ipse Nicodemus litteris hebraycis.* **Text** *Igitur Annas, Cayphas et Sobna etc. Dathan et Gamaliel et Iudas, Leui Neptalim, Allexander et Syrus...—...224rb que ipse posuit in codicibus publicis pretorii.* Ch. I,1-XXVII. **EP** 224rb *Posteaque volens cesare nunctiare hec omnia, scripsit epistolam dicens: Poncius Pylatus Claudio suo salutem. Nuper accidit quod et ipse probaui...—...224va omnia que gesta sunt de Ihesu in pretorio meo.* **CST** 224va *Hanc Pylatus Claudio direxit epistolam adhuc viuente Tyberio imperatore licet grauissime laborantem morbo...—...225vb processitque in senatum cum gloria imperiali iubeque senatum quod vno consensu.* Version B, ch. 1-14.

SS   **Bibl.** Dobschütz, 1899, p. 203**. ✝Wohlmann, 136. **Corresp.** Dr. Jaroslav Vrchotka.

302. **PRAHA**, Czech Republic. Státní knihovna
MS   I.B.17

Paper. 276 ff. 300 x 220 mm. **Saec.** XV. **Poss.** Given to Třeboň (Wittingau; OCan), Bohemia, *per dom. Nicolaum dictum Sellar* (ownership note at end); Bibliotheca Rosenbergica, i.e., Rožmberk, Bohemia (ex-libris inside front cover, dated 1609); later returned to Třeboň. **Contents** Nicolaus de Gorran; *Expositio missae, Excerpta libri rationalis; Tractatus de curru Dei et diaboli; ...;* Stephanus de Páleč; Iohannes Gerson; *Sermo de nativitate b. Virginis;* saints' lives; Thomas de Aquino, *Tractatus super Pater noster, EN;* Sicardus Cremonensis, *De Herode, Tractatus de septem sacramentis;* Iohannes de Hildesheim; Matthaeus de Cracovia; *Stella clericorum.*

*I/E   **Title** 204vb ⌜*Gesta saluatoris domini nostri Ihesu Christi.* Top margin.⌝ *In nomine sancte Trinitatis incipiunt gesta saluatoris domini nostri Ihesu Christi que invenit Theodosius magnus imperator in Ierusalem in pretorio Poncii Pylati in codicibus publicis.* **Prol.** II *Actum est in anno xix^o imperii liberii cesaris imperabolis Romanorum et Herodis filii Herodis imperatoris Gallilee...—...historiatus est Nicodemus litteris hebraicis.* **Text** *Annas et Cayphas et Stempnas et Datham et Gamaliel, Iudas, Leui, Neptalim, Allexander et Syrus...—...212^v et ipse Pylatus scripsit omnia verba hic in codicibus publicis in pretorio sui. Amen.* Ch. I,1-XXVII.

SS   **Bibl.** ✝Truhlář, vol. I, pp. 22-3.

303. **PRAHA**, Czech Republic. Státní knihovna
MS I.D.30
    Paper. 354 ff. 300 x 220 mm. **Saec.** XV. **Poss.** Bibliotheca Rosenbergica, i.e.,
    Rožmberk, Bohemia; Třeboň (Wittingau; OCan), Bohemia. **Contents** *EN* and
    EP inserted in *Biblia Veteris et Novi Testamenti.*
*I/E **Title** 276ra *In nomine sancte Trinitatis incipiunt gesta saluatoris nostri domini
    Ihesu Christi que invenit Theodosius poncio magnus imperator in Ierusalem in pre-
    torio Poncii Pilati in codicibus publicis.* **Prol. II** *Factum est in anno xviii imperii
    Tyberii cesaris, imperatoris Romanorum, et Herodis filii Herodis imperatoris Galilee
    ...—...historiatus est Nychodemus litteris ebraycis scribens* **(Text)** *quomodo Annas,
    Cayphas, Sompnas, Barban, [Soamaliel ?], Iudas, Leui, Neptalim, Allexander, Sy-
    mon...—...283rb et posuit omnia uerba in codicibus publicis pretorii sui etc.* Ch. I,1-
    XXVII. *EP* 283rb *Et post hec ipse Pilatus scripsit epistolam ad vrbem Romam di-
    cens: Pontius Pilatus regi Claudio suo salutem. Nuper accidit et quod ego ipse pro-
    baui...—...283va omnia gesta sunt de Ihesu in pretorio meo. Hec teneas, firmiter cre-
    das. Amen.*
SS **Bibl.** †Truhlář, vol. I, p. 64.

304. **PRAHA**, Czech Republic. Státní knihovna
MS I.E.39
    Paper. 327 ff. 220 x 160 mm. **Saec.** XV. **Scr.** Some items, but not *EN*, signed,
    per me Gallum de Chrudim. **Contents** Alexander Cantuariensis; *Tractatus con-
    tra haereticos et schismaticos; Tractatus de processu iudicii;* orations; Henricus
    Suso; *De lectione sancta et bona collatione; EN; EP; CST; Significatio literarum
    alphabeti; ...; Tractatus de haeresibus variis;* Franciscus de Toleto; *Speculum ani-
    mae;* miscellaneous texts.
*I/E **Title** 88^r *Nicodemus de passione domini et gesta a principibus sacerdotum.* **Prol.
    II** *Factum est in anno nonodecimo Tyberii cesaris imperii Romanorum et Herodis
    imperii Galilee...—...mandauit ipse Nichodemus litteris hebraicis.* **Text** *Igitur Anna
    et Caypha et Sobna et Dathan, Gamaliel et Iudas, Leui, Neptalim, Alexander et Sy-
    rus...—...104^r et posuit omnia uerba in corde publicis pretorii.* Ch. I,1-XXVII. *EP*
    104^r *Et post uolens cesari omnia renunciare, ipse Pylatus epistolam ad urbem Clau-
    dio imperatori scripsit dicens: Dominus Pylatus Claudio suo salutem. Nuper accidit
    quod et ipse probaui...—...104^v omnia que gesta sunt de Ihesu in pretorio meo.
    Vale. CST* 104^v *Hanc Pylatus Claudio direxit adhuc viuente Tyberio imperatore
    licet grauissimo laborante morbo...—...109^r Dominus autem noster Ihesus Christus
    salutem contulit credentibus in se, quia ipsum credimus Dei Filium qui cum Deo
    Patre et Spiritu sancto viuit et regnat... Amen.* Version B, ch. 1-20.
SS **Bibl.** †Truhlář, vol. I, pp. 87-8.

305. **PRAHA**, Czech Republic. Státní knihovna
MS III.B.28
> Paper. 175 ff. 293 x 206 mm. Saec. XIV/2 and XV. Scr. Several scribes. Poss.
> *Iste liber est honorabilis domini Laurencij*; pen-trials on 109^v, including the
> words *Domino Johanni de Pozovicz*; Prof. dr. E. Starkenstein. Contents *Statuta
> provincialia Arnesti*; Thomas Hibernicus; Nicolaus de Lyra; *Concordantiae Ve-
> teris et Novi Testamenti*; *Tractatus de ordinibus angelorum*; *De oratione*, EN; ser-
> mons; etc.

*I/E Title 107ra *Ewangelium Nychodemi*. Prol. II *Factum est nonodecimo Tyberii cesaris inperii Romanorum et Herodis inperii Galylee...—...mandauit ipse Nichodemus
litteris hebraycis*. Text *Igitur Cayphas et Sobna et Datan et Gamaliel et Iudas et
Nepthalym, Alexander et Syrus...—...109^v in Iordanis flumen baptizabitur et egressus vnget omnes credentes in se oleo misericordie*. Ch. I,1-XIX.

SS Bibl. †Praha, Státní knihovna, card catalogue. Corresp. Dr. Mirko Velinský.

306. **PRAHA**, Czech Republic. Státní knihovna
MS III.C.18
> Paper. 292 ff. 295 x 215 mm. Saec. XIV-XV. Scr. Several scribes. Contents Io-
> hannes Andrea; ...; *Apparatus ad extravagantes*; ...; *Commentarius ad Alani Anti-
> claudianum*; Radulphus de Longo Campo; Fulgentius Ruspensis; Hildebertus
> Cenomanensis; *Carminum scholarium vagantium*; *Vitae patrum*; *Vita b. Mariae
> neptis abbatis Abrahae*, *Notae de quaerendo Deo*, EN; EP; CST; *Miraculum de re-
> novatione crucifixi* (ending *Expliciunt Gesta Christi*).

*I/E Title 278ra *Incipit liber Nicodemi. In nomine sancte Trinitatis incipiunt gesta sal-
uatoris domini nostri Ihesu Christi que invenit Theodosius magnus imperator in
Ierusalem in pretorio Poncii Pylati in codicibus publicis*. Prol. II *Quod actum est
in anno xviii Tyberii cesaris, imperatoris Romanorum, et Herode filii Herodis imperantis Gallilee...—...hystoriatus est Nycodemus* ⌈*acta a principibus sacerdotum et
reliquis Iudeis Nicodemus* lower margin, same hand⌉ *litteris hebraicis*. Text
278rb *Explicit prologus. Incipit liber. Annas et Cayphas,* [*Sonme?*], *Datan, Gamaliel, Iudas, Leui, Neptalim, Allexander, Syrus...—...288rb et posuit omnia verba hec
in codicibus publicis pretorii sui*. Ch. I,1-XXVII. EP 288rb *Et post hoc ipse Pylatus
scripsit epistolam ad vrbem Romam Claudio dicens: Poncius Pylatus regi suo Claudio salutem. Nuper accidit quod et ipse probaui...—...288vb omnia que facta sunt
de Ihesu in pretorio meo. Valete*. CST 288vb *Factum est cum Tyberion et Uetillio
consules, eodem tempore cum Tyberius cesar gubernabat imperium...—...291va Dominus autem salutem contulit credentibus in se, qui cum Patre et Spiritu sancto
viuit... Amen*. Version A, ch. 1-20.

SS Bibl. †Truhlář, vol. I, pp. 176-7.

307. **PRAHA**, Czech Republic. Státní knihovna
MS   III.D.13
Paper. 311 ff. 290 x 210 mm. Saec. XIV/2 (written partly in 1380). Scr. Several scribes; some items (but not *EN*) signed by *Isac de Knina*. Contents A pastoral, devotional miscellany: *Victoria fidei christianae*, ps.-Augustinus, *Speculum peccatoris*; Thomas Hibernicus, *Summa de tribus punctis essentialibus christianae religionis*; *EN*; *EP*; *De persecutoribus Christi*; *De Veronilla*; Arnestus, archiep. Pragensis, *Statuta*; Thomas de Chobham; ...; Raymundus de Peñafort; other penitential texts; Isidorus Hispalensis; Augustinus Hipponensis; *Epistola Iesu Christi de die dominico*, ...; *Speculum humanae salvationis*.
*I/E Title 19ʳᵃ ⌈*Gesta Nicodemi.* Top margin, early modern hand.⌉ *In nomine sancte Trinitatis amen. Incipiunt gesta passionis domini que inuenit Theodosius magnus imperator in Ierusalem in pretorio Poncii Pilati in codicibus publicis.* Prol. II *Ffactum est in anno xixᵒ imperatoris Tyberii, cezaris Romanorum, et Herodis filii Herodis imperatoris Galilee...—...mandauit ipse Nicodemus litteris ebraicis.* Text *Annas igitur et Cayphas et Sompne et Dathan, Gamaliel, Iudas, Leui, Neptalim, Allexander et Sirus...* Ch. I,1- . EP 24ᵛᵃ *Post hec Pilatus scripsit epistolam ad urbem Rome Claudio regi dicens: Pilatus Poncius regi Claudio salutem. Nuper accidit quod et ipse probaui...—...24ᵛᵇ omnia bene que gesta sunt in pretorio meo. De persecutoribus Christi* 24ᵛᵇ *Paulisper quod de persecutionibus Christi actum sit videamus. Primus Herodes sub quo passi sunt infantes... De Veronilla ...25ʳᵇ corpus Pylati extraxerunt et vehiculo inponentes in heremum duxerunt ubi nullum hominem ultra uiare sensierunt. Amen.* Closing 25ʳᵇ *Expliciunt gesta Nycodemi de passione domini. Amen.*
SS   Bibl. †Truhlář, vol. I, pp. 183-4.

308. **PRAHA**, Czech Republic. Státní knihovna
MS   III.H.21
Paper. 113 ff. 205 x 150 mm. Saec. XIV-XV. Scr. Two main scribes. Contents Palladius; *Passio Christi sec. quattuor evangelistas*; *EN*; Anselmus Cantuariensis, *Meditatio*; Augustinus Hipponensis; *Dialogus b. Mariae et Anselmi*; *Miraculum de s. Beatrice.*
*I/E Title 90ʳ *In nomine sancte et indiuidue Trinitatis incipiunt gesta saluatoris domini nostri Ihesu Christi que invenit Theodosius magnus imperator in Ierusalem in pretorio Poncii Pylati in codicibus publicis.* Prol. II *Ffactum est* 90ᵛ *in anno nono xᵒ Tyberii cesaris, imperatoris Romanorum, et Herodis filii Herodis regis Galilee...—... hystoriatus est Nychodemus litteris ebraycis.* Text *Annas et Cayphas et Sennen et Tathan, Gamaliel, Iudas et Leui, Neptalim, Allexander, Syrus...—...102ᵛ et ipse Pylatus scripsit omnia verba hec in codicibus puplicis pretorii sui. Amen.* Ch. I,1-XXVII.
SS   Bibl. †Truhlář, vol. I, pp. 234-5.

309. **PRAHA**, Czech Republic. Státní knihovna
MS   IV.C.22
    Paper. 206 ff. 295 x 220 mm. Saec. XIV/2 (ca. 1375). Orig. Possibly France.
    Scr. Several scribes. Poss. France; Collegium Pragensis (cf. note on 205ʳ).
    Contents A collection of sermons; Thomas de Aquino, *Expositio articulorum*
    fidei; EN; Sermo de corpore Christi.
*I/E   Title 171ᵛ ⌈*Ewangelium Nicodemi.* Margin.⌉ Prol. II [F]*actum est in anno cesa-*
    ris inperatoris Romanorum et Herodis filii Herodis principis Gallilee...—...mandauit
    ipse Nicodemus litteris hebraycis. Text *Annas et Cayphas et Somia et Datan, Ga-*
    maliel, Iudas, Leui, Neptalim, Alexander et Syrus...—...174ᵛ beatus Helyas assump-
    tus est et interrogatur Helyzeus a filiis prophetarum vbi est pater noster Helyas.
    Ch. I,1-XV,1.
SS   Bibl. †Truhlář, vol. I, p. 260.

310. **PRAHA**, Czech Republic. Státní knihovna
MS   IV.E.8
    Parchment. iii 139 ff. 225 x 160 mm. Saec. XIV in. Contents *Fasciculus herba-*
    rum; Evangelia postillata per quadragesimam; a sermon; Thomas de Aquino;
    excerpts from Thomas de Aquino, *Summa theologiae; EN; EP; CST.*
*I/E   Title 134ᵛ *Ewangelium Nychodemi.* Prol. II *Factum est nonodecimo Tyberii cesaris*
    imperii Romanorum et Herodis regis imperii Galilee...—...et mandauit ipse Nycho-
    demus litteris ebraicis. Text *Igitur et Cayphas et Sobna et Dathan et Gamaliel et*
    Iudas, Leui, Nepthalim, Allexander et Syrus...—...139ʳ que ipse posuit in codicibus
    publicis pretorii. Ch. I,1-XXVII. EP 139ʳ *Posteaque volens cesari nunctiare hec om-*
    nia scripsit epistolam dicens: Poncius Pylatus Claudio suo salutem. Nuper accidit
    quod et ipse probaui...—...139ᵛ omnia que gesta sunt de Ihesu in pretorio meo. CST
    139ᵛ *Hanc Pylatus Claudio direxit adhuc viuente Tyberio imperatore licet grauis-*
    simo laborante morbo...—...iiiʳ Dominus autem salutem contulit credentibus in se,
    qui cum Patre et Spiritu sancto viuit... Amen. Amen. Version B, ch. 1-20.
SS   Bibl. †Truhlář, vol. I, p. 275.

311. **PRAHA**, Czech Republic. Státní knihovna
MS   V.F.11
    Paper. 245 ff. 210 x 145 mm. Saec. XIV ex. (written partly ca. 1390). Con-
    tents Guillelmus Peraldus; an exposition of the Lord's prayer, *Expositio sym-*
    boli; EN; EP; CST; two expositions of the Lord's prayer, *Expositio decalogi.*
*I/E   Text 219ʳ *Igitur Anna et Cayphas et Sobna et Dathan, Gamaliel et Iudas, Leui,*
    Neptalim, Allexander et Syrus...—...227ᵛ et posuit omnia verba hec in cordibus pu-
    blicis pretorii. Ch. I,1-XXVII. EP 227ᵛ *Et post uolens renunctiare [... ?] Pilatus*
    epistolam ad urbem Claudio imperatori scripsit dicens: Dominus Pilatus Claudio

suo salutem. Nuper accidit quod ipse probaui...—...omnia que gesta sunt de Ihesu in pretorio meo. Amen. CST *Hanc Pilatus Claudio direxit adhuc viuente Tyberio imperatori licet grauissimo laborante morbo...—...231ʳ Dominus autem noster Ihesus Christus salutem contulit credentibus in se et ipsum credimus Dei Filium qui cum Patre et Spiritu sancto regnat... Amen.* Version B, ch. 1-20. Closing 231ʳ *Explicit passio domini nostri Ihesu Christi.*

SS Bibl. †Truhlář, vol. I, pp. 385-6.

312. PRAHA, Czech Republic. Státní knihovna
MS VIII.B.32
Paper. 233 ff. 285 x 210 mm. Saec. XV/1 (ca. 1405) and XV. Scr. Several scribes; *EN* by the same hand as the preceding text, signed *per manus domini Georgii predicatoris de Slana...* Contents Iacobus de Lausanna; sermons; Augustinus Hipponensis; ...; fragments, including *Vita s. Catherinae* and *EN*; Alexander de Villa Dei; *Canones evangeliorum,* in verse.
*I/E Title 195ᵛᵃ *Incipiunt gesta passionis domini que inuenit Theodosius magnus imperator in Ierusalem in pretorio Pontii Pylati in codicibus publicis.* Prol. II *Ffactum est in anno decimo nono imperatoris Tyberii* [*cesariis*?] *Romanorum et Herodis filii Herodis imperatoris Galilee...—...195ᵛᵇ mandauit ipse Nicodemus litteris hebraicis scribi.* Text 195ᵛᵇ *Annas igitur et Cayphas et Somne et Dathan, Gamaliel, Iudas, Leui, Neptalym, Allexander, Sirus...—...196ᵛᵇ preter illos xii qui dixerunt quoniam non est natus ex fornicatione. Et.* Ch. I,1-II,6.
SS Bibl. †Truhlář, vol. I, p. 542.

313. PRAHA, Czech Republic. Státní knihovna
MS IX.F.4
Parchment. 138 ff. 165 x 120 mm. Saec. XIII-XIV. Contents Honorius Augustodunensis; *Tractatus de die dominico celebrando; Visio Pauli; EN; Planctus b. Mariae* (*Quis dabit capiti meo...*).
*I/E Prol. II 78ʳ *Factum est in anno octauo decimo imperii Tiberii cesaris, imperatoris Romanorum, et Herodis filii Herodis regis Galilee...—...ego Nichodemus secundum hoc quod inueni in voluminibus ebraycis de persecutoribus Ihesu Christi,* (Text) *id est Anna et Caypha, Sapne et Dathan, Gamaliel, Iudas, Leui, Alexander, Syrus...—...108ᵛ Hoc est testimonium Carini et Leucii, fratres karissimi, de Christo Ihesu Dei Filio que in sanctis suis gessit apud inferos. Cui agamus omnes laudem et gloriam per immensa secula seculoruum. Amen.* Ch. I,1-XXVII.
SS Bibl. †Truhlář, vol. II, p. 28.

314. PRAHA, Czech Republic. Státní knihovna
MS X.E.13
Paper. 229 ff. 210 x 160 mm. Saec. XIV and XV. Contents Nicolaus de Lyra;

Excerpta concordantiarum totius Bibliae, Registrum super libros Sententiarum; EN;
EP; CST; Historia de Secundo Philosopho perpetui silentii; Vita Adae et Evae (A-
dam et Eua cum expulsi essent...); Formulae medicae, Vocabularius latinus, Formulae dictaminum et epistolarum; etc.

*I/E   Title 74ʳ Incipit ewangelium Nicodemi. Text Igitur Anna et Cayphas et Sobona
et Dathan, Gamaliel et Iudas, Seni, Neptalyn, Alexander et Syrus...—...80ᵛ et posuit omnia verba hec in cordibus pupliciis pretorii. Ch. I,1-XXVII. EP 80ᵛ Et postea
volens renuncciare ipse Pylatus epistolam ad urbem Claudio inperatori scripsit dicens: Poncius Pylatus Claudio suo salutem. Nuper accidit quod et ipse probaui...—
...81ʳ omnia que gesta sunt de Ihesu in pretorio meo. CST 81ʳ Hanc Claudius Pylato direxit adhuc viuente Tyberio imperatore licet grauissimo laborante morbo...—...
83ᵛ dominus noster Ihesus Christus salutem contulit credentibus in se et ipsum credimus Dei Filium per omnia secula seculorum. Amen. Version B, ch. 1-20. Closing 83ᵛ Explicit ewangelium Nicodemi.

SS   Bibl. †Truhlář, vol. II, pp. 76-7.

315. **PRAHA**, Czech Republic. Státní knihovna
MS XI.D.1

Paper. 172 ff. 215 x 150 mm. **Saec.** XV/1 (written partly in 1420 and 1425).
Orig. Bohemia (several texts in Czech). **Contents** Hymns, with Latin com-
mentary and Czech translation; Tractatus super Ave maris stella; EN; EP; Se-
neca, Liber de remediis fortuitorum ad Gallionem; Stella clericorum; ...; Samuel
Iudaeus; Augustinus Hipponensis; Ricardus de s. Victore; ...; Thomas Brad-
wardensis; etc.

*I/E   Title 93ʳ Incipiunt gesta passionis domini que invenit Theodosius magnus impera-
tor in Ierusalem in pretorio Poncii Pylati in codicibus publicis. **Prol.** II Ffactum est
in anno xix⁰ imperatoris Tyberii, cesaris Romanorum, et Herodis filii Herodis imperatoris Galilee...—...mandauit ipse Nicodemus litteris hebraycis scribi. **Text** Annas
igitur et Cayphas et Somne et Dathan, Gamalyel, Iudas, Leui, Neptalym, Allexander, Syrus...—...104ʳ in codicibus perfectis publicis et posuit in pretorio suo. Ch.
I,1-XXVII. EP 104ʳ Post hec scripsit hanc epistolam ad Claudium imperatorem augustum etc. Poncius Pylatus regi Claudio salutem. Nuper accidit quod ipsi probaui
...—...104ᵛ omnia hec que de Ihesu gesta sunt in pretorio meo. Amen.

SS   Bibl. †Truhlář, vol. II, pp. 141-2.

316. **PRAHA**, Czech Republic. Státní knihovna
MS XIII.E.14.c

Parchment. 260 ff. 250 x 170 mm. **Saec.** XIV in. (1303). **Orig.** and **poss.** Executed and presented to S. Georgius, Praha (Benedictine nuns) in 1303 at the
instance of abbess Cunegundis (donation note on front cover). **Contents**
Divisio vitiorum et virtutum; Nota de temptationibus contra fidem; EN; EP; CST;

De impedimento confessionis; Bonaventura; Bernardus Clarevallensis; ...; *Tractatus de spiritualibus instrumentis exercitii; Meditationes de passione Christi; Dicta b. Anselmi;* Origenes; ps.-Dionysius Areopagita, *Epistola ad Timotheum; Epistola Abgari ad Iesum Christum;* etc.

*I/E Title 2ᵛᵃ *Nicomedi euuangelium.* Text *Igitur Anna et Cayphas et Sobna et Dathan, Gamalyel et Iudas, Leui, Neptalym, Alexander et Syrus...—...25ᵛᵇ et posuit omnia uerba hec in cordibus publicis pretorii.* Ch. I,1-XXVII. *EP* 25ᵛᵇ *Et postea* 26ᵛᵃ *uolens renunciare ipse Pylatus epistolam ad urbem Claudio imperatori scripsit dicens: Dominus Pylatus Claudio suo salutem. Nuper accidit quod et ipse probaui...* —...26ᵛᵇ *omnia que gesta sunt de Ihesu in pretorio meo. Valete. CST* 26ᵛᵇ *Hanc Pylatus Claudio direxit adhuc uiuente Tyberio imperatore licet grauissimo laborante morbo...*—...34ᵛᵇ *Dominus autem noster Ihesus Christus salutem contulit credentibus in se et ipsum credimus Dei Filium qui cum Deo Patre et Spiritu sancto regnat...* Version B, ch. 1-20.

SS   Bibl. †Truhlář, vol. II, pp. 241-2.

317. PRAHA, Czech Republic. Státní knihovna
MS   XIV.E.10

Parchment. 252 ff. 245 x 170 mm. **Saec.** XIV/1 (1312). **Orig.** Executed and presented to S. Georgius, Praha (Benedictine nuns) in 1312 at the instance of abbess Cunegundis (donation note on 1ʳ). **Contents** Ps.-Matthaeus; ps.-Thomas; *EN; EP; CST; De Nerone et Domitiano (Nero fecit primam persecutionem...); Diversae sententiae ss. patrum de Iesu et Maria; ...; De assumptione b. Virginis; De nativitate Antichristi; ...;* saints' lives; Hugo de s. Victore; *Dialogus amoris inter sponsam et sodales; Soliloquium amoris inter sponsam et paranymphum;* Isidorus Hispalensis; etc.

*I/E Title 31ʳᵃ *Rescriptum epistole quam misit Pylatus Claudio de passione et resurrectione domini nostri Ihesu Christi.* Prol. II *Factum est in anno nonodecimo Tyberii cesaris* ⌈*imperatoris* lower margin, later hand⌉ *imperii Romanorum, et Herodis imperii Galylee...—...31ʳᵇ mandauit ipse Nichodemus litteris hebraicis.* Text 31ʳᵇ *Quomodo Iudei accusauerunt Ihesum coram Pylato. Igitur Anna et Cayphas et Sobna et Dathan, Gamalyel, Iudas, Leui, Neptalym, Alexander et Syrus...—...52ᵛᵃ et posuit omnia uerba in codicibus publicis pretorii sui.* Ch. I,1-XXVII. *EP* 52ᵛᵃ *Et post hec ipse Pylatus scripsit epistolam ad urbem Romam Claudio imperatori dicens: Epistola Pylati ad Claudium. Poncius Pylatus regi Claudio salutem. Nuper accidit quod ipse probaui...—...53ʳᵃ omnia que gesta sunt de Ihesu in pretorio meo. CST* 53ʳᵃ *Quomodo Pyla-* 53ʳᵇ *-tum Uolusianus sub custodia positum duxit Romam et presentauit Tyberio cesari. Hanc epistolam Pylatus Claudio direxit adhuc uiuente Tyberio inperatore licet grauissimo laborante morbo...—...59ʳᵃ Dominus autem contulit salutem credentibus in se quoniam ipsum credimus Dei Filium qui cum Patre et Spiritu sancto uiuit... Amen.* Version B, ch. 1-20.

SS   Bibl. †Truhlář, vol. II, pp. 311-2.

318. **PRAHA**, Czech Republic. Státní knihovna
MS XIV.E.25
Paper. 167 ff. 220 x 145 mm. **Saec.** XV. **Contents** *Somnium pauperis;* Petrus de Cyperia; *Sermo de passione Christi;* notes on the passion; *EN; EP; Ista sunt, quae Christus fecit a resuscitatione Lazari usque ad Pascham.*
*I/E **Prol.** II 144ʳ *Factum est in anno xviii imperii Tiberii cesaris, imperatoris Romanorum et Galilee...——...mandauit ipse Nicodemus litteris ebraycis.* **Text** *Annas et Cayphas Senne et Dathan, Gamaliel, Iudas, Leui et Neptalim, Allexander et Syrus...— ...159ᵛ et posuit omnia in cordibus publicis pectoris sui.* Ch. I,1-XXVII. *EP* 159ᵛ *Et post hec ipse Pylatus scripsit epistolam racionalem Claudio dicens: Poncius Pylatus regi Claudio salutem. Nuper accidit et quod ipse probauit...——...160ʳ omnia que facta sunt in pretorio meo de Ihesu etc.*
SS **Bibl.** †Truhlář, vol. II, pp. 315-6.

319. **PRAHA**, Czech Republic. Státní knihovna
MS XIV.G.11
Paper. 152 ff. 210 x 150 mm. **Saec.** XIV-XV. **Poss.** Borowan (OCan), dioc. Praha (ownership note on 152ᵛᵇ, saec. XV); Bibliotheca Rosenbergica, i.e., Rožmberk, Bohemia (ex-libris inside front cover, 1609); later returned to Borowan. **Contents** Honorius Augustodunensis; *Summula de confessione,* ...; *Vita Adae et Evae (Cum expulsi essent...); EN; EP; Confessionale metricum.*
*I/E **Prol.** II 137ᵛᵇ *Factum est in anno xixᵒ imperii Tyberii cesaris imperatoris Romani et Herodis filii Herodis regis Galilee...——...mandauit ipse Nicodemus litteris hebreaycis.* **Text** *Annas enim et Cayphas et Sannas et Dathan et Gamaliel et Iudas, Leui et Neptalym, Allexander et Syrus...——...151ᵛᵇ et posuit omnia in codicibus publicis pretorii sui.* Ch. I,1-XXVII. *EP* 151ᵛᵇ *Et post hec ipse Pylatus scripsit epistolam Romanam ad vrbem Claudio inperatori dicens: Poncius Pylatus regi suo Claudio salutem. Nuper accidit et quod ipse probauit...——...152ʳᵃ omnia gesta que sunt de domino Ihesu in pretorio meo. Valete etc. etc.*
SS **Bibl.** †Truhlář, vol. II, p. 332.

320. **PRAHA**, Czech Republic. Státní knihovna
MS XIV.H.2
Parchment. 108 ff. 190 x 150 mm. **Saec.** XIV. **Scr.** Several scribes. **Poss.** Inside front cover a request for prayers *pro statu Nicolai dictatoris littere legate honestati decanali in Chadaw;* Zlatá Koruna (OCist), dioc. Praha. **Contents** *EN, EP,* and *CST* inserted into a collection of sermons.
*I/E **Title** 24ʳᵇ *Ewangelium Nychodemi.* **Prol.** II *Factum est nonodecimo anno Tyberii cesaris inperii Romanorum et Herodis regis imperii Galylee...——...mandauit ipse Nychodemus litteris ebraicis.* **Text** *Igitur et Cayphas et Sobna et Datan et Gamalyel*

et Iudas, Leui, Neptalim, Allexander et Syrus...—*...30ᵛᵇ que ipse posuit in codicibus publicis pretorii.* Ch. I,1-XXVII. **EP** 30ᵛᵇ *Posteaque volens cesari nunciare hec omnia, scripsit epistolam dicens: Poncius Pylatus Claudio suo salutem. Nuper accidit quod et ipse probaui...*—*...31ʳᵃ omnia que gesta sunt de Ihesu in pretorio meo.* **CST** 31ʳᵃ *Hanc Pylatus Claudio direxit adhuc viuente Tyberio imperatore licet grauissimo laborante morbo...*—*...33ʳᵃ Dominus autem salutem contulit credentibus in se, qui cum Patre et Spiritu sancto viuit et regnat etc.* Version B, ch. 1-20.

SS **Bibl** †Truhlář, vol. II, pp. 341-2.

321. PRAHA, Czech Republic. Státní knihovna
MS XIV.H.33

Parchment. 91 ff. 115 x 80 mm. **Saec.** XIII. **Contents** *Catalogus pontificum Romanorum; Summa poenitentiae, Mirabilia Romae, CST; ...; Prophetia Sibyllae,* Nicean Creed; Haymarus Monachus; *Errores evangelii aeterni;* EN.

*I/E **Title** 78ʳ *Incipit passio salvatoris quam invenit Theodosivs magnus imperator in Iherusalem in pretorio Poncii Pylati in codicibus publicis.* **Prol** II *De passione domini. Factvm est in anno nono decimo Tiberii imperatoris, cesaris Romanorum, et Herodis filii Herodis imperatoris Galilee...*—*...mandauit ipse Nichodemus litteris hebraicis.* **Text** *Annas et Cayphas et Sompnas et Dathan et Gamaliel, Iudas, Leui, Neptalym, Alexander et Syrus...*—*...91ʳ et faciens michi multa aduersa quos ego feci cecos...* Conclusion on 91ᵛ illegible. Ch. I,1-XX,1.

SS **Bibl** †Truhlář, vol. II, pp. 351-2.

322. PRAHA, Czech Republic. Státní knihovna
MS XX.A.7

Paper. 192 ff. 310 x 210 mm. **Saec.** XIV-XV (written partly in 1399). †Poss. Admont (OSB), dioc. Salzburg, now Seckau; purchased by Státní knihovna in 1936.‡ **Contents** Excerpts from the statutes of archbp Arnestus; Iohannes Rigaudus; Henricus de Frimaria; *Stella clericorum; Verecundia bona et mala; Armatura sacerdotum; De Antichristo;* EN; EP; Leo Archipresbyter, *Vita Alexandri Magni; Currus diaboli;* Rupertus Olomucensis; etc.

*I/E **Text** 133ʳᵃ *Anna et Cayphas, Sonne et Dathan, Gamaliel, Iudas, Leui et Neptalym, Allexander et Yairus...*—*...139ʳᵃ et posuit omnia verba in codicibus propriis et publicis pretorii sui.* Ch. I,1-XXVII. **EP** 139ʳᵃ *Et post hec ipse Pylatus scripsit epistolam ad vrbem* 139ʳᵇ *Romam Claudio suo salutem. Nuper accidit et quod ipse probaui...*—*...139ʳᵇ omnia que gesta sunt de Ihesu in pretorio meo.* **Oratio populi** 139ʳᵇ *Et direxerunt didascali ad omnem populum...*—*...139ᵛᵃ Et ymno dicto abierunt vnusquisque in domum suam.* **Closing** 139ᵛᵃ *Et sic est finis passionis huius etc. Explicit Nycodemus per manus.*

SS **Bibl** †Tille and Volikovsky, p. 89. **Corresp.** ‡Dr. Johann Tomaschek. Dr. Mirko Velinský.

323. **REIN (REUN), Austria. Stiftsbibliothek**
MS 56
> Parchment and paper. 281 ff. **Saec.** XV (written partly in 1405). **Orig.** Rein (Reun; OCist), dioc. Salzburg, now Seckau. ‡**Scr.** Two main scribes, one of whom was apparently Angelus Mansee; *EN* by three (or four) other scribes.‡ **Contents** Martinus Polonus; *Liber Pantheon*; Henricus Suso, *Horologium sapientiae*, *EN*; lists of popes, cardinals; etc.

*I/E **Prol.** II 274va *Factum est in anno decimo nono imperii Tyberii cesaris, imperatoris Romanorum, et Herodis filii Herodis imperatoris Galilee...—...hystoriatus est Nicodemus litteris ebraycis scribi.* **Text** *Annas et Cayphas et Sompnas et Dathan et Gamaliel, Iudas, Leui, Neptalym, Alexander et Syrus...—...278va et tres viri illi testificati sunt vidisse eum.* Ch. I,1-XVI,4.

SS **Bibl.** †Weis, pp. 38-9. **Corresp.** ‡Diane Warne Anderson.

324. **REYKJAVÍK, Iceland. Thjóðminjasafn Íslands**
MS nr. 921
> Parchment. 1 f. (from book binding). 298 x 200 mm. **Saec.** XIII. **Scr.** One scribe. **Poss.** Given by Páll Pálsson in 1873. **Contents** *EN*.

*I/E **Text** 1ra *reddidit uiuum. Tum ego scio quia ille homo qui hoc potuit facere Deus fortis est...—...1vb illas tuas diuicias quas adquisieras per lignum preuaricationis. Nunc.* Ch. XX,3-XXIII.

SS **Corresp.** †Odd Einar Haugen.

325. **RODEZ, France. Bibliothèque Municipale**
MS 2
> Paper. 463 pp. 307 x 218 mm. **Saec.** XV. **Contents** *Opusculum de actione missarum*; Hieronymus; a treatise against the Jews; Bernardus Clarevallensis on the dedication of the church; *EN*; Gregorius Magnus, *Vita b. Benedicti*; *De vita et actibus s. Hieronymi*; a treatise on angels; *Tractatus super totum officium missae.*

I/E **Text** 127^r...
SS **Bibl.** †*Catalogue général*, 1888, Octavo IX, pp. 220-1.

326. **ROMA, Italy. Biblioteca Alessandrina**
MS 120
> Parchment. 264 ff. 240-65 x 170-5 mm. **Saec.** XIII and XIV. **Scr.** Several scribes. **Poss.** 1^r *ex dono R.P.D. Petri Francisci de Rubeis* (saec. XVII). ‡**Contents** *Vita gloriosi martyris Thomae*; other texts on Thomas Cantuariensis; ...; *Post peccatum Adae*...; ps.-Methodius; ps.-Turpinus; ...; ps.-Origenes, *Homilia de Maria Magdalena*; *EN*; *SN*; *Nuptiae filiarum diaboli*; Alanus Minimi Capelle;

Iulianus Toletanus; miscellaneous texts.[‡] Used by Dobschütz for his edition of *SN*.

I/E [§]**Title** 169[r] *Incipiunt gesta domini Salvatoris que invenit Theodosius Magnus imperator in Ierusalem in praetorio Pontii Pilati in codicibus suppliciis a beato Ambrosio mediolanensi episcopo conscripta.*[§] **Prol** II *Factum est autem...* [§]*SN ... 177[r] et ego repellam eos de sacerdotio meo ut non sacrificium michi agant in sempiterno.*[§] Ch. -XIII,2.

SS **Bibl** [‡]Narducci, 1877, pp. 91-3. [†]Poncelet, 1909, pp. 195-7. **Corresp.** [§]Dott. G. Rita.

327. ROMA, Italy. Biblioteca Angelica
MS 1073

Paper. 21 ff. 225 x 156 mm. **Saec.** XIV ex. **Poss.** On 1[r] a letter dated 1381, beg. *Ic Iohan van Haelt do cont en kenlic....* **Contents** *Versus de signis Zodiaci*; *EN*; Beda Venerabilis, two sermons.

I/E **Title** 3[r] *Passio Xpi secundum Nicodemum.* **Prol** II *Factum est in anno xix. imperii Tyberii Cesaris imperatoris Romanorum et Herodis filii Herodis regis Galilee...* —...*mandauit ipse Nicodemus literis hebraycis.* **Text** *Annas et Cayphas et Samna et Datan, Gamaliel, Iudas, Levi, Neptalim, Allexander et Syrus...* Ch. I,1- . **Closing** 10[r] *Explicit Evangelium Xpi secundum Nicodemum.*

SS **Bibl** [†]Narducci, 1892, pp. 437-8. **Corresp.** Dott.ssa Silvana Verdini.

328. ROMA, Italy. Biblioteca Casanatense
MS 713

Parchment. 106 ff. 325 x 245 mm. **Saec.** XI. **Contents** A hagiographical collection: saints' lives; *EN*; *EP*; ps.-Augustinus, *De resurrectione domini* (*Sermo 160*); saints' lives.

*I/E **Text** 32[ra] *quia beatus Elyas propheta adsumptus est in caelum. Et interrogatus est Eliseus...*—...*37[rb] et posuit omnia uerba in codibus publicis pretorii sui.* Ch. XV,1-XXVII. **EP** 37[rb] *Et post haec ipse Pilatus scripsit epistolam ad urbem Romam Claudio dicens: Pontio Pilato regi Claudio salutem. Nuper accidit quod ipse probaui ...*—...*37[va] omnia quae gesta sunt de Iesu in praetorio meo.*

SS **Bibl** [†]Poncelet, 1909, pp. 229-31.

329. ROMA, Italy. Biblioteca dell'Accademia Nazionale dei Lincei e Corsiniana
MS 1146

Paper. 210 ff. **Saec.** XIV. **Contents** ...; *EN*; etc.

I/E Variants printed by Birch; used by Thilo and Tischendorf for their editions of the *EN*.

SS **Bibl** [†]Birch, pp. XXVI-XXIX, 1-158. **Corresp.** No reply.

330. **ROMA**, Italy. Biblioteca Vallicellana
MS   F. 65
      Parchment. 147 ff. Size varies. Saec. XIII. Scr. Several scribes. Contents
      Arator; *EN*; *EP*; *CST*; Anselmus Cantuariensis; *Liber de peccato originali*; ps.-
      Dionysius Areopagita. Used by Dobschütz for his edition of *CST*.
I/E   Title 55ʳ (‡52ʳ‡) *Liber geste Salvatoris quae Theodosius imperator invenit in pre-*
      torio Pontii Pilati in codicello parvulo in Hierusalem. Prol. II *Factum est in anno*
      XVIII imperii Tiberii... Text *...77ᵛ* (‡68ʳ‡) *et posuit omnia verba in codicibus publi-*
      cis praetorii sui. Ch. -XXVII. EP *77ᵛ* (‡68ʳ‡) *Et post haec ipse Pilatus scripsit epi-*
      stolam ad urbem Romam Claudio, dicens: Pontius Pilatus regi suo Claudio salu-
      tem. Nuper accidit et cetera. Closing *Explicit liber Gestae Salvatoris.* CST *Liber*
      de inventione imaginis Salvatoris delata navigio Romae per Vespasianum...—...81ᵛ.
      Version A.
SS   Bibl. ‡McKinlay, pp. 55-6. †Poncelet, 1909, pp. 393-4.

331. **ROUEN**, France. Bibliothèque Municipale
MS   A. 526 (677)
      Parchment. 139 ff. 182 x 125 mm. Saec. XIV. Poss. Capuchins, Rouen. Con-
      tents *Liber diversarum sententiarum*; Innocentius III papa; an exposition of the
      Lord's prayer; *EN*; *EP*; *SN*; Rufinus, *Historia ecclesiastica*, ii, 7; ps.-Augusti-
      nus, *De resurrectione domini* (*Sermo 160*); *De quindecim signis ante diem iudicii*;
      etc.
*I/E Title 96ʳ *Incipit epistola de Pilato et de Iudeis.* Prol. II *Factum est in anno nono-*
      decimo imperatoris Theodosii cesaris, imperatoris Galilee...—...mandauit ipse Nicho-
      demus litteris hebraicis. Text *Anna et Cayphas et Some et Dathan, Gamaliel, Iu-*
      das, Leui, Neptalim, Alexander et Sirus...—...117ᵛ et posuit omnia uerba in codici-
      bus publicis pretorii sui. EP *117ᵛ Et post hec ipse Pilatus scripsit epistolam ad ur-*
      bem Romanam Claudio dicens: Poncius Pilatus regi Claudio suo salutem. Nuper
      accidit quod et ipse probaui...—...118ᵛ omnia que gesta sunt de Ihesu in pretorio
      meo. SN *118ᵛ Cvmque hec Claudius suscepisset et Neroni imperatori legisset...—...*
      120ʳ sicut Iosephus narrat quia tunc ibidem erat et presenciam Christi domini uidit.
SS   Bibl. †*Catalogue général*, 1886, Octavo I, p. 183. Corresp. Valérie Neveu.

332. **ROUEN**, France. Bibliothèque Municipale
MS   U. 43 (1343)
      Parchment. 186 ff. 310 x 210 mm. Saec. XII/1 (1113-37) Scr. Two scribes; *EN*
      written by an anonymous scribe and corrected by Orderic Vital (d. ca. 1143),
      a monk at Saint-Évroult d'Ouche (OSB), dioc. Lisieux. Poss. St-Évroult
      d'Ouche; St.-Ouen, Rouen (OSB; ownership note on 1ʳ, saec. XVIII). ‡Con-
      tents *Sermo de dedicatione ecclesiae*, Remigius Autissiodorensis, *Expositio in ce-*

lebratione missae, EN; EP; theological notes; Beda Venerabilis; miscellaneous texts; saints' lives; etc.‡

*I/E   **Title** 23ʳ *In nomine Dei svmmi incipivnt gesta saluatoris domini nostri Ihesv Christi quae invenit Theodosivs magnvs imperator in Iervsalem in praetorio Pontii Pilati in codicibvs pvblicis.* **ProL** II 23ᵛ *Factvm est in anno nonodecimo imperii Tyberii cesaris, imperatoris Romanorum, et Herodis filii Herodis regis Galilee...—...mandauit ipse Nichodemus litteris hebraicis.* **Text** *Annas et Cayphas et Somne et Dathan et Gamaliel, Iudas, Leui, Neptalim, Alexander et Syrus...—...33ʳ et posuit omnia uerba haec in codicibus publicis pretorii sui.* **Ch.** I,1-XXVII. **EP** 33ʳ *Et post haec ipse Pilatus scripsit epistolam ad urbem Romam Claudio imperatori dicens: Pontius Pilatus regi Claudio salutem. Nuper accidit quod et ipse probaui...—...33ᵛ omnia quae gesta sunt de Ihesu in praetorio meo.* **Closing** 33ᵛ *Explicivnt gesta salvatoris.*

SS   **Bibl** ‡*Catalogue général,* 1886, Octavo I, pp. 333-4. †Samaran and Marichal, vol. VII, p. 325.

333. ROUEN, France. Bibliothèque Municipale
MS   U. 65 (1426)

Parchment. 245 ff. 340 x 220 mm. **Saec.** XIV. **Poss.** St.-Ouen, Rouen (OSB). **Contents** *Legenda aurea; Regula s. Augustini; Disticha Catonis; EN; EP; De imperatoribus; De destructione Hierusalem; Vita Adae et Evae (Factum est cum essent Adam et Eva...).*

*I/E   **Text** 242ʳᵃ *nos per montem descendisti ut nos per maiestatem tuam eriperes...—... 242ᵛᵃ et in codicibus publicis pretorii sui reposuit.* **Ch.** XXIV,1-XXVII. **EP** ⌐*Epistola Pylati ad ymperatorem.* **Left margin.**⌐ *Misitque ad Claudium consulem epistolam hec in se continentem: Pontius Pilatus Claudio suo domino salutem. Nuper accidit quod et ipse probaui...—...242ᵛᵇ et enstimes esse credendum mendatiis Iudeorum.* **EpiL** 242ᵛᵇ *Nunc ergo, dilectissimi fratres, hanc lectionem quam audistis...— ...ad nostram deuenerunt notitiam. De imperatoribus In illis igitur diebus in quibus crucifixus est Ihesus, Tyberius in urbe Romana quietus manebat...—...243ʳᵇ et suscepit Tyberius imperium, regnante domino nostro Ihesu Christo cui est honor... Amen. De destructione Hierusalem 243ʳᵇ Quomodo Tytus [... ?] sanus factus est et quomodo obsedit Ierusalem. Transacto igitur tempore modico occisus est Otho a Vitelo et Vespasianus imperium Romanorum suscepit... Tunc Tyberius tenebat imperium... Erat quoque in illis diebus quidam homo Iudeus Nathan...—...244ᵛᵇ hec autem omnia et multa alia mala populo Iudeorum contingerunt quia Ihesum iniuste occiderunt.*

SS   **Bibl** †*Catalogue général,* 1886, Octavo I, p. 428. Fleith, p. 268, no. 783. **Corresp.** ‡Valérie Neveu.

334. SAINT-OMER, France. Bibliothèque Municipale
MS   202

Parchment. 180 ff. 270 x 180 mm. **Saec.** IX. **Orig.** Saint-Bertin (OSB), dioc.

Saint-Omer. **Poss.** Saint-Bertin (OSB), dioc. Saint-Omer (ownership notes on 1ʳ and 106ʳ); ‡a few glosses in Old English, saec. XI, suggest that the manuscript was in England.‡ **Contents** *EN; EP; Passio s. Margaritae, VS*; homilies.

*I/E **Title** 1ʳ *In nomine sanctae Trinitatis incipiunt gesta saluatoris domini nostri Ihesu Christi que inuenit Theodosio magno imperatore in Hierusalem in pretorio Pontii Pilati in codicibus publicis.* **Prol.** II ⌈*Factum est* above line⌉ *autem* ⌈*in anno* above line⌉ *xviiii* ⌈*imperii Tyberii cesaris,* above line⌉ *regis Romanorum, et Herodis filii Herodis regis Galilee...—...mandauit ipse Nichodemus litteris hebraicis.* **Text** *Annas et Caiphas et Summe et Dathan, Gammalihel, Iudas, Leui, Neptalim, Alexander et Syrus...—...12ᵛ et posuit omnia uerba in codicibus publicis pretorii sui.* Ch. I,1-XXVII. *EP* 12ᵛ *Et post haec ipse Pilatus scripsit epistolam ad urbem Romam Claudio dicens: Pontius Pilatus regi Claudio suo salutem. Nuper accidit et quod ipse probaui...—...13ʳ omnia que gesta sunt de Ihesu in pretorium meum.* **Closing** 13ʳ *Explicit gesta de Christo Filio Dei feliciter. Amen.*

SS   **Bibl.** *Catalogue général*, 1861, Quarto III, p. 107. †Hagiographi Bollandiani, 1929, pp. 244-5. **Corresp.** ‡Dr. Julia Crick.

335. SALAMANCA, Spain. Biblioteca Universitaria
MS   1988

Paper. i 222 ii ff. 230 x 145 mm. **Saec.** XV. **Poss.** Colegio Mayor San Bartolomé de Salamanca; Biblioteca de Palacio, Patrimonio Nacional, Madrid; ‡in Biblioteca Universitaria since 1954.‡ **Contents** *Historia s. Acacii et decem milium martyrum*; ...; *Historia orientalis; Septima pars rationalis de festivitatibus sanctorum; EN; EP.*

*I/E **Title** 202ʳ ⌈*Ystoria Nichodemi.* Top margin.⌉ *In nomine sancte Trinitatis incipiunt gesta saluatoris domini nostri Ihesu Christi que inuenit Theodosius magnus inperator in Iherusalem in pretorio Poncii Pilati in codicibus publicis scripta.* **Prol.** II *Factum est in anno xviii inperii Tiberii cessaris inperatorum Romanorum et Herodis filii Herodis regis Galilee...—...mandauit ipse Nycodemus literis hebraycis ita.* **Text** *Anas et Cayfas et Sonna et Datham, Gamaliel, Iudas, Leui, Neptalim, Alexaunder et Syrus...—...221ᵛ et posuit omnia verba in codicibus publicis pretorii sui.* Ch. I,1-XXVII. *EP* 221ᵛ *Et post hoc ipse Pilatus scripsit epistolam ad urbem Romanam Tiberio dicens: Poncius Pillatus Tiberio cesari suo salutem. Nuper accidit et quod ipse probauit...—...222ʳ et extimet credendum mendaciis Iudeorum.* **Closing** 222ʳ *Et expliciunt gesta saluatoris. Ihesus.*

SS   **Corresp.** †Margarita Becedas, Directora. ‡Dra. Consolación Morales. Dra. Teresa Santander.

336. SALZBURG, Austria. Erzabtei St. Peter
MS   a V 27

Parchment. 141 ff. 170 x 110 mm. **Saec.** XII/2. **Orig.** Bavaria or Austria. **Scr.**

Several scribes. **Contents** Magister Hugo; *Tractatus de sacramentis*; ...; verses, in Latin with German glosses; *Expositio allegorica nominum apostolorum*; *Nota de Salomone et eius poenitentia*; Caesarius Arelatensis; ps.-Caesarius Arelatensis; Wipo, *Proverbia*; *EN*; *EP*; *SN*; table of contents; etc. Used by Speyer for his edition of *SN*.

*I/E Title 111ʳ *Incipivnt gesta salvatoris.* **ProL I** 111ᵛ *In Dei nomine ego Eneas Hebreus, primus legis doctor, perscrutans diuinitatem legis scripturarum...—...et ego interpretaui litteris grecis ad cognicionem omnium.* **Text** *Annas et Caifas, summi sacerdotes, Gamaliel et Iudas, Neptalim et Taliandro et Zarias et ceteri...—...*138ʳ *et posuit omnia uerba in codicibus publicis pretorii sui.* Ch. I,1-XXVII. *EP* 138ʳ *Et post hæc ipse Pilatus scripsit epistolam ad urbem regni Rome dicens: Pontius Pilatus regi Gaio suo salutem. Nuper accidit et quod ipse probauit...—...*139ʳ *omnia que sunt de Ihesu in pretorio meo.* **SN** 139ʳ *Cumque hæc Claudius suscepisset et Neroni imperatore legisset...—...*139ᵛ *cepit Christus dominus facere Iudeis signa et prodigia multa sicut uidimus, scripturis legimus.* Ch. I-II. **Closing** 139ᵛ *Explicit gesta saluatoris.*

SS **BibL** †Hayer, pp. 71-2.

337. **SANKT FLORIAN**, Austria. Stiftsbibliothek
MS XI. 277
Parchment. 83 ff. **Saec.** XIV/1 (1345). **Orig.** 83ᵛ *Explicit liber domini udalrici de Egenberga comparatus in petovia anno domini 1345*, i.e., Ptuj (Pettau, Petovia), Slovenia. **Poss.** Sankt Florian (OCan), dioc. Passau, now Linz (ownership note on 83ᵛ). **Contents** Sermons; *EN*; *Liber de sacramento eucharistiae.*

*I/E Title 61ʳᵃ *In nomine sancte et indiuidue Trinitatis incipiunt gesta saluatoris domini nostri Ihesu Christi litteris scripta ad Nichodemum hebraicis que inuenit Theodosius imperator in pretorio Pontii Pylati in codicibus publicis.* **ProL II** *Factum est in anno xix inperii Tiberii cesaris, inperatoris Romanorum, et Herodis regis Galilee...—...viii kalendas aprilis.* **Text** *Annas et Cayphas et Somme et Dathan et Gamaliel et Iudas et Leui et Neptalim et Alexander et Syrus...—...*67ʳᵇ *Hic est filius meus dilectus in quo michi complacui. Et nunc preibo.* Ch. I,1-XVIII,3.

SS **BibL** †Czerny, pp. 114-5.

338. **SANKT GALLEN**, Switzerland. Stiftsbibliothek
MS 1142
Paper. 815 pp. **Saec.** XV. **Orig.** Some items in German. **Poss.** §Günterst(h)al (OSB nuns, after 1224 OCist nuns), dioc. Konstanz;§ purchased in 1782. **Contents** A lectionary: *Calendarium*; prayers, in German; sermons; ...; Henricus Suso, *Das Buch der ewigen Weisheit*; *EN*; *EP*; Gospel of Nicodemus, in German; *Lamentatio Ieremiae*; etc.

I/E †**Title** P. 659 *Incipiunt gesta de passione Christi que scripsit Nichodemuß et que*

invenit Theodosius imperator reposita in pretorio Pilati praesidiß. **Prol. II** *Factum est in anno nonodecimo Tiberii Zesaris imperatoris Romanorum et Herodiß filii Herodiß regiß Galilee... EP* ...p. 695.‡ **Closing** P. 695 *Explicit evangelium Nichodemi.*
SS   **Bibl.** §Krämer, 1989-90, vol. I, 308. †[Scherrer], pp. 414-5. **Corresp.** ‡Karl Schmuki, Scientific Assistant.

339. SCHLÄGL, Austria. Stiftsbibliothek
MS   56 Cpl. 200
      Paper. 248 ff. 221 x 146 mm. **Saec.** XIV and XV. **Orig.** Some items in German. **Scr.** Eleven scribes. **Poss.** 221rb *Magistri Boldewini liber.* **Contents** Sermons and homiletic notes; ...; *Sermo de passione domini; EN; Sermo de nativitate b. Mariae Virginis; Dialogus b. Mariae et Anselmi; Post peccatum Adae...*; sermons; miscellaneous notes; etc.
*I/E   **Title** 221ra *Sequitur ewangelium Nychodemi et rynt.* 221rb *In nomine domini amen. Et in nomine sancte Trinitatis incipiunt gesta saluatoris nostri Ihesu Christi domini nostri que inuenit Theodosius magnus imperator in Iherusalem in pretorio Poncii Pylati in codiciis publicis. Hylf got.* **Prol. II** 221rb *Factum est in anno xviiii° Tyberi cesaris, imperatoris Romanorum, et Herodis filii imperantis Gallilee...—...mandauit ipse Nychodemus litteris hebraycis. Magistri Boldewini liber. Gut man.* **Text** *Annas et Cayphas et Somne et Datan, Gamaliel, Iudas, Leue, Neptaleim, Allexander et Thyrus...—...*222rb *omnis multitudo clamat* 222va *quoniam ex fornicatione natus est et malificus est.* Ch. I,1-II,4.
SS   **Bibl.** †Vielhaber and Indra, pp. 67-9. **Corresp.** Librarian.

340. SCHLÄGL, Austria. Stiftsbibliothek
MS   156 Cpl. 145
      Paper. 414 ff. **Saec.** XV/2 (1473). **Scr.** Two scribes; *EN* by Iohannes Henricus Weinmann, a monk at Schlägl and a parish priest at Friedberg (cf. note on 392^v). **Poss.** Schlägl (OPraem), dioc. Linz. **Contents** Petrus Comestor, ...; *Versus de ordine librorum biblicorum; EN; EP; De arbore crucis; CST; Chronica s. Helenae, Vita Adae et Evae (Adam et Eva cum expulsi fuissent...); Post peccatum Adae....*
*I/E   **Title** 374^v ⌈*Sequitur ewangelium Nikodemi. Top margin.*⌉ **Prol. II/I** *Factum est in anno xviii imperii Tiberii cesaris, imperatoris Romani, Herodis regis, tethrarhe Galilee, filii Herodis regis...—...ex grecis litteris commutaui ad cognicionem omnium fidelium credencium in Christo.* **Text** *Annas et Cayphas, Sopnas et Dathan, Gamaliel et Ionathas, Leui et Neptalim, Allexander, Batuel, Sirus, Yayrus...—...*387^v *et hec ipse Pilatus scripsit ad vrbem Romam Tiberio.* Ch. I,1-XXVII. **EP** 387^v *Sequitur epistola Pilati ad Tiberium imperatorem.* 388^r *Poncius Pilatus imperatori Tiberio salutem et triumphalia vota. Nuper accidit et quod ipse probaui...—...*388^r *omnia que gesta sunt de Ihesu in pretorium meum. Hec ita de Christo Filio Dei.* **Epil.**

388ʳ *Nunc ergo, dilectissimi fratres, hanc leccionem quam audistis...—...ad nostram noticiam deuenerunt, cui sit honor et gloria in seculorum secula.* Amen. *De arbore crucis Narrat quedam historia Grecorum quod Moyses famulus domini...—...*389ᵛ *et in bonis actibus iugiter conseruare Ihesus Christus dominus noster cui est cum Patre et Spiritu Sancto honor...* Amen. CST 389ᵛ *Tempus quo passus est Ihesus Christus celatum erat Tiberio cesari qui nichil adhuc de Christi passione ac resurreccione atque ascensione audiuit...—...*392ᵛ *et defunctus est in palacio suo aput Romam, regnante domino nostro Ihesu Christo cum Patre et Spiritu Sancto qui viuit...* Amen. *Explicit historia de conuersione Tiberii cesaris...* Ch. 1-14. **Closing** 392ᵛ *Finitus est presens tractatus per fratrem Iohannem Henrici ordinis Premonstratensis, plebanum in Ffrinburg, anorum domini mᵒcccclxxiiiiᵒ fferia sabbato post Viti.*

SS **Bibl** †Vielhaber and Indra, pp. 263-5. **Corresp.** Librarian.

341. **SCHLÄGL**, Austria. Stiftsbibliothek
MS 187 Cpl. 95

Paper. i 348 ff. **Saec.** XV. **Orig.** Bohemia. **Scr.** Four scribes. **Poss.** Thomasco de Strakonic. **Contents** *EN*; Thomasco Strakonicensis, *Sermones de tempore,* other sermons; expositions of the gospels; ...; Thomasco Strakonicensis, *Sermones de sanctis.*

*I/E **Title** Inside front cover, col. a *Incipiuntur gesta saluatoris domini nostri Ihesu Christi qualiter passus sit et qualiter destruxit infernum, que inuenit Thodosius imperator in Ierusalem in pretorio Poncii Pilati in codicibus publicis.* **Prol.** II/I *Factum est in anno xviiiᵒ imperii Tiberii cesaris, imperatoris Romanorum, Herodis regis tethrarche...—...in grecis litteris comutaui ad cognicionem omnium fidelium credencium in Christo.* **Text** *Anna et Caiphas, Sopnas, Dathan, Gamaliel, Ionatas, Leui, Neptalim, Alexander, Senihel, Sirus...—...*iᵛ *Deus vester qui eduxit vos de dura seruitute Egipciorum et.* Ch. I,1-IX,2.

SS **Bibl** †Vielhaber and Indra, pp. 300-1. **Corresp.** Librarian.

342. **SÉLESTAT**, France. Bibliothèque Municipale
MS 86

Paper. 273 ii ff. 297 x 217 mm. **Saec.** XV/1 (part, if not all, written in 1433). **Orig.** Written *per me Conradum Brampach, de Erffordia, sub anno Domini MᵒCCCCᵒXXXIIIᵒ* (note on 258ʳ), for Jean de Westhuss, a parish priest in Sélestat. §**Contents** Iordanus Quedlinburgensis, *Sermones; EN*; *De statu et conversatione Enoch et Helye,* Petrissa, *De situ et statu paradysi.*§

I/E ‡**Prol.** II *Factum est in anno...*‡
SS **Bibl** §Adam, p. 110. ‡*Catalogue général,* 1861, Quarto III, pp. 584-5. †Samaran and Marichal, vol. V, p. 371.

343. **SEMUR-EN-AUXOIS**, France. Bibliothèque Municipale
MS   20 (20)
     Paper. 327 ff. 217 x 140 mm. **Saec.** XIV and XV. **Poss.** Semur-en-Auxois
     (OCarm), dioc. Autun (Carmelites). **Contents** Sermons; *EN* (?); sermons; a
     tract on confession.
I/E Text 4ᵛ *Cayphas loquitur cum antiquis ad sciendum oppiniones...* A dialogue
     based on the *EN.*
SS   **Bibl** †*Catalogue général*, 1887, Octavo VI, pp. 304-5.

344. **SOEST**, Germany. Wissenschaftliche Stadtbibliothek
MS   21
     Parchment. ii 138 i. 215 x 150 mm. **Saec.** XIII and **XIV. Orig.** Portions writ-
     ten in Erfurt, Northern France, and possibly Paris; *EN* written probably in
     Germany (cf. script). **Scr.** Five scribes. **Poss.** Reynerus de Capella (d. 1384),
     Dominican prior in Soest, dioc. Köln (ownership note on iiᵛ); in Stadtbiblio-
     thek since 1814. **Contents** Commentaries on Aristotle; *Summula super compu-*
     tum manualem; Regimen duodecim mensium; Boethius; ps.-Boethius, *De discipli-*
     na scolarium; EN; EP; ps.-Origenes, *Homilia de Maria Magdalena.*
I/E †Title 123ʳ *Incipiunt gesta domini salvatoris nostri Ihesu Christi a Nichodemo*
     scripta in codicibus publicis que invenit Theodosius magnus imperator in Ierusalem
     in pretorio Pylati presidis. **Prol** II [F]*actum est in anno decimo octavo imperatoris*
     Tyberii Cesaris romanorum et Herodis filii Herodis regis Galylee...—..litteris
     ebraicis. **Text** *Annas et Cayphas et Samne et Dathan, Gamaliel, Iudas, Levi, Nep-*
     talim, Alexander et Sirus... Ch. I,1- . *EP ...*133ᵛ *que gesta sunt de Ihesu in pretorio*
     meo. **Closing** 133ᵛ *Explicit epistola Pilati ad Claudium.*‡
SS   **Bibl** Krämer, 1989-90, vol. II, p. 730. Lehmann, 1935b, p. 120. †Michael, pp.
     136-41. **Corresp.** ‡Dr. Bernd Michael.

345. **SOISSONS**, France. Bibliothèque Municipale
MS   224 (210)
     Parchment. 114 ff. 223 x 146 mm. **Saec.** XIV. **Orig.** Some texts in French.
     Poss. Prémontré (OPraem), dioc. Laon, now Soissons; Jean Nicot (1530-
     1600). **Contents** *Dialogus inter patrem et filium,* in French; *EN;* a fragment of
     the life of s. Helena; Frère Laurent.
I/E **Prol** II 21ᵛ *Factum est in anno XIX° Tyberii Cesaris imperatoris...*
SS   **Bibl** †*Catalogue général*, 1885, Octavo III, pp. 138-9. **Corresp.** No reply.

346. **SPOLETO**, Italy. Cathedral Archives
MS   vol. II of San Felice legendary
     Parchment. 249 ff. 580 x 380 mm. **Saec.** XII ex. (1184 and **after 1194). Poss.**

The monastery of San Felice de Narco, Umbria. Contents Saints' lives; sermons; *Sermo de transitu sive de assumptione s. Mariae; EN.*
I/E   Text 243ʳ...—..249ᵛ.
SS   Bibl. †Gaiffier, pp. 334-41. Corresp. No reply.

347. ST. PETERSBURG, Russian Republic. Publichnaia biblioteka imieni M.E. Saltykova-Schedrina
MS   Lat. Q Y. I. No. 187
      Parchment. 10 ff. Saec. XV. Poss. 1ʳ, lower margin *Ex museo Petri Dubrowsky.* Contents *EN.*
*I/E   Title 1ʳ ⌈*Historia passionis domini Iesu Christi, eiusdem ascensionis.* Top margin, modern hand.⌉ 1ʳᵃ *Incipit rescriptum epistole quam misit Pylatus Claudio de passione et resurectione domini nostri Ihesu Christi.* Prol. II *Factum est in anno decimo nono Tyberii cesaris, imperatoris imperii Romanorum, et Herodis imperii Galilee...—...mandauit ipse Nychodemus licteris hebraycis.* Text *Quomodo Iudei accusauerunt dominum coram Pylato. Igitur Anna et Cayphas et Sabna et Dathan, Gamaliel, Iudas, Leui, Neptalym, Alexander et Syrus...—...*10ᵛ *Statim suscipiens deprecacionem meam dixit michi: Amen, dico tibi, hodie mecum eris in paradyso. Et dedit michi.* Ch. I,1-XXVI.
SS   Bibl. †Dudik, p. 341. Corresp. T.V. Furayeva.

348. STA
MS, Austria. Stiftsbibliothek
MS   19
      Parchment. 118 ff. Saec. XIII-XIV. Contents *EN; EP;* ps.-Matthaeus; *Miracula b. Mariae Virginis; Relatio de s. Theophilo; Visio Tundali; Visio Wettini; De s. Gewoldo;* Elisabeth Schönaugiensis; etc.
*I/E   Prol. II 1ʳᵃ *Factum est in anno xix⁰ Tyberii cesaris Romanorum et Herodis filii Herodis imperatoris Galylee...—...mandauique ipse Nychodemus litteris hebraicis.* Text *Annas et Cayphas, Gamaliel et Iudas, Leui et Neptalin et reliqui...—...*10ʳᵃ *et posuit omnia uerba in codicibus publicis pretorii sui.* Ch. I,1-XXVII. EP 10ʳᵃ *Et post hec* ⌈*ipse* above line⌉ *Pilatus scripsit epistolam ad urbem Romam Claudio dicens: Pontius Pilatus preses Claudio cesari salutem. Nuper accidit quod et ipse probaui...—...* 10ʳᵇ *et estimes credendum mendatiis Iudeorum.*
SS   Bibl. †Stams, Stiftsbibliothek, pp. 470-1.

349. STRASBOURG, France. Bibliothèque Universitaire et Regionale
MS   190 (Latin 187)
      Paper. 47 ff. 160 x 100 mm. Saec. XVI. Contents *EN; EP; CST.*
†I/E   Title 1ʳ *Euangelium Nicodemi incipit foeliciter.* Prol. II *Factum est nonodecimo*

Tyberii caesaris imperii Romanorum et Herodis imperii Galileae...—...mandauit ipse Nicodemus literis hebraicis. **Text** *Igitur et Cayphas et Sobna et Datan et Gamaliel et Iudas, Leui, Neptalim, Alexander, et Syrus...—...33ʳ que ipse posuit in codicibus publicis pretorii.* **Ch.** I,1-XXVII. *EP* 33ʳ *Posteaque volens caesari nunciare hec omnia, scripsit epi-* 33ᵛ *-stolam dicens: Pontius Pylatus Claudio suo salutem. Nuper contigit quod et ipse probaui...—...34ᵛ omnia que gesta sunt de Ihesu in pretorio meo. CST* 34ᵛ *Hanc Pylatus Claudio direxit adhuc viuente Tiberio imperatore licet grauissimo laborante morbo...—...44ʳ Dominus autem salutem contulit in se credentibus, qui cum Deo Patre... Amen.* Version B, ch. 1-20.

SS   **Bibl.** †*Catalogue général*, 1923, Octavo XLVII, p. 113.

350. **STUTTGART**, Germany. Württembergische Landesbibliothek
MS   HB I 119
     Paper. 234 ff. 285 x 210 mm. **Saec.** XV/2 (1450-2). **Orig.** Some glosses in German. **Poss.** Zwiefalten (OSB), dioc. Konstanz (shelf-mark on front cover). **Contents** Sermons; *Dialogus b. Mariae et Anselmi*; *EN*; *Sermo bonus de b. Virginae*, ...; Iacobus de Voragine; sermons.
*I/E **Title** 49ᵛᵃ *Incipiunt gesta saluatoris inuenta in pretorio Pylati in codicibus publicis. Ewangelium Nycodemi.* **Prol.** II *Factum est in anno 91 imperii Tyberii cesaris, imperatoris Romanorum, filii Herodis regis Galilee...—...Theodosius autem magnus imperator fecit ea transferri de hebreo in latinum.* **Text** *Annas et Cayphas, Symeon, Dathan et Gamaliel, Iudas et Leui, Neptalim, [Asternat ?] et Cayrus...—...56ᵛᵇ et posuit omnia mirabilia hec in codicibus publicis pretorii sui.* **Ch.** I,1-XXVII.
SS   **Bibl.** †Autenrieth and Fiala, pp. 219-21. Krämer, 1989-90, vol. II, p. 866.

351. **STUTTGART**, Germany. Württembergische Landesbibliothek
MS   Theol. phil. 8° 57
     Parchment. 136 ff. 158 x 114 mm. **Saec.** XII. **Scr.** One scribe. **Poss.** Zwiefalten (OSB), dioc. Konstanz. **Contents** Ps.-Matthaeus; *Transitus Mariae*, *EN*; *EP*; *De Veronilla*; Nicephorus, *Historia ecclesiastica I*, 20 (*De interitu Herodis*); *De quibus causis errauit Origenes*; *Epistola b. Hieronymi ad Desiderium*; *Navigatio s. Brendani.* Used by Massmann for his edition of *De Veronilla*.
*I/E **Title** 45ᵛ *In nomine sanctae Trinitatis incipiunt gesta saluatoris domini nostri Ihesu Christi quae inuenit Theodosius imperator in Ierusalem in pretorio Pontii Pilati in codicibus publicis.* **Prol.** II *Factum est in anno octauo decimo Tyberii cesaris, imperatoris Romanorum, et Herodis filii Herodis imperatoris Galileae...—...* 46ʳ *mandauit ipse Nichodemus literis hebraicis* (**Text**) *Annae et Cayphe et omnibus et dedit hanc Gamalieli. Iudas, Leui, Neptalim, Alexander et Syrus...—...81ᵛ et posuit omnia uerba in codicibus publicis pretorii sui.* **Ch.** I,1-XXVII. *EP* 81ᵛ *Et post haec ipse Pilatus scripsit epistolam ad urbem Romam Claudio dicens: Pontius Pilatus regi Claudio salutem. Nuper accidit et quod ipse probaui...—...82ᵛ omnia*

quae gesta sunt de Ihesu in pretorio. **Closing** 82ᵛ *Finiunt gesta nostri saluatoris.* *De Veronilla Incipit de Veronilla et de imagine domini in sin-* 83ʳ *-done depicta.* *Postquam dominus noster Ihesus Christus a Iohanne baptizatus est, postea in desertum... Postea imperator Tyberius Rome est infirmatus...—...*85ʳ *et uehiculo imponentes in heremum tam longe duxerunt ubi nullum hominem uenire ultra sciuerunt. Amen.*

SS **Bibl** †Gijsel, p. 80. Krämer, 1989-90, vol. II, p. 872. Löffler, p. 61. **Corresp.** Librarian.

352. TORONTO, Canada. Bergendal Collection
MS 37

Parchment. 163 ff. 345 x 245 mm. **Saec.** XII ex. †**Orig.** Northern Italy, possibly Chiaravalle della Colomba (OSB), dioc. Piacenza.‡ **Scr.** Several scribes. **Contents** I: Rabanus Maurus; Walafrid Strabo. II: *EN*; *EP*; *Inventio s. crucis*; Rabanus Maurus.

*I/E **Title** 148ʳᵃ *Incipit gesta Nichodemi de Christo Filio Dei.* **Prol** II *Factum est in anno nonodecimo imperii Tyberii cesaris, imperatoris Romanorum, et Herodis filii Herodis imperatoris Galilee...—...mandauit ipse Nichodemus litteris ebraicis.* **Text** *Annas et Chayphas et Somme et Dathan, Gamaliehel, Iudas, Leui, Neptalim, Alexrander et Sirus...—...*158ᵛᵇ *et posuit omnia uerba in codicibus publicis pretorii sui.* Ch. I,1-XXVII. *EP* 158ᵛᵇ *Et post hec ipse Pilatus scripsit epistolam ad urbem Romam à Claudio dicens: Pontius Pilatus regi Claudio suo salutem. Nuper accidit et quod ipse probaui...—...omnia que gesta sunt de Ihesu in pretorio meo.* Abridged. **Closing** *Expliciunt gesta de Christo Filio Dei. Deo gratias. Amen.*

SS **Bibl** ‡Ferrari, p. 287. Laurence Witten Rare Books, no. 4 (with reproduction of 148ʳ, incorrectly captioned *Rabanus Maurus*). †Toronto, Bergendal Collection. **Corresp.** Joseph Pope, Curator.

353. TOULOUSE, France. Bibliothèque Municipale
MS 872 (III, 140)

Parchment and paper. 328 ff. 208 x 143 mm. **Saec.** XIII, **XIV** (written partly in 1363), and XV. **Scr.** Several scribes. **Poss.** Arnaldus Ruffi, Montréal de Rivière (OESA), prov. Toulouse (ownership note on 96ᵛ, saec. XV/1; another, dated 1425, on 286ᵛ); Austin Friars, Toulouse (ex-libris on 1ʳ, saec. XVII). ‡**Contents** Thomas de Aquino; ...; *Mappa mundi*; Origenes, conclusion of a homily; *EN*; Iohannes de Sacrobosco, *Tractatus de sphera*; ...; Iacobus Parisiensis; sermons; Bernard Olivier, *De arte predicandi*; sermons; etc.‡

*I/E **Prol** II 215ʳᵇ [F]*actum est autem in anno nonodecimo Tyberii cesaris, imperatoris Romanorum, in temporibus et[iam ?] Herodis, filii Herodis regis Gallilee...—...*215ᵛᵃ *mandauit ipse Nichodemus litteris hebraycis.* **Text** 215ᵛᵃ [I]*gitur Annas et Cayphas et Sabdonia, Dathan, Gamaliel, Allexandrina, Sigus...—...*221ᵛᵇ *Quis es tu qui pec-*

catorum tenebras excecatos diuina. Ch. I,1-XXII,1.

SS   Bibl. ‡*Catalogue général,* 1885, Quarto VII, pp. 507-11. †Samaran and Marichal, vol. VI, p. 501.

354. TŘEBOŇ, Czech Republic. Státní archív
MS   A 14

Paper. 262 ff. 220 x 150 mm. **Saec.** XV. **Poss.** Třeboň (Wittingau; OCan), Bohemia (ownership note on 1ʳ, saec. XVII). **Contents** *Psalterium minus;* Leo Archipresbyter, *Vita Alexandri Magni; Passio Iudaeorum Pragensium;* sermons; Sicardus Cremonensis; *EN; CST;* Gualterus Burlaeus, *De vitis philosophorum;* Iohannes Guallensis; *Tractatus contra Patarenos;* historical texts; etc.

I/E   Title 91ʳ *Incipiunt gesta Salvatoris Domini nostri Jesu, inventa a Theodosio Magno imperatore in Jerusalem in pretorio Poncii Pilati in codicibus publicis.* **Prol.** II *Factum est autem in anno nono decimo Tyberii cesaris, imperatoris Romanorum, et Herodis, filii Herodis, imperatoris Galilee...* CST ...102ᵛ *Respondit Volusianus: In quantum didici.* Ch. -14.

SS   Bibl. †Weber, Tříška, and Spunar, pp. 105-9.

355. TREVISO, Italy. Biblioteca Comunale
MS   283 (III.103.G)

Paper. i 90 i ff. 215 x 145 mm. **Saec.** XV. **Scr.** Four scribes. **Poss.** Andreas de Serravalle, presbyter (ownership note on 89ᵛ). **Contents** Albertanus Brixiensis; Nicolaus de Fabris; sermons; *De trinitate Dei; EN;* excerpts from Augustinus Hipponensis, Bernardus Clarevallensis, Hieronymus, etc.

I/E   Title 77ᵛ *Incipiunt gesta salvatoris dñi nʳi yᵘ xⁱ, que invenit theodosius magnus imperator in iᵉrlm in pretorio poncii pilati in codicibus plubicis.* **Closing** 88ʳ *Explicit evangelium Nicodemi principis iudeorum et discipuli xⁱ de gestis passⁱois dñi quod invenit theodosius magnus imperator in iᵉrlm in pretorio poncii pillati in codicibus plubicis. Amen.*

SS   Corresp. †Dr. Emilio Lippi.

356. TRIER, Germany. Bibliothek des Bischöflichen Priesterseminars
MS   114

Parchment. 207 ff. 173 x 126 mm. **Saec.** XVI in. (written partly in 1512). ‡**Scr.** Several scribes, one of whom was Henricus de Aucis; *EN* by an anonymous scribe.‡ §**Poss.** St. Matthias, Trier (OSB).§ **Contents** *Quattuor evangelia;* prayers; *EN; EP.*

*I/E   Title 181ᵛᵃ ⌈*Sequitur ewangelium Nicodemi domini dictum.* Added in a different hand.⌉ *Incipiunt gesta saluatoris domini nostri Ihesu Christi que inuenit Theodosius magnus imperator in Iherusalem in pretorio Pontii Pilati a Nichodemo scripta* *in codicibus publicis.* **ProL** II *Factum est in anno xviii imperatoris Tiberii, cesaris Romanorum, et Herodis filii regis Galilee...—...*181vb *mandauit ipse Nichodemus litteris hebraicis.* **Text** 181vb *Annas et Cayphas et Somne et Dathan, Gamaliel, Iudas, Leui, Neptalim, Alexander et Syrus...—...*199rb *et posuit omnia verba in codicibus publicis pretorii sui.* Ch. I,1-XXVII. **EP** 199rb *Et post hec ipse Pilatus regi suo Claudio salutem. Nuper accidit et que ipse probaui...—...*199vb *omnia que gesta sunt de Ihesu in pretorio meo.*

SS   **Bibl** Krämer, 1989-90, vol. II, p. 763. †Marx, 1912, p. 87. **Corresp.** Dr. Michael Embach. §P. Dr. Petrus Becker. ‡Dr. Diane Warne Anderson.

357. **TRIER, Germany.** Stadtbibliothek
MS   112/1092 8°
     Parchment. 137 ff. 113 x 160 mm. **Saec.** XII, XIII, XIV, and XV. **Scr.** Several scribes. **Poss.** St. Matthias, Trier (OSB). **Contents** *EN; EP; CST; Cantica canticorum cum glossa ordinaria; De casu primi hominis; Tractatus de septem sacramentis;* Petrus Comestor; etc.

I/E   †**ProL** II 1^r *Factum est in anno nono decimo tiberii cesaris imperii romanorum et herodis imperii galilee...* **Text** *...*21^v *Et posuit omnia hec verba in codicibus publicis pretorii.* Ch. I,1-XXVII. **EP** 21^v *Et postea uolens cesari omnia renunctiare Ipse pilatus epistolam ad urbem claudio imperatori scripsit dicens:* 22^r *[D]ñs pilatus claudio suo salus. Nuper accidit quod et ipse proba...—...*22^v *omnia que gesta sunt de iesu in pretorio meo.* **CST** 22^v *[H]anc pilatus claudio direxit adhuc uiuente tyberio imperatore licet grauissimo laborante morbo...—...iam ex comite rei publice post eum priuatim direxit. Et misit in partes.*‡ Ch. 1.

SS   **Bibl.** †Keuffer, 1888, pp. 76-7. Krämer, 1989-90, vol. II, p. 764. **Corresp.** P. Dr. Petrus Becker. Dr. G. Franz. ‡Dr. Werner Hoffmann.

358. **TRIER, Germany.** Stadtbibliothek
MS   200/1190 8°
     Parchment. 77 ff. 135 x 199 mm. **Saec.** XIV. **Poss.** Given by Johannes Pilter to Eberhardsklausen an der Mosel (OCan), dioc. Trier, acquired by Stadtbibliothek in 1802. **Contents** Bernardus Clarevallensis; *Enchiridion b. Sixti papae;* Anselmus Cantuariensis; Augustinus Hipponensis; *Sermo b. Bernardi abbatis de corpore Christi; EN; EP; De horis canonicis; CST; Detestanda est chorea primo propter originem...;* etc.

I/E   †**Title** 53^r *Incipiunt gesta saluatoris domini nostri ihesu que inuenit theodosius imperator in iherusalem in pretorio pontii pylati in codicibus publicis.* **ProL** II *Factum est autem in anno .XVIII imperii tyberii cesaris imperatoris romanorum et herodis regis galylee...* **Text** *Annas. et cayphas. sonne. et datan. gamaliel quoque legis peritus. et iudas. leui et neptalim. et alexander...—...*66^r *et posuit omnia uerba in codicibus publicis pretorii sui.* Ch. I,1-XXVII. **EP** 66^v *Et post haec pylatus scripsit* *epistolam ad urbem romanam claudio* ⌈*tyberio* added in smaller script⌉ *dicens Poncius pylatus regi claudio* [*tyberio* margin] *salutem. Nuper accidit quod et ipse probaui...*—*...omnia que gesta sunt de ihesu. De horis canonicis Prima hora consilium fecerunt iudei...*—*...67ͬ Matutina dicitur quia dominus mane surrexit. CST* 67ͬ, later hand *Factum est cum autem tyberio et vetellio consulibus eodem tempore tyberius cesar gubernaret imperium...*—*...70ͬ et saluum a plaga stringii defunctus est in stratu suo in pace. Amen.*‡ Version A, ch. 1-14.

SS   **Bibl** †Keufer, 1891, pp. 125-6. Krämmer, 1989-90, vol. I, p. 180. **Corresp.** Dr. G. Franz. ‡Dr. Werner Hoffmann.

359.   **TRIER**, Germany. Stadtbibliothek
MS   550/1538 8°
Parchment. i 228 ff. 245 x 174 mm. **Saec.** XIV ex. **Poss.** St. Martin, Trier (OSB; ownership note inside front cover, saec. XV; cf. 51ᵛ); acquired by Stadtbibliothek in 1802. ‡**Contents** *Cursus s. Annae*; Latin infancy gospels; *De Eusebio et Ostorge ducibus*; *Transitus Mariae*, ...; an exemplum; *EN*; *EP*; *Passio decem milium martyrum*; *Epistola Iesu Christi de die dominico*; saints' lives; *Visio Tundali*; *Miracula de s. Martino*; *De visione Bertrami*; etc.‡

I/E   §**Title** 60ͬ *Incipiunt gesta saluatoris domini nostri ihesu christi que invenit Theodosius magnus imperator in iherusalem in pretorio poncii pylati a Nychodemo scripta in codicibus publicis.* **Prol. II** *Factum est anno .XVIII°. imperatoris tyberii cesaris Romanorum. et herodis filii Regis galylee...* **Text** *Annas. et caiphas. et somne et dathan. gamalihel. iudas. leui. neptalim. alexander. et sirus...*—*...80ͬ et posuit omnia uerba in codicibus publicis pretorii sui.* Ch. I,1-XXVII. *EP* 80ͬ *Et post hec ipse pilatus. scripsit epistolam ad vrbem romam dicens. Poncius pylatus regi suo claudio salutem. Nuper accidit et que ipse probaui...*—*...80ᵛ omnia que gesta sunt de ihesu in pretorio meo.*§

SS   **Bibl** †Hagiographi Bollandiani, 1934, pp. 172-3. ‡Keuffer, 1900, pp. 18-20. Krämer, 1989-90, vol. II, p. 772. **Corresp.** §Dr. Werner Hoffmann.

360.   **TRIER**, Germany. Stadtbibliothek
MS   613/1552 4°
Paper. 262 ff. 214 x 298 mm. **Saec.** XV (written partly in 1438, 1471, and 1472). **Scr.** Several scribes, three of whom were Tilamnnus de Bona, Johannes de Andernaco, and Johannes de Rodenberch. **Poss.** S. Maria ad Martyres, Trier (OSB). **Contents** A miscellanous volume: ...; tracts on Waldensian heresy; sermons; Dionysius Carthusiensis; verses, in German; *Super evangelium Extollens vocem...*; *EN*; *EP*; *SN*; *Credo*; *Passio domini nostri Iesu Christi collecta secundum omnes evangelistas*; etc.

I/E   ‡**Prol. II** 234ᵛᵇ ⌈*Factum est in anno decimo octauo imperatoris Tyberii cesaris* *romanorum et herodis filii Regis galilee...—...mandauit ipse nichodemus litteris he-braicis. primum Capitulum Annas et Cayphas etc ut infra.* Later hand, which also corrected 235[r].] Title 235[ra] *Incipiunt gesta saluatoris* ⌐*domini nostri ihesu christi que inuenit Theodosius imperator magnus in iherusalem in pretorio pylati a nichodemo scripta in codicibus publicis.* Added by the hand of 234[vb].] ProL II *Factum est in anno nonodecimo Tyberii cesaris imperatoris romanorum. et herodis filii herodis imperatoris galilee...* Text *Annas et Cayphas. et summe et iadan. gamaliel et reliqui iudeorum...—...240[vb] et posuit omnia in codicibus publicis pretorii sui.* Ch. I,1-XXVII. *EP* 240[vb] *Et post hec ipse pilatus scripsit sequentem epistolam ad urbem romam claudio cesari .d. Poncius pilatus regi claudio salutem Nuper accidit quod et ipse probaui...—...omnia que facta sunt de ihesu in pretorio meo. SN Cumque hec Claudius suscepisset et Neroni imperatori legisset...—...241ra et voces audierunt dicencium. Migremus Migremus Migremus hinc.*[‡] Ch. I-I,6.

SS   BibL [†]Keuffer, 1900, pp. 68-72. Krämer, 1989-90, vol. II, p. 771. Corresp. [‡]Dr. Werner Hoffmann.

361. TRIER, Germany. Stadtbibliothek

MS   615/1558 4[o]

Paper. 109 ff. 203 x 296 mm. Saec. XV. Scr. Several scribes. Poss. Acquired by Stadtbibliothek in 1803. Contents *Psalmorum brevissima expositio;* ...; Samuel Iudaeus; Latin infancy gospels; *Visio Tundali; EN; EP;* excerpts from chronicles.

I/E   [‡]Title 77[r] *Incipiunt gesta saluatoris domini nostri ihesu christi que inuenit Theodosius magnus Imperator in iherusalem in pretorio poncii pylati a Nychodemo scripta in codicibus publicis.* ProL II *Factum est in anno XVIII[o] imperatoris Tyberii Cesaris Romanorum et herodis filii regis galilee...* Text *Annas et Cayphas et somne et dathan Gamalihel iudas leui neptalim alexander et Sirus...—...87[r] et posuit omnia verba in codicibus publicis pretorii sui.* Ch. I,1-XXVII. *EP* 87[r] *Et post hec ipse pylatus Regi suo Claudio salutem. Nuper accidit et que ipse probaui...—...omnia que gesta sunt de Jhesu in pretorio meo.*[‡]

SS   BibL [†]Keuffer, 1900, pp. 72-4. Corresp. [‡]Dr. Werner Hoffmann.

362. TROYES, France. Bibliothèque Municipale

MS   1636

Parchment. 124 ff. Saec. XII ex., XIII, and XV. Poss. Clairvaux (OCist), dioc. Langres ([‡]listed in the catalogues of Pierre de Virey, 1472, and Mathurin de Cangey, ca. 1521[‡]). Contents Saints' lives; *EN; De infantia salvatoris; De b. Anna matre s. Virginis Mariae; De nativitate Mariae, De Iohanne evangelista; De s. Thoma apostolo;* saints' lives.

[*]I/E   Title 90[r] *Hic incipiunt gesta saluatoris scripta a sancto Nichodemo [... ?].* ProL II *Factum est in anno nonagesimo imperii Tyberii cesaris, imperatoris Romanorum,*

et Herodis filii Herodis regis Galilee...—...Theodosius autem magnus imperator fecit ea transferri de hebreo in latinum. **Text** *Annas et Cayphas, Symeon et Datan, Gamaliel et Iudas, Leui et Neptalim, Alexander et Iairus...—...103ᵛ et posuit omnia miracula hec in* ~~cordibus~~ ⌈*codicibus* margin⌉ *publicis pretorii sui.* Ch. I,1-XXVII. **XXVIII** 103ᵛ *Post hec ingressus* 104ʳ *Pilatus templum Iudeorum et congregauit omnes principes sacerdotum...—...104ᵛ Et fiunt simul anni quinque milia et semi.* **Closing** 104ᵛ *Explicit.*
SS   Bibl. ⁺*Catalogue général*, 1855, Quarto II, pp. 690-2. ‡Vernet, pp. 249, no. 1461, and 482, no. 813a. **Corresp.** Dr. Rita Beyers.

363. TROYES, France. Bibliothèque Municipale
MS   1876
Parchment. 169 ff. 159 x 114 mm. Saec. XIII ex.-XIV in. Scr. Three scribes. **Poss.** Clairvaux (OCist), dioc. Langres (shelf-mark on 169ʳ; ‡listed in the catalogues of Pierre de Virey, 1472, and Mathurin de Cangey, ca. 1521‡). **Contents** I: Saints' lives. II: Ps.-Matthaeus; *EN*; *EP*; *Post peccatum Adae...*; verses of Sibylla Regina; *Navigatio s. Brendani*; Iohannes Presbyter, Henricus Salteriensis, *De purgatorio s. Patricii.* III: *Miracula imaginis Christi; Miracula Mariae.* IV: Saints' lives; *Transitus Mariae.*
*I/E   **Title** 40ᵛ *Incipiunt gesta saluatoris domini Ihesu Christi que inuenit Theodosius imperator in Iherusalem.* **Prol.** II *Factum est in anno xixᵒ Tyberii cesaris, imperatoris Romanorum, et Herodis filii Herodis Galilee...—...41ʳ mandauit ipse Nichodemus litteris hebraicis.* **Text** 41ʳ *Annas et Cayphas et Somne et Datan et Gamaliel, Iudas, Leui, Neptalim, Alexander et Syrus...—...53ᵛ et posuit omnia uerba in codicibus publicis pretorii sui.* Ch. I,1-XXVII. **EP** 53ᵛ *Et post hec ipse Pilatus scripsit epistolam ad urbem Romam Claudio dicens: Poncius Pilatus regi Claudio suo salutem. Nuper accidit et quod ipse probauit...—...54ʳ que gesta sunt de Ihesu in pretorium meum.* **Closing** 54ʳ *Expliciunt gesta saluatoris domini Ihesu Christi Filii Dei uiui feliciter. Deo gracias. Amen.*
SS   Bibl. *Catalogue général*, 1855, Quarto II, pp. 777-9. ⁺Gijsel, pp. 151-2. ‡Vernet, pp. 249, no. 1462, and 482-3, no. 816a.

364. UPPSALA, Sweden. Universitetsbibliotek
MS   C 219
Paper. 104 ff. 220 x 110 Saec. XV/1. Orig. Sweden. Scr. Two scribes. **Poss.** Belonged to Carolus Andreae, a parish priest in Vist, Östergötland, and since 1442 a monk at Vadstena, dioc. Linkoping (OSSalv; ownership note on 1ᵛ); then passed to the monastic library (cf. 2ʳ). **Contents** Exempla; *EN*; exempla.
I/E   **Text** 16ᵛ *Item legitur in libro de gestis saluatoris quod karinus et leucius filij symeonis iusti...* **Closing** 17ʳ *Gesta autem ista inuenit theodosius piissimus imperator*

in pretorio poncii pylati in codicibus pubblicis. Possibly extracted from the *Legenda aurea* (?).

SS **Corresp.** †Monica Hedlund, Assistant Librarian.

365. **UPPSALA**, Sweden. Universitetsbibliotek
MS C 225

Parchment. 108 ff. 170 x 125 mm. **Saec.** XIII in. **Orig.** France or Germany (cf. script). **Scr.** Three scribes. **Poss.** Thomas Aucuparius (d. 1532; ownership note inside front cover); given to Universitetsbibliotek possibly by Johannes Schefferus of Strasbourg, since 1648 professor in Uppsala. **Contents** Ps.-Matthaeus; Fulbertus Carnotensis, *Sermo de nativitate b. Mariae Virginis; EN; EP; Sermo de assumptione b. Mariae Virginis; Historia Theophili;* Marian texts.

I/E **Title** 17ʳ *In nomine sancte trinitatis incipiunt gesta de passione Saluatoris domini nostri ihesu christi que inuenit theodosius magnus imperator iherosolimis in pretorio pontij pilati publicis inserta codicibus.* **Prol.** II *Factum est in anno xviiii imperii Tyberii cesaris imperatoris romanorum et herodis filii herodis regis...* **Text** *Annas et caiphas datan et gamalihel...* **EP** *...32ʳ omnia hec que de ihesu gesta sunt in pretorio meo. Vale.*

SS **Bibl.** Andersson-Schmitt, p. 55. **Corresp.** †Monica Hedlung, Assistant Librarian.

366. **UPPSALA**, Sweden. Universitetsbibliotek
MS C 691

Parchment and paper. v 71 ff. **Saec.** XII. **Poss.** Johan Friis; Anders Sørensen Vedel, Ripen, Denmark (cf. note on f. i, 1584). **Contents** Robertus Monachus, *Historia Hierosolymitana; De origine Pilati et de actibus eius; De natione Iudae traditoris; EN.*

I/E †**Title** 63ᵛ *Incipit relacio nichodemi de passione et resurectione dominj nostri ihesu christi et de his qui cum eo resurexerunt qualiter apparuerunt.* **Prol.** II *Factum est autem in anno nonodecimo tyberii cesaris imperatoris romanorum regni uero herodis filij herodis...* **Text** *...71ʳ abierunt unusquisque in propria sua.* Ch. -XXVII. **Closing** 71ʳ *Explicit relacio nichodemi de passione et resurectione domini nostri ihesu christi.*‡

SS **Bibl.** Andersson-Schmitt, p. 55. Hedlund, p. 61. †Uppsala, Universitetsbibliotek. **Corresp.** ‡Håkan Hallberg, Assistant Librarian.

367. **URBANA**, IL, U.S.A. University Library
MS RBR Uncat. 75 23

Parchment. 42 ff. 265 x 192 mm. **Saec.** XV/1. **Orig.** England (?). **Scr.** Two scribes. **Poss.** Willelmus Huntrod (ownership note on the last page, saec.

XVI); the name of *Johannes Hyett* on 40^v. **Contents** Ricardus Rolle de Hampole, commentaries on the Lord's prayer and the Apostles' Creed; *EN; EP; CST; De triginta gradibus sacratissimae scalae.*

*I/E **Title** 19^r *Euangelium Nichodemi de passione Christi quo vtuntur Nazarei.* **Prol.** II *Factum est in anno quintodecimo imperii Tyberii cesaris, imperatoris Romanorum, et Herodis filii Herodis regis Galilee...—...mandauit ipse Nichodemus litteris hebraicis.* **Text** *Igitur Annas et Cayphas et Sobna, Dathan, Gamaliel, Iudas et Leui, Neptalim, Alexander et Syrus...-...31^v et posuit omnia verba hec in codicibus publicis pretorii.* Ch. I,1-XXVII. *EP* 31^v ⌈*Epistola Pilati.* Margin.⌉ *Et post volens cesari omnia renunciare, ipse Pilatus epistolam ad vrbem Claudio imperatori scripsit dicens: Poncius Pilatus Claudio suo salutem. Nuper accidit et quod ipse probaui...—...32^r omnia que gesta sunt de Ihesu in pretorio meo. Valete.* CST 32^r *Hanc Pilatus Claudio direxit adhuc viuente Tyberio imperatore licet grauissimo laborante morbo ...—...35^v Dominus autem salutem contulit credentibus in se, quia ipsum credimus Dei Filium qui cum Patre... Amen.* Version B, ch. 1-20. **Closing** 35^v *Explicit euangelium beati Nichodemi martyris de passione domini nostri Ihesu Christi quo vtuntur Nazareni. Qui scripsit carmen, sit benedictus. Amen.* W.H.

SS   **Bibl.** †Sotheby Co., 1965, p. 37. **Corresp.** Dr. Thomas Hall. N. Frederick Nash, Curator of Rare Books.

368. **UTRECHT**, Holland. Bibliotheek der Universiteit
MS   316
     Paper. 128 ff. **Saec.** XV. **Contents** *Alphabetum narrationum patrum; EN; SN;* sermons.
I/E ‡**Title** 91^r *Passio domini nostri ihesu christi secundum nychodemum In illo tempere.* **Prol.** II *Factum est in anno nonodecimo Imperii tyberii cesaris Imperatoris romanorum et herodis filii herodis regis galilee...—...viii^o kalendas aprilis.* **Text** *Annas Cayphas et Symeon Datan et gamaliel et judas levi et Neptalim et Alexander jafirus...* Ch. I,1-. *SN ...96^r palatium statim cecidit palatium neronis. Valete etc.*‡ Ch. I.
SS   **Bibl.** †[Tiele and Hulshof], pp. 102-3. **Corresp.** ‡Drs. K. van der Horst.

369. **VALLBONA**, Lerida, Spain. Santa Maria de Vallbona
MS   3
     Parchment. 110 ff. 230 x 235 mm. **Saec.** XIV. **Contents** Evagrius, *Liber xl florum b. Mariae; Sacra nomina divae Virginis; Tractatus de passione Christi per vii horas diei; EN; Gesta Petri et Iohannis Antiochiae.*
*I/E **Title** 75rb *Incipit passio secundum* 75va *Nichodemum. De passione et resurreccione et ascensione domini nostri Ihesu Christi.* **Prol.** I 75va *Audistis, fratres karissimi, que acta sunt sub Poncio Pilato preside temporibus Tiberii cesaris. Ego Eneas Iudeus, primus legis doctor, perscrutans diuinitatem legis scripturarum...—...ego inter-*

pretaui litteris grecis ad cognicionem hominum. **Text** *Anna et Cayphas, summi* 75vb *sacerdotes et doctores, scilicet Gamaliel et [Keyleg ?], Iudas et Neptalim, Androson et Ianus...*—*...96^v expectando quando eis ueniret interitus. Set pius ille miserator.* Ch. I,1-XXVII.

SS   **Bibl.** †Janini, 1962, p. 442.

370. **VATICANO, CITTÀ DEL.** Biblioteca Apostolica Vaticana

MS   Pal. lat. 366

Paper. 208 ff. **Saec.** XV. **Contents** Bonaventura, *Meditationes devotae vitae Iesu Christi; EN.*

I/E   **Title** 169^r *Gesta saluatoris domini nostri Iesu Cristi que inuenit Theodosius magnus imperator in Hierusalem in pretorio Pilati Pontii, in codicibus publicis.* †**Prol.** II *Factum est in anno...*‡

SS   **Bibl.** †Stevenson and De Rossi, 1886, p. 99. ‡Vaticano, Città del, Biblioteca Apostolica Vaticana, Fondo Palatino Latino, p. 138.

371. **VATICANO, CITTÀ DEL.** Biblioteca Apostolica Vaticana

MS   Pal. lat. 438

Paper. 272 ff. **Saec.** XV. **Contents** *Expositio epistolarum Pauli;* Iordanus Quedlinburgensis; Nicolaus de Auximo; *Quaestiones super tres libros Sententiarum; Expositio missae, EN; EP; CST;* Iohannes Menk de Hiremberga (?), *Collatio de resurrectione dominica;* etc.

*I/E   **Title** 260^r *Incipit prologus in hystoriam Nychodemi de passione et resurrectione domini.* **Prol.** II 260ra *Factum est in anno nonodecimo Tyberii cesaris, imperii Romanorum, et Herodis imperii Galilee...*—*...mandauit ipse Nychodemus litteris hebraicis.* **Text** *Igitur Annas et Cayphas et Zobnan et Dathan et Gamaliel et Iudas et Leui et Neptalym, Alexander et Syrus...*—*...267va et posuit omnia verba hec in cordibus publicis pretorii sui.* Ch. I,1-XXVII. **EP** 267va *Et post volens cesari omnia renunciare ipse Pylatus epistolam ad vrbem Claudio imperatori scripsit dicens: Poncius Pylatus Claudio domino suo salutem. Nuper accidit quod et ipse probaui...* —*...267vb omnia que gesta sunt de Ihesu in pretorio meo.* **CST** 267vb *Hanc epistolam direxit Claudio Pylatus adhuc viuente Tyberio imperatore licet grauissimo laborante morbo...*—*...269vb Dominus autem contulit credentibus in se salutem quia ipsum credimus Dei Filium qui cum Patre... Amen.* Version B, ch. 1-20. **Closing** 269vb *Explicit ewangelium Nichodemi discipuli domini nostri Ihesu Christi.*

SS   **Bibl.** †Stevenson and De Rossi, pp. 137-8. Vaticano, Città del, Biblioteca Apostolica Vaticana, Fondo Palatino Latino, p. 174.

372. **VATICANO, CITTÀ DEL.** Biblioteca Apostolica Vaticana
MS   Reg. lat. 395
    Parchment. iii 123 ff. 295 x 205 mm. **Saec.** XIII. **Orig.** Saint-Denis-en-France
    (OSB), dioc. Paris. **Scr.** Several scribes. **Poss.** Saint-Denis-en-France (owner-
    ship note on 82ᵛ, saec. XIII); Alexandre Petau (d. 1672); Queen Christina of
    Sweden (1626-89). **Contents** A miscellany: ...; *Sententiarum iuridicarum et theo-*
    logicarum liber; EN; EP; *Libellus sententiarum de nonnullis peccatis*; Petrus Al-
    fonsus; etc.
*I/E   **Text** 109ʳ *Hanc coniurationem audientes Karinus et Leutius contremuerunt corpore*
    *et conturbati gemuerunt corde...—...*111ʳ *et posuit omnia uerba in codicibus publicis*
    pretorii sui. Ch. XVII,3-XXVII. *EP* 111ʳ *Et post hec ipse Pylatus scripsit epistolam*
    ad urbem Romam Claudio dicens: Poncius Pylatus regi Claudio suo salutem. Nuper
    accidit et quod ipse probauit...—...omnia ⌈que above line⌉ *gesta sunt de Ihesu in*
    pretorium meum. **Closing** 111ʳ *Expliciunt gesta saluatoris domini nostri Ihesu*
    Christi Filii Dei uiui feliciter. Deo gracias. Amen.
SS   **Bibl.** †Wilmart, 1945, pp. 445-51.

373. **VATICANO, CITTÀ DEL.** Biblioteca Apostolica Vaticana
MS   Reg. lat. 433
    Parchment. i 100 ff. 192 x 140 mm. **Saec.** XIV/1. **Orig.** France. **Poss.** Alexan-
    dre Petau (d. 1672); Queen Christina of Sweden (1626-89). **Contents** EN; EP;
    VS; Vincentius Bellovacensis, *Speculum historiale*, excerpts.
*I/E   **Title** 1ʳᵃ *In nomine domini incipiunt gesta saluatoris que inuenit Theodosius impe-*
    rator in Ierusalem in pretorio Poncii Pilati. Incipit hystoria Nichodemi de passione
    domini. **Prol.** II *Factum est anno decimo nono imperatoris Tyberii, cesaris Romano-*
    rum, et Herodis filii Herodis principis Galilee... **Text** *Annas et Cayphas et Sonna,*
    *Dathan, Gamalyes, Iudas, Leui, Neptalim, Alexander et Syrus...—...*12ᵛᵃ *et posuit*
    omnia uerba in codicibus suis pu publicis pretorii sui. Ch. I,1-XXVII. *EP* 12ᵛᵃ *Et*
    post hec ipse Pilatus scripsit epistolam ad urbem Romam Claudio dicens: Nuper
    *accidit quod et ipse probaui...—...*12ᵛᵇ *omnia que gesta sunt de Ihesu in pretorio*
    meo. VS 12ᵛᵇ *In diebus Tyberii cesaris, tetrarcha sub Pontio Pilato erat quidam*
    *Titus nomine sub Tyberio...—...*16ᵛᵇ *fecit sibi speluncam, anno illo uitam finiens*
    in nomine domini nostri Ihesu Christi qui cum Deo Patre... Amen. Ch. 1-35.
SS   **Bibl.** Guzmann, pp. 23-4. Poncelet, 1910, pp. 317-8. †Wilmart, 1945, pp. 551-2.

374. **VATICANO, CITTÀ DEL.** Biblioteca Apostolica Vaticana
MS   Reg. lat. 496
    Parchment. 230 ff. 257 x 202 mm. **Saec.** XI-XII. **Orig.** France. **Scr.** Essentially
    one scribe. **Poss.** France, perhaps dioc. Orléans; Queen Christina of Sweden
    (1626-89). **Contents** A legendary: saints' lives; *Miracula s. Nicolai*; EN; EP;

Transitus Mariae, De inventione s. crucis; saints' lives.

*I/E **Title** 19^r *Gesta salvatoris domini nostri Ihesv Christi secundvm carnem.* **Prol II** *Factum est autem in anno nonodecimo imperatoris Tyberii caesaris, imperatoris Romanorum, et Herodis filii Herodis imperatoris Galylee...—...mandauit ipse Nichodemus litteris hebraicis.* **Text** *Annas et Caiphas et Somna et Dathan, Gamaliel, Iudas, Leui, Neptalim, Alexander et Sirus...—...*47^r *et posuit omnia uerba in codicibus publicis.* **Ch.** I,1-XXVII. **EP** 47^r *Post haec ipse Pilatvs scripsit epistolam ad vrbem Romam Clavdio dicens: Pontius Pilatus regi suo Claudio salutem. Nuper accidit et quod ipse probaui...—...*48^r *omnia quae gesta sunt de Ihesu in pretorium mevm.*

SS **Bibl** Poncelet, 1910, pp. 337-9. †Wilmart, 1945, pp. 706-10.

375. **VATICANO, CITTÀ DEL.** Biblioteca Apostolica Vaticana

MS Reg. lat. 522

Paper. 269 ff. **Poss.** Queen Christina of Sweden (1626-89). **Contents** *Historia trium regum; EN;* Iohannes Monachus s. Lamberti, *Concordia evangelica;* Nicolaus de Dinkesbühl; *De arte moriendi; Speculum moris;* etc.

I/E **Prol II** 48 *Factum...*

SS **Bibl** †Vaticano, Città del, Biblioteca Apostolica Vaticana, Fondo Reginense Latino.

376. **VATICANO, CITTÀ DEL.** Biblioteca Apostolica Vaticana

MS Reg. lat. 630

Parchment. 65 ff. 234 x 159 mm. **Saec.** XII. **Scr.** Several scribes. †**Contents** A chronicle; geographical, astronomical, chronological notes; *De Hierusalem excidio; De locis sanctis (Si quis ab occidentalibus partibus...); EN; CST.*‡

*I/E **Title** 51^r *Incipiunt gesta saluatoris quam inuenit Theodosius magnus imperator in Ierusalem in pretorio Poncii Pilati in codicibus publicis.* **Prol II** 51^v *Factum est in anno xviiii imperii Tiberii cesaris, imperatoris Romanorum, et Herodis filii Herodis imperatoris Galilee...* **Text** *Annas et Caiphas et Semine et Datan, Gamaliel, Iudas, Neptalim, Leui, Alexander et Sirus...—...*63^r *et posuit omnia uerba in codicibus pu-blicis pretorii sui.* **Ch.** I,1-XXVII. **Closing** 63^r *Explicit passio.* **CST** *Qualiter Tyberius cesar Ierosolimam Uolusianum ad Ihesum direxit. Eo tempore Tyberio et Uitellio consulibus cum Tyberius cesar Romanum gubernaret imperium...—...*65^r *Dominus autem salutem contulit credentibus in se, qui ipsum credunt Dei Filium qui cum Patre... Explicit.* Version A, ch. 1-20.

SS **Bibl** †Poncelet, 1910, p. 392. ‡Vaticano, Città del, Biblioteca Apostolica Vaticana, Fondo Reginense Latino.

377. **VATICANO, CITTÀ DEL.** Biblioteca Apostolica Vaticana

MS Reg. lat. 648

Paper and parchment. 60 ff. 175 x 131 mm. **Saec.** XII and XVI. **Poss.** St.-

Remi, Reims (OSB; ownership note on 1ʳ). **Contents** ...; ps.-Matthaeus; ps.-
Thomas; *EN; EP; CST; De Nerone et Domitiano (Nero fecit primam persecussio-
nem...); De domina et vera Dei genitrice,* Hugo de s. Victore; etc.

*I/E   **Prol.** II 27ᵛ *[F]actum est in anno xix Tyberii cesaris imperii Romanorum et Herodis imperii Galilee...—...mandauit ipse Nicodemus litteris hebraicis.* **Text** *[I]gitur
Anna et Cayphas et Sobna et Datan, Gamaliel, Iudas, Leui, Neptalim, Alexander
et Syrus...—...43ᵛ et posuit omnia uerba in codicibus puplicis pretorii sui.* Ch. I,1-
XXVII. **EP** 43ᵛ *Et post hec Pylatus ipse scripsit epistolam ad urbem Romam Cladio
imperatori dicens:* 44ʳ *[P]ontius Pilatus regi Cladio salutem. Nuper accidit quod
et ipse probaui...—...omnia que gesta sunt de Iesu in pretorio meo.* **Closing** *Expliciunt gesta.* **CST** 44ᵛ *[E]o tempore quo Tyberius cesar gubernaret imperium...—...48ᵛ
Dominus in salutem contulit credentibus in se, quia Deum credimus Dei Filium qui
cum Patre...* Version B, ch. 1-20.

SS   **Bibl.** †Gijsel, p. 176. Poncelet, 1910, p. 396.

378. **VATICANO, CITTÀ DEL.** Biblioteca Apostolica Vaticana
MS   Reg. lat. 1037
     Paper. 133 ff. **Saec.** XV. **Contents** Vincentius Bellovacensis, *De nobilitate et
     eruditione principum; EN;* Anselmus Cantuariensis, *De Herodis cum Christo col-
     loquio,* fragment; B. *Mariae juxta crucem stantis conquestus.*
I/E   ‡**Prol.** II 97 *Factum est in anno nonodecimo imperii Tiberii Cesaris...* **Text** ...107.‡
SS   **Bibl.** †Vaticano, Città del, Biblioteca Apostolica Vaticana, Fondo Reginense
     Latino. ‡Card catalogue at Institut de Recherche et d'Histoire des Textes,
     Paris.

379. **VATICANO, CITTÀ DEL.** Biblioteca Apostolica Vaticana
MS   Urb. lat. 59
     Parchment. viii 341 ff. 353 x 247 mm. **Saec.** XV. **Poss.** Federico di Urbino
     (1422-82). **Contents** Basilius Magnus; Bruno Signiensis; Gaudentius Brixien-
     sis; Iohannes Chrysostomus; Hugo de s. Victore, *De bestiis et aliis rebus,* frag-
     ments; *EN; EP; CST; VS;* Hermas, *Pastor,* Laurentius de Pratis; Maffeus Ve-
     gius Laudensis; Leonardus Chiensis.
I/E   **Prol.** II 231ʳ *Factum est in anno quinto decimo... EP ...omnia que gesta sunt de
     ihesu in pretorio meo Valete.* **CST** 240ʳ *Hanc pilatus claudio direxit epistolam....*
     Version B, ch. 1- . **Prol.** I 242ᵛ *Ego etheus primus doctorum perscrutans divinita-
     tem legis...—...que scripsit nichodemus quem ego interpretatus sum litteris grecis
     ad cognitionem omnium.* **VS** 243ʳ...—...247ʳ.
SS   **Bibl.** †Stornajolo, pp. 70-75. Poncelet, 1910, p. 294.

380. **VATICANO, CITTÀ DEL.** Biblioteca Apostolica Vaticana

MS   Vat. lat. 1054

Parchment. i 80 ff. 279 x 192 mm. **Saec. XIV. Scr.** One scribe. **Poss.** The name *Guillaume* on 80ᵛ. **Contents** Raymundus Lullus; ps.-Alcuinus; *Testimonia de poenitentia Salomonis; EN; EP;* ps.-Augustinus, *Sermo de assumptione b. Mariae Virginis; Tractatus de assumptione b. Mariae Virginis; Soliloquia; Planctus b. Mariae (Quis dabit capiti meo...);* Hugo de s. Caro; Wipo; etc.

I/E **Title** 39ʳ *Incipiunt gesta saluatoris domini ihesu christi que inuenit theodosius magnus imperator in iherusalem in pretorio poncij pylati in publicis codibus...* **Prol.** II *Factum est in anno xⁱ⁰x. imperij tyberii cesaris imperatoris romanorum. et herodis filij herodis...—...mandauit ipse nichodemus litteris hebraicis.* **Text** *annas et cayphas et sōna et dathan. Camaliel. iudas. leui. neptalim. alexander. et syrus...—... 45ᵛ posuit omnia uerba in codicibus publicis.* Ch. I,1-XXVII. **EP** 45ʳ *Epistula Poncii Pilati ad claudium regem de passione domini. Poncius pylatus regi suo claudio salutem. Nuper accidit quod ipse probaui...—...46ʳ que gesta sunt de ihesu in pretorium meum.*

SS   **Bibl.** †Pelzer, 1931, pp. 597-600.

381. **VATICANO, CITTÀ DEL.** Biblioteca Apostolica Vaticana

MS   Vat. lat. 4363

Parchment ii 138 ii ff. 253 x 169 mm. **Saec. XII and XV. Scr.** One scribe. **Contents** Tracts on vices and virtues; a prayer in verse; *EN; VS; Transitus Mariae, ...; Officium s. Mariae,* prayers; *Calendarium;* computus; Innocentius III papa; *Libellus de revocatione amoris; Vitia mulierum per carmina ordinata; Liber Senecae de quattuor speciebus virtutum;* Iohannes Hispanus. Used by Tischendorf for his edition of *EN.*

I/E **Prol.** I 93ʳᵃ *Audistis fratres dilectissimi per sanctum euangelium que acta sunt sub pontio pilato... ego eneas hebreus...* **Text** †*Anna et Cayphas...‡—...96ᵛᵃ Hec sunt testimonia carini et leucini. fratres karissimi de cristo dei filio sanctisque suis gestis apud inferos. Cui agimus laudes. Et gloriam per immensa seculorum secula amen.* Ch. I,1-XXVII. **VS** 96ᵛᵃ ‡*In diebus Tiberii Cesaris...‡—...98ᵛ.* Ch. 1- .

SS   **Bibl.** †Hoffmann. Poncelet, 1910, p. 119. ‡Vaticano, Città del, Biblioteca Apostolica Vaticana, Fondo Vaticano Latino.

382. **VATICANO, CITTÀ DEL.** Biblioteca Apostolica Vaticana

MS   Vat. lat. 4578

Parchment. 44 ff. 320 x 240 mm. **Saec. XIV. Scr.** Several scribes. **Contents** I: *Forma virtutum ad magnificum dominum Bonifacium comitem de Donnoratico.* II: *Speculum ecclesiae conditum a papa Innocento quarto;* Bernardus Clarevallensis; miscellaneous short texts; *De trinubio Annae (Anna et Esmeria fuerunt soro-*

res...); ps.-Matthaeus; *Coniuratio ad incisionem vulnerum*; *EN*; ps.-Thomas; *Quartum capitulum Tobiae, Psalterium ad laudem Virginis Mariae*; prayers; Remigius Autissiodorensis; *Officium corporis Christi.* Used by Tischendorf for his edition of *EN.*

I/E   Title 35rb *Incipit Euangelium Nazaraeorum.* Prol. I *Audistis fratres carissimi. quae acta sunt sub pontio pilato. preside temporibus Thyberii cesaris. Ego Emeas*... Text ...37va *Hec sunt testimonia Carini et lentij. fratres Carissimi. de cristo. dei filio quae suis sanctis gessit apud inferos. Cui omnes agamus laudes cui honor*... *Amen.* Ch. -XXVII. Closing (for ps.-Matthaeus, *EN*, and ps.-Thomas) 38rb *Explicit liber de ortu virginis marie. et de infantia et enim passione domini nostri jhesu cristi. deo gratias amen.*

SS   Bibl. †Hoffmann. Gijsel, pp. 203-4. Poncelet, 1910, pp. 119-20. Vaticano, Città del, Biblioteca Apostolica Vaticana, Fondo Vaticano Latino.

383. VATICANO, CITTÀ DEL. Biblioteca Apostolica Vaticana
MS   Vat. lat. 4847

Paper. 273 ff. 215 x 150 mm. Saec. XIV/2. Orig. Germany. ‡Contents A miscellany: Sermons; *Tractatus de formalitatibus*; ...; sermons; *EN*; *Iohannis Horloan quaestio: Utrum laicus*...; Iohannes de Hildesheim; miscellaneous texts; Henricus de Frimaria; ...; Paschalis de Roma; etc.

I/E   Prol. II 99^r *Factum est in anno*...‡
SS   Bibl. †Dahan, p. 180. Frommann, col. 184. ‡Vaticano, Città del, Biblioteca Apostolica Vaticana, Fondo Vaticano Latino.

384. VATICANO, CITTÀ DEL. Biblioteca Apostolica Vaticana
MS   Vat. lat. 5094

Parchment. 31 ff. 237 x 169 mm. Saec. XII. Contents *EN*; *EP*; *CST*; *VS*.

*I/E   Title 1^r *Incipiunt gesta Ihesu Christi domini nostri que imperator magnus Theodosius repperit in Ierusalem, ciuitate sumi Dei, quomodo adduxerunt eum ante Pilatum.* Prol. I *Ego Etheus, primus doctorum, perscrutans diuinitatem legis et scripturarum*...—...*ego interpretatus sum litteris grecis ad cognitionem omnium. Supra scriptio.* Prol. II *Factum est in anno quintodecimo imperii Tiberii cesaris, imperatoris Romanorum, et Herodis filii Herodis regis Galilee*... Text *Igitur Annas et Cayphas, Sabna, Dathan, Gamaliel, Iudas, Leui, Neptalim, Alexander et Suin*...—...18^r *Et haec omnia posuit in codicibus publicis pretorii.* Ch. I,1-XXVII. *EP* 18^r *Et post uolens cesari omnia renuntiare, ipse Pilatus epistolam ad urbem direxit Claudio imperatori dicens: Pontius Pylatus Claudio salutem. Nuper accidit et quod ipsi probaui*...—...18^v *omnia quae gesta sunt de Ihesu in pretorio meo. Ualete. CST* 18^v *Hanc Pilatus Claudio direxit epistolam adhuc uiuente Tiberio imperatore licet morbo grauissimo laborante*...—...23^r *Dominus autem salutem contulit in se credentibus, quia ipsum credimus Dei Filium qui cum Patre*... *Amen.* Version B, ch. 1-20.

VS 24ʳ *Incipit uindicta domini nostri Ihesu Christi. In diebus Tiberii cesaris imperatoris, tetrarcha sub Pontio Pilato traditus fuit Christus a Iudeis et reuelatus a Tiberio. In diebus illis erat Titus regulus sub Tiberio...—...*31ʳ *rex regum et dominus dominantium, ipse protegat atque defendat nos ab insidiis inimici, et perducat nos ad uitam eternam, qui est benedictus...* Amen. Ch. 1-36.

SS   **Bibl** †Poncelet, 1910, pp. 127-8.

385. **VENEZIA**, Italy. Biblioteca Nazionale Marciana

MS   Marc. It. VI, 179 (6350)

Parchment. i 56 ff. 127 x 122 mm. **Saec.** XVI. **Scr.** Two scribes. **Poss.** Apostolo Zeno (1668-1750). **Contents** *Viaggio in Terrasanta*; EN; EP.

I/E   **Title** 31ᵛ *Incipit Evangelium Nicodemi...* **Prol** II [*In diebus*] *Tyberij Imperatoris* [*Herode*] *tetrarcha sub Pontio Pylato tradditus fuit Christus a Judaeis et revelatus a Tyberio etc. Actum est hoc in anno decimonono Tyberij Cesaris...* **Text** ...54ᵛ *et posuit omnia verba in codicibus publicis sui preconij.* Ch. -XXVII. EP 54ᵛ *et postea ipse Pylatus scripsit epistolam... Nuper evenit quod et ipse probavi...—...*55ᵛ *in pretorio meo.* **Closing** 55ᵛ *Explicit Evangelium Nicodemi.*

SS   **Bibl** †Zorzanello, 1950, p. 58. **Corresp.** Dott. Gian Albino Ravalli Modoni.

386. **VENEZIA**, Italy. Biblioteca Nazionale Marciana

MS   Marc. lat. II, 65 (2901)

Parchment. 99 ff. 170 x 115 mm. **Saec.** XIV. **Orig.** Northern Italy. **Scr.** Several scribes. **Poss.** ‡Antonio di Francesco (ownership note on 62ʳ);‡ Bibliotheca Naniana (saec. XVII). **Contents** I: *Quaestio animae et corporis*; Anselmus Cantuariensis; ...; ps.-Augustinus; ps.-Bernardus; texts on the passion in verse and prose. II: Ps.-Matthaeus. III: Iohannes Chrysostomus. IV: EN; *Quaestiones quae fuerunt inter Christum et diabolum*; *Angelus conquestus est...*; ps.-Bernardus.

I/E   **Prol** I 59ʳ *Audistis fratres carissimi quae acta sunt sub Pontio Pilato praeside temporibus Tiberii caesaris. Ego Aeneas Hebraeus, primus legis doctor...* **Text** ...78ʳ *et de his quae gessit apud inferos. Cui agimus laudes et gratias per immensa saecula saeculorum.* Amen. Ch. I,1-XXVII.

SS   **Bibl** †Gijsel, pp. 66-7. ‡Hoffmann, ch. 3.2.2. Morelli, pp. 15-6. Valentinelli, pp. 58-9. **Corresp.** Dott. Gian Albino Ravalli Modoni.

387. **VENEZIA**, Italy. Biblioteca Nazionale Marciana

MS   Marc. lat. XIV, 43; It. II, 2 (4326)

Paper. 171 ff. 275 x 205 mm. **Saec.** XIV-XV. **Scr.** Several scribes. **Poss.** 1ʳ *Questo libro e de mi lucreti de galli* (saec. XV); Tommaso Giuseppe Farsetti (1703-74). **Contents** I: Tracts on the Holy Land, in Italian. II: Aristoteles, in Italian;

miscellaneous tracts, in Italian and Latin. IV: Odoricus de Pordenone, *Itinerarium*. V: Verses; Bonaventura; etc. VI: Samuel Iudaeus; verses; prayers. VII: *Super psalmos*. VIII: *EN*. Used by Tischendorf for his edition of *EN*.

I/E ‡**Prol** I 156ʳ [A]*vdistis fratres karissimi que acta sunt sub pontio pilato preside temporibus tiberii cesaris Ego heneas...* Text ...171ᵛ *hec sunt testimonia carini et leucij fratres karissimi de cristo dei filio que gessit apud inferos. Cui agamus omnes laudem et gloriam per immensa seculorum secula. Amen.*‡ Ch. -XXVII.

SS **Bibl.** Frati and Segarizzi, pp. 192-5. ‡Hoffmann. †Zorzanello, 1985, pp. 61-4. **Corresp.** Dott. Gian Albino Ravalli Modoni.

388. VERCELLI, Italy. Biblioteca Capitolare

MS LXXIII

Parchment. 296 ff. 360 x 260 mm. **Saec.** XII (‡XI‡) **Contents** *EN*; *EP*; *Vita s. Eusebii*; saints' lives; homilies.

I/E §**Title** 1ʳ *Incipit gesta salvatoris domini nostri sec. yehsu xp̄i quam invenit theos uir magnus imperator in yerusalem in pretorio pontij pilati publici.*§ ‡**Prol.** II *Factum est in anno nono decimo imperii Tiberii Caesaris imperatoris Romanorum, Herodis filii... EP* ...16ᵛ *quae gesta sunt de Jesu in praetorio.*‡

SS **Bibl.** †Pastè, p. 95. ‡Stegmüller, 1976, no. 179,27.7. **Corresp.** §Giuseppe Ferraris, Bibliotecario-Archivista. Dr. Werner Hoffmann.

389. VORAU, Austria. Stiftsbibliothek

MS 210

Paper. i 215 ff. 210 x 140 mm. **Saec.** XIV (written partly in 1349). ‡**Orig.** Several scribes, one of whom was Sifridus Stainhaimis, *existentis Dilngen in hospitali...*, i.e., Dillingen, dioc. Augsburg(cf. colophon on 214ᵛ); *EN* by a hand different from all others in the manuscript.‡ **Contents** A miscellany: Sermons; *Tractatus de medicinis*; Hugo de s. Caro; *Stella sive speculum clericorum*; sermons; Henricus de Hassia; ...; *De ligno s. crucis (Eiecto Adam de paradiso...)*; ...; Thomas de Chobham; ...; Godefridus Voraviensis; sermons; *EN*; *EP*; two tracts on confession; *Compendium de vitiis et virtutibus*, in verse; *Summa de septem vitiis capitalibus*; etc.

*I/E **Prol.** II 174ʳᵃ *Factum est in anno xviiii° inperii Tyberii cesaris inperatoris Romanorum et Herodis filii Herodis imperatoris Galilee...—...⌜mandauit ipse nichodemus top margin⌝ litteris hebrarucis.* Text *Annas et Gayffas et Somme et Dathan, Gamaliel, Iudas et Leui, Neptalim et Allexander et Syrus...—...181ʳᵇ et posuit omnia verba in codicibus publicis preconi sui etc.* Ch. I,1-XXVII. *EP* 181ᵛᵃ *Incipit epistola Poncii Pylati ad Claudium inperatorem. Post hec Pylatus scripsit epistolam et misit ad vrbem Romam Claudio cesari dicens: Poncius Pylatus Claudio regi saluti. Nuper accidit et quod ipse probaui...—...181ᵛᵇ omnia que gesta sunt de Ihesu impretorio meo. Deo gracias. Amen.*

SS   Bibl. †Fank, pp. 118-21. **Corresp.** Dr. Ferdinand Hutz. ‡Dr. Diane Warne Anderson.

390. VORAU, Austria. Stiftsbibliothek

MS   399

Parchment. 227 ff. 160 x 110 mm. **Saec.** XIII/2. **Orig.** Vorau (OCan), dioc. Salzburg, now Seckau. **Scr.** Three scribes (?). **Poss.** Vorau (OCan; several ownership notes, including one on 65^r, saec. XV). **Contents** A miscellany: Gregorius Magnus; ...; Hugo de s. Victore, *De arrha animae, EN; De adventu et vita Antichristi; Expositio symboli; De ligno s. crucis (Eiecto Adam de paradiso...)*; Iohannes Beleth; *Legenda de s. Barlaam et Iosaphat; Pharetra fidei contra Iudaeos; Errores excerpti de Thalmud*; Anastasius Sinaita (?); ...; Bonaventura; Anselmus Cantuariensis.

*I/E   **Title** 65^v *In nomine sancte Trinitatis incipiunt gesta saluatoris domini nostri Ihesu Christi que inuenit Theodosius magnus imperator in Ierusalem in pretorio Pontii Pylati in codicibus suis.* **Prol.** II *Factum est in anno xviiii^o imperii Tyberii cesaris, imperatoris Romanorum, et Herodis filii Herodis procuratoris Galilee...—...manda-uit ipse Nychodemus litteris hebraicis scribi.* **Text** *Annas et Cayphas et Somnas et Dathan et Gamaliel, Iudas, Leui, Neptalym, Alexander et Syrus...—...83^r Adam uero domini genibus aduolutus lacrimabili cum obsecratione.* Ch. I,1-XXIV,1.

SS   Bibl. †Fank, pp. 231-2. **Corresp.** Dr. Ferdinand Hutz.

391. WASHINGTON, D.C., U.S.A. Library of Congress

MS   Currently Unnumbered (bound with a printed work)

Paper. 21 numbered ff. 214 x 154 mm. **Saec.** XVI in. **Orig.** Southern Germany (?). **Poss.** Buxheim near Memmingen (OCart), dioc. Augsburg; the Counts of Bassenheim; auctioned in 1883 by Munich dealer Carl Förster and in 1884 by Nathan Rosenthal; Otto Vollbehr, acquired in 1930. **Contents** *EN; EP; CST.*

I/E   **Title** 1^r *Gesta Salůatoris Dñi nostri ih[es]u Christi inuěta // a Teodosio Imp[er]a-tore In Ihrlm in p[re]torio Poncij // Pilati in codici[b][us] public[is] //* **Prol.** II *[F]actū ē aūt[em] in anno xviiij Im[er]ato[r]is Tybe[r]ij // Cesar[is] romano[rum] · et Herodis filij Herodis reg[is] // galilee...* **Text** *Anna · Cayphas 7 sône ·// Da-ta[n] · Gamaliel...—...17^r 7 posuit o[mn]ia v[erb]a in codici[b][us] publi//cis p[re]-to[r]ij sui* Ch. I,1-XXVII. **EP** 17^r *Et post h[e]c Pila[tus] scripsit ep[isto]lam // ad vrbe[m] Roma[m] Claudio dice[n]s Ponci[us] Pi. // regi claudio suo Salute[m] · Nup[er] accidit...—... 18^r que gesta // su[n]t de Jhū in p[re]to[r]io meo · CST* 18^r *F[a]ct[u]m e[st] au-t[em] Ty-//be[r]io ·7 Vitellio. co[n]sulib[us] eode[m] [com]prí-b[us ?] c[u]m Tybe-[r]i[us] // Cesa[r] gube[r]na[r]et Imp[er]riu[m]...—...21^v 7 san[us] a plaga Syringij post // noue[m] me[n]ses defunct[us] [est] in lecto suo amen.* Version A, ch. 1-14.

SS   Bibl. De Ricci, vol. I, p. 247, no. 179. **Corresp.** †Mr. Svato Schutzner, Rare Book Cataloguer.

392. **WIEN**, Austria. Österreichische Nationalbibliothek
MS   362
      Parchment. 241 ff. 340 x 246 mm. **Saec.** XIV. **Orig.** Lilienfeld (OCist), dioc.
      Sankt Pölten. ‡**Contents** A miscellany: ...; *Historia Appollonii Tyrii; Visio Pauli;*
      Dialogus lucis et tenebrarum; Esdrae liber quartus; Iohannes de Plano Carpini;
      Burchardus de Barby; *Historia de coniugo Ioseph et Asenech; Testamenta duode-*
      cim patriarcharum; ...; ps.-Aristoteles; ...; Bonaventura, *Breviloquium; EN; EP;*
      Pharetra contra Iudaeos; Errores excerpti de Thalmud; Tractatus de b. Virgine Ma-
      ria; ...; *Visio Tundali;* ps.-Aristoteles; *Visio Nicolai;* etc.‡
*I/E **Title** 176ʳ ⌈*Ewangelium Nychodemi.* Top margin.⌉ 176ʳᵃ *Ewangelium Nychode-*
      mi. In nomine sancte Trinitatis incipiunt gesta saluatoris domini nostri Ihesu
      Christi que invenit Theodosius magnus imperator in Ierusalem in pretorio Poncii
      Pylati in codicibus publicis. **Prol.** II 176ʳᵃ *Factum est in anno xviiii° imperii*
      Tyberii cesaris, imperatoris Romannorum, et Herodis filii Herodis imperatoris Galy-
      lee...—...hystoriatus est Nychodemus litteris hebraicis scribi. **Text** *Annas et Cay-*
      phas et Somnas et Dathan et Gamaliel, Iudas, Leui, Neptalim, Alexander et Syrus...
      *—...*181ʳᵇ *et posuit omnia verba in codicibus publicis pretorii sui.* **Ch.** I,1-XXVII.
      EP 181ʳᵇ *Et post hec ipse Pylatus scripsit epistolam ad urbem Rome Claudio di-*
      cens: Poncius Pylatus regi Claudio suo salutem. Nuper accidit et quod ipse probaui
      *...—...*181ᵛᵃ *omnia que gesta sunt de Ihesu in pretorio meo. Hec teneas et firmiter*
      credas. Amen. **Closing** 181ᵛᵃ *Explicit ewangelium secundum Nychodemum.*
SS   **Bibl.** ‡Academia Caesarea Vindobonensis, 1864, pp. 54-5. †Unterkircher, 1957,
      p. 14. **Corresp.** Dr. Eva Irblich.

393. **WIEN**, Austria. Österreichische Nationalbibliothek
MS   563
      Parchment. 177 ff. 180-200 x 135-150 mm. **Saec.** V, VIII, XI, XII. **Orig.** Vols.
      I-III written at Neuwiller-lès-Saverne (Neuweiler, OSB, after 1496 OCan),
      dioc. Strasbourg; vol. IV probably from Northern Italy. **Contents** I: *Passio*
      s. Gorgonii; Miracula s. Gorgonii. II: *Vita s. Brendani.* III: Werinharius, *Vita s.*
      Adelfi. IV: Excerpts from the Fathers (upper writing) and *Evangelium sec.*
      Matthaeum, ps.-Thomas, *EN* (lower writing). Used by Tischendorf for his edi-
      tion of *EN*; edited by Guy Philippart (1989).
I/E   †**Prol.** I 165ʳ *...QUI ERAM LEGIS DOCTOR ET D. DIUINIS S.RIBTURIS AG-*
      *NOSCENS...—...*166ʳ *QUAE PECCABI IN IPSU PAX LEGENTIBUS EUM QUI*
      AUDIUNT EA. **Prol.** II 152ʳ *QUOD EST UICESIMA QUINTA MĒSIS ·MAR-*
      *TI CONSULATU RUFI ET RUBELLIONIS...—...*152ᵛ *HISTORIATUS EST NI-*
      CODE.US ACTA A PRINCIPIBUS SACER....M ET RE **Text** 150ʳ *DE MARIA*
      *NATUM ET DICIT SE ESSE FILIUM Dᶠ ET REGEM...—...*170ʳ *ET DEDE-*
      RUNT ADNUNTIATIONEM ARCISINAGOGAE ET SACERDOTES ET LEUI-
      TAE OMNI POPULO 170ᵛ *ISRA.... DICETES*‡ The rest is fragmentary. **Ch.**
      I,1-XVI.

SS   **Bibl.** Academia Caesarea Vindobonensis, 1864, p. 96. Despineux, pp. 176-83. Hermann, 1923, pp. 43-5. Krämer, 1989-90, vol. II, 601. Lowe, 1963, no 1485. †Philippart, 1972, pp. 409-11. ‡Philippart, 1989, pp. 175-88.

394. **WIEN, Austria.** Österreichische Nationalbibliothek
MS   **1001**
     Parchment. 93 ff. 190 x 270 mm. **Saec.** XII. **Orig.** Austria. ‡**Scr.** Two scribes.‡
     Poss. A marginal note in the hand of Iohannes Cuspinianus (1473-1529) on f. 89; Hofbibliothek, Wien (saec. XVII). **Contents** Iulianus Toletanus; Berno Augiensis; ps.-Matthaeus; *EN*; *Transitus Mariae.*
*I/E   **Title** 83ᵛ *Incipivnt gesta salvatoris qvae invenit Theodosivs imperator magnvs in codicibvs pvblicis.* **Prol.** II 84ʳ *Factvm est in anno xºviiiiº imperatoris Tyberii cesaris, imperatoris Romanorum, et Herodis filii Herodis imperatoris Galilee...—...mandauit litteris hebraicis.* **Text** 84ʳ *Annas et Caiphas et Somne et Datham, Gamaliel, Iudas, Leui, Neptalim, Alexander et Sirus...—...88ᵛ stabant autem noti eius a longe et mulieres que secute eum erant a Galilea in Iudeam.* **Ch.** I,1-XI,3.
SS   **Bibl.** Academia Caesarea Vindobonensis, 1864, p. 173. ‡Gijsel, p. 135. †Hermann, 1926, p. 225. Unterkircher, 1957, p. 31.

395. **WIEN, Austria.** Österreichische Nationalbibliothek
MS   **1026**
     Parchment. 181 ff. 245 x 173 mm. **Saec.** XIV/1. **Orig.** Freising (?). ‡**Contents** A theological miscellany: Gregorius Magnus; Hugo de s. Victore; Augustinus Hipponensis; *De peccatorum dolore*, Hugo de s. Victore; Anselmus Cantuariensis, *Proslogion*; *EN*; *EP*; *Super illo verbo missae: ipsis domine et omnibus*; *De confessione, Sermo de s. Michaele*, Augustinus Hipponensis; Isidorus Hispalensis; ...; Bonaventura; *Expositio psalmi Miserere*, Bonaventura, *Collationes de decem praeceptis*; *Tractatus de septem sacramentis*; Aribo episcopus; etc.‡
*I/E   **Title** 48ᵛᵇ *Incipit ewangelium Nychodemi.* **Prol.** II *Factum est in anno nonodecimo imperatoris Tyberii cesaris, imperatoris Romanorum, et Herodis filii Herodis imperatoris Galylee...—...mandauit ipse Nychodemus litteris hebracis.* **Text** *Annas, Cayphas, Somne, Dathan, Gamalyel, Iudas, Leui, Neptalim, Alexander et Syrus...—...* 54ʳᵇ *et posuit omnia uerba in codicibus publicis pretorii sui. Et post hec ipse Pylatus scripsit epistolam ad urbem Romam annuntians Ihesum accusatum, passum, mortuum et sepultum ac in triduo resurrexisse et per nequiciam Iudeorum rursus uiuere denegatum.* **Ch.** I,1-XXVII. **EP** 54ʳᵇ *Epistola Pylati ad Claudium. Pontius Pylatus regi Claudio salutem. Nuper accidit et quod ipse probaui...—...54ᵛᵃ omnia que gesta sunt de Ihesu in pretorio meo.*
SS   **Bibl.** ‡Academia Caesarea Vindobonensis, 1864, pp. 177-8. †Unterkircher, 1957, p. 32. **Corresp.** Dr. Eva Irblich.

396.	**WIEN, Austria. Österreichische Nationalbibliothek**
MS	1180

Parchment. 223 ff. 298 x 452 mm. Saec. XIII and XIV. Orig. Austria, possibly Heiligenkreutz (OCist), dioc. Passau, now Wien, with parts written in Neuberg (OCist), dioc. Seckau. Scr. Several scribes. Poss. Neuberg (OCist), dioc. Seckau; Hofbibliothek, Wien. Contents *Biblia latina; Chronicon; Catalogus paparum; Catalogus imperatorum; Biblia latina; De civitatibus et vicis transmarinis;* a collection of decretals, etc.; *Concio super Non habemus regem nisi caesarem; EN; EP; CST; Tractatus de coniugis; Tractatus de sacrilegiis; De missa;* miscellaneous texts, including *Epistola Clementis papae ad Iacobum; Tractatus de antiquis aedificiis Romae,* Honorius Augustodunensis; *Tractatus de computo.* Used by Dobschütz for his edition of *CST.*

*I/E	Title 158ra *Incipit passio domini secundum Nichodemum.* Prol. II *Factum est in anno nonodecimo Tyberii cesaris imperii Romanorum et Herodis imperii Galilee...—...mandauit ipse Nichodemus litteris hebraicis.* Text *Igitur Anna et Cayphas et Sobna et Dathan, Gamaliel et Iudas, Leui, Neptalim, Alexander et Syrus...—...165ra et posuit omnia uerba hec in cordibus publicis pretorii.* Ch. I,1-XXVII. EP 165ra *Et post uolens cesari omnia renuntiare, ipse Pylatus epistolam ad urbem Claudio imperatori scripsit dicens: Domino Pylatus Claudio suo salutem. Nuper accidit que et ipse probaui...—...165rb omnia que gesta sunt de Ihesu in pretorio meo. Valete.* CST 165rb *Hanc epistolam Pylatus Claudio direxit adhuc uiuente Tyberio imperatore...—...167rb Dominus autem noster Ihesus Christus salutem contulit credentibus in se, quia ipsum credimus Dei Filium qui cum Patre... Amen.* Version B, ch. 1-20.

SS	Bibl. Academia Caesarea Vindobonensis, 1864, pp. 201-2. †Hermann, 1926, pp. 305-6. Unterkircher, 1957, p. 37.

397.	**WIEN, Austria. Österreichische Nationalbibliothek**
MS	1333

Parchment. 159 ff. Saec. XIV. Contents A theological miscellany: Bonaventura; *De articulis fidei; EN; EP;* ps.-Alexander Magnus, *Epistola Alexandri Magni ad Aristotelem; Liber belli Magni Alexandri;* Augustinus Hipponensis; Hieronymus; ps.-Hieronymus; Thomas de Aquino; etc.

*I/E	Prol. II 77^v *Factum est in anno xviiii imperatoris Tyberii, cesaris Romanorum, et Herodis filii Herodis imperatoris Galilee...—...mandauit ipse Nichodemus litteris hebraicis.* Text *Anna et Cayphas et Sobne et Tathan, Gamaliel, Iudas, Leui, Neptalim, Alexander et Syrus...—...85^r ac posuit in codicibus publicis pretorii sui.* Ch. I,1-XXVII. EP 85^r *Post hec scripsit hanc epistolam ad Claudium imperatorem Augustum: Poncius Pylatus regi Claudio salutem. Nuper accidit quod ipse probauit...—...85^v omnia que gesta sunt in pretorio meo. Valete.* Closing 85^v *Explicit ewangelium Nychodemi.*

SS   Bibl †Academia Caesarea Vindobonensis, 1864, p. 220. **Corresp.** Dr. Eva Irblich.

398. **WIEN**, Austria. Österreichische Nationalbibliothek
MS   1471
Parchment. 289 ff. 335 x 230 mm. **Saec.** XIV/1. **Orig.** Carthusians near Praha.
‡**Contents** Hugo de Folieto, *De claustro animae, EN; EP;* Bernardus Clareval-
lensis, *De consideratione ad Eugenium III papam;* Augustinus Hipponensis;
Ambrosius Mediolanensis; etc.‡
*I/E   **Title** 95rb *Incipiunt gesta saluatoris domini nostri Ihesu Christi secundum carnem.*
Prol. II *Factum est autem in anno xix° imperatoris Tyberii cesaris, imperatoris
Romanorum, et Herodis filii Herodis imperatoris Galylee...—...mandauit ipse Nychodemus licteris hebraicis.* **Text** *Annas et Cayphas et Somna et Dathan, Gamaliel,
Iudas, Leui, Neptalim, Alexander et Syrus...—...105va et posuit omnia uerba in codicibus publicis.* Ch. I,1-XXVII. *EP* 105va *Post hec ipse Pylatus scripsit epistolam
ad vrbem Romam Claudio dicens: Poncius Pylatus regi suo Claudio salutem. Nuper
accidit et quod ipse probaui...—...105vb omnia que gesta sunt de Ihesu in pretorium
meum.* **Closing** 105vb *Expliciunt gesta saluatoris domini nostri Ihesu Christi.*
SS   Bibl ‡Academia Caesarea Vindobonensis, 1864, p. 241. †Unterkircher, 1957,
p. 44.

399. **WIEN**, Austria. Österreichische Nationalbibliothek
MS   4741
Paper. 490 ff. **Saec.** XV. **Contents** Sermons and devotional tracts; Albertus
Magnus; Samuel Iudaeus, *Epistola ad Rabbi Isaac de erroribus Iudaeorum; EN;
EP;* Post peccatum Adae....
*I/E   **Title** 476v *Incipit passio domini nostri Ihesu Christi secundum Nichodemum.* **Prol.**
II *Factum est in anno nonodecimo imperii Toberii cesaris Romanorum et Herodis
filii Herodis regis Galilee...—...mandauit ipse Nichodemus litteris hebraycis.* **Text**
*Annas et Cayphas et Symeon et Datan et Gamaliel, Iudas, Leui, Neptalim, Allexan-
der et Sirus...—...486v statim Ioseph et Nichodemus nunctiauerunt Pilato presidi.*
Ch. I,1-XXVII. *EP* 486v *Tunc ipse Pilatus scripsit epistolam ad vrbem Romam
Claudio dicens: Poncius Pilatus regi Claudio salutem. Nuper accidit quod et ipse
probaui...—...487r omnia que gesta sunt de Ihesu in pretorio meo etc.*
SS   Bibl †Academia Caesarea Vindobonensis, 1869, p. 371. **Corresp.** Dr. Eva Ir-
blich.

400. **WIEN**, Austria. Österreichische Nationalbibliothek
MS   Ser. n. 4294
Paper. 16 ff. 276 x 198 mm. **Saec.** XVI in. **Orig.** Austria (?). **Poss.** In Hofbib-

liothek, Wien, since 1780. **Contents** *EN; EP; CST.*

I/E Title 1ʳ *Euangelium Nicodemi.* **Prol** II *Factum est nonodecimo Teberii cesaris imperii romanorum et herodis inperii gallilee...—...mandauit ipse nicodemus litteris hebreicis.* **Text** *Igitur et Caiphas et Sobona et tatan et gamaliel...* Ch. I,1- . *EP ...12ᵛ. CST 12ᵛ...—...Dominus autem salutem contulit in se credentibus qui cum deo patre... Amen.* Ch. -20.

SS **Bibl** ⁺Mazal, 1975, pp. 162-3.

401. WINCHESTER, Great Britain. Cathedral Library
MS 7

Parchment 113 ff. and 5 slips. 207-17 x 145-50 mm. **Saec.** XII-XIII and XIII in. **Orig.** England. **Scr.** Several scribes. **Contents** A miscellany: Marbodus de Rennes; a bestiary; sermons and commonplaces; Remigius Autissiodorensis ...; *Liber s. Gregorii de conflictu vitiorum atque virtutum;* miscellaneous paragraphs; *De arbore crucis (Mirabiliter coepit oriri...); EN; De imperatoribus (?); Vita Adae et Evae (Cum expulsi essent...);* ps.-Methodius; etc.

I/E Title 97ʳ *Incipiunt gesta saluatoris que inuenit theodosius magnus imperator in ierusalem in pretorio poncii pilati in codicibus publicis. De arbore crucis Mirabiliter cepit oriri arbor sancta...—...omnium credentium.* **Text** 97ᵛ *Cum sero esset factum: uenit quidam diues ab arimathia...* Ch. XI,3- . **Prol** II 106ᵛ *Factum est in anno nono decimo tyberii (uel teodosii) cesaris...—...Et cetera que scripta sunt. De imperatoribus (?) ...109ᵛ rapuerunt imperia.*

SS **Bibl** ⁺Ker and Piper, pp. 583-5. **Corresp.** John Hardacre.

402. WINCHESTER, Great Britain. Winchester College Library
MS 41

Paper. iv 216 iii ff. 220 x 150 mm. **Saec.** XV. **Orig.** England (cf. script). **Scr.** One scribe. **Poss.** Donated by Thomas Symes in 1610 (his name on 1ʳ, 152ᵛ, 176ʳ, 216ᵛ). **Contents** An epistolary collection: letters of Gasparino Barzizzi, Coluccio Salutati, and Leonardo Bruni; *EN; EP; CST;* Franciscus Petrarcha, *Epistolae;* Alanus de Insulis.

*I/E Title 136ʳ ⌈Historia Nichodemi de passione Christi. Top margin.⌉ **Prol** II Ffactum est in anno nonagesimo imperii Tiberii cesaris imperatoris Romanorum et Herodis filii regis Galilee...—...Theodosius autem magnus imparator fecit ea transferri de hebreo in latinum.* **Text** *Annas, Cayphas, Symeon, Dathan, Gamaleel, Iudas, Leui, Neptalim, Alexander, Iayrus...—...147ᵛ et posuit ea in codicibus publicis pretorii.* Ch. I,1-XXVII. *EP* 147ᵛ *Et primo omnia Claudio cesari per epistolam nunciauit dicens: Poncius Pilatus domino suo Claudio salutem. Nuper accidit Iudeos per inuidiam...—...148ʳ Ideo manifesto hec domino meo regi ne quis menciens ei credatur. Valete. CST* 148ʳ *Hanc Claudio direxit adhuc uiuente Tiberio imperatore Pilatus* *epistolam. Eodem tempore Vitello et Plocino consulibus, idem Tiberius cesar cum imperium gubernaret...—...*152[r] *Dominus autem contulit salutem credentibus in se, quia ipsum credimus verum Dei Filium qui cum Patre...* Amen. Version B, ch. I-20. **Closing** 152[r] *Explicit historia Nichodemi de passione Christi.*

SS   **Bibl** †Ker and Piper, pp. 628-30. Kristeller, 1989, p. 275. Yeats-Edwards, p. 10.

403. WINDSHEIM, Germany. Ratsbibliothek
MS   98

Paper. iii 382 ff. 305 x 215 mm. **Saec.** XV/2 (1471). **Scr.** Several scribes. **Poss.** Jodocus Nusser (d. 1518); St. Kilian, Windsheim, dioc. Würzburg; Germanisches Nationalmuseum, Nürnberg. **Contents** Iacobus de Voragine; *Auctoritates de passione; Tractatus de passione domini; EN; Dialogus b. Mariae et Anselmi;* Matthaeus de Cracovia; *Prologus in passionem domini; Sermones per circulum anni; Initia epistolarum et evangeliorum per circulum anni;* Iohannes Herolt.

I/E   **Title** 131ra *Ewangelium Nicodemi.* **Prol. II** [F]*Actum est In anno XIX Tiberii cesaris Imperii romanorum...* **Text** *Igitur Annas et cayphas...—...*133va *Ecce in monumento meo nouo posui eum et involui eum in sindone munda.* Ch. I,1-XII,1.

SS   **Bibl** Krämer, 1989-90, vol. II, p. 841. †Stahleder, pp. 177-9.

404. WOLFENBÜTTEL, Germany. Herzog-August-Bibliothek
MS   Cod. Guelf. 38.8 Aug. 2°

Paper. 290 ff. 310 x 215 mm. **Saec.** XV/1. **Scr.** Several scribes. **Poss.** Donated by Petrus Schullinchusen to Domstift St. Blasius, Braunschweig, dioc. Hildesheim/Halberstadt (cf. notes on a flyleaf, saec. XV). **Contents** *EN; EP; CST; Planctus b. Mariae (Quis dabit capiti meo...);* sermons.

*I/E   **Prol. II** 1[ra] *Factum est anno nonagesimo imperii Tiberii cesaris, Herodis filii Herodis regis Galilee...—...Theodosius autem magnus imperator fecit ea transferri de hebreo in latinum.* **Title** *Passio domini nostri Ihesu Christi secundum Nychodemum.* **Text** *Annas, Cayphas, Symeon, Dathan, Gamabiel, Iudas, Leui, Neptalim, Alexander et Yairus...—...*11[rb] *et posuit omnia verba in codicibus publicis pretorii sui.* Ch. I,1-XXVII. **XXVIII** 11[ra] *Post hec Pylatus ingressus templum conuocauit omnes Iudeos et gramaticos...—...*11[va] *et hii anni simul iuncti fiunt quinque milia et semi.* **EP** 11[vb] *Post hec Pylatus scripsit ad vrbem Romam Cla:udio dicens: Pontius Pylatus regi Claudio salutem. Nuper accidit quod et ipse probaui...—...*12[ra] *omnia que gesta sunt de Ihesu.* **CST** 12ra *Factum est cum Tyberio et Vitellio consulibus, eodem tempore Tyberius cesar cum gubernaret imperium...—...*15ra *et sanus a plaga syringii defunctus est in stratu suo in pace. Explicit.* Version A, ch. 1-14.

SS   **Bibl** †Heinemann, 1898, pp. 166-7. Krämer, 1989-90, vol. I, p. 111.

405. **WOLFENBÜTTEL, Germany. Herzog-August-Bibliothek**
MS Cod. Guelf. 83.2 Aug. 2°
Paper. 352 ff. 290 x 210 mm. **Saec.** XV (1435-56). **Scr.** Several scribes, one of whom was *Johannes capellanus in Vlassen*. **Poss.** A note on front cover, *Istum librum dedit nobis Iohannes magister iuris Brunswick...*, i.e., Braunschweig. **Contents** Albertus Magnus; Bernardus Clarevallensis; Hugo de s. Victore; Iacobus Mediolanensis; *Tres quadragenae b. Bernardi de passione Christi*; EN; ps.- Bernardus Clarevallensis, *Meditationes de cognitione humanae conditionis*; Bonaventura; ...; *Preparatio in eucharistiam*; Hieronymus; Hermannus de Schildis; *Epistola Eusebii ad Damasum episcopum*; Augustinus Hipponensis; Cyrillus Hierosolymitanus; etc.

*I/E **Title** 238va ⌈*Evangelium Nicodemi*. Top margin, hand saec. XVI.⌉ **Prol. II** *Factum est in anno xix Tiberii cesaris Romanorum ac Herodis filii Herodis imperatoris Galilee...—...quod historiographus mandauit litteris hebraicis dicens:* **Text** *Annas, Zome et Dathan, Gamaliel et Iudas, Leui et Neptalim, Allexander et Thirus...—... 246ra in tua piguedine nos saciasti, in spirituali tua nos collocasti.* Ch. I,1-XXVI. **Closing** 246ra *Et sic est finis euangelii Nichodemi et apocrifum, et ergo meliora scribe et lege si potes.*

SS **Bibl.** †Heinemann, 1900, pp. 48-50. **Corresp.** Dr. Werner Hoffmann.

406. **WOLFENBÜTTEL, Germany. Herzog-August-Bibliothek**
MS Cod. Guelf. 83 Gud. lat. 2°
Paper. 330 ff. 285 x 210 mm. **Saec.** XV. **Scr.** Two scribes. **Contents** Bartholomaeus Pisanus; *Tabula Decreti*; *Scala decretorum magistri Graciani*; EN; *Statuta concilii Basileensis*; Henricus de Hassia; Adam Bremensis.

*I/E **Title** 266va ⌈*Nichodemi Evangelium*. Top margin, later hand.⌉ **Prol. II** *[F]actum est nonagesimo anno imperii Tyberii cesaris, imperatoris Romanorum, et Herodis filii Herodis regis Galilee...—...Theodosius autem magnus imperator fecit ea transferri de hebreo in latinum.* **Text** *Annas et Chayphas, Symeon, Dathan, Gamaliel et Iudas, Leui et Neptalim, Alexander...—...269^v in monumento suo nouo in quo nullus umquam positus fuerat. Deo gracias etc.* Ch. I,1-XI,3.

SS **Bibl.** †Heinemann, 1913, pp. 130-1. **Corresp.** Dr. Werner Hoffmann.

407. **WOLFENBÜTTEL, Germany. Herzog-August-Bibliothek**
MS Cod. Guelf. 254 Gud. lat. 4°
Paper. 40 used ff. 208 x 140 mm. **Saec.** XV. **Contents** EN; EP; Franciscus Petrarcha, *Historia de Arono et Marina*; Pius II papa.

*I/E **Title** 1^r *Incipit euuangelium Nychodemi siue gesta saluatoris nostri domini Ihesu Christi que inuenit Theodosius magnus imperator in Iherusalem in pretorio Pontii Pylati in codicibus publicis.* **Prol. II** *Factum est in anno xix° Tyberii cesaris, im-*

periiperatoris Romanorum, et Herodis imperii Galylee...—...mandauit ipse Nychodemus litteris hebraicis. **Text** *Igitur Annas et Cayphas et Sobna et Dathan, Gamaliel et Iudas, Leui et Neptalim, Alexander et Syrus...—...17ᵛ et posuit omnia verba hec in codicibus publicis pretorii.* Ch. I,1-XXVII; numerous corrections in margins, later hand. *EP* 17ᵛ *Et post volens cesari omnia renunciare, ipse Pilatus epistolam ad vrbem Claudio imperatori scripsit dicens: Poncius Pylatus regi suo Claudio salutem. Nuper accidit quod et ipse probaui...—...18ʳ omnia que gesta sunt de Ihesu in pretorio meo. Valete. CST* 18ʳ *Hanc epistolam Pilatus Claudio direxit adhuc viuente Tyberio imperatore licet grauissimo laborante morbo...—...23ʳ Dominus autem salutem contulit credentibus in se, quia ipsum credimus Dei Filium qui cum Patre... Amen.* Version B, ch. 1-20.

SS **Bibl.** †Heinemann, 1913, p. 219.

408. WOLFENBÜTTEL, Germany. Herzog-August-Bibliothek

MS Cod. Guelf. 297 Helmst.

Paper. 198 ff. 310 x 200 mm. **Saec.** XV/2 (written partly in 1467). **Scr.** Several scribes. **Poss.** St. Blasius, Northeim near Hannover (OSB), dioc. Mainz (several ownership notes). **Contents** Sermons; *EN*; *Acta sanctorum*.

*I/E **Prol.** II 131ʳᵃ *[F]actum est anno nonagesimo imperii Tyberii cesaris, Herodis filii Herodis regis Galilee...—...Theodosius autem imperator magnus fecit ea transferri de hebreo in latinum.* **Text** *[A]nnas, Cayphas, Symeon, Dathan, Gamaliel, Symeon, Iudas, Leui, Neptalim, Allexander et Yayras...—...137ʳᵇ et posuit omnia verba in codicibus publicis pretorii sui.* Ch. I,1-XXVII. **XXVIII** 137ʳᵇ *Post hec ingressus Pylatus templum conuocauit omnes Iudeos et gramaticas...—...137ᵛᵃ et hii anni simul iuncti fiunt quinque milia et semi. CST* 137ᵛᵃ *[F]actum est autem Tyberio et Vitello consulibus, eodem tempore Tyberius cesar cum gubernaret inperium...—...139ʳᵇ et sanus a plaga syringii defunctus est in stratu suo in pace.* Version A, ch. 1-14.

SS **Bibl.** †Heinemann, 1884, p. 244. Krämer, 1989-90, vol. II, p. 608. **Corresp.** Prof. Dr. Wolfgang Milde. Dr. Werner Hoffmann.

409. WOLFENBÜTTEL, Germany. Herzog-August-Bibliothek

MS Cod. Guelf. 447 Helmst.

Parchment. 162 ff. 280 x 195 mm. **Saec.** XII. **Scr.** Several scribes. **Contents** *Evangeliarium*, with marginal glosses; *Expositio quattuor evangeliorum; EN; Introductio in quattuor evangelia.*

*I/E **Title** 156ᵛ *Incipiunt gesta et passio saluatoris domini nostri Ihesv Christi que inuenit Theodosius magnus imperator in Iherusalem in pretorio Pontii Pilati in codicibus publicis.* **Prol.** II *Factum est in anno duodecimo imperatoris Tyberii, cesaris Romanorum, et Herodis filii Herodis regis Galilee...—...et mandauit idem Nichodemus litteris hebraicis* **(Text)** *Annae et Cayphae et Sennae et Dathan et Gamalieli quod Iudas, Leui, Neptalim, Alexander et Syrus...—...162ᵛ accipientes singuli stolas*

albas et post tres dies celebrantes pascha domini rapti sunt in. Ch. I,1-XXVII.
SS   Bibl. †Heinemann, 1884, p. 352.

410. **WORCESTER, Great Britain.** Chapter Library, Worcester Cathedral
MS   Q. 51
      Parchment. Saec. XII and XIII. Poss. Cathedral priory, Worcester (OSB;
      ‡mentioned in Patrick Young's catalogue of 1622-3‡). Contents *EN*; *CST*;
      Bernardus Clarevallensis, *De consideratione ad Eugenium III papam,* etc.; *Expositio in symbolum apostolorum; Lamentationes Ieremiae cum glossa; De ordine fratrum claustralium;* Petrus Comestor.
I/E   Prol. II 1ʳ *Factum est in anno nono decimo... CST ...8ᵛ gladio se ibi interfecit...*
      [eucharit ?]. Amen. Amen. Amen. Ch. -18.
SS   Bibl. ‡Atkins and Ker, p. 35, no. 43. †Floyer and Hamilton, pp. 134-5.

411. **WROCŁAW, Poland.** Biblioteka Uniwersytecka
MS   I F 215
      Paper. 336 ff. 305 x 210 mm. Saec. XV/2 (1456). Orig. Wrocław. Scr. Seven
      scribes; *EN* by Nicolaus Reichinsteyn de Carnovia (Krnov, Bohemia; cf. colophon on 247ʳᵃ). Poss. S. Maria in Rossis, Nysa, dioc. Wrocław (saec. XVII;
      note on 1ʳ); Seminarium, Nysa (OFM), dioc. Wrocław (note on 1ʳ). Contents
      Expositio symboli apostolorum; Franciscus Woitsdorf, *Sermones; EN;* Franciscus
      Woitsdorf, cont'd; Iohannes de Capestrano, *Sermones.*
*I/E Title 191ʳᵇ *Ewangelium Nicodemi.* Text *Audientes Iudei quod Ioseph et Nicodemus corpus domini sepelissent honorifice, querebant contra eos consilia mala...—...*
      193ʳᵃ *et dicentibus mortuis credendum non est et eternaliter sunt dampnati.* Ch.
      XII,1-XXVII. Closing 193ʳᵃ *Vt igitur cum domino et numero saluandorum scimus*
      dominum in sua resurreccione et laudemus sibique per virtuosam operacionem
      semper serviamus et sic indubie cum ipso eternaliter regnabimus, quod ipse nobis
      prestet qui in secula seculorum.
SS   Bibl. †Jażdżewski, pp. 253-66. Corresp. Mgr. Stanisław Kądzielski.

412. **WROCŁAW, Poland.** Biblioteka Uniwersytecka
MS   I F 509
      Paper. 442 used ff. 310 x 210 mm. Saec. XV. Scr. One scribe. Poss. Corpus
      Christi, Wrocław (ownership notes on 1ᵛ, 226ᵛ, 441ᵛ). Contents *Postillae Zderasiensis; EN;* ps.-Matthaeus; *Miracula et exempla;* sermons; *Passio domini*
      nostri Iesu Christi; Themata sermonum; fables; *Legenda de s. Elisabeth; Vita s.*
      Henrici imperatoris; sermons.
*I/E Title 371ʳᵃ *Incipiunt gesta saluatoris domini nostri Ihesu Christi et qualiter passus*
      sit et qualiter infernum destruxit, que inuenit Theodosius imperator in Ierusalem

in pretorio Pylati in codicibus publicis et uadit per totam passionem domini nostri Ihesu Christi. Prol. II/I Factum est in anno xviii⁰ imperii Tyberii cesaris, imperatoris Romanorum, et Herodis regis, tetrarche Galilee, filii Herodis...—...in grecas litteras commutaui ad cognicionem omnium fidelium credencium in Christo. Text Anna et Cayphas, Sompnas et Datan, Gamaliel et Yanathas, Leui, Neptalym, Allexander, Benihel, Sycus et Yayrus...—...383ʳᵇ et in gloriam paradisi eos reduxisti atque iocunda et spirituali leticia interesse concessisti. Tu autem et miserere nobis. Amen. Ch. I,1-XXVI.

SS Bibl. Göber, vol. III, f. 357ʳ⁻ᵛ. Corresp. †Mgr Stanisław Kądzielski.

413. WROCŁAW, Poland. Biblioteka Uniwersytecka
MS I F 617
Paper. 303 used ff. 300 x 215 mm. Saec. XV/1. Scr. Several scribes. Poss. Given by magister Martinus Storm to Regular Canons in Zielona Góra (Grünberg), dioc. Wrocław, in 1479 (cf. notes inside front cover and on 1ʳ); Żagań (Sagan; OCan), dioc. Wrocław (ownership note on 1ʳ, 1683). Contents Sermons; Liber de conceptu et ortu domini nostri Iesu Christi; ...; Alexander de Villa Dei; Sermo de s. Nicolao; Gesta Romanorum; Tractatus de eucharistia; ps.-Augustinus; Iohannes Gerson; ...; Sermo de assumptione b. Mariae Virginis; Circa decem praecepta ex Summa Astensi necessaria...; EN; EP; Iohannes Capellanus, Confessionale aureum.

*I/E Title 288ʳᵃ ⌈Ewangelium Nicodemi. Top margin.⌉ Prol. II Factum est in anno vicesimo imperatoris Tyberii, cesaris Romanorum, et Herodis filii Herodis principis Galilee...—...mandauit ipse Nicodemus litteris ebraicis. Text Anna et Caypha, Sopna et Dathan, Gamaliel, Iudas, Neptalim, Allexander et Syrus...—...291ᵛᵇ et posuit enim verba in codicibus pupplicis pretorii sui. Ch. I,1-XXVII. EP 291ᵛᵇ Et post hec ipse Pylatus scripsit epistolam ad orbem Romam Claudeo imperatori dicens: Poncius Pylatus regi Claudeo salutem. Nuper occidit quod et ipse probauit...—...omnia que facta sunt de Ihesu in pretorio meo tue potestate etc.

SS Bibl. Göber, vol. IV, ff. 519-22. Krämer, 1989-90, vol. II, p. 698. Corresp. †Mgr Stanisław Kądzielski.

414. WROCŁAW, Poland. Biblioteka Uniwersytecka
MS I F 725
Paper and parchment. ii 465 used ff. 300 x 210 mm. Saec. XV/2 (written partly in 1461 and 1473). Scr. One scribe. Poss. 1ʳ Librum hunc apportavit Gregorius Pistoris de Luebin (saec. XV); Żagań (Sagan; OCan), dioc. Wrocław (ownership note on 1ʳ). Contents Franciscus Woitsdorf, Sermones de tempore; EN; Franciscus Woitsdorf, cont'd; Registrum super Quadragesimale, Franciscus Woitsdorf, Quadragesimale.

*I/E Title 133ᵛᵇ Historia de passione. Text Avdientes Iudei quod Yoseph et Nicodemus *corpus domini sepelissent honorabiliter...—...136vb in suis maliciis persistentibus eternaliter sunt dampnati.* Ch. XII,1-XXVII. **Closing** 136vb *Vt igitur cum domino et numero saluandorum* 137ra *simus dominum in sua resurreccione laudemus sibique per uirtuosam operacionem semper seruiamus et sic indubie cum ipso eternaliter cum ipso regnabimus, quod nobis ipse prestare dignetur.*

SS   **Bibl.** Göber, vol. V, ff. 714-5. Krämer, 1989-90, vol. II, p. 698. **Corresp.** †Stanisław Kądzielski.

415. WROCŁAW, Poland. Biblioteka Uniwersytecka
MS   I F 742

Paper. i 274 used ff. 310 x 275 mm. **Saec.** XV/2 (1464). **Scr.** Three scribes. **Poss.** Several ownership notes inside covers: *Dominus Sigismundus vicarius dedit* (saec. XV); *Iste liber est... Jacobi Gregorii...; Iste liber datus est pro vicariis in Glogovia per executores olim magistri Nicolai Alberti [viced ?]... anno domini M°CCCCLXXIX...*; Kollegiatstift, Głogów, dioc. Wrocław (cf. lable, saec. XIX in.). **Contents** *Sermones de sanctis; Passio Christi extracta ex Evangelio Nicodemi ad sex puncta principaliter reducta* (so title, but this is not *EN*); Christianus de Hidderstorf; *Legenda de s. Clara;* sermons; *Gesta Christi ex chronico Sicardi; De sacerdotio Christi; ...;* sermons; *EN;* sermons; *Passio decem milium martyrum; Divisio Bibliae, Nova Apocalypsis revelata cuidam homini sancto; Passio domini Iesu Christi sec. Iohannem.*

*I/E   **Title** 223^r *Incipiunt gesta saluatoris domini nostri Ihesu Cristi et qualiter passus sit et qualiter destruxit infernum, que inuenit Theodosius imperator in Iherusalem in pretorio Pylati in codicibus publicis et uadit per totam passionem domini Ihesu Christi.* **Prol.** II/I 223ra *Factum est in anno xviii° imperii Tyberii cesaris, imperatoris Romanorum, et Herodis regis, tetrarche Galilee, filii Herodis...—...in grecis litteris commutaui ad cognicionem omnium fidelium credencium in Christo.* **Text** *Annas et Cayphas, Sompnas et [Vatan ?], Gamaliel et Yonatas, Leui, Neptalym, Allexander, Benihel, Sycus et Yayrus...—...235rb et in gloriam paradisi eos reduxisti atque iocunda et spirituali leticia interesse concessisti. Tu autem etc.* Ch. I,1-XXVII.

SS   **Corresp.** †Mgr. Stanisław Kądzielski.

416. WROCŁAW, Poland. Biblioteka Uniwersytecka
MS   I Q 7

Paper. 361 used ff. 215 x 155 mm. **Saec.** XV/2. **Scr.** Five scribes. **Poss.** Dominicans, Świdnica, dioc. Wrocław. **Contents** *Quatuor evangelia;* some verses; *Registrum de sanctis; Epistolae Pauli; Actus Apostolorum; Epistolae catholicae; EN; Vita et origo Constantini; Vetus Testamentum,* excerpts; etc.

*I/E   **Title** 189^r ⌈*Nicodemus.* Running title, top margin.⌉ **Prol.** II [*F]actum est autem in anno nonodecimo Tyberii cesaris imperii Romanorum, regem vero Herodis filii Herodis...—...mandauit Nicodemus principibus sacerdotum et reliquis Iudeis fidis* *litteris hebraycis ita dicens.* **Text** *Annas et Cayphas et Summe et Dathan, Gamaliel et Iudas, Leui et Neptalim, Allexander...—...201ᵛ censui memorie commendendum ne quis de resurreccione mortuorum qui cum Christo resurrexerunt dubitaret.* Ch. I,1-XXVII. **Closing** 201ᵛ *Scripta sunt hec ad laudem et gloriam domini nostri Ihesu Cristi qui est semper super omnia benedictus in secula seculorum. Amen.* SS **Bibl.** Göber, vol. XIII, f. 10. **Corresp.** ⁺Mgr Stanisław Kądzielski.

417. WROCŁAW, Poland. Biblioteka Uniwersytecka
MS I Q 96
Paper. ii 183 used ff. 210 x 145 mm. **Saec.** XV/1 (written partly in 1421-2). **Scr.** Several scribes. **Poss.** Dominicans, Wrocław. **Contents** Henricus de Frimaria; *Nicolai beatissimi translatio; De conceptione b. Virginis; Legenda de spinea corona;* sermons; *EN; Dialogus peccatoris cum Maria de passione; Glossarium;* sermon notes; *Quaestiones theologicae,* notes, sermons, etc.

*I/E **Title** 133ᵛ ⌈*Ewangelium Nicodemi.* Top margin.⌉ **Text** 133ᵛᵃ *Cum autem peciisset Yoseph corpus Ihesu et sepeliisset...—...136ʳᵇ Tu enim iussisti seruis tuis nemini referre tue mayestati secreta que in imferis fecisti.* Ch. XII,1-XVIII,1.
SS **Bibl.** Göber, vol. XIV, ff. 172-4. **Corresp.** ⁺Mgr Stanisław Kądzielski.

418. WROCŁAW, Poland. Biblioteka Uniwersytecka
MS I Q 413
Paper and parchment. ii 337 used ff. 215 x 155 mm. **Saec.** XV/2 (1469). **Scr.** Two scribes. **Poss.** Henryków (OCist), dioc. Wrocław (ownership note on 1ʳ, 1687). **Contents** *Sermones quadragesimales; Sermones de tempore, Passio Christi; EN.*

*I/E **Title** 332ʳ ⌈*Ewangelium Nicodemi de resurrexione domini.* Top margin.⌉ **Text** [A]*vdientes Iudei quod Ioseph et Nicodemus corpus domini sic honorifice sepelierunt...—...337ᵛ et dicentibus mortuis non est credendum, eternaliter sunt dampnati.* Ch. XII,1-XXVII. **Closing** 337ᵛ *Vt igitur cum domino resurgemus, ipsum in sua resurrexione laudamus et sic sine dubio cum ipso eternaliter regnabimus, quod ipse nobis prestet qui viuit et regnat eternaliter sine fine. Amen. Et ffinita sunt hec ewangelia Nycodemi de resurrexione domini in vigilia sancti Andree, anno domini mᵒccccᵒlxix.*
SS **Bibl.** Göber, vol. XVII, f. 254. **Corresp.** ⁺Mgr Stanisław Kądzielski.

419. WROCŁAW, Poland. Biblioteka Uniwersytecka
MS IV Q 41
Paper and parchment. ii 275 used ff. 210 x 150 mm. **Saec.** XV/2 (1451). **Scr.** Several scribes. **Poss.** Wrocław (OCan). **Contents** *Quaestio determinata in promotione de oculo; Sermones festivales per annum; Tractatus de humilitate, Sermo-*

nes de tempore, Iohannes de Tambaco; Bonaventura; *Moralitates secundum ordinem alphabeti;* sermons; *Pulcher conflictus corporis et animae,* Matthaeus de Cracovia, *Sermo de passione, EN; EP; SN;* a sermon.

*I/E   **Title** 254ʳ *Sequitur ewangelium Nicodemi de passione.* **Prol. II** *Et actum est decimo nono anno Tyberii cesaris, imperatoris Romanorum, et Herodis filii Herodis regis Gallibee...—...mandauitque Nicodemus ipse hec litteris ebraycis annotari codicibus.* **Text** *Tunc Annas et Cayphas, Datan, Bamaliel, Iudas, Leui, Neptalim, Allexander, Thyorus...—...270ʳ et posuit hec omnia in codicibus publicis pretorii.* **Ch.** I,1-XXVII. **XXVIII** 270ʳ *Post dies aliquot Pylatus egressus est templum, conuocans omnes principes sacerdotum et leges doctores...—...270ᵛ Et a diluuio vsque ad Abraham Dauid quatuor milia et centum xx quatuor annos etc.* **EP** 271ʳ *Hec verba Pylatus considerans recessit ab eis. Post aliquod tempus Pylatus scripsit epistolam ad vrbem regis Rome dicens: Poncyus Pylatus regi suo Claudio salutem. Nuper accidit et quod ipse probaui...—...271ᵛ omnia que gesta sunt de Ihesv in pretorio meo.* **SN** 271ᵛ *Cumque hec Claudius accepisset et [absque ?] diu aput se siluit et postmodum Neroni imperatori legisset...—...274ᵛ et repellam eos ne sacerdocium michi agant et non sacrificent michi etc. Llaus Deo in seculorum secula. Amen.* **Ch.** I-XIII,2. **Closing** 274ᵛ *Si errauerit scriptor, debet corrigere lector etc.*

SS   **Bibl.** Göber, vol. XIX, ff. 164. **Corresp.** †Mrg Stanisław Kądzielski.

420.   **WÜRZBURG,** Germany. Universitätsbibliothek
MS   M.ch.f. 220
        Paper. 521 ff. 297 x 205 mm. **Saec.** XV/1 (1430) and XV/2 (1462). **Orig.** Schweinfurt, dioc. Würzburg. **Scr.** Several scribes; *EN* by Otto Heinz *pro tunc temporis capellanus in Sweinfurdia,* i.e., Schweinfurt, dioc. Würzburg (cf. 520ᵛᵃ). **Poss.** St. Stephan, Würzburg (OSB). **Contents** Sylvester de Rebdorf; Iacobus Mediolanensis; ...; Engelbertus Admontensis; Augustinus Hipponensis; ...; Bonaventura; Petrus de Alliaco; Ambrosius Mediolanensis; *Vita s. Euphrosynae;* Iohannes Chrysostomus, *De laudibus s. Pauli apostoli homiliae, EN; EP.*

*I/E   **Title** 515ʳ ⌈*Historia Nicodemi de planctu Marie.* Top margin.⌉ 515ʳᵃ *Incipit passio saluatoris quam inuenit Theodosius magnus imperator in Ierusalem in pretorio Poncio Pylati in codicibus publicis. De passione domini.* **Prol. II** *Et ffactum est in anno xixº imperatoris Tyberii, cesaris Romanorum, et Herodis ffilii Herodis regis Galilee...—...mandauit ipse Nicodemus litteris ebraycis.* **Text** *Annas et Cayphas, Sompnas et Dathan, Gamaliel et Iudas, Leui et Neptalim, Allexander et Ruben...—...520ᵛᵃ Ioseph et Nicodemus nuncciauerunt presidi Pilato.* **Ch.** I,1-XXVII. **EP** 520ᵛᵃ *Tunc ipse Pylatus scripsit epistolam ad urbem Romam Claudio dicens: Poncius Pylatus regi salutem. Nuper accidit quod ipse probaui...—...omnia que gesta sunt de Iesu in pretorio meo etc.* **Closing** 520ᵛᵃ *Explicit ewangelium Nicodemi per manus Ottonis Heinz pro tunc temporis cappellanus in Sweinfurdia sub anno do-*

mini m cccc xxx in octaua assumpcionis beate Marie Virginis, hora septima post meridiem. Gloria sit Christo. Amen.

SS Bibl. Hagiographi Bollandiani, 1913, p. 435. Krämer, 1989-90, vol. II, p. 850. †Thurn, 1986, pp. 74-6. Corresp. Dr. phil. habil. H. Thurn.

421. WÜRZBURG, Germany. Universitätsbibliothek

MS M.ch.f. 294

Paper. 138 ff. 295 x 220 mm. Saec. XV. Scr. One scribe. Contents *Dialogus b. Mariae et Anselmi*; sermons; *EN*; *EP*; *CST*; *Qualiter sacerdos se debeat habere erga confitentem*; *Epistola Eusebii ad Damasum episcopum*; *Conclusiones quarti libri Sententiarum*; *Cyrillus Hierosolymitanus*; etc.

*I/E Prol. II 80ra *Factum est in anno xix° Tyberii cesaris, imperatoris Romanorum, et Herodis filii Herodis imperatoris Galilee...—...80rb mandauit ipse Nycodemus litteris ebraicis.* Text 80rb *Anna et Caypha et Datan, Gamaliel, Iuda, Leui, Neptalym, Alexander sicut et reliqui...—...88ra et posuit omnia verba in codicibus publicis pretori suo.* Ch. I,1-XXVII. EP 88ra *Et post hec ipse Pylatus scripsit epistolam ad urbem Romanam Claudio dicens: Poncius Pylatus regi Claudio suo salutem. Nunc accidit quod ipse probauit...—...88rb omnia que gesta sunt de Ihesu in pretorio meo.* CST 88rb *Eodem modo cum Tyberius cesar gubernaret imperium...—...90ra et sanatus a plaga et defunctus et in lectulo suo eodem tempore.* Version A, ch. 1-14.

SS Bibl. †Würzburg, Universitätsbibliothek, vol. IV, pp. 156-8. Corresp. Dr. phil. habil. H. Thurn. Angelica Pabel.

422. WÜRZBURG, Germany. Universitätsbibliothek

MS M.p.th.q. 72

Parchment and paper. 299 ff. 197 x 142 mm. Saec. XII, XIII, XIV, and XV. Orig. Southern and Eastern Germany. Poss. Engelgarten, Würzburg (OCart; ownership notes on 2^r, 165^r, 223^v, 282^r, 292^r, saec. XV). Contents Several theological volumes bound together: .... VIII: Thomas Hibernicus, *Manipulus florum*. IX: *EN*; *EP*; a note on chronology. X: Iohannes de Erfordia. XI: *De b. Virgine*. Etc.

*I/E Title 130^r ⌜*Ewangelium Nicodemi*. Top margin.⌝ [I]*n nomine sancte Trinitatis incipiunt gesta saluatoris domini nostri Ihesu Christi que invenit Theodosius magnus imperator in Iherusalem in pretorio Poncii Pilati in codicibus publicis.* Prol. II *Actum est in anno xviiii° Tyberii cesaris, imperatoris Romanorum, et Herodis filii Herodis imperantis Galilee...—...mandauit ipse Nycodemus litteris hebraicis.* Text [A]*nnas et Cayphas et Senne et Datan, Gamaliel, Iudas et Leui, Neptalim et Allexander et Sirus...—...159^r et posuit omnia uerba in codicibus publicis pretorii sui.* Ch. I,1-XXVII. EP 159^r *Et post hec ipse Pilatus scripsit epistolam ad urbem Romam Claudio dicens: Poncius Pilatus regi Claudio suo salutem. Nuper accidit et quod ipse probaui...—...160^r omnia que gesta sunt de pretorio meo etc.*

SS Bibl. †Thurn, 1990, pp. 152-9. Corresp. Dr. phil. habil. H. Thurn.

423. **ZÜRICH, Switzerland. Zentralbibliothek**
MS   Car. C 186
      Parchment. 5 ff. 183 x 150 mm. Saec. XIII. **Contents** *EN*, excerpts; *EP*; excerpts from Ecclesiastes, Seneca, Iohannes Damascenus, etc.
I/E   **Text** 1ʳ *perierunt ipsi et qui crediderunt eis...* 4ᵛ *deprecaberis dominum ut transmitteret tibi an[gelum]...* 5ʳ *Deus noster in eternum...* Ch. XV-XIX, excerpts. *EP* 5ᵛ *Pontius Pilatus regi Claudio suo salutem...*
SS   **Bibl.** †Mohlberg, p. 152. **Corresp.** Dr. Martin Germann.

424. **ZWETTL, Austria. Stiftsbibliothek**
MS   304
      Parchment. 164 ff. Saec. XII and XIII. **Contents** Augustinus Hipponensis; *Liber acinendon*; B. *abbatis Sententia de officiorum concordia*; ps.-Matthaeus; *EN*; *Transitus Mariae*, etc.
*I/E **Title** 156ᵛ *Incipiunt gesta saluatoris qve invenit Theodosivs imperator magnvs in codicibvs publicis.* **Prol.** II *Factvm est in anno xºviiiiº imperatoris Tyberii cesaris, imperatoris Romanorum, et Herodis filii Herodis imperatoris Galileae...—...mandatum litteris hebraicis.* **Text** *Annas et Cayphas et Somne et Datham, Gamaliel, Iudas, Leui, Neptalim, Alexander et Sirus...—...*160ʳ *Stabant autem noti eius a longe et mulieres quae secutae eum erant a Galilea in Ivdeam.* Ch. I,1-XI,3.
SS   **Bibl.** †Rössler, pp. 403-4.

Appendix

Manuscripts Recently Lost or Destroyed

425. CHARTRES, France. Bibliothèque Municipale

MS 34 (109) (‡destroyed in 1944‡)

Parchment. 118 ff. 355x257 mm. **Saec.** X ex. **Poss.** St.-Père, Chartres (OSB).
Contents Ambrosius Mediolanensis, *Super epistolas s. Pauli; EN.*

I/E **Title** 118ᵛ *Gesta Salvatoris, secundum rei veritatem, ut leguntur, ita extrinsecus...*
A column and a half only.

SS **Bibl.** ✝*Catalogue général*, 1890, Octavo XI, p. 18. **Corresp.** ‡Christiane Pollin.

426. CHARTRES, France. Bibliothèque Municipale

MS 285 (341) (‡destroyed in 1944‡)

Parchment. 244 ff. 360x245 mm. **Saec.** XIV. **Poss.** Given to the cathedral
chapter, Chartres, by Guillelmus de Sancto Benigno, *ejusdem ecclesie canonicus, anno Domini MᵒCCCCᵒXIIIImᵒ, in mense marcii...* (ownership note on 1ᵛ).
Contents Guillelmus Durandus; *De confessione;* two psalms; *EN; CST.* Used
by Dobschütz for his edition of *CST.*

I/E **Title** 264ʳ *Evangelium Nichodemi.* **Prol. II** *Et factum est in anno VIIIIᵒ Xᵒ imperii
Tiberii Cesaris... CST ...artem interpretatus ei fuerat Symon.* Ch. -20.

SS **Bibl.** ✝*Catalogue général*, 1890, Octavo XI, pp. 140-1. **Corresp.** ‡Christiane
Pollin.

427. CHARTRES, France. Bibliothèque Municipale

MS 1036 (H. l. 51) (‡destroyed in 1944‡)

Parchment. 322 ff. 270x178 mm. **Saec.** XIV/2 (ca. 1373). **Poss.** St.-Père, Chartres (OSB). **Contents** *Apothecarius moralis,* a compilation including: ...; saints'
lives; ps.-Matthaeus; *Visio Elisabeth;* saints' lives; *De quodam fratre mortuo qui
apparuit socio suo; EN; CST;* Henricus Salteriensis, *De purgatorio s. Patricii;*
visions; etc.

I/E **Title** 205ʳ *De passione veneranda Salvatoris nostri Domini Jesu Cristi, ex codicibus
publicis Judeorum, quam invenit Theodosius magnus imperator in pretorio Poncii
Pilati tunc temporis in Jherusalem, secundum Nichodemum.* **Prol. II** *Factum est
in anno xvᵒ imperii Tyberii...* §Text Ch. XII omitted.§ *CST ...215ᵛ Mox precepit
Volusianus ut mulier ad ipsum...* Ch. -9. 216ʳ-218ᵛ blank.

SS **Bibl.** ✝*Catalogue général*, 1890, Octavo XI, pp. 322-33. §Hagiographi Bollandiani, 1889, pp. 206-8. ‡**Corresp.** Christiane Pollin.

428. **CORVEY**, Germany. Stiftsbibliothek
MS   29 (lost)
     Saec. XV. Contents *Contemplatio passionis domini;* Bernardus Clarevallensis;
     Passio domini nostri Iesu Christi; Liber de instructione animae per Adam mona-
     chum; Flores b. Bernardi de passione domini; Sermo b. Bernardi de venerabili sacra-
     mento; EN; Officium verae solemnitatis corporis domini; etc.
I/E *EN Alius sermo de gestis Salvatoris.*
SS   **Bibl** Hermann, K.Fr., p. 101. †Lehmann, 1919, p. 55.

429. **GRAZ**, Austria. Universitätsbibliothek
MS   814 (†lost during World War II†)
     Parchment. i 317 ff. 210x150 mm. **Saec. XV. Poss.** Sankt Lambrecht, (OSB),
     Steiermark. Contents *Tractatus asceticus et mysticus de nomine et vita Iesu; EN;*
     CST; Flores ex Aristotelis, Platonis, Senecae, Apulei, Boethii, aliorumque scriptis.
     Used by Schönbach and Dobschütz for their editions of *CST.*
I/E Title 274ʳ *Evangelium Nicodemi.* **Prol.** II *Factum est in anno XVIIIᵒ imperii*
     Tiberii... CST 288ᵛ...—...292ʳ *defunctus est in palacio suo aput Romam regnante*
     dno nostro Jesu... Ch. -14.
SS   **Bibl** †Kern, 1956, p. 56. Schönbach, p. 151. **Corresp.** ‡Dr. Hans Zotter.

430. **HAMBURG**, Germany. Staats- und Universitätsbibliothek
MS   Cod. philol. 236 (†lost since 1943‡)
     Parchment. **Saec. XIV. Poss.** Zacharias Conrad von Uffenbach (1683-1734),
     Frankfurt am Main. **Contents** Isidorus Hispalensis; ps.-Matthaeus; *EN; EP;*
     Oratio dominica.
SS   **Bibl** †Maius, coll. 13-4. **Corresp.** ‡Eva Horvath.

431. ‡**KØBENHAVN**, Denmark. Kongelige Bibliotek
MS   454; now Paris, Bibliothèque Nationale Lat. 14618; København, Kon-
     gelige Bibliotek Gl. kgl. Saml. 497, 2ᵒ, and Gl. kgl. Saml. 454, 2ᵒ; part
     containing *EN* lost.‡
     Saec. XII-XIV. Poss. ¶Simon de Plumetot (1371-1443);¶ Saint-Victor, Paris
     (OCan; mentioned in the catalogue of 1514; §Friederich Lindenbrog (1573-
     1648); Gottorp, Schleswig.§ **Contents** Frontinus; Vegetius; Iohannes Fras-
     quet; Iulius Caesar; ...; *EN; Sermo s. Hieronymi de assumptione s. Mariae,* Au-
     gustinus Hipponensis; Ambrosius Mediolanensis; Beda Venerabilis; etc.
I/E 288ʳ...
SS   **Bibl** ¶Ouy, 1979, p. 376. †Ouy, 1983, pp. 287-8. §Waitz, p. 152. **Corresp.** ‡Erik
     Peterson.

432. LEUVEN, Belgium. Katholieke Universiteit Leuven, Universiteitsbibliotheek

MS   75ª (destroyed in 1914)

Parchment. Saec. XIV. **Poss.** Universiteitsbibliotheek, Leuven. **Contents** *Varia exempla*, including *De ligno paradisi, De pomo paradisi, EN*.

SS   †Moreau, p. 63. **Corresp.** C. Coppens.

433. MÜNSTER, Germany. Universitätsbibliothek

MS   217 (‡destroyed during World War II‡)

Paper. 285 ff. 291x213 mm. **Poss.** Marienfeld (OCist), dioc. Münster. **Contents** *Liber sanctorum patrum*; Gregorius Magnus; *Expositio decalogi*; Antonius de Parma, *Postilla in evangelia dominicalia*; *EN*; *Tractatus de passione*, sermons.

I/E   *EN* 185ᵛ...

SS   **Bibl.** †Staedner, p. 33, no. 142. **Corresp.** ‡I. Kießling.

434. NEW YORK CITY, U.S.A. General Theological Seminary

MS   15 (64615) (‡lost‡)

Parchment. 216 ff. 200x140 mm. **Saec.** XIV. **Orig.** England. **Poss.** The Earl of Ashburnham, Ashburnham Place. **Contents** Iohannes Chrysostomus; Ambrosius Mediolanensis; Aelredus Rievallensis; Novatus; Augustinus Hipponensis; Anselmus Cantuariensis; Bernardus Clarevallensis, *Super Magnificat*; *EN*; Augustinus Hipponensis, *De agone christiano*; Hieronymus; Hugo de s. Victore; Rabanus Maurus; etc.

I/E   *EN* 141ʳ §*Factum est in anno xix imperii Tiberii cesaris imperatoris Romanorum...*
       —...§155ᵛ.

SS   **Bibl.** §Ashburnham Place, MS LXXXI. †De Ricci and Wilson, vol. II, p. 1287. **Corresp.** ‡Matthew Grande, Reference Librarian.

435. STARGARD, Poland. Bibliothek des Königlichen und Gröning'schen Gymnasiums

MS   43 (‡lost during World War II‡)

Paper. **Contents** Saints' lives; *Liber de infantia salvatoris*; *EN*.

SS   **Bibl.** †Kuhnke, p. 8. **Corresp.** ‡Mgr Stanisław Krzywicki.

436. VIRGINIA WATER, Great Britain. Rev. Dr. Ginsburg

MS   Unidentified

Saec. XIV in. **Orig.** Italy. **Contents** ...; *EN*; *De arbore crucis*; *CST*; etc.

I/E   *EN* Concluding passages only.

SS   **Bibl.** †Thompson, p. 239. **Corresp.** R.A. Miller.

Bibliography

Abate, Giuseppe, and Giovanni Luisetto. 1975. *Codici e manoscritti della Biblioteca Antoniana*. 2 vols. Vicenza: Neri Pozza Editore.

Abbott, T.K. 1900. *Catalogue of the Manuscripts in the Library of Trinity College, Dublin*. Dublin: Hodges, Figgis, & Co.; London: Longmans, Green, & Co.

Academia Caesarea Vindobonensis. 1864. *Tabulae codicum manu scriptorum praeter graecos et orientales in Bibliotheca Palatina Vindobonensi asservatorum*. Vol. I: *Cod. 1-2000*. Vindobonae: Venum dat Caroli Geroldi filius.

———. 1869. *Tabulae codicum manu scriptorum praeter graecos et orientales in Bibliotheca Palatina Vindobonensi asservatorum*. Vol. III: *Cod. 3501-5000*. Vindobonae: Venum dat Caroli Geroldi filius.

Achten, Gerard. 1984. *Die theologischen lateinischen Handschriften in quarto der Staatsbibliothek Preussischer Kulturbesitz Berlin*. Pt 2: *Ms. theol. lat. qu. 267-378*. Wiesbaden: Otto Harrassowitz.

Adam, P. 1962. *L'humanisme a Sélestat*. Sélestat: Imprimerie Alsatia.

Adrian, J. Valentinus. 1840. *Catalogus codicum manuscriptorum Bibliothecae Academicae Gissensis*. Francofurti ad Mœnum: Apud Joann. Dav. Sauerlaender.

Andersson-Schmitt, Margarete. 1970. *Manuscripta mediaevalia Upsaliensia. Übersicht über die C-Sammlung der Universitätsbibliothek Uppsala*. Acta Bibliothecae R. Universitatis Upsaliensis 16. Uppsala: Universitetsbiblioteket.

Ashburnham Place. N.d. *Catalogue of the Manuscripts at Ashburnham Place: Appendix*. London: Printed by Charles Francis Hodgson.

Atkins, Ivor, and Neil R. Ker, eds. 1944. *Catalogus librorum manuscriptorum bibliotecae Wigorniensis Made in 1622-1623 by Patrick Young Librarian to King James I*. Cambridge: At the University Press.

Aubert, Hippolyte. 1911. *Notices sur les manuscrits Petau conservés à la Bibliothèque de Genève (fonds Ami Lullin)*. Paris: Nogent-le-Rotrou, Imprimerie Daupeley-Gouverneur.

Ps.-Augustinus. 1845. *Sermo 160: De pascha II*. In PL 39, coll. 2059-61.

Autenrieth, Johanne, and Virgil Ernst Fiala. 1968. *Die Handschriften der ehemaligen Hofbibliothek Stuttgart*. Vol. I: *Codices ascetici*. Pt 1: *HB I 1-150*. Wiesbaden: Otto Harrassowitz.

Bamberg, Königliche Bibliothek. 1904. *Katalog der Handschriften der Königlichen Bibliothek zu Bamberg*. Vol. I, pt 1: *Theologische Schriftsteller vom XIV. Jahrhundert an*. Bamberg: C.C. Buchner Verlag.

Bandini, A.M. 1792. *Bibliotheca Leopoldina Laurentiana....* Vol. II. Florentiae: Typis Regiis.

Bayerer, Wolfgang Georg. 1980. *Die Handschriften des ehem. Fraterherrenstifts St. Markus zu Butzbach.* Pt 1: *Handschriften aus der Nummernfolge Hs 42-Hs 760.* Wiesbaden: Otto Harrassowitz.

Becker, Peter Jörg, and Thilo Brandis. 1985. *Die theologischen lateinischen Handschriften in folio der Staatsbibliothek Preussischer Kulturbesitz Berlin.* Pt 2: *Ms. theol. lat. fol. 598-737.* Wiesbaden: Otto Harrassowitz.

Berlin, Staatsbibliothek Preussischer Kulturbesitz. *Codices manuscripti latini.* Berlin: handwritten.

Birch, Andreas, ed. 1804. *Auctarium Codicis apocryphi N.T. Fabriciani...* Fasciculus primus. Havniae: Apud Arntzen et Hartier.

Bischoff, Bernhard. 1974-80. *Die südostdeutschen Schreibschulen und Bibliotheken in der Karolingerzeit.* 2 vols. Wiesbaden: Otto Harrassowitz.

Bistřický, Jan, Miroslav Boháček, and František Čáda. 1961. *Seznam rukopisů Metropolitní Kapituly v Olomouci.* In Jan Bistřický, František Drkal and Miloš Kouřil, eds., *Státní Archiv v Opavě. Průvodce po archivních fondech,* vol. III: *Pobočka v Olomouci.* Praha: Archivní Správa Ministerstva Vnitra.

Black, Jonathan, and Thomas L. Amos. 1990. *The Fundo Alcobaça of Biblioteca Nacional, Lisbon.* Vol. III: *Manuscripts 302-456.* Collegeville, Minnesota: Hill Monastic Manuscript Library.

Bodemann, Eduard. 1867. *Die Handschriften der Königlichen Öffentlichen Bibliothek zu Hannover.* Hannover: Hahn'sche Hof-Buchhandlung.

Bologna, Biblioteca Universitaria. 1966- . *Aggiunte al catalogo dei manoscritti.* Unpublished.

Bower, Calvin M. 1988. *Boethius' "De institutione musica": A Handlist of Manuscripts.* In *Scriptorium* 42, pp. 205-51.

Bruckner, A. 1943. *Scriptoria medii aevi Helvetica.* Vol. V: *Schreibschulen der Diözese Konstanz. Stift Einsiedeln. Kirchen und Klöster der Kantone Uri, Schwyz, Glarus, Zug.* Genf: Druck und Verlag Roto-Sadag A.-G.

Cambis, Joseph Louis Dominique de. 1770. *Catalogue raisonné des principaux manuscrits, du cabinet de M. Joseph-Louis-Dominique de Cambis.* Avignon: Chez Louis Chambeau, Imprimeur-Libraire.

Cambridge, University Library. 1856-67. *A Catalogue of the Manuscripts Preserved in the Library of the University of Cambridge.* 6 vols. Cambridge: At the University Press.

Catalogue général des manuscrits des bibliothèques publiques de France. Departements. 1885- . Octavo Series. 63 vols to date [in progress]. Paris: Publisher varies.

Catalogue général des manuscrits des bibliothèques publiques des Departements. 1849-85. Quarto Series. 7 vols. Paris: Imprimerie Nationale.

Cenci, Cesare. 1971. *Manoscritti francescani della Biblioteca Nazionale di Napoli.* Vol.

II. Grottaferrata (Romae): Editiones Collegii S. Boneventurae ad Claras Aquas.

———. 1981. *Bibliotheca manuscripta ad Sacrum Conventum Assisiensem.* Vol. I. Assisi: Casa Editrice Francescana.

Collett, Katherine Anne Smith. 1981. *The Gospel of Nicodemus in Anglo-Saxon England.* Ph.D. diss., University of Pennsylvania.

Contreni, John J. 1978. *The Cathedral School of Laon from 850 to 930. Its Manuscripts and Masters.* Münchner Beiträge zur Mediävistik und Renaissance-Forschung 29. München: bei der Arbeo-Gesellschaft.

Coxe, Henricus O. 1852. *Catalogus codicum mss. qui in collegiis aulisque Oxoniensibus hodie adservantur.* 2 vols in 8 and 11 pts, respectively. Oxonii: E Typographeo Academico.

———. 1854. *Catalogi codicum manuscriptorum Bibliothecae Bodleianae. Pars tertia codices graecos et latinos canonicianos complectens.* Oxonii: E Typographeo Academico.

———. 1858-85. *Catalogi codicum manuscriptorum Bibliothecae Bodleianae. Pars secunda codices latinos et miscellaneos Laudianos complectens.* 2 pts. Oxonii: E Typographeo Academico.

Cranz, F. Edward. 1982. *A Microfilm Corpus of the Indexes to Printed Catalogues of Latin Manuscripts before 1600 A.D.* Based on P.O. Kristeller, *Latin Manuscript Books before 1600,* 3rd ed. (New York, Fordham University Press, 1965). Prepared under the direction of F. Edward Cranz... 39 reels. New London, Conn.

———. 1988. *A Microfilm Corpus of Unpublished Inventories of Latin Manuscripts through 1600 A.D.* Prepared under the direction of F. Edward Cranz... 347 reels. *Catalogue of the Microfilm Corpus.* Second printing with additions and corrections. New London, Conn.: Connecticut College, for the Renaissance Society of America.

Crick, Julia C. 1989. *A Summary Catalogue of the Manuscripts.* The Historia Regum Britannie of Geoffrey of Monmouth 3. Cambridge: D.S. Brewer.

Czerny, Albin. 1871. *Die Handschriften der Stiftsbibliothek St. Florian.* Linz: Im Verlag der Franz Ignaz Ebenhöch'schen Buchhandlung (M. Quirein).

Dahan, Gilbert. 1976. *Paschalis Romanus, "Disputatio contra Judaeos."* In *Recherches Augustiniennes* 11, pp. 161-213.

Daniel, Natalia, Gisela Kornrumpf, and Gerhard Schott. 1974. *Die lateinischen mittelalterlichen Handschriften der Universitätsbibliothek München. Die Handschriften aus der Folioreihe.* Vol. I. Wiesbaden: Otto Harrassowitz.

Darley, Étienne. 1913. *Les Acta salvatoris. Un évangile de la passion & de la résurrection et une mission apostolique en Aquitaine.* Paris: Librairie Alphonse Picard & Fils.

De Ricci, Seymour, and W.J. Wilson. 1935-7, rpt 1961. *Census of Medieval and Renaissance Manuscripts in the United States and Canada.* 2 vols. New York:

Kraus Reprint Corporation.

Delisle, Léopold. 1863-71. *Inventaire des manuscrits latins conservés a la Bibliothèque Nationale sous les numéros 8823-18613*. 5 pts. Paris: Auguste Durand et Pedone-Lauriel.

———. 1866. *Observations sur l'origine de plusieurs manuscrits de la collection de M. Barrois*. In *Bibliothèque de l'école des chartes* 27, pp. 193-264.

———. 1868-81. *Le cabinet des manuscrits de la Bibliothèque Impériale*. 3 vols. Paris: Imprimerie Impériale (Nationale).

———. 1871. *État des manuscrits latins de la Bibliothèque Nationale au 1er août 1871*. In *Bibliothèque de l'école des chartes* 32, pp. 20-62.

———. 1880. *Mélanges de paléographie et de bibliographie*. Paris: Champion, Libraire.

———. 1888. *Catalogue des manuscrits des fonds Libri et Barrois*. Paris: H. Champion, Libraire.

Derolez, Albert. 1977. *Inventaris van de handschriften in de Universiteitsbibliotheek te Gent*. Gent: Uitgaven van de Centrale Bibliotheek.

Despineux, Myriam. 1988. *Une version latine palimpseste du Ve siècle de l'Évangile de Nicodème (Vienne, ÖNB MS 563)*. In *Scriptorium* 42, pp. 176-83.

Diaz y Diaz, Manuel C. 1983. *Códices visigóticos en la monarquía leonesa*. Fuentes y estudios de la historia leonesa 31. León: Centro de Estudios e Investigación "San Isidoro."

Divjak, Johannes. 1974. *Die handschriftliche Überlieferung der Werke des heiligen Augustinus*. Vol. IV: *Spanien und Portugal. Werkverzeichnis. Verzeichnis nach Bibliotheken*. Wien: Verlag der Österreichischen Akademie der Wissenschaften.

Dobschütz, Ernst von, ed. 1899. *Cura sanitatis Tiberii*. In *Christusbilder: Untersuchungen zur christlichen Legende*, pp. 157**-203**. Leipzig: J.C. Hinrichs'sche Buchhandlung.

———. 1915. *A Collection of Old Latin Bible Quotations: Somnium Neronis*. In *The Journal of Theological Studies* 16, pp. 1-27.

Dokoupil, Vladislav. 1958. *Soupis rukopisů Mikulovské Dietrichsteinské knihovny*. Státní pedagogické nakladatelství.

———. 1966. *Soupis rukopisů knihovny Benediktinů v Rajhradě*. Státní pedagogické nakladatelství.

Dolbeau, François. 1979. *Anciens possesseurs des manuscrits hagiographiques latins conservés à la Bibliothèque nationale de Paris*. In *Revue d'histoire des textes* 9, pp. 183-238.

———. 1984. *Le légendier d'Alcobaça. Histoire et analyse*. In *Analecta Bollandiana* 102, pp. 263-96.

Dolbeau, François, and Pierre Petitmengin. 1987. *Indices librorum. Catalogues anciens et modernes de manuscrits médiévaux en écriture latine. Sept ans de bibliographie (1977-1983)*. Bibliothèque de l'École Normale Supérieure. Guides et inventaires bibliographiques 3. Paris: Presses de l'École Normale Supérieure.

Dold, A. 1928. *Lateinische Fragmente Sapientialbücher aus dem Münchener Palimpsest Clm 19105.* Texte und Arbeiten Erzabtei Beuron 1, no. 13.

Dronke, Ernst. 1837. *Beiträge zur Bibliographie und Litteraturgeschichte oder Merkwürdigkeiten der gymnasial- und der städtischen Bibliothek zu Koblenz.* Pt 1. Koblenz: Verlag von J. Hölscher.

Dudík, B. 1880. *Historische Forschungen in der Kaiserlichen öffentlichen Bibliothek zu St. Petersburg.* In *Sitzungsberichte der Kaiserlichen Akademie der Wissenschaften,* [Wien], *Philosophisch-Historische Klasse* 95, pp. 329-82.

Edinburgh, National Library of Scotland. 1971. *Summary Catalogue of the Advocates' Manuscripts.* Edinburgh: Her Majesty's Stationary Office.

Erbach Fuerstenau, Adalberto di. 1896. *L'Evangelio di Nicodemo.* In *Archivio storico dell'arte* 2a, II, pp. 225-37.

Étaix, Raymond. 1983. *Le cabinet des manuscrits du Marquis de Cambis-Velleron.* In *Scriptorium* 37, pp. 66-91.

Eusebius "Gallicanus." 1970. *Collectio homiliarum.* Ed. Fr. Glorie. Corpus Christianorum, Series Latina 101. Turnholti: Typographi Brepols.

Fabricius, Johann Albert, ed. 1703. *Codex apocryphus Novi Testamenti.* Hamburgi: Sumptibus B. Schiller.

Faider, Paul, et al. 1934. *Catalogue des manuscrits conservés a Namur.* Vol. I: *Catalogue des manuscrits conservés dans la bibliothèque du Musée Archéologique de Namur.* Gembloux (Belg.): Imprimerie J. Duculot, Éditeur.

Fank, Pius. 1936. *Catalogus Voraviensis seu codices manuscripti Bibliothecae Canoniae in Vorau.* Graecii: Sumptibus Canoniae Voraviensis.

Faucon, Maurice. 1887. *La librairie des papes d'Avignon, sa formation, sa composition, ses catalogues (1316-1420).* Vol. II. Paris: Ernest Thorin, Éditeur.

Ferrari, Mirella. 1980. *Biblioteche e scrittoi benedittini nella storia culturale della diocesi Ambrosiana: appunti ed episodi.* In *Ricerche storiche sulla chiesa Ambrosiana,* Nel XV centenario della nascita di San Benedetto (480-1980) 9, pp. 230-90.

Fischer, Hans. 1936. *Die lateinischen Papierhandschriften der Universitätsbibliothek Erlangen.* Erlangen: Universitätsbibliothek.

Fleith, Barbara. 1991. *Studien zur Überlieferungsgeschichte der lateinischen "Legenda aurea."* Subsidia hagiographica 72. Bruxelles: Société Bollandistes.

Floyer, John Kestell, and Sidney Graves Hamilton. 1906. *Catalogue of Manuscripts Preserved in the Chapter Library of Worcester Cathedral.* Oxford: Printed for the Worcestershire Historical Society by James Parker and Co.

Foggini, P.F. 1741. *De romano Divi Petri itinere et episcopatu eiusque antiquissimis imaginibus exercitationes historico-criticae.* Florentiae: Typ. Manniano.

Foltz, Karl. 1877. *Geschichte der Salzburger Bibliotheken.* Wien: Druck der Kaiserlich-Königlichen Hof- und Staatsdruckerei.

Fowler, David C. 1988. *The Middle English Gospel of Nicodemus in Winchester MS 33.* In *Leeds Studies in English*, New Series 19, pp. 79-81.

Frati, Carlo, and A. Segarizzi. 1909. *Catalogo dei codici Marciani Italiani.* Vol. I: *Fondo antico. - Classi I, II e III.* Modena: G. Ferraguti & C. Editori.

Frati, L. 1909. *Indice dei codici latini conservati nella R. Biblioteca Universitaria di Bologna.* Firenze: Successori B. Seeber.

Frommann, G.K. 1854. *Deutsche Handschriften in Rom.* In *Anzeiger für Kunde der deutschen Vorzeit,* Neufolge vol. I, coll. 184-6.

Gaiffier, B. de. 1956. *Les légendiers de Spolète.* In *Analecta Bollandiana* 74, pp. 313-48.

García, Zacharias. 1915. *Bibliotheca patrum latinorum Hispaniensis.* Vol. II. Sitzungsberichte der Kais. Akademie der Wissenschaften in Wien, Philosophisch-Historische Klasse 169, 2. Wien: In Kommission bei Alfred Hölder.

Gaspari, Françoise. 1990. *Ex-libris et mentions anciennes portés sur les manuscrits du XIIe siècle de l'abbaye Saint-Victor de Paris.* In *Scriptorium* 44, pp. 69-79.

Gentile, Luigi. 1889. *I codici Palatini.* Vol. I. Roma: Presso I Principali Librai.

Gerlach, Friedrich. 1934. *Aus mittelalterlichen Klosterbüchereien und Archiven.* Lemgo: F.L. Wagener.

Gijsel, Jan. 1981. *Die unmittelbare Textüberlieferung des sog. Pseudo-Matthäus.* Brussel: Paleis der Academiën.

Giles, John Allen, ed. 1852. *Codex apocryphus Novi Testamenti: The Uncanonical Gospels and Other Writings...* 2 vols. London: D. Nutt.

Gilson, J.P. 1908. *The Library of Henry Savile, of Banke.* In *Transactions of the Bibliographical Society* 9, pp. 127-210.

Göber, Walter. Catalogue of the former University Library in Wrocław (Breslau). 26 vols. Partly typed.

Göttingen, Niedersächsische Staats- und Universitätsbibliothek. 1893. *Die Handschriften in Göttingen.* Vol. II: *Universitäts-Bibliothek.* Berlin: Verlag von A. Bath.

Gottwald, Benedictus. 1891. *Catalogus codicum manu scriptorum qui asservantur in bibliotheca Monasterii O.S.B. Engelbergensis in Helvetia.* Friburgi Brisgoviae: Typis Herderianis.

Gounelle, Rémi. 1989. *Recherches sur le manuscrit CCCC 288 des Acta Pilati.* Diss., Université de Paris X-Nanterre.

Goy, Rudolf. 1976. *Die Überlieferung der Werke Hugos von St. Viktor.* Monographie zur Geschichte des Mittelalters 14. Stuttgart: Anton Hiersemann.

Gravenhague, 's-, Koninklijke Bibliotheek. 1922. *Catalogus codicum manuscriptorum Bibliothecae Regiae.* Vol. I: *Libri theologici.* Hagae Comitum.

Gregory of Tours. 1951. *Gregorii episcopi Turonensis Libri historiarum X.* Ed. Bruno Krusch and Wilhelmus Levison. Monumenta Germaniae Historica, Scriptores rerum Merovingicarum, vol. I, pt 1. Hannoverae: Impensis Bibliopolii Hahniani.

Grynaeus, Johann Jakob, ed. 1569. *Monumenta S. Patrum Orthodoxographa, hoc est, theologiae sacrosanctae ac syncerioris fidei Doctores, numero circiter LXXXV...* Vol. II. Basileae: Ex officina Henricpetrina.

Günther, Otto. 1903. *Katalog der Handschriften der Danziger Stadtbibliothek.* Pt 2. Danzig: Kommissions-Verlag der L. Saunierschen Buch- und Kunsthandlung.

——. 1921. *Die Handschriften der Kirchenbibliothek von St. Marien in Danzig.* Danzig: Kommissions-Verlag von A.W. Kafemann G.m.b.H.

Guzman, Gregory G. *Manuscripts of the "Speculum historiale" of Vincent of Beauvais in the Vatican Library.* In *Manuscripta* 32, pp. 20-27.

Habrich, Alexius, and Maurus Simonius. 1782-1805. *Catalogus antiquissimae bibliothecae ecclesiae ad S. Jacobum Brunae Moravorum.* Handwritten.

Hagen, Hermannus. 1875. *Catalogus codicum Bernensium.* Bernae: Typis B.F. Haller.

Hagiographi Bollandiani. 1882. *Catalogus codicum hagiographicorum bibliothecae publicae civitatis Namurcensis.* In *Analecta Bollandiana* 1, pp. 484-530.

——. 1886-9. *Catalogus codicum hagiographicorum Bibliothecae Regiae Bruxellensis.* Pars I: *Codices latini membranei.* 2 vols. Bruxellis: Typis Polleunis, Ceuterick et Lefébure.

——. 1889. *Catalogus codicum hagiographicorum bibliothecae civitatis Carnotensis.* In *Analecta Bollandiana* 8, pp. 86-208.

——. 1889-93. *Catalogus codicum hagiographicorum latinorum antiquiorum saeculo XVI qui asservantur in Bibliotheca Nationali Parisiensi.* 3 vols. Bruxellis: Apud Editores.

——. 1901. *Catalogus codicum hagiographicorum latinorum bibliothecae publicae Duacensis.* In *Analecta Bollandiana* 20, pp. 361-470.

——. 1911. *Catalogus codicum hagiographicorum bibliothecarum Neapolitanarum.* In *Analecta Bollandiana* 30, pp. 137-251.

——. 1913. *Catalogus codicum hagiographicorum latinorum bibliothecae Universitatis Wirziburgensis.* In *Analecta Bollandiana* 32, 408-38.

——. 1928. *Catalogus codicum hagiographicorum latinorum bibliothecarum Dubliniensium.* In *Analecta Bollandiana* 46, pp. 81-148.

——. 1929. *Catalogus codicum hagiographicorum latinorum bibliothecae publicae Audomaropolitanae.* In *Analecta Bollandiana* 47, pp. 241-306.

——. 1934. *Catalogus codicum hagiographicorum latinorum bibliothecae civitatis Treverensis.* In *Analecta Bollandiana* 52, pp. 157-285.

——. 1937. *Catalogus codicum hagiographicorum latinorum Paderbornensium et Osnabrugensium.* In *Analecta Bollandiana* 55, pp. 226-43.

Halm, Carolus et al. 1868-81. *Catalogus codicum latinorum Bibliothecae Regiae Monacensis.* 2 vols. in 7 pts. Monachii: Sumptibus Bibliothecae Regiae.

——. 1892-4. *Catalogus codicum latinorum Bibliothecae Regiae Monacensis.* Editio altera emendatior. 1 vol. in 2 pts. Monachii: Sumptibus Bibliothecae Regiae.

Härtel, Helmar. 1978. *Die Handschriften der Stiftsbibliothek zu Gandersheim*. Wiesbaden: Otto Harrassowitz.

———, ed. 1982. *Handschriften der Niedersächsischen Landesbibliothek Hannover*. Pt 2: *Ms I 176a-Ms Noviss. 64*. Beschreibungen von Helmar Härtel und Felix Ekowski. Wiesbaden: Otto Harrassowitz.

Härtel, Helmar, and Felix Ekowski. 1989. *Handschriften der Niedersächsischen Landesbibliothek Hannover*. Pt 1: *Ms I 1-Ms I 174*. Wiesbaden: Otto Harrassowitz.

Hauke, Hermann. 1986. *Katalog der lateinischen Handschriften der Bayerischen Staatsbibliothek München. Clm 28111-28254*. Wiesbaden: Otto Harrassowitz.

Hauréau, B. 1890-3. *Notices et extraits de quelques manuscrits latins de la Bibliothèque Nationale*. 6 vols. Paris: Librairie C. Klincksieck.

Haydon, Frank Scott, ed. 1858. *Eulogium (historiarum sive temporis)*. Vol. I. London: Longman, Brown, Green, Longmans, and Roberts.

Hayer, Gerold. 1982. *Die deutschen Handschriften des Mittelalters der Erzabtei St. Peter zu Salzburg*. Wien: Verlag der Österreichischen Akademie der Wissenshaften.

Hedlund, Monica. 1977. *Katalog der datierten Handschriften in lateinischer Schrift vor 1600 in Schweden*. Vol. I: *Die Handschriften der Univesitätsbibliothek Uppsala*. Stockholm: Almqvist & Wiksell International.

Heinemann, Otto von. 1884. *Die Handschriften der Herzoglichen Bibliothek zu Wolfenbüttel*. Pt 1: *Die Helmstedter Handschriften*, vol. I. Wolfenbüttel: Druck und Verlag von Julius Zwissler.

———. 1898. *Die Handschriften der Herzoglichen Bibliothek zu Wolfenbüttel*. Pt 2: *Die Augusteischen Handschriften*, vol. III: *Codex Guelferbytanus 32.7 Augusteus 2° bis 77.3 Augusteus 2°*. Wolfenbüttel: Verlag von Julius Zwissler.

———. 1900. *Die Handschriften der Herzoglichen Bibliothek zu Wolfenbüttel*. Pt 2: *Die Augusteischen Handschriften*, vol. IV: *Codex Guelferbytanus 77.4. Aug. 2° bis 34 Augusteus 4°*. Wolfenbüttel: Verlag von Julius Zwissler.

———. 1913. *Die Handschriften der Herzoglichen Bibliothek zu Wolfenbüttel*. Pt 4: *Die Gudischen Handschriften*. Die lateinischen Handschriften bearbeitet von Gustav Milchsack. Woflenbüttel: Verlag von Julius Zwissler.

Hermann, Hermann Julius. 1923. *Die frühmittelalterlichen Handschriften des Abendlandes*. Die illuminierten Handschriften und Inkunabeln der Nationalbibliothek in Wien 1. Leipzig: Verlag von Karl W. Hiersemann.

———. 1926. *Die deutschen romanischen Handschriften*. Die illuminierten Handschriften und Inkunabeln der Nationalbibliothek in Wien 2. Leipzig: Verlag von Karl W. Hiersemann.

Hermann, K.Fr. 1842. *Verzeichniss der Corveyer Handschriften zu Anfang des neunzehnten Jahrhunderts*. In *Serapeum* 3 (7), pp. 97-110.

Herold, Johann Basilius, ed. 1555. *Orthodoxographa theologiae sacrosanctae ac syncerioris fidei doctores numero LXXVI...* Basileae: [Heinrich Petri].

Herricht, Hildegard. 1970. *Die ehemalige Stolberg-Wenigerödische Handschriftenabteilung. Die Geschichte einer kleinen feudalen Privatsammlung.* Halle (Saale): Universitäts- und Landesbibliothek Sachsen-Anhalt.

Hess, Johann Jakob. 1791. *Bibliothek der heiligen Geschichte. Beyträge zur Beförderung des biblischen Geschichtstudiums, mit Hinsicht auf die Apologie des Christenthums.* Pt 1. Zürich: Drell, Gesner, Füssli und Comp.

Hoffmann, Werner J. 1987. *Konrad von Heimesfurt: Untersuchungen zu Quellen, Überlieferung und Wirkung seiner beiden Werke "Unser vrouwen hinvart" und "Urstende."* Ph.D. diss., Universität Trier.

Holder, Alfred. 1906. *Die Reichenauer Handschriften. Vol. I: Die Pergementhandschriften.* Leipzig: Druck und Verlag von B.G. Teubner.

Homburger, Otto. 1962. *Die illustrierten Handschriften der Burgerbibliothek Bern. Die vorkarolingischen und karolingischen Handschriften.* Bern: Selbstverlag der Burgerbibliothek Bern.

Hunter, Joseph. 1938. *Three Catalogues; Describing the Contents of the Red Book of the Exchequer, of the Dodsworth Manuscripts in the Bodleian Library, and of the Manuscripts in the Library of the Honourable Society of Lincoln's Inn.* London: Pickering.

Innocenti, Mario degli. 1979. *I volgarizzamenti italiani dell'"Elucidarium" di Onorio Augustodunense.* In *Italia medioevale e umanistica* 22, pp. 239-318.

Izydorczyk, Zbigniew. 1989a. *Two Newly Identified Manuscripts of the Sermo de confusione diaboli.* In *Scriptorium* 43, pp. 253-5.

———. 1989b. *The Unfamiliar Evangelium Nicodemi.* In *Manuscripta* 33, pp. 169-91.

Jacobus de Voragine. 1890, rpt 1969. *Jacobi de Voragine Legenda aurea vulgo Historia Lombardica dicta.* Ed. Th. Graesse. 3rd ed. Osnabrück: Otto Zeller Verlag.

James, M.R. 1899. *A Descriptive Catalogue of the Manuscripts in the Library of Peterhouse.* Cambridge: At the University Press.

———. 1900-4. *The Western Manuscripts in the Library of Trinity College, Cambridge: A Descriptive Catalogue.* 4 vols. Cambridge: At the University Press.

———. 1903. *The Ancient Libraries of Canterbury and Dover.* Cambridge: At the University Press.

———. 1905. *A Descriptive Catalogue of the Manuscripts in the Library of Pembroke College, Cambridge.* Cambridge: At the University Press.

———. 1908. *A Descriptive Catalogue of the Manuscripts in the Library of Gonville and Caius College.* Vol. II: Nos. 355-721. Cambridge: At the University Press.

———. 1909. *A Descriptive Catalogue of the Manuscripts in the College Library of Magdalene College, Cambridge.* Cambridge: At the University Press.

———. 1912. *A Descriptive Catalogue of the Manuscripts in the Library of the Corpus Christi College, Cambridge.* Vol. II. Cambridge: At the University Press.

———. 1913. *A Descriptive Catalogue of the Manuscripts in the Library of St John's Col-*

lege, Cambridge. Cambridge: At the University Press.

——. 1921. *Lists of Manuscripts Formerly Owned by Dr. John Dee*. Printed at the Oxford University Press for the Bibliographical Society.

——. 1932. *A Descriptive Catalogue of the Manuscripts in the Library of Lambeth Palace. The Medieval Manuscripts*. Cambridge: At the University Press.

Janini, José. 1962. *Los manuscritos del monasterio de Vallbona (Lérida)*. In *Hispania Sacra* 15, pp. 439-52.

Janini, José, and José Serrano. 1969. *Manuscritos litúrgicos de la Biblioteca Nacional*. Madrid: Dirección General de Archivos y Bibliotecas.

Jażdżewski, Constantinus Cl. 1982. *Catalogus manu scriptorum codicum medii aevi latinorum signa 180-260 comprehendens*. Wratislaviae: Institutum Ossolinianum. Officina Editoria Academiae Scientiarum Polonae.

Jones, Jeremiah. 1726. *A New and Full Method of Settling the Canonical Authority of the New Testament...* Vol. 2. Oxford: At the Clarendon Press.

Jordan, Louis, and Susan Wool. 1986. *Inventory of Western Manuscripts in the Biblioteca Ambrosiana*. Pt 2: *C-D Superior*. Notre Dame, Ind.: University of Notre Dame Press.

Jørgensen, Ellen. 1926. *Catalogus codicum latinorum medii aevi Bibliothecae Regiae Hafniensis*. Hafniae: Prostat in Ædibus Gyldendalianis.

Ker, N.R. 1964. *Medieval Libraries of Great Britain: A List of Surviving Books*. 2nd ed. London: Offices of the Royal Historical Society.

——. 1969-83. *Medieval Manuscripts in British Libraries*. 3 vols. Oxford: At the Clarendon Press.

——. 1971. *Records of All Souls College Library 1437-1600*. Published for the Oxford Bibliographical Society by the Oxford University Press.

——. 1985. *Sir John Prise*. In N.R. Ker, *Books, Collectors and Libraries: Studies in Medieval Heritage*, ed. Andrew G. Watson, pp. 471-95. London and Roncreverte: The Humbledon Press.

Ker, N.R., and A.J. Piper. 1992. *Medieval Manuscripts in British Libraries*. Vol. IV: *Paisley-York*. Oxford: Clarendon Press.

Ker, N.R., and Andrew G. Watson. 1987. *Medieval Libraries of Great Britain: A List of Surviving Books. Supplement to the Second Edition*. London: Offices of the Royal Historical Society.

Kern, Anton. 1942. *Die Handschriften der Universitätsbibliothek Graz*. Vol. I. Leipzig: Otto Harrassowitz.

——. 1956. *Die Handschriften der Universitätsbibliothek Graz*. Vol. II. Wien: Druck und Verlag der Österreichischen Staatsdruckerei.

Keuffer, Max. 1888. *Die Bibelhandschriften—Texte und Kommentare—der Stadtbibliothek zu Trier*. Beschreibendes Verzeichnis der Handschriften der Stadtbibliothek zu Trier. Erstes Heft. Trier: Kommissionsverlag der Fr. Lintz'schen Buchhandlung.

———. 1891. *Die Kirchenväter-Handschriften der Stadtbibliothek zu Trier*. Beschreibendes
    Verzeichnis der Handschriften der Stadtbibliothek zu Trier. Zweites Heft.
    Trier: Kommissionsverlag der Fr. Lintz'schen Buchhandlung.
———. 1900. *Die ascetischen Handschriften der Stadtbibliothek zu Trier*. Beschreibendes
    Verzeichnis der Handschriften der Stadtbibliothek zu Trier. Funftes Heft.
    Trier: Kommissionsverlag der Fr. Lintz'schen Buchhandlung.
Kim, H.C., ed. 1973. *The Gospel of Nicodemus. Gesta Salvatoris*. Toronto: Published
    for the Centre for Medieval Studies by the Pontifical Institute of Mediaeval
    Studies.
Kingsford, C.L. 1890. *Some Political Poems of the Twelfth Century*. In *The English
    Historical Review* 5, pp. 311-5.
Kitchin, G.W. 1867. *Catalogus codicum mss. qui in Bibliotheca Ædis Christi apud Oxo-
    nienses adservantur*. Oxonii: E Typographeo Clarendoniano.
København, Arnamagnæanske Legat. 1894. *Katalog over den Arnamagnæanske Hånd-
    skriftsamling*. Vol. II. København: Gyldendalske Boghandel.
Kölbing, E., and Mabel Day. 1932. *The Siege of Jerusalem. Edited from MS. Laud.
    Misc. 656 with Variants from All Other Extant MSS*. Early English Text Socie-
    ty, Original Series 188. London: Published for the Early Text Society by
    Humphrey Milford, Oxford University Press.
Köln, Erzbischöfliche Diözesan- und Dombibliothek. *Handschriften-Verzeichnis der
    Bibliothek des Erzbischöflichen Priesterseminars in Cöln*. Köln: Handwritten.
Kotvan, Imrich. 1970. *Rukopisy Univerzitnej knižnice v Bratislave*. Bratislava: Univer-
    zitná knižnica.
Krämer, Sigrid. 1978. *Die noch heute erhaltenen Handschriften der ehemaligen Zister-
    zienserabtei Camp*. In *Archiv für Geschichte des Buchwesens* 18, coll. 1549-54.
———. 1989-90. *Handschriftenerbe des deutschen Mittelalters*. 3 vols. Mittelalterliche
    Bibliothekskataloge Deutschlands under der Schweiz. Erganzungsband 1.
    München: C.H. Beck'sche Verlagsbuchhandlung.
Kremsmünster, Stiftsbibliothek. N.d. *Bibliotheca Cremifanensis. Catalogus codicum
    manuscriptorum. Auszug aus dem Katalog des P. Hugo Schmid ab anno 1877. Alte
    Handschriften. Cod. 11-416. Codices im Schatzkasten*. Handwritten.
Kristeller, Paul Oskar. 1965a. *Latin Manuscript Books before 1600. A List of the Printed
    Catalogues and Unpublished Inventories of Extant Collections*. New York: Ford-
    ham University Press.
———. 1965b. *Iter Italicum*. Vol. I: *Italy: Agrigento to Novara*. London: The Warburg
    Institute; Leiden: E.J. Brill.
———. 1989. *Iter Italicum. Accedunt alia itinera*. Vol. IV (Alia itinera II): *Great Britain
    to Spain*. London: The Warburg Institute; Leiden: E.J. Brill.
Krüger, Nilüfer. 1985. *Die theologischen Handschriften der Staats- und Universitätsbib-
    liothek Hamburg*. Vol. II: *Quarthandschriften (Cod. theol. 1252-1750)*. Stuttgart:
    Dr. Ernst Hauswedell & Co.

Kuhnke, R. 1877. *Bericht über die auf der Bibliothek des Königlichen und Gröning'schen Gymnasiums zu Stargard in Pommern vorhandenen... Handschriften und alten Drucke.* Progr. Nr. 107. Stargard: Gedruckt bei F. Hondess.

Kurz, Rainer. 1979. *Die handschriftliche Überlieferung der Werke des heiligen Augustinus.* Vol. V, 2: *Bundesrepublik Deutschland und Westberlin. Verzeichnis nach Bibliotheken.* Wien: Verlag der Östterreichischen Akademie der Wissenschaften.

Lambot, D.C. 1934. *L'homélie du pseudo-Jérôme sur l'assomption et l'évangile de la nativité de Marie d'après une lettre inédite d'Hincmar.* In *Revue Bénédictine* 46, pp. 265-82.

Landes, Richard. 1983. *A Libellus from St. Martial of Limoges Written in the Time of Ademar of Chabannes (998-1034).* In *Scriptorium* 37, pp. 178-204.

Laurence Witten Rare Books. 1983. *Speculum manuscriptorum. A Mirror of Manuscripts.* Southport: Laurence Witten.

Laurent, M.-H. 1943. *Fabio Vigili et les bibliothèques de Bologne au début du XVIe siècle d'après le ms. Barb. Lat. 3185.* Città del Vaticano: Biblioteca Apostolica Vaticana.

Lehmann, Paul. 1918. *Mittelalterliche Bibliothekskataloge Deutschland und der Schweiz.* Vol. I: *Die Bistümer Konstanz und Chur.* München: C.H. Beck'sche Verlagsbuchhandlung.

——. 1919. *Corveyer Studien.* Abhandlungen der Bayerischen Akademie der Wissenschaften, Philosophisch-philologische und historische Klasse 30, 5. München: Verlag der Bayerischen Akademie der Wissenschaften in Kommission des G. Franzschen Verlags (J. Roth).

——. 1935a. *Gerwin van Hameln und die Andreasbibliothek in Braunschweig.* In *Zentralblatt für Bibliothekswesen* 52, pp. 565-86.

——. 1935b. *Skandinavische Reisefrüchte.* Pt 3. In *Nordisk Tidskrift för Bok-och Biblioteksväsen* 22, pp. 103-31.

Lewis, David, J. 1986. *A Short Latin Gospel of Nicodemus Written in Ireland.* In *Peritia* 5, pp. 262-75.

Loewe, Gustav, and Wilhelm von Hartel. 1886. *Bibliotheca patrum latinorum Hispaniensis.* Pt 5: *Nationalbibliothek in Madrid.* In *Sitzungsberichte der Philosophisch-Historischen Classe der Kaiserlichen Akademie der Wissenschaften* 113, pp. 215-84. Wien: In Commission bei Carl Gerold's Sohn.

Löffler, K. 1931. *Die Handschriften des Klosters Zwiefalten.* Linz a./Donau: Franz Winkler, Verlag "Im Buchladen."

London, British Museum. 1802. *Catalogue of the Manuscripts in the Cottonian Library Deposited in the British Museum.* Printed by Command of His Majesty King George III.

——. 1808-12. *A Catalogue of the Harleian Manuscripts, in the British Museum.* 4 vols. Printed by Command of His Majesty King George III.

——. 1834-40. *Catalogue of the Manuscripts in the British Museum. New Series.* 1 vol.

in 3 pts. Printed by Order of the Trustees.

———. [1837-40.] *Catalogus librorum manuscriptorum Bibliothecae Sloanianae*. 1 vol. of
printed sheets.

———. 1843. *List of Additions to the Manuscripts in the British Museum in the Years
MDCCCXXXVI-MDCCCXL*. London: Printed by Order of the Trustees.

———. 1864. *Catalogue of Additions to the Manuscripts in the British Museum in the
Years MDCCCXLVI-MDCCCXLVII*. Printed by Order of the Trustees.

———. 1875-80. *Catalogue of Additions to the Manuscripts in the British Museum in the
Years MDCCCLIV-MDCCCLXXV*. 3 vols. Published by the Trustees of the
British Museum.

Lourdaux, Willem, and Marcel Haverals. 1978. *Bibliotheca Vallis Sancti Martini in
Lovanio*. Vol. I: *De bewaarde handschriften. The Surviving Manuscripts*. Leuven:
Universitaire Pers.

Lowe, E.A. 1963. *Codices latini antiquiores: A Paleographical Guide to Latin Manuscripts prior to the Ninth Century*. Vol. X. Oxford: At the Clarendon Press.

Lühder, R. 1906. *Die Handschriften der Bibliothek des geistlichen Ministeriums zu
Greifswald, in Fortsetzung von Dr. Th. Pyls "Rubenow-Bibliothek" 1865*. In *Pom-
mersche Jahrbücher* 7, pp. 265-336.

Luna, Concetta. 1988. *Aegidii Romani Opera omnia*. Vol. I: *Catalogidei manoscritti
(294-372)*, pt 1/3**: *Francia (Parigi)*. Firenze: Leo S. Olschki Editore.

Macray, Gulielmus D. 1883. *Catalogi codicum manuscriptorum Bibliothecae Bodleianae.
Pars nona, codices a viro clarissimo Kenelm Digby, Eq. Aur., anno 1634 donatos,
complectens*. Oxonii: e typographeo Clarendoniano.

———. 1898. *Catalogi codicum manuscriptorum Bibliothecae Bodleianae. Partis quintae
fasciculus quartus... codicum classis quartae partem alteram (libros sc. miscellaneos
sexcentos et quinquaginta sex) complectens*. Oxonii: e typographeo Clarendoniano.

Madan, Falconer, H.H.E. Craster, and N. Denholm-Young. 1895-1953. *A Summary
Catalogue of Western Manuscripts in the Bodleian Library at Oxford*. 7 vols.
Oxford: At the Clarendon Press.

Mairold, Maria. 1979. *Die datierten Handschriften der Universitätsbibliothek Graz bis
zum Jahre 1600*. Pt 1: *Text*. Wien: Verlag der Österreichischen Akademie der
Wissenschaften.

Maius, Io. Henricus. 1720. *Bibliotheca Uffenbachiana MSSTM seu catalogus et recensio
msstorum codicum qui in bibliotheca Zachariae Conradi ab Uffenbach Traiecti ad
Moenum adservantur*. Halle Hermundurorum: Impensis Novi Bibliopolii.

Mansi, J.D. 1764. *Stephani Baluzii Tutelensis Miscellanea novo ordine digesta et non
paucis ineditis monumentis opportunisque animadversionibus aucta*. Vol. IV: *Con-
tinens Monumenta Miscellanea Varia*. Lucae: Apud Vincentium Junctinium.
Superiorum permissu. Sumptibus Joannis Riccomini.

Marks, Richard Bruce. 1974. *The Medieval Manuscript Library of the Charterhouse of*

St. Barbara in Cologne. Vol. II. Analecta Cartusiana 22. Salzburg: Institut für Englische Sprache und Literatur, Universität Salzburg.

Martin, Henry. 1885. *Catalogue des manuscrits de la Bibliothèque de l'Arsenal*. Vol. I. Paris: Librairie Plon.

Marx, J. 1912. *Handschriftenverzeichnis der Seminar-Bibliothek zu Trier*. Trierisches Archiv, Ergänzungsheft 13. Trier: Verlag der Fr. Lintzschen Buchhandlung.

Masai, François, and Martin Wittek, eds. 1968-78. *Manuscrits datés conservés en Belgique*. 3 vols. Bruxelles-Gand: Éditions Scientifiques E. Story-Scientia.

Massmann, Hans Ferd. 1854. *Die keiser und kunige buoch oder sie sogenannte Kaiserchronik*. Quedlinburg und Leipzig: Druck und Verlag von Gottfr. Basse.

Mayr, Werigand. 1950. *Catalogus manuscriptorum qui in Bibliotheca monasterii Burae ad s. Michaelem asservantur*. Handwritten.

Mazal, Otto. 1975. *Katalog der abendländischen Handschriften der Österreichischen Nationalbibliothek. Series nova (Neuerwerbungen)*. Pt 4: *Cod. Ser. n. 4001-4800*. Wien: In Kommission bei Verlag Brüder Hollinek.

Mazzatinti, G. 1899. *Inventari dei manoscritti delle biblioteche d'Italia*. Vol. IX: *Firenze, Biblioteca Nazionale Centrale, Fondo Principale*. Forli: Casa Editrice Luigi Bordandini.

McKinlay, Arthur Patch. 1942. *Arator. The Codices*. Cambridge, Mass.: The Medieval Academy of America.

Meier, Gabriel. 1899. *Catalogus codicum manu scriptorum qui in bibliotheca monasterii Einsidlensis O.S.B. servantur*. Vol. 1: *Complectens centurias quinque priores*. Einsidlae: Sumptibus Monasterii; Lipsiae: Prostat apud O. Harrassowitz.

Melk, Stiftsbibliothek. N.d. *Catalogus codicum manu scriptorum qui in bibliotheca monasterii Mellicensis O.S.B. servantur*. Vol. II: *238-707*. Handwritten.

Menhardt, Hermann. 1927. *Handschriftenverzeichnis der Kärntner Bibliotheken*. Vol. I: *Klagenfurt, Maria Saal, Friesach*. Wien: Druck und Verlag der Österreichischen Staatsdruckerei.

Meyier, K.A. de. 1975. *Codices Vossiani latini*. Pt 2: *Codices in quarto*. Leiden: Universitaire Pers.

Michael, Bernd. 1990. *Die mittelalterlichen Handschriften der Wissenschaftlichen Stadtbibliothek Soest*. Wiesbaden: Otto Harrassowitz.

Milano, Biblioteca Ambrosiana. 1978. *Inventario Ceruti dei manoscritti della Biblioteca Ambrosiana*. Vol. IV. Editrice Etimar S.p.A. Trezzano s/N (MI).

Millares Carlo, Augustín. 1961. *Manuscriots visigóticos. Notas bibliográficas*. In *Hispania Sacra* 14, pp. 337-444.

Mohlberg, Leo Cunibert. 1951. *Mittelalterliche Handschriften*. Katalog der Handschriften der Zentralbibliothek Zürich 1. Zürich.

Molinier, Auguste. 1885-6. *Catalogue des manuscrits de la Bibliothèque Mazarine*. 2 vols. Paris: Librairie Plon.

Moorat, S.A.J. 1962. *Catalogue of Western Manuscripts on Medicine and Science in the*

Wellcome Historical Medical Library. Vol. I: *Mss Written before 1650 A.D.* London: The Wellcome Historical Medical Library.

Moreau, S.J. de. 1918. *La bibliothèque de l'Université de Louvain: 1636-1914.* Louvain: René Fonteyn Libraire-Éditeur, François Ceuterick Imprimeur.

Morelli, Jacob. 1776. *Codices manuscripti latini Bibliothecae Nanianae.* Venetiis: Typis Antonii Zattan.

Mottoni, Barbara Faes de. 1990. *Aegidii Romani Opera omnia.* Vol. I: *Catalogo dei manoscritti (457-505),* pt 1/5*: *Repubblica Federale di Germania (Monaco).* Firenze: Leo S. Olschki Editore.

Napier, Arthur S. 1844. *History of the Holy Rood-tree. A twelfth Century Version of the Cross-Legend, with Notes on the Orthography of the Ormulum (with a Facsimile) and a Middle English Compassio Mariae.* Early English Text Society, Original Series 103. London: Publisht for the Early English Text Society by Kegan Paul, Trench, Trübner & Co., Limited.

Narducci, Henricus. 1877. *Catalogus codicum manuscriptorum praeter orientales qui in Bibliotheca Alexandrina Romae adservantur.* Romae: Sumptibus Fr. Bocca.

———. 1892. *Catalogus codicum manuscriptorum praeter graecos et orientales in Bibliotheca Angelica olim coenobii sancti Augustini de Urbe.* Vol. I: *Complectens codices ab instituta Bibliotheca ad a. 1870.* Romae: Typis Ludovici Cecchini.

Olsen, B. Munk. 1982-5. *L'étude des auteurs classiques latins aux XIe et XIIe siècles.* 2 vols. Paris: Éditions du Centre National de la Recherche Scientifique.

Omont, H. 1892. *Nouvelles acquisitions du département des manuscrits de la Bibliothèque Nationale pendant l'année 1891-92.* In *Bibliothèque de l'école des chartes* 53, pp. 333-82.

———. 1898. *Nouvelles acquisitions du département des manuscrits de la Bibliothèque Nationale pendant l'années 1896-1897.* In *Bibliothèque de l'école des chartes* 59, pp. 81-135.

———. 1908-13. *Anciens inventaires et catalogues de la Bibliothèque Nationale.* Paris: Ernest Leroux, Éditeur.

———. 1911. *Nouvelles acquisitions du département des manuscrits de la Bibliothèque Nationale pendant les années 1909-1910.* In *Bibliothèque de l'école des chartes* 72, pp. 5-56.

———. 1916. *Recherches sur la bibliothèque de l'église cathédrale de Beauvais.* In *Mémoires de l'Institut National de France* 40.

Ouy, Gilbert. 1979. *Simon de Plumetot (1371-1443) et sa bibliothèque.* In *Miscellanea codicologica F. Masai dicata MCMLXXIX,* ed. Pierre Cockshaw, Monique-Cécile Garand, and Pierre Jodogne, vol. II, pp. 353-81. Gand: E. Story-Scientia S.P.R.L. Éditions scientifiques.

Ouy, Gilbert, et al. 1983. *Le catalogue de la bibliothèque de l'abbaye de Saint-Victor de Paris de Claude de Grandrue 1514.* Paris: Éditions du Centre National de la

Recherche Scientifique.

Paris, Bibliothèque Nationale. 1939- . *Catalogue général des manuscrits latins.* 7 vols to date. Paris: Bibliothèque Nationale.

Paris, Bibliothèque Royale. 1739-44. *Catalogus codicum manuscriptorum Bibliothecae Regiae.* 4 vols. Parisiis: e Typographia regia.

Pastè, Romualdo. 1925. *Vercelli. Archivio Capitulare.* Inventari dei manoscritti delle biblioteche d'Italia 31. Firenze: Libreria Editrice Leo S. Olschki.

Patera, Ad., and Ant. Podlaha. 1910. *Soupis rukopisů knihovny metropolitní kapitoly Pražské.* Pt 1: *A-E.* V Praze: Nákladem České Akademie Císaře Františka Josefa pro Vědy, Slovenost a Umění.

Pavel, Raphael. 1891. *Beschreibung der im Stifte Hohenfurt befindlichen Handschriften.* In *Xenia Bernardina,* pt 2: *Die Handschriften-Verzeichnisse der Cistercienser-Stifte,* vol. II: *Wilhering Schlierbach Ossegg Hohenfurt Stams.* Wien: In Commission bei Alfred Hölder.

Pellegrin, Elisabeth. 1982. *Manuscrits latins de la Bodmeriana.* Cologny-Genève: Fondation Martin Bodmer.

Pelzer, Augustus. 1931. *Codices Vaticani Latini.* Vol. II, pt 1: *Codices 679-1134.* In Bibliotheca Vaticana.

Pérez de Urbel, Justo, and Atilano Gonzalez y Ruiz Zorrilla. 1950. *Liber commicus.* Vol. I. Monumenta Hispaniae sacra, serie liturgica 2. Madrid.

Pfeiffer, Hermannus, and Bertholdus Černík. 1922. *Catalogus codicum manu scriptorum, qui in bibliotheca canonicorum regularium S. Augustini Claustroneoburgi asservantur.* Vol. I. Vindobonae: Sumptibus Canoniae Claustroneoburgensis. Venit in Libraria Guillelmi Braumüller.

Pfeiffer, Hermannus, and Bertholdus Černík. N.d. *Catalogus codicum manu scriptorum, qui in bibliotheca canonicorum regularium S. Augustini Claustroneoburgi asservantur.* Vols III-VIII. Handwritten.

Philippart, Guy. 1972. *Fragments palimpsestes latins du Vindobonensis 563 (Ve siècle?).* In *Analecta Bollandiana* 90, pp. 391-411.

———. 1974. *Le manuscrit 377 de Berne et le supplément au légendier de Jean de Mailly.* In *Analecta Bollandiana* 92, pp. 63-78.

———. 1989. *Les fragments palimpsestes de l'Évangile de Nicodème dans Vindobonensis 563 (Ve siècle?).* In *Analecta Bollandiana* 107, pp. 171-88.

Podlaha, Ant. 1922. *Soupis rukopisů knihovny metropolitní kapitoly Pražské.* Pt 2: *F-P.* V Praze: Nákladem České Akademie Věd a Umění.

Poncelet, Albertus. 1909. *Catalogus codicum hagiographicorum latinorum bibliothecarum Romanarum praeter quam Vaticanae.* Bruxellis: Apud Editores.

———. 1910. *Catalogus codicum hagiographicorum latinorum Bibliothecae Vaticanae.* Bruxellis: Apud Socios Bollandianos.

Powicke, F.M. 1931. *The Medieval Books of Merton College.* Oxford: At the Clarendon Press.

Pyl, Th. 1865. *Die Rubenow-Bibliothek. Die Handschriften und Urkunden der von Heinrich Rubenow 1456 gestifteten Juristen- und Artisten-Bibliothek zu Greifswald.* Greifswald: Reinhold Scharff.

Rand, Edward Kenneth, ed. 1904-5. *Sermo de confusione diaboli.* In *Modern Philology* 2, pp. 261-78.

Ratjen, Henning. 1862-3. *Zur Geschichte der Kieler Universitäts-Bibliothek.* Schriften der Universität aus dem Jahr 1862/9 und 1863/10. Kiel: Druck von C.F. Mohr.

Richter, Wilhelm. 1896. *Handschriften-Verzeichnis der Theodorianischen Bibliothek zu Paderborn.* Pt 1. Paderborn: Junfermannsche Buchdruckerei.

Robinson, P.R. 1988. *Catalogue of Dated and Datable Manuscripts c. 737-1600 in Cambridge Libraries.* Vol. I: *The Text.* Cambridge: D.S. Brewer.

Römer, Franz. 1972. *Die handschriftliche Überlieferung der Werke des heiligen Augustinus.* Vol. II, pt 2: *Grossbritannien und Ireland. Verzeichnis nach Bibliotheken.* Wien: Hermann Böhlaus Nachf.

———. 1973. *Die handschriftliche Überlieferung der Werke des heiligen Augustinus.* Vol. III: *Polen.* Wien: Verlag der Österreichischen Akademie der Wissenschaften.

Rose, Valentin. 1903. *Verzeichniss der lateinischen Handschriften der Königlichen Bibliothek zu Berlin.* Vol. II: *Die Handschriften der kurfürstlichen Bibliothek und der kurfürstlichen Lande,* pt 2. Berlin: A. Asher & Co.

Rössler, Stephan. 1891. *Verzeichniss der Handschriften der Bibliothek des Stiftes Zwettl.* In *Xenia Bernardina,* pt 2: *Die Handschriften-Verzeichnisse der Cistercienser-Stifte,* vol. I: *Reun Heiligenkreutz Neukloster Zwettl Lilienfeld.* Wien: In Commission bei Alfred Hölder.

Roth, J.E. [1976.] *Catalogus van handschriften.* Arnhem: Bibliotheek Arnhem.

Rouse, Richard H., and Mary A. Rouse. 1979. *Florilegia and Sermons: Studies on the Manipulus florum of Thomas of Ireland.* Toronto: Pontifical Institute of Mediaeval Studies.

Salzburg, Stiftsbibliothek. *Beschreibung der Handschriften des Stiftes St. Peter in Salzburg (Catalogue of Manuscripts in Stift St. Peter, Salzburg, Austria).* Vol. I: *a.I-a.VI.* Salzburg: Typewritten.

Samaran, Charles, and Robert Marichal, eds. 1959-84. *Catalogue des manuscrits en écriture latine portant des indications de date, de lieu ou de copiste.* 7 vols. Paris: Éditions du Centre National de la Recherche Scientifique.

Schenkl, H. 1891-1907. *Bibliotheca patrum latinorum Britannica.* In *Sitzungsberichte der Philosophisch-Historischen Klasse der Kaiserlichen Akademie der Wissenschaften,* Wien 121-4, 126-7, 131, 136-9, 143, 150.

[Scherrer, Gustav.] 1875. *Verzeichniss der Handschriften der Stiftsbibliothek von St. Gallen.* Halle: Verlag der Buchhandlung des Waisenhauses.

Schiffmann, Konrad. 1935. *Die Handschriften der Öffentl. Studienbibliothek in Linz.* 2 vols. Linz: Typewritten.

Schimek, Conrad. 1891. *Verzeichniss der Handschriften des Stiftes Lilienfeld*. In *Xenia Bernardina*, pt 2: *Die Handschriften-Verzeichnisse der Cistercienser-Stifte*, vol. I: *Reun Heiligenkreutz Neukloster Zwettl Lilienfeld*. Wien: In Commission bei Alfred Hölder.

Schmid, Hugo. 1877. *Catalogus codicum manuscriptorum in bibliotheca monasterii Cremifanensis Ord. S. Bened. asservatorum in memoriam anni a fundato monasterio MC jubilaei*. Vol. I. Lentii: Prostat in Libraria Ebenhoechiana (Henr. Korb).

Schmidt, Gustav. 1878. *Die Handschriften der Gymnasial-Bibliothek*. Königliches Dom-Gymnasium Halberstadt, Oster-Program. Halberstadt: H. Meyer.

Schmidt, Johannes, Wilhelm Schum and August Müller. 1876. *Die Manuscripte der Waisenhaus-Bibliothek*. Halle: Lateinische Hauptschule.

Schmidt, Karl Christian Ludwig, ed. 1804. *Corpus omnium veterum apocryphorum extra Biblia*. Pars prima. Hadamariae: Sumptibus Almae Literariae.

Schönbach, Anton, ed. 1876. Review of Tischendorf (1876). In *Anzeiger für deutsches Altertum und deutsche Litteratur* 2, pp. 149-212.

Schum, Wilhelm. 1887. *Beschreibendes Verzeichniss der Amplonianischen Handschriften-Sammlung zu Erfurt*. Berlin: Weidmannsche Buchhandlung.

Senebier, Jean. 1779. *Catalogue raisonné des manuscrits conservés dans la Bibliothèque de la Ville & République de Genève*. A Genève: Chez Barthelemy Chirol, Librairie.

Siegmund, Albert. 1949. *Die Überlieferung der griechischen christlichen Literatur in der lateinischen Kirche bis zum zwölften Jahrhundert*. München-Pasing: Filser-Verlag.

Sinner, J.R. 1760. *Catalogus codicum mss. bibliothecae Bernensis*. Vol. I. Bernae: Ex Officina Typographica Illustr. Reipublicae.

Sopko, Július. 1981. *Stredoveké latinské kódexy v Slovenských knižniciach*. Martin: Matica Slovenská.

———. 1982. *Stredoveké latinské kódexy Slovenskej proveniencie v Maďarsku a v Rumunsku*. Martin: Matica Slovenská.

Sosnowski, M.E., and L. Kurzmann. 1885. *Katalog Biblioteki Raczyńskich w Poznaniu*. Vol. I. Poznań: Drukarnia Nadworna W. Deckera i Sp. (E. Röstel).

Sotheby & Co. 1965. *Catalogue of Medieval Manuscripts and Valuable Printed Books from the Library at Helmingham Hall, Suffolk*. Day of Sale: 14 June, 1965.

———. 1966. *Catalogue of Important Western and Oriental Manuscripts and Miniatures*. Day of Sale: Monday, 11th July, 1966.

Sotheby, S. Leigh, and John Wilkinson. 1859. *Catalogue of the Extraordinary Collection of Splendid Manuscripts, Chiefly upon Vellum, in Various Languages of Europe and the East, Formed by M. Guglielmo Libri Which Will Be Sold by Auction... on Monday, 28th of March, 1859...* London: J. Davy and Sons.

Sotheby, Wilkinson & Hodge. 1897. *Bibliotheca Phillippica. Catalogue of a Further Portion of the Famous Collection of Classical, Historical, Genealogical, and Other*

Manuscripts and Autograph Letters of the Late Sir Thomas Phillipps... Days of Sale: 17th-20th May, 1897.

Speyer, Wolfgang. 1978. *Neue Pilatus-Apokryphen.* In *Vigiliae Christianae* 32, pp. 53-9.

Spilling, Herrad. 1978. *Die Handschriften der Staats- und Stadtbibliothek Augsburg. 2° Cod 1-100.* Handschriftenkataloge der Staats- und Stadtbibliothek Augsburg 2. Wiesbaden: Otto Harrassowitz.

Staedner, Iosephus. 1889. *Chirographorum in Regia Bibliotheca Paulina Monasteriensi catalogus.* Vratislaviae: In Aedibus Guilelmi Koebner.

Stahleder, Erich. 1963. *Die Handschriften der Augustiner-Eremiten und Weltgeistlichen in der ehemaligen Reichsstadt Windsheim.* Würzburg: Kommissionsverlag Ferdinand Schöningh.

Stams, Stiftsbibliothek. 1891. *Verzeichniss der Handschriften der Bibliothek des Stiftes Stams.* In *Xenia Bernardina*, pt 2: *Die Handschriften-Verzeichnisse der Cistercienser-Stifte,* vol. II: *Wilhering Schlierbach Ossegg Hohenfurt Stams.* Wien: In Commission bei Alfred Hölder.

Steffenhagen, Emil. 1883. *Die Klosterbibliothek zu Bordesholm und die Gottorfer Bibliothek. Zwei bibliographische Untersuchungen. Die Bordesholmer Bibliothek.* In *Zeitschrift der Gesellschaft für Schleswig-Holstein-Lanenburgische Geschichte* 13, pp. 67-142.

———. 1884. *Die Klosterbibliothek zu Bordesholm und die Gottorfer Bibliothek. Zwei bibliographische Untersuchungen. Die Gottorfer Bibliothek.* In *Zeitschrift der Gesellschaft für Schleswig-Holstein-Lanenburgische Geschichte* 14, pp. 1-40.

Stegmüller, Fridericus. 1950-76. *Repertorium biblicum medii aevi.* Vol. I: *Initia biblica, apocrypha, prologi,* and vol. VIII: *Supplementum.* Matriti.

Steinmann, Martin. 1982. *Die Handschriften der Universitätsbibliothek Basel. Register zu den Abteilungen AI-AXI und O.* Basel: Verlag der Universitätsbibliothek.

Steinmeyer, E. von. 1920. *Die Historia apocrypha der Legenda aurea.* In *Münchner Museum für Philologie des Mittelalters und der Renaissance* 3, pp. 155-66.

Stevenson, Henricus, and I.B. De Rossi. 1886. *Codices Palatini latini Bibliothecae Vaticanae.* Vol. I. Romae: Ex Typographeo Vaticano.

Stornajolo, Cosimus. 1902. *Codices Vrbinates latini.* Vol. I: *Codices 1-500.* Romae: Typis Vaticanis.

Straeten, Joseph van der. 1971. *Les manuscrits hagiographiques d'Arras et de Boulogne-sur-Mer.* Bruxelles: Société des Bollandistes.

———. 1982. *Les manuscrits hagiographiques d'Orléans, Tours et Angers avec plusieurs textes inédits.* Bruxelles: Société des Bollandistes.

Thilo, Johann Carl, ed. 1832. *Codex apocryphus Novi Testamenti.* Vol. I. Lipsiae: Sumptibus Frid. Christ. Guilielmi Vogel.

Thompson, E.M. 1881. *Apocryphal Legends.* In *The Journal of the British Archaeological Association* 37, pp. 239-53.

Thurn, Hans. 1986. *Die Handschriften aus St. Stephan zu Würzburg.* Die Handschriften der Universitätsbibliothek Würzburg, vol. II, pt 2. Wiesbaden: Otto Harrassowitz.

———. 1990. *Die Handschriften kleinen Provenienzen und Fragmente.* Die Handschriften der Universitätsbibliothek Würzburg, vol. 4. Wiesbaden: Otto Harrassowitz.

[Tiele, P.A., and A. Hulshof.] 1887. *Catalogus codicum manu scriptorum Bibliothecae Universitatis Rheno-Trajectinae.* Trajecti ad Rhenum: Typis Kemink et Fil.

Tille, Václav, and Jan Vilikovský. 1934. *Rukopisná bohemica v Admontě.* In *Časopis archivní školy* 11.

Tischendorf, Constantin von, ed. 1876. *Evangelia apocrypha...* 2nd ed. Lipsiae: Hermann Mendelssohn.

Toronto, Bergendal Collection. 1984. *Bergendal Collection. Catalogue of Manuscripts.* Toronto: 15 Duncan St.

Truhlář, Josephus. 1905-6. *Catalogus codicum manu scriptorum latinorum qui in C.R. Bibliotheca Publica atque Universitatis Pragensis asservantur.* 2 vols. Pragae: Sumptibus Regiae Societatis Scientiarum Bohemicae.

Ullman, Berthold L., and Philip A. Stadter. 1972. *The Public Library of Renaissance Florence. Niccolò Niccoli, Cosimo de' Medici and the Library of San Marco.* Padova: Editrice Antenore.

Unterkircher, Franz. 1957. *Inventar der illuminierten Handschriften, Inkunabeln und Frühdrucke der Österreichischen Nationalbibliothek. Pt 1: Die abendländischen Handschriften.* Wien: Georg Prachner Verlag.

Uppsala, Universitätsbibliothek. *Handskriftskatalog.* Vol. VIII: *C 530-871.* Uppsala: Typewritten.

Valentinelli, Joseph. 1869. *Bibliotheca manuscripta ad S. Marci Venetiarum.* Vol. II. Venetiis: Ex Typographia Commercii.

Van den Gheyn, J., et al. 1901-48. *Catalogue des manuscrits de la Bibliothèque Royale de Belgique.* 13 vols. Bruxelles: Henri Lamertin, Libraire-Éditeur.

Vaticano, Città del, Biblioteca Apostolica Vaticana, Fondo Palatino Latino. *Inventarium manuscriptorum latinorum Bibliothecae Palatinae.* In F. Edward Cranz, ed., 1988, *A Microfilm Corpus of Unpublished Inventories of Latin Manuscripts through 1600 A.D.,* reel 312. New London, Conn.: Connecticut College for the Renaissance Society of America.

Vaticano, Città del, Biblioteca Apostolica Vaticana, Fondo Reginense Latino. *Inventario dei mss. Regin.* In F. Edward Cranz, ed., 1988, *A Microfilm Corpus of Unpublished Inventories of Latin Manuscripts through 1600 A.D.,* reel 312. New London, Conn.: Connecticut College for the Renaissance Society of America.

Vaticano, Città del, Biblioteca Apostolica Vaticana, Fondo Vaticano Latino. *Inventarium librorum latinorum mss. Bibl. Vat.* Vol. V. In F. Edward Cranz, ed., 1988, *A Microfilm Corpus of Unpublished Inventories of Latin Manuscripts through 1600 A.D.*, reel 221. New London, Conn.: Connecticut College for the Renaissance Society of America.

Vernet, André. 1979. *La bibliothèque de l'abbaye de Clairvaux du XIIe au XVIIIe siècle.* Vol. I. Paris: C.N.R.S.

Vielhaber, Godefriedus, and Gerlacus Indra. 1918. *Catalogus codicum Plagensium (Cpl.) manuscriptorum.* Lincii: Prostat in libraria Ebenhoechiana (Henricus Korb.).

Vincentius Bellovacensis. 1624, rpt 1965. *Speculum historiale.* Graz: Akademische Druck- u. Verlagsanstalt.

Waitz, Dr. 1839. *Untersuchung der Handschriften. Sammlungen zu Kopenhagen in Herbste 1836.* In *Archiv der Gesellschaft für altere deutsche Geschichtskunde* 7, pp. 228-718.

Walser, Gerold. 1987. *Die Einsiedler Inschriftensammlung und der Pilgerführer durch Rom (Codex Einsidlensis 326).* Stuttgart: Franz Steiner Verlag Wiesbaden GMBH.

Ward, Henry L.D., and J.A. Herbert. 1883-1919. *Catalogue of Romances in the Department of Manuscripts. The British Museum.* 3 vols. London: Printed by Order of the Trustees.

Warner, George F., and Julius P. Gilson. 1921. *British Museum. Catalogue of Western Manuscripts in the Old Royal and King's Collections.* 4 vols. London: Printed for the Trustees.

Watson, Andrew G. 1984. *Catalogue of Dated and Datable Manuscripts c. 435-1600 in Oxford Libraries.* Vol. I: *The Text.* Oxford: Clarendon Press.

Weber, Jaroslav, Josef Tříška, and Pavel Spunar. 1958. *Soupis Rukopisů v Třeboni a v Českém Krumlově.* Praha: Nakladatelství Československé Akademie Věd.

Weis, Anton. 1891. *Handschriften-Verzeichniss der Stifts-Bibliothek zu Reun.* In *Xenia Bernardina,* pt 2: *Die Handschriften-Verzeichnisse der Cistercienser-Stifte,* vol. I: *Reun Heiligenkreutz Neukloster Zwettl Lilienfeld.* Wien: In Commission bei Alfred Hölder.

Weißbrodt, Ernst. 1908-9. *Die ältesten Bestände der Lemgoer Gymnasialbibliothek.* In *Zeitschrift für Bücherfreunde* 12, pp. 489-99.

Wilmart, André. 1943. *Le florilege mixte de Thomas Bekynton.* In *Medieval and Renaissance Studies* 1, pp. 41-84.

———. 1945. *Codices Reginenses latini.* Vol. II: *Codices 251-500.* Vatican City: In Bibliotheca Vaticana.

Wisłocki, Władysław. 1877-81. *Katalog rękopisów Biblijoteki Uniwersytetu Jagiellońskiego.* 2 vols. Kraków: W Drukarni Uniwesytetu Jagiellońskiego.

Wohlmann, Bernhard. 1891. *Verzeichniss der Handschriften in der Bibliothek des Stiftes Ossegg.* In *Xenia Bernardina,* pt 2: *Die Handschriften-Verzeichnisse der Cistercienser-Stifte,* vol. II: *Wilhering Schlierbach Ossegg Hohenfurt Stams.* Wien: In Commission bei Alfred Hölder.

Wright, Cyril Ernst. 1972. *Fontes Harleiani: A Study of the Sources of the Harleian Collection of Manuscripts Preserved in the Department of Manuscripts in the British Museum.* London: The Trustees of the British Museum.

Würzburg, Universitätsbibliothek. *Papierhandschriften der Würzburger Universitätsbibliothek. Abschrift des Ruland-Stamminger'schen Handschriften-Zettelkatalogs.* 10 vols. Würzburg: Typewritten.

Wymans, G. 1966. *Manuscrits des XIIe et XIIIe siècles ayant appartenu à l'abbaye du Rœulx en Hainaut.* In *Archives, bibliothèques et musées de Belgique* 37, pp. 75-81.

Yeats-Edwards, Paul. 1978. *Winchester College (Warden and Fellows' Library): Medieval Manuscripts Collection. Brief History and Catalogue.* World Microfilms Publications.

Zorzanello, P. 1950. *Catalogo dei manoscritti italiani della Biblioteca Nazionale Marciana di Venezia.* Inventari dei manoscritti delle Biblioteche d'Italia 77. Firenze: Leo S. Olschki, Editore.

———. 1985. *Catalogo dei codici latini della Biblioteca Nazionale Marciana di Venezia, non compresi nel catalogo di G. Valentinelli.* Vol. III. Trezzano: Etimar.

Index 1

The *Evangelium Nicodemi* and Its Satellites

This index is based on the Incipits/Explicits (I/E) sections of the manuscript records. It notes the occurrence of major textual constituents of the *Evangelium Nicodemi*, such as the prologues, epilogue, or chapter XXVIII, and of the satellite texts adjacent to the apocryphon, such as the *Epistola Pilati*, *Cura sanitatis Tiberii*, or *Somnium Neronis*. If the satellite texts are separated from the *Evangelium* by some unrelated matter, their incipits are not cited in the I/E section, and, consequently, they are not included here; they are, however, listed in the record under the heading **Contents** and in Index 3, "Contents of Manuscripts."

All references are to manuscript records, not to page numbers.

Index 2

Chronology of the Manuscripts

This index arranges the manuscript records chronologically by century. In the case of composite manuscripts written at different times, only the date of the *Evangelium Nicodemi* is taken into account. If the portion of the manuscript which contains the *Evangelium* can be dated precisely to a specific year (or years), that year (or years) is given in parentheses immediately after the record number; however, specific dates of other portions of manuscripts, usually introduced in the records with the phrase "written partly in...," are not included. If a codex has been assigned to different centuries by conflicting sources, the record number in the index is followed by parentheses with an alternative dating and a question mark.

All references are to manuscript records, not to page numbers.

(ca. 1385), 98, 221, 258, 295 (1373), 297, 298, 305, 307, 309 (ca. 1375), 383, 427 (ca. 1373)

Saec. XIV ex. 28, 30 (1397), 111, 157, 169, 188 (1394-5), 197 (1390), 311, 327, 359

Saec. XIV ex.-XV in. 186

Saec. XIV-XV 47, 65, 114, 128, 212, 216 (1350-1450), 244, 286, 293, 306, 308, 319, 322, 343, 387

Saec. XV 1, 5, 8, 11, 17, 27, 41 (XIV ?), 43, 56, 60, 64, 70 (XIV ?), 71 (ca. 1450), 79, 80, 85, 93, 97, 101, 103, 104, 105 (XV/2 ?), 118, 122, 126, 132, 143, 150-153, 163, 167, 174, 175 (1424-66), 184, 185, 189, 192, 193, 195, 196, 200, 214, 217, 218, 222, 229, 230, 245, 252, 260, 262, 281, 287, 289, 292, 294, 302-304, 318, 323, 325, 335, 338, 341, 347, 354, 355, 360, 361, 368, 370, 371, 378, 379, 399, 402, 405 (1435-56), 406, 407, 412, 421, 428, 429

Saec. XV in. 2 (ca. 1407), 7, 21 (ca. 1400), 35, 40, 77, 99, 115 (ca. 1400), 116, 120 (1400), 125, 131, 137 (ca. 1400), 149, 213, 224, 227 (ca. 1400), 312 (ca. 1405)

Saec. XV/1 3, 18, 19 (1419), 20 (1431), 31 (1443), 33 (1419), 36 (1423-4), 83 (1429), 84, 87, 94, 95 (1422), 123 (1432), 129 (1426-41), 130 (ca. 1416), 194 (1412), 203 (1434), 233 (1417-9), 246 (1431), 296, 315 (1420-5), 342 (1433), 364, 367, 404, 413, 417, 420 (1430)

Saec. XV/2 13, 26 (1465), 32, 37 (ca. 1453-4), 63 (1470), 78 (1460-80), 91 (1476), 105 (XV ?), 121 (1454-83), 139 (1481), 190 (1458-60), 191 (1482), 202 (1452), 204 (1482), 209 (1480), 210, 211 (1453), 243, 249 (1457), 299 (1478), 340 (1473), 350 (1450-2), 403 (1471), 408, 411 (1456), 414, 415 (1464), 416, 418 (1469), 419 (1451)

Saec. XV ex. 106, 127, 273 (a. 1502)

Saec. XVI 349, 385

Saec. XVI in. 113 (1508-12), 356, 391, 400

Saec. XVI/1 14 (1517)

Index 3

Contents of Manuscripts

This index, based on the **Contents** section of each record, is intended as a general guide to the authors and works which occur in the manuscripts of the *Evangelium Nicodemi*. All medieval authors are listed under their first names. The index includes also the incipits cited in **Contents**; these are cross-referenced to the respective titles. A number of English subject headings (in **bold** characters) have been inserted as an additional finding aid.

All references are to manuscript records, not to page numbers.

Honorius Augustodunensis 32, 76, 98, 164,
258, 313, 319, 396
De imagine mundi 7
Hucbaldus, *De harmonica institutione* 73
Hugo de Folieto 170
De claustro animae 398
De medicina animae 17
De nuptiis 249
Hugo de Palma 87
Hugo de s. Caro 2, 234, 380, 389
Tractatus super missam 68
Hugo de s. Victore 54, 88, 232, 237, 244, 249,
257, 265, 271, 317, 377, 395, 405, 434
De arrha animae 390
De bestiis et aliis rebus 379
Hugo Magister 336
Hugo Ripelin 260
Hymnus de s. Lutgarde 209

Ps.-Iacobus, *Protoevangelium Iacobi* 111
Iacobus de Benevento 80
Iacobus de Cessolis 189, 203, 217
Iacobus de Lausanna 312
Iacobus de Vitriaco 156, 164
Exempla 231
Iacobus de Voragine 184, 205, 350, 403
Legenda aurea 58, 110, 116, 236, 333
cap. XLV (*De s. Mathia apostolo*)
*Legitur autem in quadam historia li-
cet apocrypha...* 28
Matthias apostolus... 57
cap. LIII (*De passione domini*)
Fuit quidam rex nomine Tyrus... 28
Fuit rex quidam nomine Tytus... 200
*In quadam historia licet apocrypha
sic legitur...* 57
Passio Christi fuit ex dolore amara...
229
*Passio Christi fuit ex passione amara
...* 109
Passio domini fuit ex dolore amara...
122
*Sciendum est quod Christus... Fuit
quidam rex Tyrus...* 94
cap. LIV (*De resurrectione domini*) 225,
229
cap. LXVII,2
*Refert Iosephus quod propter mortis
peccatum...* 114, 227
Refert quidam nomine Iosephus... 28

excerpts from 201, 223
saints' lives from 287
see also *Historia apocrypha* of the *Le-
genda aurea*
Iacobus Magister, *Computus* 94
Iacobus Mediolanensis 262, 405, 420
Ps.-Iacobus Minor 35
Iacobus Parisiensis 353
Ps.-Iesus Christus
Epistola Iesu Christi ad Abgarum 66, 67,
176, 252, 276
Epistola Iesu Christi de die dominico 180,
299, 307, 359
*Epistola Iesu Christi de interdictione om-
nium malorum* 244
Ps.-Ignatius
Littera Ignatii ad b. Mariam 153
*Littera Ignatii ad s. Iohannem Evangeli-
stam* 153
Ildefonsus Toletanus 134
Imago mundi 278
In Cantica canticorum commentarius 11
In diebus illis venit angelus... 155
see also *Infantia Iesu Christi*
Index in Biblia 185
Indulgences 184, 287
Indulgentiae urbis Romae 5
Infantia Iesu Christi (*In diebus illis venit ange-
lus...*) 155
*Initia epistolarum et evangeliorum per circulum
anni* 403
Innocentius III papa, 85, 162, 197, 239, 240,
300, 331, 381
De miseria humanae conditionis 258, 292
Innocentius IV papa 116
*Speculum ecclesiae conditum a papa Inno-
cento quarto* 382
Inscriptiones Romanae 75
Instructio novitiorum 46
Interpretatio nominis Augustini 184
Introductio in quattuor evangelia 409
Inventio s. crucis 143, 287, 352
Iohannes Abbas Fontis Danielis 154
Iohannes Andrea 306
Super arboribus consanguinitatis 185
Iohannes Beleth 68, 156, 390
Iohannes Calderinus, *De ecclesiastico inter-
dicto* 103
Iohannes Capellanus, *Confessionale aureum*
413

Index 4

Persons and Places Connected with the Manuscripts

This index is intended to provide easy access to the information contained in the **Orig.**, **Scr.**, and **Poss.** sections of manuscript records. It includes the names of scribes and owners as well as geographical locations associated with the manuscripts. Generally, medieval persons (before 1500) are listed under their first and post-medieval persons under their last names. However, several persons are entered under both either because their first names are abbreviated, or because they flourished during the transitional period.

All references are to manuscript records, not to page numbers.

Strasbourg, dioc.:
Neuwiller-lès-Saverne(Neuweiler,OSB, later OCan) 393
Saint-Walburg (OSB) 266
Strozzi, Piero 83
Suhm, P.F. 121
Sulmona, prov. Aquila 211
Surrey: Merton (OCan) 227
Swanle, Willelmus 167
Swawell, Thomas 156
Sweden 364
Sweinfurdia 420
Świdnica (OP), dioc. Wrocław 416
Symes, Thomas 402

Tegernsee (OSB), dioc. Freising 23, 199-201
Tempest, Sir Thomas 156
Teramo, prov.: Campli (OFM) 210
Thabrar, Iohannes 36
Thevenot, Melchisédech 134
Theyer, John 158, 160, 161
Thomas Bekynton 219
Thomas de Meydistane 225
Thomas Handl de Zlawings 132
Thomas Walmesford 164
Thomasco de Strakonic 341
Thomond, Conor 162
Thott, Othon 122
Thou, Jacques-Auguste de 262
Thynne, Jon 169
Tilmannus de Bona 360
Toledo, Cathedral library 173
Tongres 37
Toulouse:
Austin Friars 353
College de Foix 257
Toulouse, prov.: Montréal de Riviere (OESA) 353
Tournai, dioc.:
Cysoing (OCan) 139
Saint-Amand-les-Eaux (OSB), later dioc. Cambrai 268
Třeboň (Wittingau; OCan), Bohemia 302, 303, 354
Trier:
S. Maria ad Martyres (OSB) 360
St. Martin (OSB) 359
St. Matthias (OSB) 356, 357
Trier, dioc.:
Boppard, Marienberg (OSB nuns) 123

Eberhardsklausen an der Mosel (OCan) 358

Udalricus de Egenberga 337
Uffenbach, Zacharias Conrad von 106, 430
Ulricus de Murtzuls 75
Ulricus de Novo Foro 194
Umbria: San Felice de Narco 346
Uppsala, Universitetsbibliotek 365

Vadstena (OSSalv), dioc. Linkoping 364
Vedel, Anders Sørensen 366
Vich, dioc.: S. Maria, Ripoll (OSB) 12
Vigili, Fabio 26
Villers-a-Ville (OCist), dioc. Liége 42
Vist, Östergötland 364
Vollbehr, Otto 391
Vorau (OCan), dioc. Salzburg, later Seckau 390
Vossius, Gerardus 134
Vossius, Isaac 134
Vyšší Brod (Hohenfurt; OCist), dioc. Praha 63

Waldburg-Zeil, Georg von 89
Walterus Vliet de Rethy 249
Waltham (OCan), Essex 166
Wargrave, Willelmus 235
Warham, William 218
Weihenstephan (OSB), dioc. Freising 207
Weissenau (OPraem), dioc. Konstanz 89
Wennczeslaus 34
Westhagh, T. 50
Wien: 114
Bibliotheca Archiepiscopalis 92
Hofbibliothek 394, 396, 400
Wien, dioc.:
Heiligenkreutz (OCist), formerly dioc. Passau 396
Klosterneuburg (OCan), formerly dioc. Passau 115, 117
Wilhelm Bloc 250
Willelmus Bocher 153
Willelmus Camyl 224
Willelmus Cleue 224
Willelmus Scorch 160
Willelmus Swanle 167
William Carpenter 60
Willmer, George 55